U0114971

2013 年国家社科基金一般项目（项目编号 13BZW117）

中国出版史研究

QING MO BAI HUA BAO KAN
YU WEN XUE GE MING

张向东 著

清末白话报刊与文学革命

图书在版编目(CIP)数据

清末白话报刊与文学革命/张向东著. —北京:中华书局, 2022.12
ISBN 978-7-101-15976-9

Ⅰ.清… Ⅱ.张… Ⅲ.①白话文-报刊-研究-中国-清后期 ②白话文-文学史研究-中国-清后期 Ⅳ.①G219.295.2 ②I209.52

中国版本图书馆 CIP 数据核字(2022)第 215119 号

书　　名	清末白话报刊与文学革命
著　　者	张向东
责任编辑	张玉亮　胡雪儿
责任印制	陈丽娜
出版发行	中华书局
	(北京市丰台区太平桥西里 38 号　100073)
	http://www.zhbc.com.cn
	E-mail:zhbc@zhbc.com.cn
印　　刷	三河市中晟雅豪印务有限公司
版　　次	2022 年 12 月第 1 版
	2022 年 12 月第 1 次印刷
规　　格	开本/787×1092 毫米　1/32
	印张 17½　插页 6　字数 250 千字
国际书号	ISBN 978-7-101-15976-9
定　　价	88.00 元

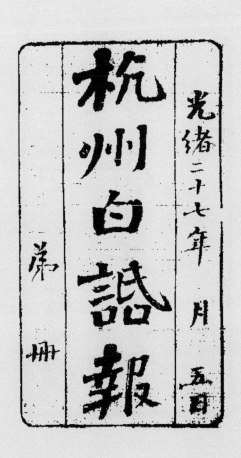

《杭州白话报》创刊号（1901年6月20日）

《敝帚千金》第2期（1904年5月），
该刊是《大公报》的白话附刊

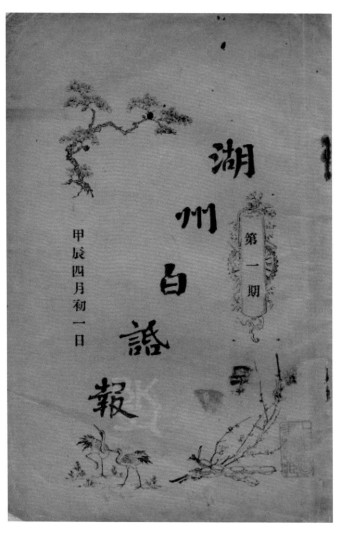

《湖州白话报》创刊号（1904年5月15日），
该刊由钱玄同与友人在1904年创办

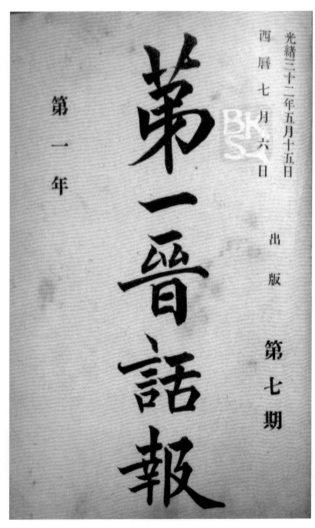

光绪三十二年五月十五日

西历七月六日

出版

第七期

第一晋话报

第一年

《第一晋话报》第7期（1906年7月6日），
该刊由山西留日学生同乡会1905年在日本东京创办

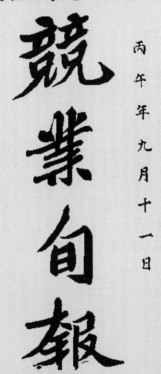

TSE.M.EU.KEU.

競業旬報

丙午年九月十一日

《竞业旬报》创刊号（1906年10月28日），
胡适曾参与该刊的编辑、撰稿等工作

第壹號

新世紀七年六月二十二日

每週一次 土曜發行

報價郵稅 共十生丁

新世紀

LA TEMPOJ NOVAJ

4, rue Broca -- Paris

巴黎出版所在四

新世紀發刊之趣意

（一）……

（二）……

（三）……

諸公鑒

新世紀發起者謹啟

新世紀之革命

新世紀

第壹號

《新世纪》创刊号（1907年6月22日），
该刊由吴稚晖等人1907年在法国巴黎创办

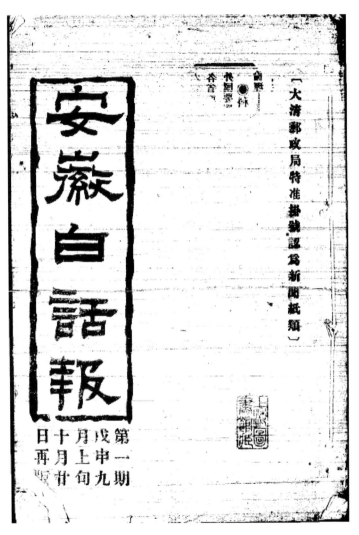

《安徽白话报》创刊号（1908年9月）

绍興白話報廣告

地方辦理自治以及開辦簡易識字學塾取代講演極為相宜

每寄此份郵費大洋一分以外埠郵費有所在绍城丁家弄绍興印刷局

本報宗旨注重提倡自治改良社會北
辦法則以淺顯文字求人易解期
人易購已由地方官詳奉撫憲咨部存案出版以來低廉價格
月出三萬餘
份分送每定十份加送一份外埠郵運

绍興白話報社啟

《绍兴白话报广告》
（刊于《四明日报》，1910年6月30日）

目　录

质疑叙史正典，丰富历史细节——序

　　现代中国的学术发展，经过"五四"的洗礼，并及以政治力量为主导设置的学科体制，固然在在为身处其间的后来者打造了知识基底；不幸的是，却同时让在体制性的知识场域里淬炼陶育的知识生产者，往往犹如久居鲍鱼之肆，惯习之至，照本宣科，从不质疑养成并持续支配自我的知识，正当性究竟何在。幸好，大江总是向东奔流的。质疑我们承续的知识的正当性，在此际的学术实践里，再也不是滔天大罪。可是，仅仅质疑追问那些在我们生活世界里依旧充满生命力的知识，是否确可千秋万世永不移易，并不足够；我们还必须观照它们的"来时路"，才能知晓这些知识基底，究竟是在什么样的具体历史时空脉络里被安位定锚，进而成为我们表述思考与开展知识生产之际，指方引路的灯火路标。正是在这个意义上，要将我们承袭的知识"历史化"，汲引并反思这段历史过程里的教训，绝对不可或缺；否则，我们失丧的，不仅仅是知识创新的能力，更是让人类应该／可以挣脱现实束缚的批判能力。

　　置诸现实处境，喊口号、贴标语，不是难事；将已成学科体制的知识"历史化"，大不易也。套用章实斋申述"校雠之义"的理想:"辨章学术,考镜源流",如果不是"深明于道术精微、群言得失之故者,不足与此"。张向东教授的这部新著《清末的白话报刊与文学革命》,期可扭转既存的历史成见,对于浸泡于现存体制之下的读者来说,正是具体的实践展示。毕竟,倘使我们要认识"五四"的主要旋律之一的"文学革命",居然还停留在既存教科书提供的历史知识,那么这样一种由先行者(甚至于包括它的祖师爷级的人物若胡适)制造生产并传承不已的,显然被正典化的历史叙述(the canonization of historical narrative),不正成了"知识的暴政"(tyranny of knowledge)?即如政治╱文化立场都与胡适距离遥远的郑振铎(西谛)的《中国俗文学史》(1938),居然赞同胡适《白话文学史》(1928)的这番话:"中国文学史上何尝没有代表时代的文学?但我们不该向那'古文传统史'里去寻,应该向那旁行斜出的'不肖'文学里去寻",俨然引胡适为同道。假此一例,以概其余,足可想见,文学史的正典,总是欠缺反思的接棒者层累建构而成的。

当然,我们的先行者不是毫无自觉地依样画葫芦。诸若李孝悌的《清末的下层社会启蒙运动:1901—1911》(1992)、王德威的"没有晚清,何来五四"的观点,都是刺激我们走出神话国的思想资源。可是,与其费精耗神于在理论层面耍玩精致的概念游戏,不如从实证的角度,为反省思索如何反抗"知识的暴政",提供具体的例证。无论是就近取材既存易得的史料,还是开发新的材料,抑或重行勾勒省思具体的历史过程，乃至于揭发历史进程里潜藏的权力／利益勾结的戏码，有心之士，盍兴乎来。一言蔽之，愈能深描细写以求逼近历史的场景，愈能质疑和超越打倒叙史的正典；逼近历史本真供应思想动力，源头活水，必在乎是。我们对"文学革命"的意义追问，就不会是凭空说法，也不至于总是在抽象思维的天空上遨游。

张向东教授的新著《清末的白话报刊与文学革命》，显示了继承前贤业绩的中壮世代，努力耕耘的具体成果；有意问津于斯域者，再三揣摩品味，自可开卷有益。在向东教授看来，清末的白话报对文学革命的前驱作用，大概无人否定；如何落实考究具体的影响，就得以具体问题的分析为基础。令人瞩目的是，张教授不以文学视域为足，反而尽量扩充一己的知识天地，举凡白话报刊如何培养滋育了新文学的作者和读者群体，或是早先白话报刊倡言的风俗改良、"国民性"批判和"身体革命"，怎样为"文学革命"的队伍成员接续音调；乃至其间纠葛缠绕之个人体验与国族前景的多重想象，都有所书写。可以说，文士骚客驰骋遥想的"文以载道"，不再是虚无缥缈的"道"，而是可以化为国族的自我批判和改造的实际行动；用心所在，也不再是臻于圣王郅治之境，而是建构现代民族国家。张教授的论点，读者自然可以商量斟酌；却不能否认他愿意超越知识学科规范与束缚的宏大企图；他描摹的历史细节，也丰富了我们的知识。

向东教授以新著《清末白话报刊与文学革命》稿本见

示,个人受益良多;承蒙不弃,力邀为序,个人敬辞不得。谨此对于向东教授打倒"文学革命"的叙史正典,奉献的智慧与力气,略抒联想,稍示顶礼以敬之忱。惟惭学知有限,文不成篇,倘获向东教授和读者谅宥,自为大幸。

中研院近代史研究所研究员

潘光哲　敬笔

2022 年 1 月 27 日

第一章 导论

一 选题的缘起和问题的提出

我在 2004 年年底着手博士论文选题时，最终确定以"清末的语言变革与现代文学的发生"作为自己的研究对象，涉及清末的各种语言变革实践，如"切音字运动""白话小说""白话教科书""白话报刊""演说文"。清末的白话报刊首次进入我的研究视野。由于这样一个机缘，使我有机会在北京的各大图书馆查阅了一些清末的白话报刊，初次对清末白话报刊集中阅读，加上王德威提出的"没有晚清，何来五四"的观点，确实改变了我对现代文学起源的既有粗浅认识。王德威说：

> 有关中国文学现代化的问题，近年已屡屡被提出讨论。五四文学革命的典范意义，尤其引起众多思辨。而其中最值得注意的，当是晚清文化的重新定位。传统解释新文学的"起源"，多以五四为依归；胡适、鲁迅、钱玄同等诸君子的努力，也被赋予开山宗师的地位。相对的，由晚清以迄民初的数十年文艺动荡，则被视为传统逝去的尾声，或西学东渐的先兆。

过渡意义,大于一切。但在世纪末重审现代中国文学的来龙去脉,我们应重识晚清时期的重要,及其先于甚或超过五四的开创性。[①]

在这一启发之下,我给自己拟订计划,待查阅相关清末的白话报刊后,再开始论文的写作。但这个计划一旦付诸实施,才知道它的重重困难:一是清末的白话报,数量之多,在短时间内无法读完;二是这些仅存的白话报,在当时的查阅难度之大,超乎我的想象。于是在我的博士论文中,对清末白话报的研究,只能浅尝辄止。但我对"清末白话报与现代文学的关系"这一问题,一直牵挂于心。尤其是当我得知作为文学革命的发起人陈独秀和胡适,都有在清末参与创办白话报的经历时,引起我对其他清末白话报人与文学革命关系的诸多猜想。

熟悉中国现代文学史的人都知道,新中国成立前的"中国现代文学史"写作,大多都注重五四文学革命的历史渊源,如胡适的《五十年来中国之文学》(1922年)、陈子展的《中国近代文学之变迁》(中华书局,1929年)和《最近三十年中国文学史》(太平洋书店,1930年)、周作人的《中国新文学的源流》(人文书店,1932年)、王哲甫的《中国新文学运动史》(北平杰成印书局,1933年)、伍启元的《中国新文化运动概观》(现代书局,1934年)、王丰园

---

① 王德威《被压抑的现代性》,《想像中国的方法》,北京:生活·读书·新知三联书店,1998年,第3页。

的《中国新文学运动述评》（新新学社，1935年）、吴文祺的《新文学概要》（上海亚细亚书局，1936年）、任访秋的《中国现代文学史（上卷）》（河南前锋报社，1944年）。尤其是朱自清的《中国新文学研究纲要》，在新文学的"背景"一章第七节"白话文运动"里专门讲到"白话书报运动"这个问题，说明作为文学革命的亲历者，对清末的白话报与新文学的关系，有着深刻的体认。并不擅长文学史的姚雪垠，在1980年代，也对解放以来的现代文学史忽略清末白话报与新文学的关系，深表遗憾，他说：

> 我国的读书界并非求知欲浅薄，而是七七事变后出版书籍较困难，解放后出版书籍过于讲求政治功利主义，范围太窄，前后加起来就是四十年了。以片面强调政治功利主义说，短期看不出这一出版方针的缺点，长远看即显出它的缺点不少。它使解放后成长的一代人知识领域狭窄，看问题容易犯片面性，不利于研究现代文学史。当然，社会科学的其他领域，也有同样现象。这和在自然科学领域中过分强调实用主义是同样一个指导思想，今已证明是后果不佳。

> 解放后写的现代文学史很少对"五四"前夜的文学历史潮流给予充分论述，私心常以为憾。目前正在陆续出版的《中国现代文学史》（唐弢主编）第一册前边，也未重视这个问题。我以为我们论述"五四"新文学运动的时候，应该立专章论述清末的风气变化和一些起过重要间接作用的前驱者。梁任公、黄遵宪等人

的新运动(新小说运动和所谓"诗界革命")已经在动摇着旧文学的阵脚,同时在一定程度上替"五四"新文学运动准备条件。至于清末的翻译西方文学和各地出现的白话小报,都是"五四"新文学运动的前驱,这是大家都比较重视的,现代文学史的前边也应有一定的篇幅论述。①

为何新中国成立以后的现代文学史,对包括清末白话文运动在内的清末文学改良运动,语焉不详,浅尝辄止?清末的白话报刊与五四文学革命的关系究竟如何?

带着这些疑问,从2006年完成博士论文,到2008年去华东师范大学进博士后流动站,我一直都在思考清末的白话报和五四文学革命之间的关系,并且对文学革命的另一健将钱玄同,在清末的白话文运动中的活动,做了比较细致的考察,发表了《钱玄同在清末白话文运动中的活动》和《钱玄同的文学革命之路》两篇论文。

我到华东师范大学从事博士后研究,本想利用上海所具有的文献资源条件,全面翻检一下清末的白话报刊。但因为受各种条件所限,尤其是查找文献的困难,我最终仅仅选择以陈独秀和胡适分别所办《安徽俗话报》和《竞业旬报》为研究对象,并旁及少量的其他白话报刊。经过两年匆匆的研究,我最终提交了以《清末的白话报与中国文

---

① 姚雪垠《中国现代文学史的另一种编写方法——致茅公同志》,《社会科学战线》1980年第2期。

学的现代转型——以〈安徽俗话报〉和〈竞业旬报〉为例》
的研究报告。

但我的这份研究报告,仍是浅尝辄止。首先是因研究
范围的狭小,不足以说明、证实更多的问题;其次是我理论
素养的欠缺和视野的狭隘,使我对很多问题的认识、分析
和论述,并不能有所深入和突破。于是,在 2013 年,我以
《清末的白话报刊与文学革命》为题,申报了当年的国家社
会科学基金项目,得以继续我对此问题的探讨。

二 研究现状和趋势

新中国成立以前,学界对于清末白话报刊与文学革命
关系的研究很少,文学革命的当事人,如胡适《五十年来中
国之文学》、周作人《中国新文学的源流》等仅简单提及清
末的 "白话书报",且认为那只是宣传革命和开启民智的手
段,与后来的文学革命没有多大关系。

新中国成立以后,谭彼岸于 1956 年出版了《晚清的
白话文运动》,认为由清末 "全国性白话报纸的发行,大量
白话教科书的编印……可知以白话文代替文言文的思想,
在旧民主主义革命时期,已发展成为白话文运动"[1]。阿英
1959 年出版的《晚清文艺报刊述略》,虽非专门研究清末白

---

[1] 谭彼岸:《晚清的白话文运动》,武汉:湖北人民出版社,1956 年,
第 12 页。

话报刊的著作,但他所钩沉的晚清文学期刊和晚清小报中包括白话报刊,可见他对这部分资料的重视。这两位研究者,受制于当时的意识形态,未能对清末白话报刊作客观、全面的论述与评判。

新时期以来,随着改革开放和思想解放潮流的推动,海外学者对清末白话报刊的研究,引起了很多内地学者对清末白话报刊的研究。在这些众多的研究中,对清末白话报刊与文学革命关系的研究,比较重要的有李孝悌的论文《胡适与白话文运动的再评估——从清末的白话文谈起》(1991年),他认为"五四的白话文运动绝不是一个突如其来的异物,而是清末发展的延伸和强化",其证据是领导1910年代白话文运动的胡适和陈独秀,都在1900年代的主要白话报刊上发表过大量白话文。香港学者陈万雄的专著《五四新文化的源流》(1992年),首次列表介绍了约140种清末最后十年的白话报刊,而且指出,在清末就存在一个包括白话报刊的创办在内的白话文运动,"其实晚清确存在一个白话文运动,且直接开五四白话文学的先声"①。

21世纪以来,无论是港台地区,还是大陆学界,对清末白话报刊的研究日渐增多,且研究日趋细密,取得了一系列令人耳目一新的研究成果。

---

① 陈万雄《五四新文化的源流》,北京:生活·读书·新知三联书店,1997年,第133页。

台湾中兴大学　罗秀美的《近代白话书写现象研究》（2005年），根据蔡乐苏《清末民初的一百七十余种白话报刊》列表介绍了151种清末民初的白话报刊,她也认为清末的白话报刊和五四文学革命有着密切关联:"近代一场规模极强大的白话报刊潮流,不只呼应了言文一致的语文改革风潮,更直接启迪了民初的白话文运动。"①

河南大学胡全章的专著《清末民初白话报刊研究》（2011年），对清末民初白话报刊的主题、语言、文体、审美特征及其各体文学进行了细致的分析。这是目前对清末白话报刊最为完备的研究,但作者对清末民初的白话报刊与五四文学革命关系的论述,侧重于对已有观念的考辨,而缺乏对二者前后演进关系的细致分析。

总之,对清末白话报刊与文学革命关系的研究,新中国成立之前和1950年代的研究限于结论性的判断,缺乏细致的论述,而且所用白话报刊资料非常有限,视角也比较单一。新世纪以来,发掘的清末白话报刊资料日渐增多,论述也更为细致,但一般侧重于清末白话报刊本身的研究,对它与五四文学革命的关系,还缺乏系统、全面、深入的研究。随着清末白话报刊资料的整理与发掘,新视角、新方法的引入,研究清末白话报刊与五四文学革命的关系,还有进一步拓展的空间。

---

① 罗秀美:《近代白话书写现象研究》,台北:万卷楼图书股份有限公司,2005年,第213页。

三　研究意义和价值

清末的白话报刊,是五四文学革命的先驱。研究清末白话报刊与五四文学革命的关系,有助于我们重新认识五四文学革命在清末的萌芽和演进过程,可以进一步拓展20世纪中国文学史的研究视野,深化对文学革命发生背景和现代文学性质的认识。具体而言,其研究意义如下:

其一,研究清末白话报刊与文学革命的关系,可一改文学革命"断裂说",将五四文学革命置于晚清以来一脉相承的文学变革历程中,为重塑现代文学史提供新的观念;

其二,研究清末白话报刊与文学革命的关系,首先要挖掘众多清末白话报刊资料,而清末白话报刊对研究中国现代文学,尤其是对研究文学革命的发生,具有重要的史料价值;

其三,研究清末白话报刊与文学革命的关系这一课题,是一个跨学科、综合性的研究,涉及文学之外的传播学、语言学、历史学等多学科的研究方法和视野,所以这一研究还具有方法论的意义。

四　研究范围、主要观点和内容

本书研究的范围,(1)从时段上来说,上起1897年,下至1922年左右，前后约二十五年时间。正好是从中国近代第一份白话报《演义白话报》创刊，到五四文学革命之后，新旧文学论争的高潮结束之际。但由于个别问题的延展性，有些论述可能向后延伸到1920年代后期。由于本书研究的白话报刊，主要集中在清末，但也涉及民国以后至文学革命之前，为了行文的方便，统一用"清末"来指称本书所涉白话报的时限。（2）从地域上来说，它包括当时在中国境内创办、发行的各种白话报刊。（3）本书研究的对象，主要包括这一时期的各种"白话报刊"（除直接标名为"白话"的报刊，还包括文白夹杂的通俗报刊），但由于比较和关联的需要，文学革命时期主要的文学刊物也是常常需要观照的对象。同时由于论述的需要，也会偶尔引证文言报刊中的相关文献。

本书认为，五四文学革命的发生，是清末数十年时间中，社会环境和文学自身不断发展演化的结果。清末以来的白话报刊，是推动中国文学现代变革的最直接因素之一。清末白话报刊驱动与孕育了五四文学革命。但清末的白话报刊与文学革命之间，并不是简单的前后演进关系，而是在曲折发展中的螺旋上升。五四文学革命的胜利，是在新的历史条件下，对清末白话报的理论与实践创造性继承的结果。

概括而言，清末白话报刊对文学革命的驱动与孕育之功，主要体现在以下七个方面，这也是本书研究的七个方面：

（一）白话报刊对新文学作家和读者的培养

清末白话报刊对文学革命的贡献,首先是对新的作家和读者的培养。受清末民初白话报刊影响而产生的五四新文学作家(作者),基本上有五种情形:一是直接由清末民初的白话报人演变而来的新文学作家,如胡适、刘大白等;二是受过清末白话报刊影响,在文学革命前后成为新文学作家的,如郭沫若等;三是受清末白话报刊影响,在文学革命前后从事新文学写作,但并不以此为主要职业的新文学作者,如恽代英、舒新城等;四是由清末民初白话报刊培养的有名或无名的白话文普通作者;五是受五四前后新兴白话报刊及其白话文的影响,开始新文学写作的作者,如曹聚仁、陈范予等。

另外,白话报刊也培养了一大批白话文的读者。五四文学革命借助五四学生运动骤然取得成功,看似有些意外,但其中一个非常重要的缘由,即是清末以来二十年左右的时间里,白话报刊为新文学培养了广大的读者群体,这才是文学革命取得成功的社会和群众基础。

（二）清末白话报人在五四文学革命中的角色与作用

清末的白话报人,在五四文学革命中扮演的角色,大致可分为三类:

一是推动者,其中核心的力量是胡适、陈独秀、钱玄同,外围的成员有蔡元培、裘廷梁、吴稚晖、林白水、彭翼仲、陈荣衮、马裕藻、张九皋、包天笑、张丹斧、傅熊湘、黄伯耀、李辛白、高语罕、刘大白等；二是游离者，其中王法勤、刘冠三、景梅九、杭辛斋、詹大悲、温世霖从事革命工作，另外章仲和、叶瀚、王子余、方青箱、房秩五、欧博明则从事具体的外交、军政或教育等工作，而秋瑾、黄世仲、郑贯公、范鸿仙、韩衍、冯特民、赵尔丰则在文学革命之前已离世；三是反对者，仅有林纾、刘师培二人。

这些白话报人，在五四文学革命中，由于年龄、观念、职业、文坛地位、社会地位、所处地域等因素的不同，对文学革命及新文学的态度、作用也各不相同，但除了林纾与刘师培之外，其他的白话报人，均以他们的精神或行为，为文学革命的发生和新文学的成长，给予了主观的支持或客观的赞助。

（三）白话报刊与语言变革

清末的白话报刊本身是清末白话文运动的组成部分，它既有对语言变革的理论倡导，但更多的则是语言变革的实践。

清末白话文运动的理论如"崇白话而废文言"等，都是由白话报人提出的，而且他们在语言意识的层面，将白话文与个性解放、国家意识相联属，为五四文学革命和新文学的个性意识、国族意识，打下了重要的理论基础。

在实践的层面，清末的白话报刊，一是宣传"国语教育"和"简字运动"，二是注重方言调查、研究，并尝试运用方言来写作。这两个方面，均与文学革命的主张和新文学的写作实践相一致，可以说是新文学的早期尝试。

（四）白话报刊与新文学的文体

新文学文体的形成，一方面与白话这一通俗语言的采用有关。另一方面与白话文运动相伴而来的标点、分段分行，对现代文体的形成，绝不是可有可无的。或者说，没有新式标点符号和分段分行这些辅助的写文手段的应用，新式的白话文绝不是现在这样的文体。

新文学中的写实与讽刺两种风格，在清末民初白话报刊中已成为一种显著的特征和潮流，并且在五四后的新文学中得到延续和壮大。

从文体革命的角度来说，清末的白话文，是要打破古代文学"正宗"文体的浮华虚饰和各种形式的拘牵，客观真实地呈现社会生活的方方面面，以使有更多的人参与到启蒙作品的写作与阅读中来，从而激发人们改变现状的革命意识。

清末的白话文作者，创造了一种前无古人、无拘无牵的讽刺文体。这种文体，到了五四文学革命期间大放异彩，为新文学的文体解放作出了巨大贡献，《新青年》《每周评论》《民国日报·觉悟》等刊物的"随感录""杂感"等栏目中，登载了难以计数的庄谐杂陈的散文小品和杂文。

（五）白话报刊与现代文学格局的形成

中国现代文学与古代文学的区别，除了思想主题、语言形式等方面以外,还有一个非常重要的方面,就是古代文学是以诗文为核心("正宗")的包括各式应用文在内的泛文学格局;而现代文学则是以小说为核心("正宗")的包括诗歌、散文、戏剧的四大文类构成的现代文学格局。现代文学这一格局的最终形成,是在五四文学革命中,倡导者借鉴西洋"文学"的概念,经过激烈讨论而确定的。但这一新的文学观念中所包含的各种重要文学种类,都在清末的文学变革,尤其是在白话报刊中,受到了重视,也得到了比较充分的发展。或者说,现代文学观念与格局的形成,是以清末白话报刊的文学理念和实践为基础演化而来的。

通过对清末白话报刊中文学栏目设置和各文学门类发展情况的考查,我们发现,作为五四文学革命所确定的新文学格局,在清末白话报刊中,已有明显的迹象和发展趋势。由诗歌、小说、散文、戏曲所构成的现代文学格局,与代表清末文学革新力量的白话报刊的实践与推动大有关系。

(六)风俗改良和"国民性"批判

五四新文化运动与现代文学中那种强烈的唤醒国民的救亡意识与国民性批判思想,正是发动自清末的白话报刊,它虽历经辛亥革命前后的挫折而陷入低潮,但终在五四文学革命中得以接续,并经五四启蒙群体的共同努力而结出硕果。所以,要论清末的白话报刊与五四文学革命的关系,则风俗改良与国民性批判,则是其前后演进中最重要、最密切的一环。

(七)白话报刊与身体革命

我们从白话报刊中大量的关于体育、卫生的论述中,便可知道,在清末的诸项改革中,身体革命所具有的重要意义。清末对尚武精神和军国民教育的提倡,即意味着清末的启蒙运动中,在提倡改造国民精神的同时,对身体的改造从不偏废。

通过对清末白话报刊中有关"剪辫"与"缠足"论述的梳理,我们发现清末以来的这两项身体革命,不仅关联着革命意识的觉醒和启蒙思想的萌芽,而且还与倡导者自身的"剪辫"经历与婚姻有关。他们的启蒙论述和个人愿望互为表里,在身体革命与个人体验、国族命运、思想革命之间存在着复杂交错的多重纠葛。

五 研究思路和方法

近十年来,清末白话报刊的研究已成热点,文化史、新闻传播学、语言学、思想史等各界对此均有新的研究,成果既多,且有创建的研究也时有出现。在这样的学术背景下,如何去确定自己的研究路向,实在是一件颇费思量的工作。

从整体上说,清末的白话报对文学革命的前驱作用,大概无人否定。但这里有一个问题,就是如何去落实这些具体的影响究竟在哪里。例如,学界多以陈独秀、胡适是清末的白话报人,而又是文学革命的发起人,来证明清末的白话报与文学革命的演进关系。但是,用这个逻辑,怎么解释同样是清末白话报人的林纾与刘师培,何以成了文学革命的反对者? 所以,清末白话报对文学革命的影响,需要建立在细致的考辨基础上,需要落实在对实实在在的具体问题的分析基础上。基于这样的考量,本书选择以白话报人与作家、读者、语言与文体、文学格局、主题等几个问题为支撑,以具体的问题和文本分析为抓手,去分析清末的白话报与文学革命、与新文学之间的关系。

在具体的研究过程中,本书比较重视以下几种方法的运用:

(1)微观研究与宏观把握相结合。本书要在众多的清末白话报刊中选择有代表性的作为重点、具体分析的对象,但同时要在宏观层面上把握清末白话报刊所反映的文学变化的整体趋向;在对每个问题的论述中,既要有宏观的逻辑推论,也要以具体的文本分析作为支撑。从整体上来说,本书的研究,非常重视白话报刊文献的征引与分析,因为史料本身的力量,有时胜过雄辩的论述。

(2)跨学科的视角和方法。清末的白话报刊,我们如果仅仅从文学或文学史的角度去看,往往流于简单与偏狭。对于同样的对象,若从传播学、文化史、思想史的角度去考论,就会有很多新的发现。本书在研究过程中,受益较多的有文学社会学、媒介理论、阅读史和新文化史的方法。通过对相关理论的借鉴,开阔了我的研究视野,在此基础上,确定了自己比较科学合理、切实可行的研究方法,以使研究的问题得以顺利开展。

(3)历时的分析和对比。本书研究的对象,是属于文学史范畴的问题。这就首先要面对从清末到五四文学革命这样一个时段的文学演变的过程。因为这个问题,首先是一个假设的命题——清末的白话报刊影响了五四文学革命的发生。那么,就需要在这个进程中,对两个时期的文学诸要素作关联性的对比,看看是哪些清末白话报刊的因素,影响到五四文学革命的发生及其新文学的特征。其次,我们还要对清末白话报中的某些因素,它如何演化为文学革命要素的过程,作一历时的分析,以说明文学革命是在何种程度上继承并扬弃了清末白话报的理论与实践。通过这样历时的分析与对比,我们可以清楚地观察到文学进化的轨迹与阶梯。

第二章 白话报刊与新文学读者和作家的产生

我们常说晚清中国经历了数千年未有之变局,这个大变局涉及思想文化、政治军事、风俗伦理、物质文明等各个方面,而文化或文学传播媒介的变革,虽不如政局鼎革那样触目惊心,但其意义绝不可小视。文化传播媒介的变化,是晚清中国大变局中重要的一环,早期白话报人林獬(1874—1926,又名万里、白水,号白话道人)在谈到报纸对中国人的影响时,他将报纸与火车、电线、轮船等现代新型媒介(广义的媒介 media,指使事物之间发生关系的介质或工具)相提并论,说明他对报刊媒介全面而深刻地介入并改变现代人的生活,有超前的认识:

> 诸位你看,现在天下也算得四通八达了,铁路、电线、火轮船造了许多。随便有什么事情,立刻送把人家晓得。我们生在这个时候,也算得便宜极了。……所以外国人,又想出开报馆的法子。这个法子,最便我中国的土农工商四等人。①

---

① 宣樊子《论看报的好处》,《杭州白话报》第 1 期,1901 年 6 月 20 日。

晚清以来的许多有识之士认识到,挽救亡国灭种的危局,决不能靠朝廷或少数官员,而是要靠将士农工商各阶层联合起来形成的有机体"国民",才能抵御外部风险。而将全体国民联结起来的工具,即是能够消除人际组合中的时间差异和空间差异的新型传播媒介——报纸①。这也就是本尼迪克特所谓由印刷资本主义所引发的共同体想象。

王韬(1874 年 2 月《倡设日报小引》)、郑观应(1894年《盛世危言·日报》)、康有为(1895 年《上清帝第四书》)等,此时就已认识到中国的弊端在于彼此隔阂,而去塞求通之道,即在于开报馆。

这种认识,随着甲午战败后危机意识的加剧而更普遍。1896 年,梁启超在《论报馆有益于国事》一文中,对此作了全面论述,他将中国数十年屡受外侮的原因归结于"言语不通":"上下不通,故无宣德达情之效","内外不通,故无知己知彼之能"。所以,他认为"去塞求通,厥道非一,而报馆其导端也","阅报愈多者其人愈智,报馆愈多者,其国愈强"②。

清末报刊的创办与流行始于民间,但其扩展与官方

①麦克卢汉在讨论媒介的功能时说:"电光和电能与其用途是分离开来的,但是它们却消除了人际组合的时间差异和空间差异,正如广播、电报、电话和电视一样,电光和电能消除时空差异的功能是完全一致的,它们使人深深卷入自己所从事的活动之中。"[加]马歇尔·麦克卢汉《理解媒介:论人的延伸》,何道宽译,南京:译林出版社,2011 年,第 12—90 页。

②梁启超《论报馆有益于国事》,《时务报》第 1 册,1896 年 8 月 9 日。

甚至最高统治者的认同与推动有关。戊戌变法期间,《益闻录》有一则《帝阅报章》的报道说:"皇上谕总理衙门堂馆将各国所有报章详细采译进呈,御览周知时事,端在此矣。"①

清末白话报刊的创办,与维新变法密切相关,且对戊戌变法期间光绪皇帝支持创办报刊的政策与消息,极为关注,并时时进行报道。

1898年6月19日《中国官音白话报》转引《字林西报》的报道说:"有某御史奏参各报馆纷纷谈论国家政治,讥诮京外官员,请皇上降旨禁止,另定章程,不许说着朝廷的事情。皇上就在这奏折的后面批道:'现在国事艰难,如果有人,常把国家大事,与你那些官吏的弊病,直说出来,再能想出许多好条陈,预备国家采用。这些人应该奖赏,那有禁止他们、不许开口的道理?'"②

1898年7月25日又有上谕说,瑞洵奏请在北京开设报馆,光绪同意创办,还要求其他官员,广为宣传,以使报馆能够普遍开办:"报馆之设,原期开风气以扩见闻,该学士所称,现商约同志,京畿创设报馆,翻译新报,为上海官报之续等语,即着瑞洵创办,以为之倡。此外官绅士民,并着顺天府府尹、五城御史,切实妥办,以期一律举行。"③

1898年8月17日,光绪对孙家鼐将上海《时务报》改

①《益闻录》第1791期,1898年7月13日。
②《中国官音白话报》第5、6期,1898年6月19日。
③《中国官音白话报》第25、26期,1898年9月26日。

为官报的奏议批道："报馆之设，所以明国是而达民情，必由官为倡办，该尚书所拟章程三条，均尚周妥，着照所请，将《时务报》改为官报，派康有为督办其事。所出之报，随时呈进，其天津、上海、湖北、广东等处报馆，凡有报章，均着该督抚咨送都察院及大学堂各一份，撮其有关时务者，由大学堂一并呈览。至各报体例，自应以指陈利弊，开广见闻为主。中外时事，均许据实昌言，不必意存忌讳。用副明目达聪，勤求治理之至意。所筹官报经费，仍依议行。"①

1898 年 9 月 6 日《中国官音白话报》又载，光绪根据廖寿恒的面奏，对于官报的管理、内容、目的、经费、报律、阅报等，做了全面的规范："……报馆之设，义在发明国事，宣达民情，源于古者陈诗观风之制。一切学校农商兵利财赋，均准胪陈利弊，藉为韬铎之助，兼可翻译各国报章，以备官商士庶，开阔见闻，其于内政外交，裨益匪浅。所需经费，自应先行筹定，以为久远之计。着照官书局之例，由江南总督，按月筹拨银一千两，并另拨开办经费六千两，以资布置。各省官民阅报，仍照商报例价，着各督抚，通核本省文武衙门差局书院学堂，应阅报单数目，开送官报局，该局即按期照数分送。其报价着照湖北成案，筹款垫解。至报馆所著论说，总以昌明大义、抉去拥塞为要义，不必拘牵忌讳，致多窒碍。泰西律例，专有报

①《中国官音白话报》第 17、18 期，1898 年 8 月 17 日。

律一门,应由康有为详细译出,参以中国情形,定为报律,送交孙家鼐呈览。"①

戊戌变法虽然以失败告终,但最高统治当局对创办包括白话报在内的各式报刊的强力支持,是此后报刊业持续发达的一个重要因素。

报刊在清末的盛行,除了前述去塞求通、团结国民的动机以外,还有一个重要原因,是知识体系发生了重要变化。数千年来,中国士人由于科举考试的限制,他们的知识体系,基本上限定在科举考试核心内容的四书五经等儒家经典范围以内。近代以来,随着西学东渐,科举渐废,西学成为新一代知识分子重要的知识来源与构成;同时,作为新型报刊媒体主要内容的时事与新闻也成为知识体系中的一部分。这两部分往往联袂而行,共同构成了近代以来报刊媒体的主要内容。清末报纸的风行,一方面由于读者在危机四伏中对时事的关心,另一方面也与新一代读者对西学知识的强烈渴望有关,而新闻报刊恰恰都能满足这两方面读者的阅读期待。在清末亲身经历这一知识范型转换的包天笑(1876—1973),对此颇有体会:

> 那一年是甲午年吧,我国与日本为了朝鲜事件打仗,上海报纸上连日登载此事。向来中国的年轻读书人是不问时事的,现在也在那里震动了。我常常去购

---

①《中国官音白话报》第21、22期,1898年9月6日。

买上海报来阅读,虽然只是零零碎碎,因此也略识时事,发为议论,自命新派。也知道外国有许多科学,如什么声、光、化、电之学,在中国书上叫作"格物",一知半解,咫闻尺见,于是也说:"中国要自强,必须研究科学。"种种皮毛之论,已深入我胸中,而这些老先生们则都加以反对。①

"阅书不如阅报"的观点,在清末相当普遍。贺葆真在 1896 年 12 月 6 日日记中说:"时吾父属湘帆诸君购时务书于都市,鞠如实代列目,然吾父每谓阅书不及阅报章,以事愈新愈切要也。"② 同年,李端棻给朝廷的奏折中也说:"知今而不知古则为俗士,知古而不知今则为腐儒。欲博古者莫如读书,欲通今者莫如阅报。……今请于京师及各省会,并通商口岸、繁盛镇埠,咸立大报馆,择购西报之尤善者分而译之;译成,除恭缮进呈御览并咨送大小衙门外,即广印廉售,布之海内。其各省政俗士宜,亦由各馆派人查验,随时报闻,则识时之俊日多,干国之才日出矣。"③

于是,阅报既是新型知识分子合乎时代要求的一种标志,也逐渐成为部分读书人生活时尚的标志。孙宝瑄在 1906 年 7 月 21 日日记中这样感慨:

---

① 包天笑《钏影楼回忆录》,上海:上海三联书店,2014 年,第 131—132 页。
② 贺葆真《贺葆真日记》,南京:凤凰出版社,2014 年,第 35 页。
③ 李端棻《奏请推广学堂设立译局报馆折》,张静庐《中国近现代出版史料》(近代二编),上海:上海书店出版社,2003 年,第 7 页。

……报纸为今日一种大学问，无论何人皆当寓目，苟朋友相聚，语新闻而不知，引为大耻。不读报者，如面墙，如坐井，又如木偶，如顽石，不能与社会人相接应也。报所载事，虽不尽可据，然必有可据者存焉。久之，必能辨别。设竟置而不观，则并可据者亦不知矣。[①]

易君左在自传《大湖的女儿》中，回忆他姑父黄仲芳在清末阅报的情形时说：

姑父中等身材而白胖，音调响亮，性情爽朗，是一位留心时事趋向新政的人物，见人即侃侃谈国际情形和国家大事，可是有一点好吃的癖性，每天看申报，最注意广告栏内新奇的食品，不远千里，汇款购取，寄来后，一边看报，一边吃东西，乐此不疲。[②]

至此，报刊在人们的生活中，不仅仅是了解时事、获取新知的一种渠道，而是融入人们的物质生活，从其中的广告信息中，寻找新奇、时尚的消遣品。而且，它奇妙地同时满足了读者的精神需求和物质享受。在某种意义上说，报刊这一新型媒介，正在全方位地改变一代读书人生活方式和人生轨迹。

上海《点石斋画报》的画家吴又如用他的生花妙笔，为我们留下了上海当年的印刷所及报馆的生动影像。

---

① 孙宝瑄《忘山庐日记》（下），上海：上海古籍出版社，1983 年，第917页。
② 易君左《大湖的女儿》，台北：三民书局，1969 年，第149页。

图 2-1 吴友如 1884 年《春江胜景图》中所绘点石斋石印所实景

该图附诗云：

古时经文皆勒石，孟蜀始以木版易。

兹乃翻新更出奇，又从石上创新格。

不用切磋与琢磨，不用雕镂与刻画。

赤文青简顷刻成，神工鬼斧泯无迹。

机轧轧，石粼粼，搜罗简策付贞珉。

点石成金何足算，将以嘉惠百千万亿之后人。①

①张静庐《中国近现代出版史料》（近代二编），上海：上海书店出版社，2003 年，第 29 页。

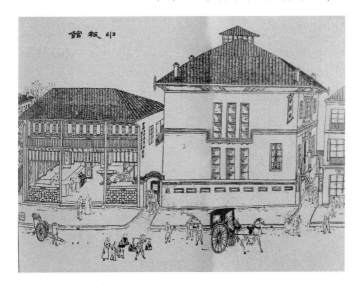

图 2-2 吴友如 1884 年《春江胜景图》中所绘"申报馆"及"申昌书画室"外景

该图附诗云：

> 文人但知古，通人也知今。
>
> 一事不知儒者耻，会须一一罗胸襟。
>
> 心胸上下五千年，笔墨纵横九万里。
>
> 见闻历历备于此，读之可惊复可喜。
>
> 费去十文买一纸，博古通今从此始。①

普通读者一方面借报纸了解时事，同时报纸成了他

---

① 张静庐《中国近现代出版史料》（近代二编），上海：上海书店出版社，2003 年，第 30 页。

们茶余饭后谈资的主要来源。茶馆、妓寮等娱乐场所常有"租报"给客人看的情况,而这些闲客所谈内容,常从报上得来。包天笑记述了他在苏州所熟知的一位茶客"冯痴子"("吴苑三痴子"之一),即是这样一位典型人物:

> 冯君号守之,他是一个田主人家账房,这一种职业,苏州人称为"知数业",其名称当有来历。冯自言只读过三年书,而好谈时政,他的政治知识,全是从报纸上得来的。他一到吴苑,便是谩骂,骂政府、骂官僚、骂绅士,无所不用其骂,四面厅上,好像只听得他的声音,别人也无从与之辩解。但即使别人不理会他,他也一人喃喃地骂,因此人呼他为冯痴子。①

后来成为中共领导人的毛泽东,青年时期在湖南长沙也经历了由读"古文"到"阅报"的转变,他说:

> 我在这个学堂里有了不少进涉。教员都喜欢我,尤其是那些教古文的教员,因为我写得一手好古文。但是我无心读古文。当时我正在读表兄送给我的两本书,讲的是康有为的变法运动。一本是《新民丛报》,是梁启超编的。这两本书我读了又读,直到可以背出来。我崇拜康有为和梁启超,也非常感谢我的表兄……②

对毛泽东来说,阅报对他的影响,不仅仅是知识结构

---

① 包天笑《钏影楼回忆录》,上海:上海三联书店,2014年,第243页。
② [美]埃德加·斯诺《斯诺文集》(2),董乐山译,北京:新华出版社,1984年,第116—117页。

转变的问题,更是由被启蒙到参加革命的思想和人生志向的重大转变问题:

> 在长沙,我第一次看到报纸——《民立报》,那是一份民族革命的报纸,刊载着一个名叫黄兴的湖南人领导的广州反清起义和七十二烈士殉难的消息。我深受这篇报道的感动,发现《民立报》充满了激动人心的材料。这份报纸是于右任主编的,他后来成为国民党的一个有名的领导人。①

报刊这一新型媒介对晚清士人的影响,当然不只是其所刊载的内容。它日益渗透到人们生活的方方面面,深刻地改变着一代人的生活方式。正如麦克卢汉所说:"任何媒介(即人的任何延伸)对个人和社会的任何影响,都是由于新的尺度产生的;我们的任何一种延伸(或曰任何一种新的技术),都要在我们的事务中引进一种新的尺度。比如,由于自动化这一媒介的诞生,人的组合的新型模式往往要淘汰一些就业机会,这是事实。这是其消极后果。从其积极因素来说,自动化为人们创造了新的角色;换言之,它使人深深卷入自己的工作和人际组合之中,而以前的机械技术却把这样的角色摧毁殆尽。"② 就是说,报纸这一新兴媒介,不仅是外在于人的一种传播载体,而且变成了人

---

① [美]埃德加·斯诺《斯诺文集》(2),董乐山译,北京:新华出版社,1984年,第118页。

② [加]马歇尔·麦克卢汉《理解媒介:论人的延伸》,何道宽译,南京:译林出版社,2011年,第18页。

的内在"尺度":人在这中环境中重新确定生活的目标、意义和方式,它彻底改变了人的生活。

正如前述有人在报纸广告中寻找食品信息,而毛泽东却在报刊中寻找登载有关升学、联络革命志士的"广告":

> 我开始注意报纸上的广告。那时候,办了许多学校,通过报纸广告招徕新生。我并没有一定的标准来判断学校的优劣,对自己究竟想做什么也没有明确主见。一则警察学堂的广告,引起我的注意,于是去报名投考。但在考试以前,我看到一所制造肥皂的"学校"的广告,不收学费,供给膳宿,还答应给些津贴。这则广告很吸引人,鼓舞人。它说制造肥皂对社会大有好处,可以富国利民。我改变了投考警校的念头,决定去做一个肥皂制造家。我在这里也交了一元钱的报名费。[①]

> 我在师范学校读了五年书,抵住了后来一切广告的引诱。最后,我居然得到了毕业文凭。我在这里——湖南省立第一师范度过的生活中发生了很多事情,我的政治思想在这个时期开始形成。我也是在这里获得社会行动的初步经验的。[②]

同样,在民初的1913年,识字不多的茅盾母亲(爱珠)

---

① [美]埃德加·斯诺《斯诺文集》(2),董乐山译,北京:新华出版社,1984年,第122页。
② [美]埃德加·斯诺《斯诺文集》(2),董乐山译,北京:新华出版社,1984年,第125页。

为儿子在报纸上留意当年各大学的招生广告：

> 中学毕业，当然要考大学。母亲本订阅上海《申报》，《申报》广告栏上登有上海及南京的大学或高等学校招生的广告，也登着北京大学在上海招考预科一年级新生的广告。……

> 我回家后，天天留心看《申报》，因为被录取者将在《申报》广告栏刊登姓名。①

由此可以看出，晚清士人由关心时事而兴起的阅读报刊的行为，逐渐演化为与衣食住行甚至消遣娱乐相关的生活时尚，也成为他们联络志士、寻找升学就业信息的重要渠道。"报馆"这一新生事物，不仅成了通都大邑的一道风景，也成了诗词、小说吟咏、描摹的对象。

兰陵忧患生在《京华百二竹枝词》中有咏报馆的词曰：

> 报纸于今最有功，能教民智渐开通。眼前报馆如林立，不见"中央"有"大同"。②

1903年在《绣像小说》创刊号开始连载，1906年由上海商务印书馆印行出版的《文明小史》，其第十四回"解牙牌数难祛迷信，读新闻纸渐悟文明"，即写到报纸如何进入青年读书人的生活：

---

① 茅盾《我走过的道路》（上），北京：人民文学出版社，1997年，第101、102页。
② 《清代北京竹枝词（十三种）》，北京：北京古籍出版社，1982年，第125页。

　　姚拔贡从前来信,常说开发民智,全在看报,又把上海出的什么日报、旬报、月报,附了几种下来。兄弟三个见所未见,既可晓得外面的事故,又可藉此消遣,一天到夜,足足有两三个时辰用在报上,真比闲书看得还有滋味。至于正经书史,更不消说了。

　　……

　　兄弟三个自此以后,更比从前留心看报,凡见报上有外洋新到的器具,无论合用不合用,一概拿出钱来,托人替他买回,堆在屋里。他兄弟自称自赞,以为自己是极开通、极文明的了,然而有些东西,不知用处,亦是枉然。①

姚拔贡(文通)领着贾氏兄弟三人到了上海,见到了上海大街上一班报童叫喊卖报的"文明"风景:

　　正说话间,只见一个卖报的人,手里拿着一叠的报,嘴里喊着《申报》《新闻报》《沪报》,一路喊了过来。姚老夫子便向卖报的化了十二个钱,买了一张《新闻报》,指着报同徒弟说道:"这就是上海当天出的新闻纸,我们在家里看的都是隔夜的,甚至过了三四天的还有。要看当天的,只有上海本地一处有。"卖报的人,见他说得在行,便把手里的报一检,检了十几张出来,说道:"如要看全,也不过一百多钱;倘若租看,亦使得。"姚老夫子便问怎么租法,卖报的人说道:

――――――――――

① 李伯元《文明小史》,南昌:百花洲文艺出版社,2010 年,第86、87页。

"我把这些报通统借给你看，随便你给我十几个钱，等到看过之后，仍旧把报还我就是了。"姚老夫子听他说得便宜，便叫他留下一份。

贾家兄弟近来知识大开，很晓得看报的益处，听了卖报的话，竟是非常之喜。立时五个人鸦雀无声，都各拿着报看起来。①

文学作品中如许卖报、阅报的消息，可见报纸在人们生活中被接受的程度，是相当普遍的。

正如有人所指出的，"文话报开官智，白话报开民智"②，文言报刊的文字虽说比清末古文宗派中的魏晋文、桐城派古文以及严复、林纾翻译西洋科学思想和小说的文字通俗得多，但对于那些粗通文墨或识字不多的人来说，他们也未必看得懂。于是，随着启蒙对象和目标的下移，要求报刊文字改为"浅说"或"白话"，就成为顺理成章的事了。清末白话文的倡导者陈荣衮说："中国报章之创始，其主笔者不知报律，不知时局，大约出其平日辞章之材料，遂以为能事在此。故蔓延至今，其流弊尚未廓清也。然则倡开报馆而徒尚文言者，功以之首，罪以之魁也。"③ 既认识

---

① 李伯元《文明小史》，南昌：百花洲文艺出版社，2010年，第95—96页。

② 丁国珍《替各家白话报请命》（《正宗爱国报》第515期，1908年5月4日），《近代史资料》1963年第2期。

③ 陈荣衮《论报章宜改用浅说》（1899），《近代史资料》1963年第2期。

到文言报刊的功过是非,所以,他撰文号召将报章文字改用"浅说"——白话。裘廷梁也认为,白话报的创办,是为了开启民智而不得已的救急之策,白话报的创办,是势所必然:"欲民智大启,必自广兴学校始。不得已而求其次,必自阅报始。报安能人人而阅之,必自白话报始。"① 清末白话报刊的创办,正是在认识到文言报刊在启蒙方面的局限性之后,而改弦更张,发展起来的更为通俗的媒介形式。

一 白话报刊的发展过程、风行状况和读者

清末民初创办的白话报究竟有多少,现在很难统计出确切的数字。蔡乐苏在《清末民初的一百七十余种白话报刊》一文中说:"几年来,从五十余种书刊资料和工具书中辑出自一八九七年至一九一八年所出白话报刊名称一百七十余种(部分采用白话的报刊不包括在内)。"② 但他所列出的实际只有 160 种;台湾学者李孝悌又在一些报纸的记载和广告中,辑出另外 20 份出版于 1900—1911 年间的白话报刊③。近些年来,随着文献资料的进一步发掘,学界对清末民初白话报的数目,提出了不同的看法。台湾学

---

① 裘廷梁《无锡白话报序》,《时务报》第 61 册,1898 年 5 月 20 日。
② 丁守和主编《辛亥革命时期期刊介绍》第五集,北京:人民出版社,1987 年,第 494 页。
③ 李孝悌《清末的下层社会启蒙运动:1901—1911》,石家庄:河北教育出版社,2001 年,第 254—255 页。

者罗秀美在《近代白话书写现象研究》一书中,列举了 151 中白话报刊;胡全章则据他的研究,认为"有据可查的清末民初白话报刊至少在 370 种以上"①。

(一)白话报刊的发展过程

清末最早创办的白话报刊,一般认为是 1897 年分别创办于上海和浙江平湖的《演义白话报》和《平湖白话报》。但据胡道静的考察,早在 1876 年 3 月,上海申报馆创办了一份白话报附张《民报》②。清末白话报刊比较多地开始出现,是受甲午战败刺激以后,在戊戌变法前后,尤其是 1900 年庚子国难之后的几年里。王照《挽吴汝纶文》中说:"自甲午以闽粤燕吴,仁人志士不约而同思作新字,传白话,以速教育者六七家,戊戌有诏,将行未果。"③

1897 年 11 月 7 日,受梁启超支持的《演义白话报》在上海创刊,该报主笔章伯初、章仲和均为梁启超弟子,章仲和即为五四运动时遭学生殴打的驻日公使章宗祥。该报创刊号《白话报小引》即说:"中国人要想发愤立志,不吃人亏,必须研究外洋情形,天下大势;要想讲究天下外洋大

---

① 胡全章《清末民初白话报刊研究》,北京:中国社会科学出版社,2011 年,第 7 页。
② 沈龙云主编《上海研究资料续集》,台北:文海出版社,1985 年,第 321 页。
③ 王照《挽吴汝纶文》,《清末文字改革文集》,北京:文字改革出版社,1959 年,第 31 页。

势情形,必须看报;要想看报,必须从白话起头,方才明明白白。"① 我们都知道梁启超以"报章体"为近代文体革命作出了不朽的贡献,他虽极力鼓吹报刊文,但并未见创办白话报的实绩。但事实上,通过他与该报主笔的关系,以及他为该报所作的序言,我们才知道,中国近代第一份"白话报"的诞生与他也有莫大的关系。

1898 年 5 月,清末白话文运动的首倡者和理论家裘廷梁在无锡创办《无锡白话报》(自 6 月 19 日第 5 期起改名为《中国官音白话报》)的同时,发表《论白话为维新之本》。他在主张"崇白话而废文言"的同时,由于受到远在广东的陈荣衮和在无锡设馆授学的吴稚晖的鼓励,遂与同乡顾述之、吴阴阶、汪赞卿、丁仲祜等,在无锡发起成立中国近代第一个宣传和推广白话的民间组织"白话学会"。"白话学会"章程的"立会宗旨"说:"意欲联合同志,开办白话书局,广译中西有用书,以饷天下。务令识字之民,皆能开拓见闻,激发志气,研究学术,举二千年来文人魔障一扫而空之。"②

戊戌变法失败后的 1899 年,陈荣衮撰写了《论报章宜改用浅说》,该文虽未用"白话报"的说法,但这是早期系统阐述"白话报理论"的文章。陈荣衮在比较了中日两国在明治维新以后的不同发展情况时说:"是岂日人

①《演义白话报》第 1 期,1897 年 11 月 7 日。
②裘廷梁《无锡白话报序》,《时务报》第 61 册,1898 年 5 月 20 日。

智中国人愚,日人富而中国人贫,日人有志而中国人无志乎? 此无他,日本报纸多用浅说,而中国报纸多用文言,此报纸不广大之根由。"他接着论述道:"文言譬如古玩店,浅说譬如卖米店,一国之中,可以人人不买古玩,不可以一人不买米。彼古玩者,不过米谷丰熟之时,出其余钱以买之耳,而实则无甚通用之处也。况当此危局,有如凶年,若闭了古玩店,以开米店,不独贫儿沾恩,即向来开古玩店之家亦有平米食也。且今之君子,有为文质两存之说者,亦非计之得也。假如出一段言语,十人中有五人知之,有五人不知,孰若出一段言语,十人闻之即有十人知之也。"[1] 他的态度和裘廷梁"崇白话而废文言"一样,已经是非常坚决。可见在晚清,虽有持"文质两存之说",即周作人所说"二元"态度的人,但也不乏坚决主张崇白话而废弃文言的,只是由于时机不成熟,他们的主张不能完全实现罢了。

随着 1900 年庚子之乱及 1904—1905 年日俄侵夺中国东北的战事发生,亡国灭种的危机日趋严重,知识分子痛感国民不知国家面临瓜分危机的弊端,于是群起大力鼓吹并创办白话报刊。白话报刊的第一次大量出现,即始于这一时期。

1904 年,可权在《东方杂志》第 7—8 期上发表《改良风俗论》一文,认为要改良中国,必去"三毒"("五经

---

[1] 陈荣衮《论报章宜改用浅说》(1899),《近代史资料》1963 年第 2 期。

毒""鸦片毒""迷信毒")。他所列"去迷信毒之法"第三条为"广白话报":"今之谈进化者,动欲取泰西文明,托之弹词小说,输入于下流社会。然而言者谆谆,听者藐藐,何也?下流社会之识字少也。吾以为白话报之扩充,当与女学并进。盖女子之向学者众,则其所生之子女,识字之数亦多。识字之数多,白话报乃可通行矣。中国说部,旧无善本,非淫媒,即诡诞,故使阅者生邪僻之思。今诚以新理想组织报文,流布于穷乡僻壤,使妙龄女子争睹之为快。而一般之人心,皆知神鬼诸魔之无据,阴阳诸忌之无谓,则第三毒除而风俗美矣。"① 可权在这里所说推广白话报的目的,在于破除迷信,浚发民智。他对旧小说"非淫媒,即诡诞"的批评,"以新理想组织报文"的呼吁,说明清末以白话报刊为核心的白话文运动,已经开始攻击旧文学、提倡新文学了,这些论述,和五四文学革命中的论争非常相似②。

刘师培 1904 年在《警钟日报》"社说"栏连载其《白

---

① 可权《改良风俗论》,《近代史资料》1963 年第 2 期。
② 钱玄同致胡适信《论白话小说》(《新青年》第三卷第六号)、《论小说及白话韵文》(《新青年》第四卷第一号)批评中国旧小说也持全盘否定意见,但更详细。其中说:"从青年良好读物上面着想,实在可以说,中国小说没有一部好的,没有一部应该读的……从今日以后,要讲有价值的小说,第一步是译,第二步是新做。"周作人《人的文学》(《新青年》第五卷第六号)中即说:"中国文学中,人的文学,本来极少。从儒教道教出来的文章,几乎都不合格。"

话与中国前途之关系》^①，把白话报与国运联系起来，不无夸张地说：

> 近岁以来，中国之热心教育者，渐知言文不合一之弊，乃创为白话报之体，以启发愚蒙。自吾观之，白话报者，文明普及之本也。白话报推行既广，则中国文明之进步，固可推矣。中国文明愈进步，则白话报前途之发达，又可推矣。^②

1908 年《竞业旬报》第 32 期发表了《论白话报》，认为白话报与文话报相较，具有以下三大优势：

（一）易于阅看

> 白话报所以有价值，就在这里，你看那些文言报纸，咬文嚼字，佶屈聱牙，那里有像白话的直接痛快，真正是一口气可以读完的。

（二）最能普及

> 列位呀，中国的人都是失学的人呢，在下将将说过，全国人民能够读书识字的，不及十分之二，至于那些妇女们孩子们，以及许多劳动社会的人，更不行了。

---

① 此文发表时未署名，万仕国编《刘师培年谱》（扬州：广陵书社，2003 年）中认为是刘师培所作；李妙根编《刘师培论学论政》（上海：复旦大学出版社，1990 年），收入该文。根据文中所提"旧作《小学释例》言之最详"，即为刘师培所作；该文中"斯宾塞言世界愈进化文字愈退化……"也与《论文杂记》篇首一段相同。由此断定此文为刘师培所作，应无疑。
② 刘师培《论白话报与中国前途之关系》，《警钟日报》1904 年 4 月 25 日、26 日。

倘使白话报出来,那十分之八的人,个个都可看得,稍识了几个字固然可以阅看,就是那目不识丁的人,叫他去看也很容易的。

(三)统一方言

列位知道的,我们中国各处方言,真正不知几千百万种……要想统一起来实在不容易,稍使看了白话报那些普通话,就不知不觉的习惯了,连合团体,振兴祖国,未始不是白话报大大的原动力呢。①

1908 年,当北京谣传巡警厅要向白话报馆收取保押费时,丁国珍在他主持的《正宗爱国报》上发表一篇题为《为各家白话报馆请命》的演说文。根据清朝报律"宣讲及白话报等,确系开通民智,由官鉴定,认为无庸预交者免缴保押费"的规定,为了能使白话报免缴保押费,丁国珍对官府晓之以大义,动之以真情,煞费苦心地说:"查文话报于白话报,大有分别。文话报敢说监督政府,小小白话报纸,也就是开通民智喽。有的说文话报开通官智,白话报确系开通民智。这话未免强词夺理。然看文话报的人,必是智者。白话报虽说是什么人都可以看,然不智者必须看白话报喽。总而言之吧,已智者看文话报,未智者看白话报。未智者由看白话报而智,白话报是开通民智的,更无疑喽。这样说来,在诸大宪的钧意,就是不教白话报交保押费呦。""……以上所说,全是开通民智,其国事要闻,

---

① 汉卿《论白话报》,《竞业旬报》第 32 期,1908 年 11 月 4 日。

更是民人应知道的了。今天这篇演说,并非专为本馆请命,实为各家白话报馆请命。可否白话报一律免交保押费,其权操自官府。若说白话报也要缴保押费呢,马上就得有几家停版的,这是有形的害。其无形之害,恐将来没人肯办报……若蒙认为免交保押费,民智不愁大开,实系中国前途幸福。若是教我们一律缴保押费呢,没有什么说的,我们当裤子卖袄,对付着弄钱去就是了。"[1]

经过十年左右的倡导和实践,到1908年左右,白话报的创办达到一个小小的高峰。据胡全章的统计,这一年新创刊的白话报达到36份,加上已存的29份,这一年共有65份白话报行世。

自1906年清廷启动预备立宪到1908年正式宣布预备立宪,这一政治环境,极大激发了白话报创办者的热情,于是在这个时段出现了一个白话报的高潮。这个时段之所以出现一个白话报的高潮,除了民间的持续推动以外,官府还应立宪的需要,命令有关政府部门,创办官办白话报刊。1908年《河南科学白话》登载一则《札饬开办官立白话报》的新闻说:

> 直隶总督杨莲帅,日前接到民政部的咨文,说国会期限,久经颁布,开通民智,实为要着,而白话报纸,尤为开通民智的要品,亟宜开办官立白话报,注重立

---

[1] 丁国珍《替各家白话报请命》(《正宗爱国报》第515期,1908年5月4日),见《近代史资料》1963年第2期。

宪的意旨,及地方自治等问题,发行各府厅州县,每日
于宣讲所内宣讲,以期开通民智,当即札饬提学司,速
筹的款,克日开办,以期开通风气而立国会基础。①

但是,也正好在 1906—1908 年,清廷陆续颁布了

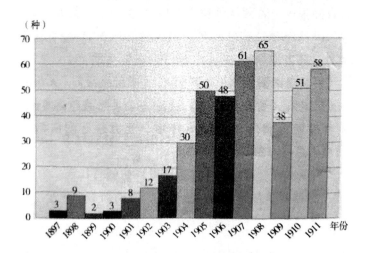

图 2-3　清末白话报刊年度数量柱形图②

《大清印刷物专律》《报章应守规则》《大清报律》等,正
如上文所引丁国珍的演讲所说,这些新的法律规范,对
白话报的出版发行,形成了一定的限制与约束,所以,此
后的两三年当中,白话报数量有明显的下降。但到辛亥

①《札饬开办官立白话报》,《河南白话科学报》第 25 期,1908 年 11
　月 28 日。

②胡全章《清末民初白话报刊研究》,北京:中国社会科学出版社,
　2011 年,第 66 页。

革命前后又出现了一个高潮，其原因不言而喻。这个昙花一现的高潮，正如辛亥革命所带来的希望一样，很快随着政局的动荡和舆论环境的恶化而消失。五四文学革命前两三年时间里，白话报刊的数量，跌落到 1903 年左右的水平。

而白话报刊的下一个高潮，要到五四文学革命之后出现。这既是五四时期自由多元的思想文化环境的体现，同时，也是启动自清末以来的"白话文运动"修成的正果。文学革命胜利的标志，在于白话文应用范围的扩展：在应用文的范围内，从中小学教材改用语体文（国语），到大学讲义、学术著论、政府公文、新闻报道、往来信函等都使用白话文；在文学领域，白话文的应用，由既有的小说、戏曲扩展到文学"正宗"的诗文。而白话文这一应用范围的扩展，在传播媒介上的表现，就是白话教科书和白话报刊的大量涌现。胡适 1922 年在《五十年来中国之文学》中，对 1919 年五四运动后白话报刊的扩展颇感自豪：

> 这时代，各地的学生团体里忽然发生了无数小报纸，形式略仿《每周评论》，内容全用白话。此外又出了许多白话的新杂志。有人估计，这一年（1919）之中，至少出了四百种白话报。内中如上海的《星期评论》，如《建设》，如《解放与改造》（现名《改造》），如《少年中国》，都有很好的贡献。一年以后，日报也渐渐的改了样子了。从前日报的附张往往记载戏

子妓女的新闻,现在多改登白话的论文译著小说新诗了。北京的晨报《副刊》,上海《民国日报》的《觉悟》,《时事新报》的《学灯》,在这三年之中,可算是三个最重要的白话文的机关。时势所趋,就使那些政客军人办的报也不能不寻几个学生来包办一个白话的附张了。民国九年以后,国内几个持重的大杂志,如《东方杂志》,《小说月报》,……也都渐渐的白话化了。①

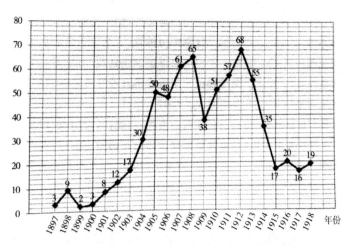

图 2-4　清末民初白话报刊年度数量曲线图②

---

① 胡适《五十年来中国之文学》,《胡适全集》第 2 卷,合肥:安徽教育出版社,2003 年,第 338—339 页。

② 胡全章《清末民初白话报刊研究》,北京:中国社会科学出版社,2011 年,第 445 页。

（二）白话报刊的风行状况

白话报刊在清末出现时，和历史上的任何新生事物一样，既受到一部分人的欢迎和追捧，也受到一部分人的反对和抵制。白话报刊的读者或接受群体，要经历一个由疑惑到逐渐适应这一新的语言形式的过程。

中国近代报刊的创办，无论是文言报还是白话报，多受西方传教士在华所办中文报刊，或者以方言俗语翻译圣经的启发和影响。由于白话报刊语言形式的特殊性，它在清末的出现，常常被看作惊世骇俗的"怪物"，所以，倡导者和接受者都有颇为热情的举动。白话报刊的倡导者，对白话报及白话文运动有自觉的认识，他们的热情宣介，本属于情理之中的举动。但社会如何接受它，既涉及读者和社会接受心理的培养，也关系到新一代白话文作者的培养问题，值得我们仔细考究。

我们知道，五四文学革命最激烈的斗争是"文白之争"，即文学语言能否通用白话的问题。其实早在清末白话报刊初创之际，白话还没有上升到取代文言作为文学语言的高度，仅仅是将它当作开启民智、普及知识的宣传工具，而普通市民阶层，不乏反对的声音，这可看作民间的"文白之争"。白话报最初的倡导者和响应者，主要是启蒙知识分子群体，但在普通市民读者群体，并不如我们想象的那样，会欣然接受白话报。这些识字不多的民众，因受根深蒂固的传统文学观念的影响，往往对白话报采取抵制的态度。1898 年 7 月 29 日《无锡白话报》上一则题为

《洗眼良方》的"无锡新闻"说，无锡举人杜孟兼和副贡林虎侯给报馆主人反映，那些越是没有文理的生意人，越是喜欢咬文嚼字，他们拿着一张《申报》，摇头摆脑，当它文章读，他们看了白话报，就说这白话报没有文理，他们不要看的①。

正如我们难以想象白话报刊在粗通文墨的读者中受阻一样，白话报在其发展过程中，我们很难预料会得到朝廷和官府的鼎力支持，以及它所起到的扭转乾坤的作用。

1901年《杭州白话报》创办不久，就得到时任山西巡抚岑春煊的支持，他以行政命令的方式，让山西各级衙门订阅《杭州白话报》，并劝导有钱人家私人订阅并分送与众阅读。《杭州白话报》颇为自豪地报道了这一消息：

> 山西省抚台，既要创办晋报，还怕晋报文理太深，农工商三种人，以及妇女们、孩子们看不大懂。又札饬洋务局，移文到司道府厅州县，叫他们自行筹集款子，买我们《杭州白话报》，把大家看。还要叫地方官劝导有铜钱的人家，多买《京话报》《杭州白话报》，到处去分送。分送《杭州白话报》这一件事，比那刊刻善书分送，要好到十倍百倍。若说由杭州寄去，信力太大，已同总税务司姓赫名德的说明，由他札饬管理邮政局的分税务司，凡是寄报，暂时不取

①《中国官音白话报》第13、14期，1898年7月29日。

邮费。①

正如戊戌变法期间,光绪帝的意见对报纸的大量创办起了很大助推作用一样,本来对报纸怀恨在心的慈禧太后,在经历了庚子之乱的深刻教训后,转而力行新政,大力支持白话报刊。1902年,《杭州白话报》新闻栏刊载了一则《报章进呈》的消息说:

> 前几天各报上说道,皇太后近来因为各种日报,登载内外情形,极新鲜,极详细,传旨将日报按日进呈。此外京城里,原有的一种《京话报》,从前是一位姓黄的(名中慧),借工艺局举办起来,后来被顺天府尹封闭了。现在听说庆亲王有一日朝见皇太后,皇太后问起《京话报》②,庆亲王便奏明这报是黄某举办。皇太后说道:这报虽然是白话,却于世界上,很有些益处。

---

① 《山西抚台札饬阅报》,《杭州白话报》第19期,1901年12月15日。
② 慈禧太后之所以关心《京话报》,是由于它和清末大多数白话报的革命倾向不同,由于在皇城根下,它的"保皇"色彩非常明显,它的发刊词说:"试问咱们中国四万万人,这里头,那一个不是咱们大清的百姓。既作了咱们大清国的百姓,可就要知道这忠君爱国的四个字怎么讲。你们大家伙想想,咱们太后同皇上,现在到了陕西,吃也没有好的,穿也没有好的。为了这些百姓,惹下这么大的乱子,带累他们母子二位,吃了多少的苦,呕了多少的气,还要替人家赔钱赔礼⋯⋯报中所讲的,无非是些劝人学好长人见识的话。至于那些朝政的得失,人物的好坏,我们一时也用不着,也谈不到,免得许多的麻烦。这也是我们在京里做事的难处。看报的人总是要见谅的了。"《论创办这〈京话报〉的缘故》,《京话报》第1期,1903年10月5日。

因对此催令进呈,只为那报自从封闭以后,没有举办的铜钱,也没有举办的地方,所以三月里,恐怕来不及出报,但是,皇太后也算留心报务了。[1]

相信最高统治当局对白话报的认同,对扭转世人,尤其是政府官员中瞧不起白话报的人,会起到改变风向的作用。

那么,普通读者或社会人士是如何对待白话报的呢?

1906 年天津《大公报》附张《敝帚千金》登载了一篇题为《白话报迷》的短文,讲述了一位读者"迷"上白话报后的喜悦与烦恼:

> 我就是个失学的人,虽然念了几天书,只因为那书上的文义深奥,费尽了脑筋,还是悟不透。因为这个缘故,我就学那投笔的班超,把书包给抛下了。又因为我这肚肠子太直,舌头也不灵便,人家都是花言巧语的,我说句话,可就拙嘴笨腮的不好听了,时常得罪人。因为这个缘故,又学那三缄其口的金人,拿线把我的嘴给缝上了,从此可就装起哑巴来。有人见了我这样,有说我疯了的,也有说我傻了的,还有说我是糊涂虫不会哄人的呢。任凭谁怎样的说我,我也没法子跟他们争论,我干我的就是了,慢慢就有不答理我的了。哪里想到呢,我有个同学的朋友,跟我最投缘,送给我几本《敝帚千金》的白话报,叫我看,我就看,越看越爱看,如同得了那赵璧的一样,不知不觉,心里也豁亮点了,舌头也

---

[1] 謞者《报章进呈》,《杭州白话报》第 29 期,1902 年 4 月 22 日。

活动了,脑筋的轮子也转摇了,嘴上的线也拆下来了,话头儿也找着了,不论见了什么人,总要跟他说一说,说什么呢? 就是说白话报,别的我又不会了,简直我成了说报的迷啦。就有爱听我说找我来的;就有不爱听我说躲开我的;有听我说这报,点头吮嘴的;有听我说这报,抱怨忿恨的。哎呀! 只顾我们这一说白话报,絮絮烦烦。我并得不着一点什么便宜呀! 不但得不着什么便宜,反倒招出好些个闲言闲语来,我也很纳闷,到底我这是为什么愿心许下的呢? 莫不成这白话报里头,有什么戏法儿,把我给支使的这个样子。我想绝没有这个道理呀! 我这一肚子的冤枉,可上哪个衙门,打一场官司呢? 别人劝我,你从今不必说那白话报就得啦,将来你要是得了这说白话报的话痨,可没有地方找那好医生给你治这宗病,你这不是自寻苦恼吗! 唉,我对那人说,我这肚子里头,吃亏地方太小,存不住货,装满了点就往外溢,叫我不说这报,可是得不了话痨,还得不了臌症吗! 反正我也为难,只好抱定这个老主义,明白的人总该知道我的心,说也得说,不说也得说,有人爱听我就说,没人爱听我也说,说我疯也可,说我傻也行,但求着说得这做梦的人,都一齐的快醒了,也不愧我是先被唤醒了的失学人呀! [1]

这篇短文的作者,可能是社会上的普通读者,也有可

---

[1]《白话报迷》,《敝帚千金》第17期,1906年8月9日。

能是专为当时许多白话报刊所设的"讲报人"。他在此文中讲到一个他自己未必意识到的哲学命题,即语言与人的关系问题[1]。由于古书的"文义深奥",他几乎变成了个"哑巴",但由于遇着了白话报,他得以恢复言说的功能("心里也豁亮点了,舌头也活动了,脑筋的轮子也转摇了")。正如海德格尔所说,"人是能言说的生命存在","唯有言说使人成为作为人的生命存在"[2]。一旦他获得了能够言说的语言(白话),不但他自己"醒"了,而且他要用此语言"唤醒"更多的处于被语言(文言)所"遮蔽"的人。

自从白话报行销社会以后,成为报迷的不只是具有自觉推广意识的成年人,还有儿童。童蒙刊物专为儿童启蒙而创办,也属于白话报刊的范畴,因为它语言形式的通俗与

---

① 在一般人的认识中,语言不过是人类表情达意的工具而已,由于20世纪西方语言哲学从人的本质论上重新思考语言与人的关系问题,使得人们对语言问题有了新思考路向。海德格尔说:"语言是在的家,人以语言之家为家。思的人们与创作的人们是这个家的看家人。""语言是在本身的又澄明着又隐蔽着的到来。"(海德格尔《存在主义哲学》,北京:商务印书馆,1963年,第87、99页。)但在清末中国人的论述中,颇有后来西方语言哲学的意味,如陈荣衮说:"大抵今日变法,以开民智为先。开民智莫如改革文言。不改文言,则四万九千九百分之人日居于黑暗世界中,是谓陆沉。若改文言,则四万九千九百分之人,日嬉游于琉璃世界中,是谓不夜。"(陈荣衮《论报章宜改用浅说》,《近代史资料》1963年第2期。)他将文言与白话构成的世界分别命名为两种状态:"黑暗世界"/"琉璃世界"、"陆沉"/"不夜",不同的语言与人的关系,决定了人的不同生存状态。
② [德]海德格尔《诗·语言·思》,彭富春译,北京:文化艺术出版社,1991年,第165页。

新颖,颇受儿童欢迎,清末画报对此留下了逼真的影像。

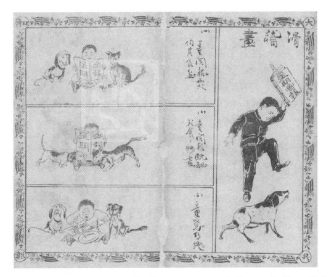

图 2-5　滑稽画《一童阅报》(《大共和星期画报》1913 年第 10 期)

这幅画中的儿童阅读的是《星期画报》,描绘了三个场面:(一)"一童阅报,两犬伺其食盒";(二)"童阅报正酣,犬食食物尽";(三)"童觉,乃哭"。这幅漫画将白话报对于儿童的魔力,表现得淋漓尽致。

白话报刊在受到一部分人热烈欢迎的同时,也受到一部分人的质疑和反对。

彭翼仲 1904 年在北京创办的《京话日报》,是京津地区创办较早、持续时间最长、影响最大的白话报,但该报在创办初期即遇到各种阻力,其中最重要的是来自人们心理上对它的排斥:

彭先生办报的艰难,非止在经济上;社会上的阻力更居重要,而且它又影响到经济。首先是社会上不习惯,群呼为"洋报"。有些老年人戒其子弟不要看。竟有人付过订报费,送去报纸而被其家老人严词拒绝不收(见二六四号报)。报纸取价虽不多,但无论铺户或人家初时总不想增多此一项开支,报纸的经营是要销路多和广告多才行的,而这两者当初皆不可得,陷于经济困难者正在此。然而待风气慢慢转变开通,这种阻力可消,还另有更大的阻力。[①]

而且,这种反对的势力和支持力量之间,往往形成一种对垒的阵势:

支持拥护它的人就替它推广和宣传。例如:有的人辟设"阅报室",买来报纸供众阅览,并备茶水座位,不取分文。有的人设立"贴报牌"在街道旁边,让行路人随意停立阅看。还有的设立"讲报处",为的是有好多人不识字,不能看报就可以来听。在前曾提到王子贞的尚友讲报处即其一。而多数是说书的茶馆改设或兼办。还有自号"醉郭"的一老人,原来流动街头说书卖唱,后来专讲《京话日报》。

至于那反对它、怨恨它的一面,只举出一事可以概说。有一位刘瀛东先生独力出资设立贴报牌三十

---

① 梁漱溟《记彭翼仲先生》,《文史资料选辑》第 4 辑,北京:文史资料出版社,1961 年,第 118 页。

处,分布于内外城各通衢要道,屡屡被人推倒砸毁。初时没有好办法,只有自己修复重设。幸得后来巡防局承认保护,哪知依然不行。据三五八号报所载"五城防局赔补报牌"一条新闻内说,三十处报牌经检查被毁的共达二十五处之多。[1]

1909 年,《安徽白话报》登载了一篇名为《阅报一夕话》的"警世小说",小说讲述了一位阔少,因为阅读《安徽白话报》而意识到中国真有被"瓜分"的危机,眼看大局已坏,不能支持,于是长吁短叹,悔恨从前所受种种自私自利的教育和养尊处优、缺乏自立的生活方式。但其家人以为他是因读了白话报而被蛊惑,于是当着他的面,焚化了他所阅读的那本《安徽白话报》。小说的情节,有似冰心的《斯人独憔悴》,但这个冲突远没有冰心小说中的激烈。小说的结尾,这位阔少被家人说服了,认为瓜分的危机不会到来,他听了家人的劝说后,"便昏昏的睡去,仍然到了黑甜乡了。家人还背地里议论,从今以后,不准教他看报,提防着报纸作祟"[2]。

这篇"警世"白话小说,意在警醒世人:社会上存在着一种强大的白话报阻挠势力。被白话报唤醒了的青年,还有可能被家人或社会重新召回到"黑甜乡"里去。

清末白话报刊的风行,还体现在各个白话报之间的彼此提携,互通声气,及时了解并报道全国各地白话报刊的

---

① 梁漱溟《记彭翼仲先生》,《文史资料选辑》第 4 辑,文史资料出版社,1961 年,第 119 页。

② 味冰《阅报一夕话》,《安徽白话报》第 6 期,1909 年 8 月。

创办情况,以此扩大白话报刊的影响。比如《京话报》就转载了大量《无锡白话报》的文章,如《海国妙喻》。尤其有意思的是,裘廷梁倡导白话的纲领文献《论白话为维新之本》是用文言写成的,《京话报》第三回转载时,从题目到内容都演成了白话,题目是《白话书是变法自强的根子》。1903年,《杭州白话报》的创办人林万里,在回顾了庚子之乱后白话报的创办情况时,屡屡提及其他白话报:

> 即如辛丑那年,不过一个《杭州白话报》,到了癸卯便有了《中国白话报》,《绍兴白话报》,《宁波白话报》。到了今年,三个月还未过完,那《安徽俗话报》,《吴郡白话报》,《福建白话报》都已陆续出来,如此延推下去,不上三四年,定然成一个白话世界了。①

在清末提倡白话文甚力的刘师培,在1904年的《警钟日报》上,以文学史家的眼光,对白话报的短暂历史进行及时的总结:

> 溯白话报之出现,始于常州,未次而辍。及《杭州白话报》出,大受欢迎,而继出者遂多。若苏州、若安徽、若绍兴,皆有所谓白话报而江西有《新白话报》,上海有《中国白话报》,又若天津之《大公报》,香港之《中国日报》,亦时参用白话,此皆白话之势力与中国

---

① 宣樊子《论本报第三年开办的意思》,《杭州白话报》第3卷第1期,1903年(《杭州白话报》自第2年起,封面或版权页不再标注出版月、日,只写"第×年第×期")

文化相随而发达之证也。[①]

总之，白话报刊自清末戊戌前后开始创办，到五四时期，在前后二十年左右的时间，虽历经起伏，但终因文学革命的成功，几乎演化为社会上所有新闻报刊和文学期刊的通用形式。白话报刊对文学革命的贡献良多，很多方面前人已多有论述。但有一个颇为重要而往往被人忽视的因素，即是清末白话报刊对新文学读者的培养。

（三）白话报的读者

在中国文学史（或者阅读史）上，白话报刊这一通俗媒介的出现，所引起的读者群体的变化，绝对可说是千年未有之巨变。中国古代文人著述，其"目光不越帝王权贵，神仙鬼怪，及其个人之穷通利达"[②]，藏之名山，传诸后世，是他们的普遍心理。近代以来，尤其是清末的白话报人，多抱持经世致用与民本思想，其读者预设，与此前发生了逆转。我们看早期的白话报人，都把四民之中的后三者——农工商，作为他们言说的对象。

要说明白话报人的读者意识，最为恰切的个案，莫如《俄事警闻》（《警钟日报》），因为该报根据读者的不同阶层，决定所用语言形式。该报自创刊第 1 期起，就明确区分了文言和白话的不同读者对象：

①刘师培《论白话报与中国前途之关系》，《警钟日报》1904 年 4 月 26 日。
②陈独秀《文学革命论》，《新青年》第二卷第六号，1917 年 2 月 1 日。

本社拟为社会代筹其能尽之义务,著之论说,以备采释。同人不才,谋虑难周,阅报诸君,有熟悉此各社会情形者,请撰寄本社,当陆续选登,题目如左:

普告国民	文白	告幕友	
告各新闻记者	文	告候补官	
告出家人	白	告洋务人员	以上文
告阔少	苏白	告将弁兵丁	
告吃洋饭者		告渔	
告教民		告无业游民	
告仇教者		告江湖术士及卖技者	
告盗贼	以上白	告做善举者	
告江浙福建人	白	告媚神佞佛者	以上白
告广东人	广东白	告留学生	
告满人	官话	告中国教育会	
告蒙古及西藏人	官话	告各书局之编译者	
告政府		告身任教育者	
告外务部		告学生社会	
告各省疆臣		告保皇会	
告领兵大员		告立宪党	
告驻各国公使		告革命党	
告驻俄国公使	以上文	告守旧党	
告寓南洋及美国商人		告厌世派	以上文
告寓日本商人	以上白	告捐官者	白
告前日拒俄会会员		告科举家	文

告义勇队		告各省绅董	文
告和平变法派	上文	告各省富民	白
告各会党		告村塾师	文
告马贼		告道学先生	文
告全国父老		告文人墨客	文
告全国儿童		告工	
告全国女子	以上白	告小工	
告州县官		告商	
告农		告东三省居民	官话
告娼优		告北京人	京话
告乞丐	以上白	告湖南人	湖南白

此外如有崇论宏议,诗歌小说,凡关涉俄事者,不拘体裁,均请惠寄本社,刊登报端,幸甚。①

该征文广告划分文言、白话(官话)的读者(宣告对象)未必科学,也显得有些凌乱,但它有两点特别重要:一是面向社会大众征集稿件,显然它把作者不限于传统的"文人"这个阶层,扩大了作者的范围;二是对文言和白话的读者作了明确区分。有了这个区分以后,不同文体就会因读者的明确限定,而产生相应的各种变化和特性来。

这一读者对象的变化,引起了文学活动各环节的连锁

①《本社征文广告》,《俄事警闻》第1期,1903年12月15日。该征文广告从第2期起,对各条目进行了整合,相对较为整齐、合理。

反应。从文学供给与需求这一文学生产的"供求"关系而言,一种新的文学的产生,其根本的动机,是因应新的读者群体的阅读需求。鲁迅在1930年代的"大众语文"论战中指出,清末白话报的创办,就是为了"大众"读者的需求:

> 将文字交给大众的事实,从清朝末年就已经有了的。

> "莫打鼓,莫打锣,听我唱个太平歌……"是钦颁的教育大众的俗歌;此外,士大夫也办过一些白话报,但那主意,是要大众听得懂,不必一定写得出。[①]

陈独秀1923年在"科学与人生观"的论战中也说:"中国近来产业发达人口集中,白话文完全是应这个需要而发生而存在的。"[②]

早期的白话报人,在谈到他们创办白话报刊的动机时,几乎异口同声地强调他们所设想的读者,是下层社会的民众。但这样一种笼统的认知,对我们研究白话报的读者,在清末至五四这一文学演化过程中所起的作用,还是不够的。我们至少要知道,在下层社会中,是哪些具体的阶层或团体,成为白话报刊的阅读者和传播者。除了下层社会以外,其他阶层,比如清末以来的新型知识分子读者,他们对文学革命演进过程所起的作用如何,都是值得考虑

①鲁迅《门外文谈》,《鲁迅全集》第六卷,北京:人民文学出版社,2005年,第97页。

②陈独秀《答适之》,任建树主编《陈独秀著作选编》第三卷,上海:上海人民出版社,2009年,第168—169页。

的问题。

大致来说,白话报的读者,分为这样三个层级:一是粗通文字、散落在各个行业与阶层的普通(或"无名")读者,他们仅仅因为文化水平的限制或个人喜好,成为白话报刊的读者,他们在文学演变的过程中,充当了无名英雄,但正是他们,成为新兴文学的最大支持者;二是可以明确其阶层或团体归属的读者群体,如大中小学校的学生、政府衙门中的公务人员、新军中的军人等,这些读者,他们在阅读上有明确的自主意识,并通过他们向所联系的社会群体,扩展白话报刊的传播范围和影响,他们对白话文运动的影响,可以通过某一具体群团对白话报刊的订阅数量或集体行为,得以显现;三是后来成为社会各界知名人士的白话报刊读者。这类读者中,有的后来成为新文学的作家(由白话报读者成为新文学作家的,涉及白话报对新文学生产者的培养问题,留待后文专门论述),有的成为其他领域(如教育、革命)的著名人士。由于他们在自己行业中的特殊地位,他们对白话报刊的接纳、支持和同情往往被放大了,也在一定程度上引导了社会舆论的走向和普通民众的心理。

第一种读者对白话报刊传播的作用,我们只能从它的社会基础作用上去理解。至于这个群体的具体数量如何,已有的研究往往语焉不详。近年来海内外学者对清末识字率的估算,有助于纠正我们原来对这个问题的夸大而笼统的认识。

清末中国人的识字率和阅报人数,由于没有一个可靠的测算依据,往往是估算出来的,即如汪康年曾估算说:"中国识字之人十一,读书之人百一,阅报之人千一。"[①] 按照他这个说法,清末读报人数才只有四五百万,读白话报的人数会更少。这当然是一个大致的估计,没有多少科学依据。美国学者 Evelyn Sakaida Rawski 估算,1880 年代中国人的识字率,男性为 30%—45%,女性为 2%—10%[②],这意味着当时国人的平均识字率为 16%—20%。Rawski 主要是根据中国人的读书观念、学校经费、师资、印刷出版技术发展水平、大众教育资料等因素,和一些地方有限的数据资料,推算出这一数据的。但由于当时中国的地区性差异极大,以某一地区的情况推算出来的全国识字率,实际的识字率估计远低于这个数字。台湾学者张朋园根据清政府 1907 年预备立宪清单中,对国民识字率的目标预设及其他事实,判断"十九世纪中国的识字率绝难超过百分之二十"[③]。即使是这不到五分之一的识字人口中,还有一部分是由于各种原因(比如交通阻隔等)不会阅读白话报的。所以真实的白话报读者,在当时整个中国人口中绝对是小而又小的"小众",而非"大众"。

尽管从总体上来看,白话报的读者人数不容乐观,但

---

① 《汪康年师友书札》(2),上海:上海古籍出版社,1986 年,第 1623 页。

② Evelyn Sakaida Rawski, *Education and Popular Literacy in Ch'ing China*, Michigan:The University of Michigan Press. 1979.p23.

③ 张朋园《劳著〈清代教育及大众识字能力〉》,(台湾)《中研院近代史研究所集刊》第 9 期,1980 年,第 459—460 页。

就某一份具体的白话报的销量或代售点的分布而言,我们
又不得不佩服他们在艰难尝试中取得的惊人成绩。

包天笑 1901 年与他人合办的《苏州白话报》,把发行
的读者范围确定为城市周边的乡村市镇,也有不俗的销
量,包天笑说:

> 我们这个白话报,要做到深入浅出,简要明白,我
> 和子青哥是一样的意思。我们不愿意销到大都市里
> 去,我们向乡村城镇间进攻。曾派人到乡村间贴了招纸。
> 第一期出版,居然也销到七八百份,都是各乡镇的小航船
> 上带去的,定价每册制钱二十文,(其时每一银圆兑制钱
> 一千文),批销打七折,有许多小市镇的杂货店里,也可以
> 寄售,为了成绩很好,我们更高兴起来了。①

1903 年创刊于上海的《智群白话报》,其第 2 期的
《本馆告白》说:"本报去年十二月出第一期,因创办伊始,
只印五百册试销。辱承同志嘉许,接踵惠顾,现已全数销
尽,用待再付排印,准三月初十出版,分寄各代派处,以备
补购。"② 该期《智群白话报》在封底列出了 75 处代售点,
散布于南北各地的大中小城市,如上海、北京、嘉定、苏
州、无锡、常州、常熟、宜兴、溧阳、丹阳、江阴、镇江、南京、
杭州、嘉兴、南浔、碛石、宁波、温州、安庆、芜湖、武昌、汉
口、南昌、长沙、天津、保定、太原、济南、郑州、成都、福州、

---

① 包天笑《钏影楼回忆录》,上海:上海三联书店,2014 年,第 164 页。
②《智群白话报》第 2 期,1903 年(该期无出版日期——引者)。

松江等地。负责代售的机构有报馆、书局、书庄、学堂、学社、图书馆等文化教育机构,也有一些金融、商业场所,如银行、信局、药店、纸铺等。此外还有热心人士个人也为该报代售①。

彭翼仲的《京话日报》于 1904 年初创之际,可谓经营惨淡:"初出版时,每张仅售三文,材料不丰,销路未广,无以餍读者。且风气未开,阅报者少,群呼之为'洋报',冷嘲恶骂,无所不至,街设贴报牌,屡被拆毁。"后经改革,登载热点新闻,该报身价"从此增高,由五千余纸,不十日涨至八千纸"。又因"本报不畏强御,一鸣惊人,身价日起,销路遽达万份以上"②,成为当时北京销路最大、影响最广、声誉最隆的一份报纸。梁漱溟的父亲梁巨川说:"自甲辰以后,先生所为报纸乃渐由困而亨(始都中无有阅报者,由热心人士一二辈多方倡导,张报纸于碑,植立通衢,供众阅览。继又进而有阅报所讲报处之设,皆各出私财为之,遍于内外九城,不下数十处。今之署曰京师公立阅书报处、通俗讲演所者,多半由此嬗蜕而来,而昔之私家设立者,竟不复见),流布北方各省,大为风气先导。东及奉黑,西及陕甘。凡言维新爱国者,莫不响应传播。而都下商家百姓于《京话日报》,则尤人手一纸。家有其书,虽妇孺无不知有彭先生。于是声动宫廷,太后遣内侍采购,特嘱晋呈(《启蒙画

①《智群白话报》第 2 期,1903 年。
②彭翼仲《彭翼仲五十年历史》,姜纬堂等编《维新志士爱国报人彭翼仲》,大连:大连出版社,1996 年,第 113、115、116 页。

报》冠有'两宫御览'标题)。"①

1908 年《竞业旬报》刊发一篇来稿,作者对该报在扬州乡村的销售情况作了报道:

> 兄弟九月间因事至清江,路过扬州府属之氾水镇,诸君可知道氾水镇是一弹丸地吗? 镇上人口只有几百户,大半是收租度日的人家,未免有一种因循悠忽遗传性……真正是极闭塞的一个村落。兄弟到了氾水镇至几处改良私塾看看,见每塾置有《竞业旬报》一份,且有许多住户人家,亦购此报看。兄弟见了欢喜的了不得,兄弟又到代派成君处,知道旬报月可销得十余份之多。你看小小一个镇市,能够销了十余份,可见《竞业旬报》的力量,已输入极闭塞地方了,风气渐渐开通了。你看地方上有了这样进化,地方上人精神也活泼起来了,这不是中国振兴的证据吗? 哈哈……,好了……,好了……,兄弟今天做这篇白话,盼望普天下村镇同胞,都看这个报,那时人人受了感动,人人有救国心思,也不辜负《竞业旬报》更生,在社会上大声疾呼的苦心呢! ②

这个具体而微的事例说明,白话报能够深入闭塞的乡村市镇,在普通住户和私塾学生中,有一定的市场。它在

---

① 梁济《梁巨川遗书》,上海:华东师范大学出版社,2008 年,第 31 页。
② 嵩生《说〈竞业旬报〉力量输入村镇之可喜》,《竞业旬报》第 34 期,1908 年 11 月 24 日。

乡村市镇产生的影响,肯定对五四新文学在这一地域范围中的传播和接纳,起了很好的前期铺垫作用。

第二种读者情况。白话报刊总体上都将下层民众视为自己的言说对象,但事实上,能够阅读白话报的下层民众,也是很复杂的。于是,有的白话报,明确自己的读者,主要是学堂学生、各级政府公务人员或军人等,因为他们有比较明确的读者预设,再加上在行销的运作过程中,有比较切实可靠的渠道和方式,所以对这部分读者可以做定量、定性的分析。

林獬在《杭州白话报》创办伊始,即提出了明确的主要销售对象是"学堂"学生,也制定了针对这种团体订阅的优惠和鼓励措施:

> 我们办这个报的意思,原为广开民智起见。现在议定:凡各省已设的学堂及义学主人向本馆买报全年至十份以上者,照外埠代售例,八折算账。如有达官、富商定至十份,义在分送者,亦照此例。①

而且这种措施确实也行之有效,据该报发行到第20期的一则报道说,杭州求是书院和武备学堂的学生,自愿捐款,组织分送白话报的社团:

> 求是书院学生夏间设立一个分送白话报社。我们的报,每月买几百本去,照分送善书章程,各处去广

---

① 宣樊子《论看报的好处》,《杭州白话报》第1期,1901年6月20日。

为分送,早经登过《中外日报》。大家多称赞佩服求是
书院的学生,有志气,有热心。谁知现在武备学堂学
生,也照求是书院立起一个社来。你每月捐几角,我
每月捐几角。几十个人,不知不觉的凑集了好些钱。
便来买我们的报,从十月起,以后月月不断,都照求是
书院分送章程,一般无二。唉！杭州学堂里的学生,
有这样的热心,真正要敬重他呢。[①]

1904 年年初,《吴郡白话报》做了一份 "苏州城内各日
报销数" 的调查表,其中前一年由蔡元培等创办的《俄事警
闻》(《警钟日报》的前身),在苏州城内共计销售 4 份,其
销路一栏注明 "专售学堂"[②]（其他如《新闻报》"士商十之
九,官场十之一",《采风报》《游戏报》《花天报》的销路为
"妓家",可见此时各类报纸的读者群体比较明确）。

1905 年《东方杂志》在报道《京话日报》的发行情况
时说,"《京话日报》出版以来,日见推广。毓将军朗近复谕
工巡各局人员,一体购阅,以开智识"[③]。这和前述岑春煊在
山西札饬各州县衙门订阅《杭州白话报》的情况类似,说明
各级、各地的开明官员,通过政府命令的形式,在各级政府
官员中,也培养了不少白话报的读者。

清末民初的白话报人,不仅有明确的读者意识,而且

---

①《杭州武备学堂设立分送白话报社》,《杭州白话报》第 20 期,
　1901 年 12 月 25 日。
②《苏州城内各日报销数》,《吴郡白话报》第 1 期,1905 年 1 月 20 日。
③《东方杂志》第二卷第四期,1905 年 5 月 28 日。

还采取行之有效的措施,来培植或争夺读者。

《进步》杂志是 1911 年 11 月创刊于上海的 "中华基督教青年会" 刊物,这份刊物在 1915 年向社会公开征求 "阅报队"。像它这样重视读者的,也许并不多见,但至少可以帮助我们理解白话报刊对读者问题的重视。该刊征求读者的两则文献不妨全文引录如下,以窥白话报人与传统文人对待读者的迥异之处:

征求阅报同志之热心

《进步》杂志社托童子部会友,征求阅报同志,分为六队,在本埠各校征求阅报者。上星期三为第一旬结算分数期,驯狮队得分数最多,特奖三十分。本星期六为第二旬结算分数期,得最多分数者亦奖三十分。各部正在竭力兜消,以夺此第二旬奖赏。征求简章附后。

《进步》杂志征求阅报队简章

一、此次征求,拟推广《进步》六百份,以增加国民知识为目的,亦为童子部社会服务之一种。

二、此次征求,以上海青年会童子部新编之各队分任之,于一个月内互角优胜,已请徐锡隆君为猛虎队队长,杨皋声君为朝阳队队长,李竞雄君为义勇队队长,许长茂君为驯狮队队长,蒋文伟君为进益队队长,曾次骞君为顾长队队长。

三、成绩以分数计算,每定报全年一份作为二分。

四、拟以收入报资十分之一作为个人酬劳,或取现洋,或取《进步》杂志及青年会组合出版书籍,均听各便。

五、得分数最多者赠金牌一面,第二、三名各得银牌一面。

六、得分数最多之队赠队员合照一幅,悬于童子部之新屋留作纪念。

七、收条簿每册十张,队员各执一册,由队长编号分发,将来由队长收齐缴还。

八、队员所用之样本,单张可向队长领取,单张分送后无需收回,样本订购即作全年十二册内之一册,不订购须收回。

九、征求日期定阳历三月廿九为始,至四月廿八午后六句钟截止。

　　　　　　　　　　《进步》杂志社 [1]

在由学生、官员、军人构成的这类读者群体中,各级学校中的学生读者尤为重要。我们可以设想,这些书院、学堂的学生,既是白话报的第一读者,也是继续扩散白话报的中转人。由于自身的知识与思想构成及其较强的社会影响力,他们日后多有可能成为第一批新文学的接受者和支持者。其中的某些个体,也成为日后文学革命在各个地区和阶层的中坚力量。

除了上述散布于各阶层的、具有团体性的无名读者群之外,还有第三类读者。这类读者因为个人的社会知名

---

① 《上海青年》增刊三号,1915 年 4 月 16 日。

度,使得他们的阅读经历及其对他们日后的影响,往往通过他们的日记或回忆录等,让世人得以知晓,成了难得的"有名"读者。这类读者,有的日后成了新文学的作家,有的或仅在文学的"周边",但这一阅读经历及其所受启蒙影响,对他们在五四新文化运动中,能够走在时代前列,或者至少与时代潮流同趋,大有关系。

清末的维新人士,即使是当时年长的一辈,由于他们的思想比较开通,虽不能说白话报对他们产生了多大影响,但至少能够接纳这一新生事物。这一行为,对他人亦产生了示范作用,可敬可佩。

据年谱资料记载,晚清经学大师孙诒让(1848—1908),1897年他的上海友人给他寄赠过刚创刊的《蒙学报》,1901年他自己订阅了刚创办的《杭州白话报》①。皮锡瑞(1850—1908)和孙宝瑄(1874—1924)都是清末的维新人士,他们存世的日记中,记载了他们阅读的大量报刊信息,其中也有部分白话报刊。孙宝瑄1897年的日记中就出现过当年创办的《蒙学报》。而皮锡瑞1906年的日记中也出现了《白话报》②。尽管皮锡瑞早在1908年就已去世,而孙宝瑄在五四文学革命中已垂垂老矣,但作为当时最有影响的有

---

① 孙延钊《孙衣言、孙诒让父子年谱》,上海:上海社会科学院出版社,2003年,第279、300页。

② 姜晨的硕士论文《晚清士人的报刊阅读》,对皮锡瑞和孙宝瑄1892—1908年间所读报刊名录列表对照,可见报刊阅读与晚清士人思想之间的密切关系。姜晨《晚清士人的报刊阅读》,山东大学硕士学位论文,2015年。

识之士，他们阅读白话报所产生的意义和影响，不可小觑。

与皮、孙相比，年轻一代的梁漱溟（1893—1988）在青年时期，更是在报纸杂志的世界里成长起来的，所以他对白话报，更有热情，他说自己"十岁时候爱看《启蒙画报》《京话日报》，几乎成瘾"：

> 我的自学，最得力于杂志报纸。许多专门书或重要典籍之阅读，常是从杂志报纸先引起兴趣和注意，然后方觅它来读底，即如中国的经书以至佛典，也都是如此。他如社会科学的书，更不待言。……我的自学，作始于小学时代。奇怪底是在维新文化初初开荒时候，已有人为我准备了很好课外读物，这是一种《启蒙画报》，和一种《京话日报》。创办人是我的一位父执，而且是于我关系深切的一位父执。①

后来成为著名京剧表演艺术家的郝寿臣（1886—1961）和徐兰沅（1892—1977），当年都是《京话日报》的热心读者。梁漱溟说："据郝寿臣先生对我讲，他曾是《京话日报》一个热心的读者，每月累积装订成册，都保存起来，只为年代太久，又历经变乱，而今已没有了。""说到《启蒙画报》，徐兰沅先生极有印象，自称幼年非常爱看它。这恰同我一样。他指出它给了我们许多自然界现象的科学说明，获得一些常识而免于糊涂迷信。"②

---

① 梁漱溟《我的自学小史（二）》，《自学》第 2 期，1943 年 6 月 1 日。
② 梁漱溟《记彭翼仲先生》，《文史资料选辑》第 4 辑，北京：中华书局，1960 年，第 101、102 页。

尽管我们获得的关于清末知名人士或上层社会人士阅读白话报的资料不是很多，但据以上资料，我们可以推断，这样的读者，也不在少数：

> 当年对于北京社会乃至广大北方社会起着很大推动作用的，却是《京话日报》。它是全用白话文的小型报纸，内容以新闻和演说（相当于社论）为主。新闻分为本京新闻、各省新闻和紧要新闻。紧要新闻包有国内和国际的大事。它原是给一般市民看的，但当时社会的上层人士看的亦不少。彭先生所致力的爱国维新运动，主要凭借于此报。[①]

总之，清末的白话报刊，培养了一大批白话文的读者。五四文学革命借助五四学生运动骤然取得成功，看似有些意外，但其中一个非常重要的缘由，即是清末以来二十年左右的时间里，白话报刊为新文学培养了广大的读者群体，这才是文学革命取得成功的社会和群众基础。

二 白话报刊培养的新文学作家

文学创作的主体是作家，新文学的创作主体当然是新文学作家，那么，在中国文学的现代化过程中，新文学作家是如何产生的呢？

---

① 梁漱溟《记彭翼仲先生》，《文史资料选辑》第 4 辑，北京：中华书局，1960 年，第 102 页。

　　首先,新文学作家和古代文人相比,他们所从事的是一种"职业"。1921 年《文学研究会宣言》明确提出"建立著作工会的基础"是该会的功能之一,认为文学是一种"工作"和"事业"。将文学当作一种职业来看待,是中国文学史上的一个重大转变,而这种转变起自清末二十多年间报馆、书局的创办。新文学作家就是从这些报刊文人演化来的。

　　其次,五四或者稍晚的新文学作家,多是深受清末以来的包括白话报刊在内的报刊文("新文体")的影响而成长起来的。梁启超虽不是白话报人,但他的"新文体"平易畅达,颇近白话文。以他为例,很能说明"新文体"或白话文对新文学作家的培育之功。钱玄同给陈独秀讨论文学革命的信中,这样评价梁启超与新文学的关系,"梁任公实为创造新文学之一人","鄙意论现代文学之革新,必数及梁先生"[①]。梁启超对新文学的贡献,不仅在于他独创的"新文体",更在于他的"新文体"所影响的一代读者,成为下一时期新文学的中坚力量。胡适说:"梁启超当他办《时务报》的时代已是一个很有力的政论家;后来他办《新民丛报》,影响更大。二十年来的读书人差不多没有不受他的文章的影响的。"[②] 包括胡适在内的许多五四新文学作家,都坦承自己由受"新文体"的影响而走向新文学创作道路的过程。当然,除了这些在五四时期声名卓著的新文学作家以外,还

---

① 《新青年》第三卷第一号,1917 年 3 月 1 日。

② 胡适《五十年来中国之文学》,《胡适全集》第 2 卷,合肥:安徽教育出版社,2003 年,第 282 页。

有很多名不见经传的普通新文学作者,他们受惠于清末以来白话报刊的阅读,后来成为新文学的普通作者。

(一)由报刊文人到新文学作家

在清末,随着科举制度的逐渐废除,西方铅印、石印技术和设备的引进,报馆、印刷所和出版社的大量出现,催生了一个新的职业[①]——"报刊文人"[②]。对于中国士人在近代

---

① 关于清末科举制度的废除与新型职业群体的出现,中外学界已多有论述。荷兰学者贺麦晓(Michel Hockx)指出:"就文学活动而言,我认为在这个骚动的时期,当各种各样的新型教育和新的职业道路摆在那些先前主要关注科举考试和文官职业的文学精英们面前时,'职业化'和'专业化'成了比政治化更为重要的趋势。职业化在文学圈子里主要的表现方式,是通过文学社团参与出版业。"〔荷〕贺麦晓《文体问题》,陈太胜译,北京:北京大学出版社,2016年,第33页。

② "报刊文人"这一称谓,在现代文学研究领域,最初是由李欧梵在1973年出版的他在哈佛大学的博士论文《中国现代作家的浪漫一代》中提出的,他说:"新的'大众文学'就是在这些文学副刊与'小报'中成长、兴旺的。担任编辑的是一群可以被称为'报刊文人'的人,他们对西方文学和外语略有认识,但却有着更为坚实的中国传统文化背景。这些刊物的特色是充斥着过量的假翻译和诗歌,还有那些宣称要唤醒民众的社会和政治意识,但同时也以提供娱乐为目的的文章。""'报刊文人'以及他们那创新而独特的通商口岸文学报刊的流行,代表了一个具有重大历史意义的现象,就是:在现代白话文文学随着'文学革命'出现之前,一种半现代化的大众文学已经取道报业的后门,偷偷潜入通商口岸的文学界。随报附送的或是独立的文学副刊数量大幅上升,读者群不断扩大,为'五四'时期从事新文学的人开拓了一个市场。而且,这些通商口岸的'报刊文人'在他们艰苦的谋生过程中,(转下页)

的这一角色转变,台湾学者李仁渊分析说:

> 甲午战争以来,科举制度的取才方式屡被质疑,1905 年清廷正式废除了施行千年之久的科举制度,长期连结士人与帝国的纽带松脱,更多失去"性命之所寄"的士人要找寻新的出路。除了从商、从事新式传播事业、转型当老师以外,当留学、接受西学逐渐获得官方的凭证,留学生成为一种有利的身份。①

这些报刊文人,"有的本有固定的职业,性之所好,以此作为文人的副业,有的竟是生计艰难,卖文为活的"②。于是有所谓"古人著书为传世,今人著书为卖钱"③的夸张说法,但这一夸张也道出了实情,章清在关于清末"思想界"

(接上页)同时建立了一个新的行业。他们在商业上的成功,证明了把从事文学作为一项职业不但可行,而且能够获利。至于进一步确立:作为文人不但有利可图,而且享有崇高社会地位的传统,则有待他们的'五四'继承者了。""通商口岸的'报刊文人'使文学成为一种在商业上确实可行的行业。他们是现代文人直接的原型。新文学运动标示了原始文人时代的终结,并催化了现代文人的产生。文学研究会会员不但使他们的新地位正式化,而且开创了把文学作为一个严肃的和受尊重的行业的道路。创造社社员则使现代文人成为一种时尚,而大量青年男女被他们的生活方式及他们的作品的流行所吸引,把文学作为他们生活的理想。"见李欧梵《中国现代作家的浪漫一代》,北京:新星出版社,2005年,第5—7、37页。

① 李仁渊《晚清的新式传播媒体与知识分子》,台北:稻乡出版社,2013 年,第 164 页。

② 包天笑《钏影楼回忆录》,上海:上海三联书店,2014 年,第 338 页。

③ 臧启芳《我国出版界之现状》,《晨报副刊》1923 年 8 月 9 日。

的研究中即认为:"新型报章不仅成为读书人与国家、社会发生关系之始,而且还改变了读书人基本的生存状况,'以文字谋生',成为正当的选择。对比科举制度下读书人基本的生存状况,影响如此巨大的变化,同样堪称'三千年来所未有'。在这个意义上说,新型传播媒介既催生了'思想界'的成长,同时还使走出科举时代的读书人依托于此获得了新的角色与身份。"①

加拿大著名的媒介研究学者麦克卢汉,对现代传媒对西方现代文学的影响,与中国学者有相似的论述:

> 也许电报产生的一个重要后果是:美国的文学天才被吸引到新闻业里去,而不是被吸引到书籍媒介中去了,爱伦·坡、马克·吐温和海明威等作家都是例子。除了报纸,这些作家再也找不到练笔之处,也找不到宣泄感情的渠道。②

清末三四百份的白话报刊,其创办者、编辑和撰稿人,是一个为数不小的新兴职业群体。这个群体中的大多数,由于各种原因,并未演变为五四新文学的作家。其中只有少数,如胡适、陈独秀、钱玄同等,因在五四文学革命中扮演重要角色而引人瞩目;其他如吴稚晖、李辛白、刘大白等,则因为不在文学革命的核心位置而常被忽略;另外,如

---

① 章清《清季民国时期的"思想界"》(下),北京:社会科学文献出版社,2014年,第566页。
② [加]马歇尔·麦克卢汉《理解媒介:论人的延伸》,何道宽译,南京:译林出版社,2011年,第290页。

包天笑、张丹斧等，则因为长期被划为鸳鸯蝴蝶派而被排斥在新文学史之外。其实他们都是典型的由清末白话报人演变而来的新文学作家。

在这三种情况之外，还有很多清末白话报的读者，在五四文学革命时期，由于职业、志向和所处地域的不同，或者未能全力从事于文学工作，或者还处于文学生涯的发轫期，他们的声名不为人知，但他们确属清末白话报刊培养起来的新文学作家或新文学的同道。

鉴于前两类由清末民初白话报人演变而来的新文学作家，现代文学史已多有论述。至于他们作为一个特殊群体，在清末与五四两个历史时段的演化过程，留待下章专门论述。这里先对清末至五四前夕投身报界，以此为职业或副业的新型文人，在五四文学革命时期成为外围作家①和普通作者的情况，选择一些特殊的个案进行分析，说明清末民初的白话报刊对于新文学作家的培养，所发挥的重要作用。就大多数清末报刊文人而言，单纯的白话报人并不多见，他们同时或先后既参与文言报刊，也参与白话报刊，而且时间愈后，报刊语言整体上通俗化的趋势愈明显，即使很多未标明白话报的报刊，其实与白话报的语言日趋接近，所以，这里论述报刊文人作为一种职业对新文学作家的培养，很难严格区分。

---

① 这里"外围作家"这一界说未必准确，权且用之，意指在文学革命初期还未开始新文学写作，或者已开始写作，但其主要的职业或志向在其他领域的文人，或在文学革命阵营之外的新文学作家。

清末白话报刊的创办,主要的动机当然是启蒙大众,但正如前引李欧梵等人所说,它也是科举仕途断绝后不可多得的职业选择,同时,白话报刊作为一种新兴事物,对于一代青年而言,也不乏"时尚效应"的吸引。

包天笑就不讳言他初入报界时,其较为优厚的薪水对他的吸引力。他1906年进《时报》馆时,狄楚青给他承诺的薪水,让他很满意:

> 他的条件,是每月要我写论说六篇,其余还是写小说,每月送我薪水八十元。以上海当时的报界文章的价值而言:大概论说每篇是五元,小说每千字两元。……这个薪水的数目,不算菲薄,因为我知道我的一位同乡孙东吴君,比我早两年,进入申报馆当编辑时,薪水只有二十八元。孙君说:"就是每月二十八元,也比在苏州坐馆地、考书院,好得多呀。"(他是南菁书院的高材生,素有文名的。)何况八十元的薪水,还比青州府中学堂监督的一只元宝还多咧,因此我也很满意。[①]

而在这之前的1894年,包天笑在苏州张检香家坐馆时,年薪不过三十元(束脩二十四元,加每节二元的三节节敬六元);1904—1906年任青州府学堂监督(校长)时,月薪七十元左右。

---

① 包天笑《钏影楼回忆录》,上海:上海三联书店,2014年,第300—301页。

　　1909 年,包天笑受曾孟朴之邀,到《小说林》兼任编译,"他们每月送我四十元,我也很为满意。有了时报馆的八十元,再加上《小说林》的四十元,每月有一百二十元的固定收入,而我的家庭开支与个人零用,至多不过五六十元而已,不是很有余裕吗?"①

　　另外,包天笑还有小说的稿费收入,"这时上海的小说市价,普通是每千字二元为标准","我的小说,后来涨价到每千字三元。"但林琴南这样的名家,所译写的小说,商务印书馆给他的稿费高至每千字五元②。

　　总体来说,清末报刊的出现,确实给科举之途断绝后的读书人带来了新的谋生手段,但他们前赴后继、乐此不疲地创办各式报刊,其中非常重要的一个原因,是受启蒙大众的愿望所驱使。和包天笑一起创办《苏州白话报》的尤子青,与包天笑就因为经费问题发生过争执:

　　　　子青哥创议:"我们办这个白话报,本来不想赚钱,我们只是想开开风气而已。我们可以像人家送善书一般,送给人家看,也所费无多呀。"苏州有些大户人家,常常送善书给人家的,或为道德家的格言,或以神道设教,他们算是"做好事"。有些耶稣教堂在苏传教,也是如此的。而且他们印书的成本,比我们的白话报也贵得多呢。但我则期期以为不可,我说:"送给

①包天笑《钏影楼回忆录》,上海:上海三联书店,2014 年,第 307 页。
②包天笑《钏影楼回忆录》,上海:上海三联书店,2014 年,第 307—
　　308 页。

人家看，人家也像善书一般，搁在那里不看。出钱买来看，他们到底是存心要看看的呀。况且我们的资本有限，借此周转，也不够一送呢。"[1]

在一定意义上说，清末白话报刊的创办与发行，确是受了中国古代"善书"和西方传教士传播"福音"的双重启发与影响的。

恽代英（1895—1931）虽非职业作家，但他是"五四"前夕走上卖文为生道路的新一代启蒙者和革命家。由于他的家庭出身（下层职员）和所处新旧交替的特殊时代，分析稿酬收入在他经济生活中的分量及对他职业选择的影响，很有代表性。

恽代英父亲虽为地方官员，但由于家庭人口较多（恽代英兄妹五人），家用颇为拮据，常常寅吃卯粮。恽代英1915年进中华大学读中国哲学时，经常为《东方杂志》《妇女时报》《新青年》等杂志撰稿，赚取稿费。他1917—1919年的日记，对他撰稿的收入和作为撰稿人的职业，有认真的思考和详细的记录。这个时段，正是他大学毕业前后，他的努力撰稿，一方面是对时代（启蒙）要求的呼应：

> 吾自思他事不敢言，若云思想，中西名儒吾亦等夷视之。吾有机会必须令全球称为精神界唯一之思想家，为人类解决一切未曾解决之问题。言虽夸，吾

---

① 包天笑《钏影楼回忆录》，上海：上海三联书店，2014年，第164页。

颇自信也。①

另一方面也是经济拮据和职业选择的现实需要。他说:"投稿生活每有理想,欲有三十元收入,实际每月十元左右。"②投稿的理想收入和事实往往有很大差距。他在1917年10月1日日记中说:

> 余又急于赚钱矣。余欠账尚十一二元,而应办之事尚多。吾所拟方针:于《妇女杂志》赚洋十元(译体育二篇,家政一篇)及书券若干,《女子交际问题》。于《青年进步》赚洋十元,《职业与学问》等。于《新青年》赚洋十元,《基督教评议》。小说与少年读物于《环球》赚洋十元。此外,在《东方》仍赚书券若干,尚需他处赚现洋若干。③

又1918年6月毕业前夕,恽代英等计划于暑期赴上海、庐山旅行,所费不菲,他仍以稿费收入为主要来源:

> ……余暑假当寄居于此(上海青年会童子部寄宿社——引者按),以半月为期,膳宿费约八元。赴牯岭船费及杂用以二元计。下山赴沪以三元计。回船以五元计。约得二十元可以敷用矣。此款本拟投稿赚得

---

①恽代英《恽代英日记》,北京:中共中央党校出版社,1981年,第50页。
②恽代英《恽代英日记》,北京:中共中央党校出版社,1981年,第53页。
③恽代英《恽代英日记》,北京:中共中央党校出版社,1981年,第156页。

之,但就近情言,恐投稿事业无充分暇余。将来或出于挪借,余就业在即,还款自为有把握事。然如在沪资斧缺乏,或有机会更作他游,当仍赖投稿以自给。[①]

据李良明主编的《恽代英年谱》所载,恽代英的投稿生涯始于 1910 年的《汉口中西报》。他于 1917 年 2 月 14 日日记《投稿失败追忆记》记录了他早年失败的投稿经历:

> 投《群报》一篇(忘名)
>
> 投《国民新报》一篇(《学生之言》)
>
> 投《中华民国公报》一篇(忘名)
>
> 投《民报》五篇(名不具)
>
> 投《时报》余兴二篇(名不具)
>
> 投《东方》一篇(《中国之思想界》)
>
> 投《学生》二篇(《伦理问答》《学生之自觉》)
>
> 投《东方》一篇(《物质实在论》,此篇售于《新青年》)
>
> 投《小说界》二篇(《披砂录》,此篇曾登《民报》;

《女学生》,此篇投《妇女时报》及《民报》均失败)[②]

恽代英早期的投稿并不顺利,但他并不灰心。他不仅决心于文字界中求生存,而且鼓励时在南京求学的四弟恽代贤(字子强)写稿。1917 年 3 月 17 日,当他收到恽代贤

---

① 恽代英《恽代英日记》,北京:中共中央党校出版社,1981 年,第398页。

② 恽代英《恽代英日记》,北京:中共中央党校出版社,1981 年,第34页。

寄来的译稿《儿童与烟卷》（发表于《妇女杂志》1917年第3卷第7期）时，他很高兴，估计此稿"约可售三四元"。他对将来投身于著译行业，颇为乐观：

> 以出版界情形言之，吾等将来大有可做之事。近人撰书者少，至译书者，译欧美书人亦少（译欧美小说者比较或在多数）。故吾决欲于译事者大有活动，子强弟或能助予。①

虽然不同地域的新闻和出版业的不同发展状况，会影响报刊文人的收入差距，比如上海、北京这样的城市，是近现代报刊文人最容易谋生的地方。但即使是恽代英生活的武汉这样的城市，报刊文人的收入，至少比大中学校的教师具有明显的优势。因为恽代英面临择业的重大选择，所以他在大学毕业的前一年，即1917年，就对他将来可能从事的教师这一职业的收入，和报刊文人的收入，进行过对比：

> 中华校中学教员每星期授课一时，每月薪三串六百，是一小时止值九百文弱也。此等事比之吾投稿生活且不如矣。如将来毕业能在母校生活，未始不佳。然如不能，求有较优之薪金，至少须求有十小时以上之功课……但吾必于此年余令投稿生活愈益完

---

①恽代英《恽代英日记》，北京：中共中央党校出版社，1981年，第51页。

固,为将来不受他人羁绊之后盾。[1]

另外,恽代英的父亲恽爵三 1917 年在湖北德安县府任财务与文牍科长,每月薪水洋七十元[2]。若以这个收入,比较恽代英大学期间业余撰稿的收入,可知"撰稿人"确实是一颇具诱惑力的职业。

正因为恽代英对将来从事报刊业如此看重,所以,他在大学期间对自己在这方面有严格的训练。他不仅有计划,而且时时总结,以期自己将来能在此行业谋取稳固的地位。如 1917 年 4 月,他的"行事预计"中就有本月的投稿计划:

> 本月投稿之生涯,《小说时报》必须应酬一篇。《妇女杂志》二篇。《东方》(即《东方杂志》)作一篇,译一篇。《进步》(即《青年进步》)或亦作译各一篇。《女子生活》周刊亦宜作一二篇赠之。[3]

1917 年 5 月 6 日,恽代英对该年前四月的"投稿成绩"进行总结:

> 所投者　二十四篇
>
> 已售者　十四篇
>
> 得现金　四十六元

---

① 恽代英《恽代英日记》,北京:中共中央党校出版社,1981 年,第56页。

② 恽代英《恽代英日记》,北京:中共中央党校出版社,1981 年,第252页。

③ 恽代英《恽代英日记》,北京:中共中央党校出版社,1981 年,第60页。

得书券　二十二元

将书券七折合现洋十五元四角,共得洋六十一元四角。

此是自四月以上之成绩,平均计之,每月收入十五元三角半。①

1917 年 10 月 4 日,恽代英总结"本年投稿成绩"如下:

正月　十五元

二月　十八元半,书券二十六元。

三月　六元半

四月　六元

五月

六月　十五元

七月

八月　十元,书券五元二角。

九月共洋七十一元,书券三十一元二角。

书券合洋二十一元八角,即共入洋九十二元八角,每月平均十元左右也。②

很显然,即使是这样一份业余的职业,所得收入是足够让恽代英对将来的职业充满自信的。

---

① 恽代英《恽代英日记》,北京:中共中央党校出版社,1981 年,第80页。

② 恽代英《恽代英日记》,北京:中共中央党校出版社,1981 年,第157—158页。

茅盾（1896—1981）1916年7月从北大预科毕业，初进商务印书馆时，其月薪为二十四元（而茅盾所在的英文部部长邝富灼，月薪一百元）[1]。1917年，上海商务印书馆朱元善所编《教育杂志》和《学生杂志》，"当时他付给那些译者的稿酬是每千字一元至二元，这在当时是一般的稿酬"[2]。1917—1918年，茅盾的薪水每月各增十元，月薪增至五十元。加上他向各处投稿的收入，平均每月也有四十元左右[3]。到1921年他主编《小说月报》后，月薪为百元[4]。加上稿费，每月收入当在一百五十元左右。

当然，编辑、主编、撰稿人的收入是和个人的声望成正比的。1921年，陈独秀受邀担任商务印书馆馆外名誉编辑，月薪三百元（当时商务招致名流为馆外名誉编辑，其中月薪有高达五六百元者）[5]。共产党创始人李汉俊给茅盾主编的《小说月报》写稿，茅盾给了他千字五元的最高稿

---

[1] 茅盾《我走过的道路》（上），北京人民文学出版社，1997年，第116、118页。

[2] 茅盾《我走过的道路》（上），北京人民文学出版社，1997年，第140页。

[3] 茅盾《我走过的道路》（上），北京人民文学出版社，1997年，第166页。

[4] 茅盾《我走过的道路》（上），北京人民文学出版社，1997年，第193页。

[5] 茅盾《我走过的道路》（上），北京人民文学出版社，1997年，第199页。

酬①。

曹聚仁(1900—1972)1916年在浙江一师读书期间，因为经济拮据，他约托在杭州《之江日报》作编辑的好友查猛济，给他们写一条三四角至一元钱的新闻稿，以赚取微薄的稿费：

> 我便从那份报上，找寻金华地区的地方新闻资料，加油加醋，重新写过，投向《之江日报》，居然刊载出来，有了稿费了。有几回，居然得了一元一条的高酬。每月就有四五块钱收入作零用。这是我做新闻记者的开始，那时，我只有十六岁。②

古今中外的文学史上，"著书都为稻粱谋"的现象，并不鲜见。但在中国近现代社会转型过程中，旧学的衰落、报刊的出现与科举的废除，骤然间催生了一个庞大的报刊文人群体。这既是现代文学得以发生的社会基础，也是中国现代文学迥异于传统文学的关键因素。

（二）由白话报读者到新文学作者

一个人日后成为什么样的作家，影响他的因素极为复杂，所以，我们不能简单地以某一因素或事件来论证一个作家创作风格的形成。但是，近代以来，中国文学的通俗

---

① 茅盾《我走过的道路》(上)，北京人民文学出版社，1997年，第197页。
② 曹聚仁《我与我的世界》(上)，北京：生活·读书·新知三联书店，2011年，第108页。

化是一个不可逆转的发展趋势,这是由外部客观世界的变化和中国文学自身的发展状态决定的。尽管在清末民初白话文运动的发展过程中,有些人未必能够认识到这些启蒙大众的白话文,将来会全盘取代文言文,成为各种文学的通用语言,但年轻一代的读者,他们的白话文阅读经历,无疑在他们后来成为新文学作家或作者的过程中,产生了重要的作用。这从五四时期成为著名人士的作家、学者和普通作者两方面都可以得到实证。

郭沫若(1892—1978)是著名的现代作家,但他既没有参加清末民初的白话报刊活动,也未参与发起文学革命,他只不过在文学革命论战后期,开始在上海的杂志上发表他的新诗作品。

郭沫若小时候在家乡的私塾读书时,就读过彭翼仲在北京创办的白话儿童启蒙读物《启蒙画报》,他在1928年所写的自传《我的童年》中时说,"这部《启蒙画报》的编述,我到现在还深深地记念着它":

> 甚么《启蒙画报》《经国美谈》《新小说》《浙江潮》等书报差不多是源源不绝地寄来,这是我们的课外书籍。这些书籍里面,《启蒙画报》一种对于我尤其有莫大的影响。这书好像是上海(郭的记忆有误,应为北京——引者按)出版的,是甚么人编辑的我已经忘记了。二十四开的书型,封面是红色中露出白色的梅花。文字异常浅显,每句之下空一字,绝对没有念不断句读的忧虑。每段记事都有插画,是一种简单的

线画，我用纸摹着它画了许多下来，贴在我睡的床头墙壁上，有时候涂以各种颜色。[①]

郭沫若虽然没有明确说这种白话报刊文对他后来走上新文学之路有什么直接影响，但他显然对这种白话文文字的"浅显"、断句的方便，是非常满意的。甚至在白话报刊的内容方面，由于他1928年写作此文时，正在提倡"革命文学"，所以他认为《启蒙画报》中的某些作品，是中国无产阶级文艺的鼻祖。

郭沫若对《启蒙画报》中所刊《猪仔记》这篇反映美国虐待华工的小说，尤为欣赏，他说："同样性质的文章我是在中国的近代的文学里很少看见。中国年年也有不少的留学生渡美，美国留学生中也有一些文学青年，中国工人的生活好像全不值他们一顾的样子。中国先到法国去勤工俭学的人也不少，但没有看见过有一篇描写工厂生活的文章。"[②] 他说，这篇小说，"虽然包含着劝善惩恶、唤醒民族性的意思。但从那所叙述的是工人生活，对于榨取阶级的黑幕也有多少暴露的一点上看来，它可以说是中国无产文艺的鼻祖"[③]。

---

① 郭沫若《我的童年》，《郭沫若全集·文学编11》，北京：人民文学出版社，1992年，第43页。
② 郭沫若《我的童年》，《郭沫若全集·文学编11》，北京：人民文学出版社，1992年，第44—45页。
③ 郭沫若《我的童年》，《郭沫若全集·文学编11》，北京：人民文学出版社，1992年，第44页。

图 2-6 《启蒙画报》创刊号封面　　图 2-7 《猪仔记》中的插画

舒新城（1893—1960）是五四前后成长起来的教育家和编辑出版家。他 1908—1911 年在湖南溆浦县立高等小学读书期间，就阅读过陈独秀主办的《安徽俗话报》等文字通俗的刊物：

> 以溆浦那样偏僻的地方，当然购不着什么真正的新书。但阅报室中有《时报》《新民丛报》《国粹学报》《安徽俗话报》及《猛回头》《黄帝魂》《中国魂》《皇朝经世文编》《西学丛书》《皇朝畜艾文编》《时务通考》等等。①

---

① 舒新城《舒新城自述》，合肥：安徽文艺出版社，2013 年，第 51 页。

他特别强调在他的革命思想的形成过程中,《安徽俗话报》对他的影响:

> 我在当时虽然看过很多的《新民丛报》和《中国魂》,但对于它们作者君主立宪的意见很不以为然,而醉心于《黄帝魂》的民族革命之说。那时有《安徽俗话报》,鼓吹排满尤力,我很受它的影响。①

舒新城由对清末白话报的阅读所养成的对于进步思想和新生事物的包容态度,使他能够在五四前夕,与《新青年》杂志所宣传的新文化运动迅速接轨,并及时调整自己的文体,由文言改为语体(白话):

> 我对于当时社会之种种,自然和一般青年一样,而惊醒则比较的快:是因为自民国五年起我便继续不断地阅读《新青年》——最初并不是知道这刊物的价值而订阅,是因为它是由湖南陈家在上海所开的群益书局所发行而订阅——对于陈氏的议论,当然是表同情的,不过因为知识的限制,不能有深切的表示。及“五四运动”以后,“重新估价”的口号打入青年的心坎,于是各种刊物如雨后春笋接踵而起,各省学生联合会成立而后,学生界的刊物尤多;省有刊物,校亦有刊物,个人集合的出版物亦不少——湖南即有毛泽东主持之《湘江潮》,——那时的我,正当已醒未清之时,对于旧者几乎样样怀疑,对于新者几乎件

---

① 舒新城《舒新城自述》,合肥:安徽文艺出版社,2013 年,第62页。

件都好,所以不论什么东西,只要是白纸印黑字,只要可以买得到,无不详加阅读。竟至吃饭如厕都在看书阅报,以至成了胃病。而上海《时事新报》的附刊《学灯》,《民国日报》的副刊《觉悟》,北京《晨报》的附刊《晨报副刊》以及《每周评论》《星期评论》《新青年》《新潮》《解放与改造》《少年中国》《少年世界》等却成为我研习社会科学及文学艺术哲学等等的主要教本。——杜威的讲演尤看得仔细。同时写文章也由文言而改为语体。①

舒新城早年的写作,多受所阅报刊文的影响,他说:"我本好发表意见,差不多对于任何一件史实,都似有意见要发表。而张先生允许我们自由论史,且常以梁任公先生在《新民丛报》上所发表的文章为范,鼓励我们大胆说话。于是我的议论好似发不完,文章也似写不完地一般。作起笔记来,总是比别人的多。而张先生因为我年龄最小,更不时当众夸奖,我自以为非常荣幸,而更努力。至养成了一种每日写作的习惯。此习惯至我十三岁半入郎梁书院而更坚定:是因为靠文章竞争取得膏火,有一种经济的力量在背后支持着。"②

正如前文所述及的清末报刊文人一样,舒新城由于家境拮据,他早年的写作,大半是出于"文章可换钱"的观

①舒新城《舒新城自述》,合肥:安徽文艺出版社,2013年,第136—137页。
②舒新城《舒新城自述》,合肥:安徽文艺出版社,2013年,第284页。

念。舒新城虽然也曾"嗜好文学",以性之所好,偶然写点小品文,但为数甚少。他 1916 年曾写过两部小说《雪际血痕》和《田畴记》。舒新城虽然后来并没有走上文学道路,但他是新文化运动在地方上最有力的支持者,他认为"新文化最简单的标志,是弃文言而写语体文"[①],这说明他与文学革命的主张高度契合,而且,他身体力行,改用语体文写作,这是他对文学革命的有力支持。

郭沫若、舒新城因为是声名卓著的文学家和教育家,所以他们由阅读白话文并受其影响,成为新文学作家或作者,易为人知。但还有身份卑微的各行业人士,由阅读白话报进而成为投稿者,并在文学革命后继续写作白话文,他们虽算不上是新文学家,他们在文学史上也籍籍无名,但他们的贡献却不容抹杀。

在彭翼仲所办《京话日报》上,就有一位名叫陈干的"步兵",由《京话日报》的读者而成为投稿作者,并作了彭翼仲的弟子与至交。彭翼仲在他的回忆录中对陈干有这样的记录:

> 庚子和局既定,常备军驻守北通州。少兵陈干,奇士也。痛国事衰颓,思尽一分子之义务,投身行间,亲历兵事。随营驻通,性喜读书报,购得《启蒙画报》《京话日报》,读之大快。投稿前来,题为《一个步兵的志向》及《大呼我陆军同胞》。略加润色,代为宣布。

---

① 舒新城《舒新城自述》,合肥:安徽文艺出版社,2013 年,第 150 页。

当日风气未开，大受长官申斥，有不能再留之势，请假来京，执弟子礼甚恭。留住报馆，暇辄与之谈时事，悲歌慷慨，热度达于极点，每欲以和平语化解之。①

陈干（1881—1927）后来参加同盟会、辛亥革命、北伐等，在军政界取得了相当的地位。他1904年在北京郊区作为一个普通步兵时，有幸得读《京话日报》，由读者进而成为作者，并与两位主办人彭翼仲、杭辛斋成为至交。这一个案至少说明两个问题：一是白话报在军人中具有比较广泛的影响，由于军人的集团性，白话报的影响往往呈规模化扩散的效应，而且这些进步军人，后来多成为辛亥革命、五四时期军政界的先进分子，他们对新文化运动的支持与扩散至为重要；二是这种普通作者的加入，壮大了白话文以及新文学作者队伍。

陈干向《京话日报》的两篇投稿经彭翼仲说明，得以为世人知晓，现将其中一篇全文照录如下，以观其思想、文采及与专业报人所作白话文之区别：

一个步兵的志向

（原件文义深长，截取几段，演成白话，我当兵的兄弟们听着）

我自投营以来，自己就起下了一个誓：这个身体，一定要送给我国家，决计不再爱惜的了。家亲年老，弟弟幼小，我的身体责任很重。无奈外人欺侮难受，

───────────

① 彭翼仲《弟子陈干事略》，姜纬堂等编《维新志士爱国报人彭翼仲》，大连：大连出版社，1996年，第175—176页。

虽是我国民智不开，处处有自取欺侮的道理，然这个错处，还要责备为民上的人，未曾教导。现在世界，黑暗的了不得了。一线灯光，就在这各报馆的一支笔上。

官府的为难，我们当兵的哪能知道？揣度情形，总是不明白外人的底里，打算着敷衍着过去。应酬应酬面子，拿待中国人的法子待外人，据步兵想着，万万不中用，内外大小官员，连我当兵的兄弟们，好人却也不少，但不好的可更多。不好的人，也没有别的什么思想，不过是想发大财。看着如今的局面，发财之后，打算替谁去作看财奴呀？还有一派人，吃喝嫖赌，自己觉得是风流模样，丧名丧德，都因此起。我见北京各学堂的学生，往往有这样一派，在学堂里瞎混。我是一个步兵，哪配这样大胆的胡言？不过哀我中国，办学堂的款项，真是来处不易，学生们常闹是非，叫那些不喜欢学堂的大人们看着，可更有说的了。（以上均照原文演说，以下就着原文添改）。

在下没有投营之先，在家对我母亲说：生为君父报仇生，死为国民雪耻死。我母亲正颜厉色的嘱咐我说道："你可要做的到，你可要努力做的到，你可不准说了不算话。"这话已经十年了。唉，人生的志向难偿如此！人生的志向难偿如此！我自二十一岁入营，今年二十四岁了，转眼功夫，可就老大无用了。法皇拿破仑，年未三十，席卷全欧，名振万国。在下年已二十四，仅仅当一个步兵，令人羞愧死。我从戍离家的那天,老母送到门外,再三嘱咐说:"你没有什么嗜好,我很放心,就是你的脾气太直,恐怕不能够随和人,务必要择人为师,长长学问才好。"我师胡公(即当时昌邑县令胡铁霜),今已回南去了,不得常领教。念老母送别的话,岂敢不处处留心!今读贵报,心里佩服的没了法子,如不嫌弃,愿作弟子。①

由李辛白主编的《通俗周报》1917年第6期"社会改良谈"栏目刊发了两篇"阅报诸君投稿":赵敦夫的《结婚宜折中新旧》和周沅的《称谓平等》。该栏目标明这是"本报第一期征文",可见这两位作者是应征的作者。据笔者考查,这两位作者是普通作者。可以推断,各个刊物类似征文应征作者和普通自由投稿者,还是为数不少的。

另外,由于白话报人对从社会读者中培养白话文的作者,有非常明确的意识,所以培养了一大批"大众作者"。我们看清末白话报人中非常活跃的林獬,他在1903年创办《中国白话报》时,对"来稿"栏的设置体现出对社会作者的重视:

列位兄弟们姊妹们,倘然见了我这《中国白话报》,一时高兴起来,也想发一两篇大议论,登在我这

①陈干《一个步兵的志向》,《京话日报》第205期,1905年3月28日(原文未署名,此文和《大呼我陆军同胞》(《京话日报》第243期,1905年5月4日)均收入《维新志士爱国报人彭翼仲》和《陈明侯将军逝世七十周年纪念专辑》,但后者将此二文错注为"原载一九〇四年北京《京话日报》")。

报上,好给大家看看,或是见了我这本报还做得不大好,你忽然发起好心,要想帮帮我的忙,把各种新鲜的说话送给我们,以便教我们这种白话报将来会变做顶刮刮的,我难道还不感激你吗?还不佩服你吗?所以特地设这"来稿"一门,你们列位若有白话的好文章白话的好议论,只管送到我报馆来,我们总把你登出来给大家看看才不辜负你这一片好心呢。[①]

这些有名或无名的投稿者,是整个清末白话文作者中非常庞大的作者群体。梁漱溟在研究《京话日报》时,特别指出了由读者转变为投稿者/作者的普遍现象:

读者投稿之多,是由于编者欢迎人们投稿,取了一种奖掖态度。只要其稿命意确有可取,稿中有错别字或文句欠通顺,不能自达其意,必替它润色修改登出(注明其经加修改)。最可注意的,是投稿的各式各色人无不有之,而偏以不能文的居多数,大半是识字可以看懂白话报而不大会写的人,质言之,不是知识分子,不属知识阶层。往往这种粗俗不文的人,易受彭先生的感动而胸中有其要吐的话,就来投稿。似此修饰过的来稿,报上常常见。

当然,能文会写的人投稿亦不少。颇有人由于投稿渐熟而经常负责撰稿,变成了报馆内部人一样。那些文字欠通而经修改登出的投稿人,又每每来面见彭

---

① 《中国白话报发刊辞》,《中国白话报》第 1 期,1903 年 12 月 19 日。

先生,认老师。①

而这个庞大的普通作者群体的来源之丰富,更是令人惊讶:

> 当时投函投稿的既有商店老板、伙友、小贩、手工人、家庭妇女、少年学生、蒙师、基督教友等人,而亦有那时较上层的人士。更有当时封建制度下所有而今天之所无,甚且今天所不懂得的许多名色人物,例如:"宗室"(清帝室族人)、"世职"(世袭职位者)、"书吏"(各部衙门世传掌档案者,品位低而势力大)、"家臣"(王公府第护卫)、"家人"或"家丁"(府宅杂役)、"侍女"(府宅用婢往往是买来的)以及当兵吃粮饷的。又彭先生一演说中,有"梨园"(伶人)、"勾栏"(妓女)的函稿皆曾登过的话。②

我们谈论中国现代文学与古代文学的区别,往往会忽略这样一个问题:就是与任何一个(等长的)历史时期相比,中国现代作家的数量是古代文学不可企及的,这其中一个非常重要的因素,就是大量的(白话)报刊培养出来的庞大作家(作者)队伍。在现代文学史上,能够被我们知晓的作家其实只是其中的一小部分。就像海洋中的冰山,海面上的部分只是"有名"的作家,还有大量的"无名"作家沉

①梁漱溟《记彭翼仲先生》,《文史资料选辑》第4辑,北京:中华书局,1960年,第121页。
②梁漱溟《记彭翼仲先生》,《文史资料选辑》第4辑,北京:中华书局,1960年,第121页。

没在海面以下。正是这个沉没在海平面以下的巨大底座，才托起了耀眼的冰山。而这个庞大的新文学普通作者队伍，就是由清末民初的白话报刊培养出来的。五四以后，由于更多的白话报刊的创办，这种情况愈加普遍。作为经历清末至五四两个时期文学变迁的胡适，对此洞若观火：

> 照表面上看，现在流行的白话文，和浅近的报馆文，没有多大的分别，然就事实上讲，用白话达极繁密的思想，比文言实在要容易得多。就效果上讲，这两年提倡白话文的结果，中学一二年级学生，也能提笔发表他的思想。你看现在出版物之多，就可以知道了。[①]

除了上述清末白话报刊培养的作家（作者）以外，还有一种情况，就是他们既非清末白话报刊的作者，也非读者，但他们在五四新文化运动的感召下，热情地阅读新文化运动的刊物，并逐渐认同文学革命的主张，转而从事白话文写作，成为文学革命的支持者和新文学同路人。

从恽代英 1917—1919 年的日记看，他在五四时期较早地关注具有进步倾向的新文化刊物，他分别在 1917 年第三卷第一期和第三卷第五期发表了《物质实在论（哲学问题之研究一）》和《论信仰》，并得到陈独秀的表扬[②]。但

---

① 真心《胡适与长沙〈大公报〉编辑关于新文学的谈话》，《湖南新文化运动史料》（一），长沙：湖南人民出版社，2011 年，第 35 页。

② 1917 年 3 月日记："刘子通先生闻余曾投稿陈独秀先生处，因索底本一阅，并云陈函颇赞美余。"《恽代英日记》，北京：中共中央党校出版社，1981 年，第 50 页。

他对《新青年》杂志的文学革命主张并不认同,他在 1917 年 9 月 27 日日记中说:

> 《新青年》倡改革文字之说。吾意中国文学认为一种美术,古文、骈赋、诗词乃至八股,皆有其价值。而古文诗词尤为表情之用。若就通俗言,则以上各文皆不合用也。故文学是文学,通俗文是通俗文。吾人今日言通俗文而诋文学,亦过甚也。又言中国小说,不合于少年阅览,因谓中国无一本好小说。究之《红楼梦》,虽不宜少年读之,而其结构之妙,必认为一种奇文,不可诬也。故此亦一种过论。[1]

他 1918 年 4 月 27 日致吴致觉的信中又说:"新文学固便通俗,然就美的方面言,旧文学亦自有不废的价值,即八股文字亦有不废的价值,惟均不宜以之教授普通国民耳。"[2]

但是到了 1919 年五四运动前夕,他订阅的新文化刊物越来越多,而且阅读的热情越来越高。1919 年 4 月 24 日日记写道:"阅《新青年》,甚长益心智。"[3] 至此,他开始正面评价《新青年》杂志,意味着他对文学革命的看法发生了变化。到 1919 年五四学生运动之后,他日记中不仅记

---

① 恽代英《恽代英日记》,北京:中共中央党校出版社,1981 年,第 153—154 页。

② 恽代英《恽代英日记》,北京:中共中央党校出版社,1981 年,第 439 页。

③ 恽代英《恽代英日记》,北京:中共中央党校出版社,1981 年,第 528 页。

到阅读《新青年》杂志，而且还提到其中一些具体的关于文学革命的文章，如《戏剧改良论》《旧思想与国体》《历史的文学观念论》等。他 1919 年 7 月 29 日在为武昌中华大学附中《中学校》旬刊所拟定的办刊办法中，明确提出"论文均用白话"①。1919 年 9 月 9 日他给主办《少年中国》的王光祈的信中说："我很喜欢看见《新青年》《新潮》，因为他们是传播自由、平等、博爱、互助、劳动的福音的。"②1919年 10 月，他开始订阅并代售上海的《时事新报》等。1919年 11 月 21 日日记中，他首次谈到对于具体的新文学作品的赏识："阅《新青年》，颇佩仰半侬之《D》诗③。"④这与他一年前对新、旧诗的看法相比，说明他对新文学的看法发生了逆转。

　　恽代英受到新文化运动的影响，计划在武昌办一个宣

①恽代英《恽代英日记》，北京：中共中央党校出版社，1981 年，第593页。

②恽代英《恽代英日记》，北京：中共中央党校出版社，1981 年，第624页。

③刘半农《D》诗发表在 1919 年 11 月 1 日出版的《新青年》杂志第六卷第六号，该期《新青年》诗歌栏为庆祝陈独秀出狱，发表了刘半农的《D》《他们的天平》，胡适的《威权》《乐观》和李大钊的《欢迎独秀出狱》五首新诗。同期发表的重要文章有鲁迅的《我们现在怎样做父亲？》，吴虞的《吃人与礼教》，李大钊的《我的马克思主义观（下）》。恽代英舍这些非常重要的思想革命的论文而不谈，唯独注意到刘半农的《D》诗，其中缘由，值得玩味。

④恽代英《恽代英日记》，北京：中共中央党校出版社，1981 年，第663页。

传新文化的刊物,他称之为"武昌时报"的梦想:

> 若我离了这学校,家庭经济不靠我支持,我不愿
> 离了武昌。因为我觉得,我们总应在黑暗地下做工,
> 教他放光明,那光明的地方原用不着我们去。所以,
> 我假定我的事业是在办杂志及代售杂志,做一个稳健
> 纯洁的新文化机关。仲清说,办杂志不如办《每周评
> 论》式的报。我亦想他这话很有理,若能照他这话办
> 去,似乎比杂志的鼓吹还收实效。我因此脑筋里又多
> 了一个"武昌时报"的梦想。①

恽代英虽然没有实现他"武昌时报"的梦想,但他后来基本上是沿着这个方向努力的。1919 年以后,恽代英在《时事新报·学灯》《民国日报·觉悟》《少年中国》《妇女杂志》《妇女时报》《端风》《新声》等刊物发表了许多反传统、提倡新生活的作品,如《驳不孝有三无后为大》《金钱与工作》《对于新生活的提议》等,完全转变为新文化运动的地方传播者和新文学的坚定支持者。

当文学革命和新文化运动在政治、文化中心的北京高歌猛进时,它在地方上的回响,往往被文学史忽略。

五四文学革命前后的浙江一师,就是这样一个案例。由于浙江一师诸多师生"和新文化新文学运动有着密切关系",所以,"时人谈五四运动的演进,北京大学而外,必以

---

① 恽代英《恽代英日记》,北京:中共中央党校出版社,1981 年,第664页。

长沙一师与杭州一师并提，这都是新时代的种子"①。

浙江一师之于新文学运动的贡献，便是由时任校长经亨颐(1877—1938)"与时俱进"的办校方针，及该校国文教员中前后"四大金刚"(前四"金刚"为陈望道、李次九、刘大白和夏丏尊，后四"金刚"为朱自清、俞平伯、刘延陵、王祺)对新文学的传播与支持。浙江一师学生中走上新文学写作的不乏其人，著名的民国报人和文学史家曹聚仁，在回忆他如何受新文化运动影响而开始白话文写作时说：

> 新文化运动，就此星星之火燃烧起来，成为反封建的主潮。……大体说来，也只是《新青年》的应声者，唯一在积极试行的，便是抛弃文言文，改写白话文；我们所向往的，乃是胡适之的"八不主义"和他的《尝试集》体的新诗。②

又说：

> 我们那些青年人，走出了校门，都有着"天下兴亡，匹夫有责"的气概。……不过，我们所感兴趣的，乃是白话文运动。……我们最赞成吴虞只手打孔家店的主张，所谓四书五经，真的一脚踢掉，让他们到茅坑里去睡觉了。那时，我还爱写白话诗，一种无韵的抒情诗，大体上走的是《尝试集》式的解放体诗词。

①曹聚仁《我与我的世界》(上)，北京：生活·读书·新知三联书店，2011年，第109页。

②曹聚仁《我与我的世界》(上)，北京：生活·读书·新知三联书店，2011年，第116页。

如康白情所写的"送客黄浦,风吹着我的衣裳",真是家喻户晓了。[①]

与大名鼎鼎的曹聚仁相比,同为浙江一师学生的陈范予(1901—1941),对于一般研究者而言,都很陌生。他是浙江诸暨人,1918—1923年在浙江一师读书。他的日记,详细记载了他由接受新文化运动而走向新文学写作的过程。

和许多五四青年一样,陈范予是在新文学运动的影响下开始白话文写作的[②]。下面,笔者将逐条梳理陈范予日记中对他参与新文学运动相关事件的记载,以观其所受文学革命的影响,及走上新文学写作的过程。

1919年7月10日上午,陈范予的"修身"课考试,题目为《暑假期里这样的修身》,他说,"余做亦白话"[③]。这是陈范予日记中首次记载他写白话文。这个时间节点,恰好是北京的五四学生运动之后。虽然胡适"白话为文学正宗"的口号早已提出,但白话文学真正获得社会广泛的认可和实践,是在五四学生运动之后。陈范予的事例,再次证明社会政治运动对文学革命的推动作用。

1919年7月21日日记中首次出现陈范予阅读《新青年》的记录。同年10月24日的国文课所讲题目为《自由

---

① 曹聚仁《我与我的世界》(上),北京:生活·读书·新知三联书店,2011年,第119页。
② 陈范予创作的新文学作品,经坂井洋史整理为《情影——陈范予诗文集》,由香港文汇出版社于2011年出版。
③ 陈范予《陈范予日记》,上海:学林出版社,1997年,第118页。

与自治》,这很有可能是高一涵发表在《青年杂志》1916 年第 1 卷第 5 期上的同名文章。10 月 30 日下午 "文典" 课,"讲直写、横写的便利。从理论上、性质上研究起来,实在都是横的好,而且写起来也横的好。好像有点不便者,这是习惯上的缘故。……又胡适的新诗倒是很有趣"①。这里既讲到横行书写等新文学书写格式的革命②,又首次提到文学革命中引起很大争议的胡适 "新诗",他觉得很有趣,说明他并不否定白话诗的存在。1919 年 11 月 16 日,为庆祝浙江一师学生自治会成立,下午该校学生演出了三部 "新剧",其中之一便是胡适发表在 1919 年 3 月《新青年》杂志上的《终身大事》,陈范予认为此剧寓意是 : "女人应当有决心。不但女子,就是男子也应如此。" 这说明浙江一师的同学,在整体上比较认同新文学早期的作品。

7 月 28 日及 11 月 13 日、19 日均记到通过讲座和课堂 "学习注音字母" 的事。

1920 年 1 月 4 日,他较系统地阐述了因受新文化运动而萌发的新觉悟 :

> 我自坠地到现在,都是昏昏董董,在梦昧里生活;什么人生观,都是莫名其妙。到去年的下半年,受了

---

① 《陈范予日记》对此的注释说 : "疑为胡适《谈新诗》,载《每周评论》'双十节纪念号'。" 笔者认为这里是泛指胡适创作的新诗作品。
② 参见拙文《"五四" 文学革命中的 "书写形式" 革命——横行书写分段新式标点符号》,《兰州学刊》2010 年第 3 期。

国家的新文化运动、世界的大潮流冲动,刚才发出一线光明了!

1920年1月15日上午,校长经亨颐在陈范予的"修身"课上讲白话文的好处:

> 近来我们极力学白话,是极力和社会奋斗。此刻我们学白话,可以姑娘缠足作比喻。从前女子不是小足就没人要。前几年提倡天然足,到今早反小足的没人要了!这岂不是前后成反比吗?今早学白话文,犹如由小足时代提倡天足的过渡时代。将来的白话一定是发达的……雅俗的标准没有的,在各人的主观定之。

1月21日,胡适的《不朽》也进入陈范予的国文课堂。1月28日,陈范予和他的同学、亲戚发生了关于白话文的"论争":

> 上半天,到学校里去,遇着俞汉霖、俞乃庚,又帆舅公。我和"他们"讲时势。汉霖、乃庚云:白话断无废去之理!又帆舅公说:"肚中没有根底,弄这种无为的白话,弄到后来,弄得一句不通!算是什么东西?"……这番话,震的我面红耳热!一言难对。到后细细一想,始知无怪他们了!因为他们白话也未尝看过,所以说出这种话来。假使看过了,决不是这样的。可怜我是一个根底没有的人,如叫他看白话,他是一定不要看的。这真要弄得我"三缄其口"的呢!我也想不出好的法了,救他到光明路上来。独

惜为我小学的校长，负着教育英英子弟之责，这样的不明时势怎能教得出活泼可爱的青年来？我真忧心万分。

1920 年 6 月 2 日、9 日、17 日的国文课，老师给他们讲胡适的《建设的文学革命论》。9 月 21 日的作文课，陈范予说"翻一篇文言为白话"，估计应为白话文写作的训练方式。10 月 18 日，陈范予日记中首次出现他写的白话新诗：

> 灰尘色的云，
>
> 弥漫着天空。
>
> 秋雨梧桐叶色重红，
>
> 萧沉寂哀真使人儿朦胧！
>
> 叽，叽，叽，叽——叽，
>
> 不是一种雀儿的叫声，
>
> 带着几分时事的感激，
>
> 现出他不平的心迹。
>
> 嗳！那西方的现象，
>
> 不是和东方起的太阳一样？
>
> 情绪里的情，
>
> 心头中的她，
>
> 都和那……

此后，到 1921 年 2 月中旬，他日记中频繁出现白话新诗。在此期间，1920 年 11 月 20 日、12 月 14 日，陈范予与同学找朱自清"学诗""论诗"，他在 11 月 20 日日记中说：

晚上和钱耕莘、虞兆熊、梁柏台、韩柏华,到朱佩弦先生处接洽学诗事。他任我们底批评者。我们每星期内至少有一首诗交谈。我从前是瞎眼的,今而后却要东施效颦,试试看了。

陈范予正是在白话文学的影响下,尤其是在后四"金刚"中的新文学作家朱自清等人的指导下开始新文学的写作的,虽然他当时的写作并不出色,后来也没有成为新文学的专业作家,但类似他这样的难以数计的业余写作者群体,无疑对壮大新文学的作者队伍、营造新文学的氛围、扩大新文学的影响,功不可没。整理陈范予日记的日本学者坂井洋史,对陈范予在新文学初创时期的活动和意义,作了这样的概括:

> 陈范予的终生事业是教育工作。同时,他对于文学方面的兴趣也相当浓厚。我们通观《日记》就发现到,一九二○年秋天以后他以白话诗代替记事的次数逐渐增加。每一首,作为独立的文学作品来看,其艺术性不怎么成熟。按照现在的标准来讲,其用词不很通顺,过于晦涩。但是这些诗都具有比较明显的特点,哲理性寓于伤感里面。据我自己的印象,这种格调和柔石日记的内心自剖的情调很相似。至少我们可以肯定,对当时的青年来说,以诗抒情这种浪漫的方法显然是很崭新且很合口的。这也可以说是五四时代的纪念品吧。

1921年,陈范予参加了新文学社团"晨光社"。

该社可以说是后来成立的"湖畔诗社"的摇篮，汪静之、潘漠华、冯雪峰等都在内。晨光社的中心人物似乎是潘漠华，该社请朱自清、叶圣陶、刘延陵为文学上的导师，是互相切磋创作的较为散漫的团体。现在陈范予的遗品中还保存着两张油印的"杭州晨光社会员录"，据这份珍贵资料，该社社员共有三十三名，除了上述几名外，还有柔石、魏金枝、张维祺等人。①

除了青年学生受新文化运动的感召，开始改写白话文以外，老一辈的开明人士，也在五四运动前后身体力行，率先垂范，写作白话文，其思想和行为，可歌可泣。曹聚仁、陈范予所在的浙江一师，之所以能够孕育出那么多新文学作者，其首功要归经亨颐这样一位能够顺应新文化潮流的校长。从经亨颐日记来看，他对新文学运动的接纳，要早于学生中的陈范予。经亨颐在 1919 年 4 月 3 日日记中，有他在浙江一师为学生国文课开设白话文而引起的纷争的记录：

> 本校学生文课有白话，而子韶大不为然，盛气而辞。北京大学之暗潮次及吾浙，亦本校之光也。惟为友谊，亦不得不慰劝，志不可夺，未便相强。下半年国文教授有革新之望，须及早物色相当者任之。②

看来，前述陈范予修身课考试用白话作文，正是由经

①［日］坂井洋史《关于陈范予日记》，陈范予《陈范予日记》，上海：学林出版社，1997 年，第 38—39 页。
②经亨颐《经亨颐集》，杭州：浙江大学出版社，2011 年，第 523 页。

亨颐校长响应文学革命而产生的举动。而对浙江一师学生走上新文学道路至为关键的前后四大"金刚",正好就是经亨颐为响应文学革命而在此时聘用的。1919 年 7 月 28 日,他请新诗人刘大白为学生专门讲"新文艺",说明他是很支持新文学在地方上的传播的。正是经亨颐聘任的这些早期的新文学作家,对文学革命的主张和新文学作品的宣传,才使得浙江一师的许多学生走上了新文学的创作道路。

不仅如此,经亨颐本人用自己力所能及的行动,实践文学革命提倡白话文的主张。1920 年,浙江一师在"留经运动"中,校长经亨颐给曹聚仁作为学生自治会主席挽留他回校的复信,即全用白话文,这是经亨颐"别有用心"的支持白话文的行为,说明即使年纪较大的老一辈知识分子,因为思想的开明,在五四运动时期,能够顺应时代潮流,支持文学革命与白话文学的主张。我们看他给曹聚仁的这封信,声情并茂,实在是新文学早期难得的上等白话文:

> 诸弟:
>
> 我昨天接到你们底信,一字一泪,使我黯然伤心,说不出话来!
>
> "母亲"一语,实在当不起。你们把这句话表示无限感情;我就用这句话来比仿,声诉我的苦衷。这母亲是可怜的,黑暗家庭里三代尊亲晚婆压力之下的媳妇,还有许多三姑六婆搬弄是非,——闻省公署还

有捏造的讲义。——我稍稍地要想买些时新事物给你们吃下,不小心被他们拾着了果子的皮和壳——《非孝》,立刻又翻箱倒箧的搜了一番,数次查办,也不说一句话;查办之后并且无对我说过一句办法不合,就立刻正家法,这媳妇决定"七出之条"了。

……

诸君啊!我听得近日校内一个没有别人,我也不能来看看你们,我多少挂念!所谓"咫尺天涯",彼此相同。最后一句话:这时候证明自治底精神,千万不可暴行,牢牢守着你们第二条公约,静候官厅的办法。

经亨颐 三月十九日 [①]

通过以上分析,我们可以看出,受清末民初白话报刊影响而产生的五四新文学作家(作者),基本上有如下五种情形:一是直接由清末民初的白话报人演变而来的新文学作家,如胡适、刘大白等;二是受过清末白话报刊影响,在文学革命前后成为新文学作家的,如郭沫若等;三是受清末民初白话报刊影响,在文学革命前后从事新文学写作,但并不以此为主要职业的新文学作者,如恽代英、舒新城等;四是由清末民初白话报刊培养的有名或无名的白话文普通作者;五是受五四前后新兴白话报刊及其白话文的影响,开始新文学写作的作者,如曹聚仁、陈范予等,这一种

---

①曹聚仁《我与我的世界》(上),北京:生活·读书·新知三联书店,2011年,第113—114页。

情况，表面看起来好像与清末民初的白话报刊无关，但他们所接受的影响，恰恰是他们的前辈从清末白话文运动中承续而来的主张。

既有的文学史，对其中第一种情况，论述较多；对后四种情形，多有忽略，尤其是对白话报刊培养的普通新文学作者和以新文学写作为副业的"边缘"作家。通过以上分析，我们可以看出，清末民初白话报刊对文学革命的贡献，除了那些叱咤风云的文学革命领袖人物和声名显赫的作家之外，还在于它为新文学培养了一大批默默无闻的普通作者，或容易被人遗忘的"边缘"作家。

第三章　清末的白话报人和五四文学革命的历史关联

　　在中国文学的现代转型过程中,五四文学革命的发生及白话文成为新文学的主要语言形式,是清末以来各种因素综合影响的结果,但清末的白话文运动对五四文学革命的奠基和前导作用,尤为直接。论证清末的白话报刊与五四文学革命的关系,首先要弄清白话报刊的创办者与主要成员,他们从清末到五四这一文学变革历程中,在文学观念、文学实践上,经历了哪些变化? 他们在清末创办白话报的理论和实践,在此后二十年左右的历史进程中,经历了怎样的变异和扬弃、断裂和延续、分化和重组? 清末白话报人,在五四文学革命中,扮演了怎样的角色?

　　清末的白话报人和五四文学革命之间的关系,是一个比较复杂的问题。既往的研究,要么否认清末白话文与五四白话新文学的关系,这既包括文学革命的激烈反对者林纾,也包括文学革命的首倡者胡适(胡适的观点摇摆不定)和早期新文学的代表人物周作人;要么仅举陈独秀、胡适等少数清末白话报人为例,证明清末白话文运动是五四文学革命的前奏,把二者看作简单的前后演进关系。

确有种种证据表明,包括白话报在内的清末白话文运动,和五四文学革命之间有着内在的历史关联。但我们不能据此简单地推断,清末的白话报人,悉数历时地演化为五四文学革命的推手。无论是作为群体,还是作为个体的清末白话报人,在清末至五四文学革命期间,既有变化,也有分化。即使是陈独秀和胡适,他们在清末和五四两个时期的文学观念也有很大差别,更不要说那些在五四时期游离、对立于文学革命的清末白话报人。要说明清末的白话报人和五四文学革命的关系,首先需要对清末主要的白话报人分别在两个不同时期观念、实践的演化,既要做一历时的分析,同时,也要对他们做一横向的对比,看看是哪些因素导致了他们的变化和分化。只有这样,才不会因个别的清末白话报人在五四时期的"转向",而否定清末创办白话报的实践对五四文学革命的奠基作用。

正如清末民初创办的白话报刊数目一样,参与创办白话报刊的人员,也是一个难以精确统计的数字。其中的原因,一是有些白话报刊旋生旋灭,且没有文献资料存世,现在只知其名而未见其实;二是由于各种原因,有些白话报刊并未标明其创办者、撰稿人等信息;三是有些白话报人参与白话报的事迹不详。所以,现在要统计一个比较完整的白话报人名单和数目,是非常困难的。

根据现有文献资料,笔者尝试列出一份在清末比较有影响的白话报人名单,并追踪他们在五四文学革命前后的活动,以期能对清末白话报和五四文学革命之间的历史关系,提供一种新的阐释空间或方向。对于笔者列出的这份名单,可能会有人提出这样的疑问:清末民初约有三四百份的白话(俗话)报刊出现,何以只选择三十九人作为考查对象? 其实,清末的白话报刊,真正有翔实记载的不足二百份,而参与这二百份左右白话报刊的报人,业绩突出,具有一定影响且有代表性的并不很多,尤其是在清末和五四两个时期都比较活跃的分子,更是屈指可数。所以,这份名单基本上是一个仅可选择但确有代表性的名单。

一　白话报人在五四文学革命中扮演的不同角色

通过以下表格中所列史实进行对照,可以看出,清末的白话报人,在五四文学革命中扮演的角色,大致可分为三类:

一是推动者(18 人):其中核心的力量是胡适、陈独秀、钱玄同,外围的成员有蔡元培、裴廷梁、吴稚晖、林白水、彭翼仲、陈荣衮、马裕藻、张九皋、包天笑、张丹斧、傅熊湘、黄伯耀、李辛白、高语罕、刘大白等。

二是游离者(19 人):其中王法勤、刘冠三、景梅九、杭辛斋、詹大悲、温世霖从事革命工作;另外章仲和、叶瀚、王子余、方青箱、房秩五、欧博明,则从事具体的外交、军政或教育工作;而秋瑾、黄世仲、郑贯公、范鸿仙、韩衍、冯特民、赵尔丰则在文学革命之前已离世。

三是反对者(2 人):仅有林纾、刘师培二人。

表3-1 部分白话报人在清末与五四时期的活动对照表

序号	姓 名	清末参与白话报刊活动	五四时期的（文学）活动
1	章仲和(宗祥)(1879—1962)	1897年与章伯初创办第一份白话报——《演义白话报》。	作为"卖国贼"的驻日公使章宗祥，在"五四"当日遭北京示威学生痛打。
2	叶瀚(1861—1936)	1897年与汪康年在上海创办《蒙学报》。	任北京大学历史系教授兼研究所国学门导师。
3	裘廷梁(1857—1943)	1898年创办《无锡白话报》《中国官音白话报》，与吴稚晖、陈荣衮建立第一个白话文运动组织"白话学会"，发表《论白话为维新之本》；1908年在无锡创办《白话报》。	1921年在无锡与钱基博开展关于白话文的论争，公开支持白话文。
4	吴稚晖(1865—1953)	"无锡做白话的头一个人"，1898年与裘荣衮等组织"白话学会"；1907—1910年在巴黎创办半文半白的《新世纪》杂志，提倡废汉字改用世界语。	民国以来领导"国语运动"，为《新青年》撰稿；"五四"后参与"整理国故"，提倡科学，反对"科玄论战"。
5	林白水(名獬，万里，字少泉，笔名白水等)(1874—1926)	1901年参与编撰《杭州白话报》；1903年创办《中国白话报》。	参与创办《公言报》《新社会报》，揭露时弊。《公言报》载林纾、蔡元培书信，成为新、旧思想文化交锋阵地。

续表

序号	姓名	清末参与白话报刊活动	五四时期的（文学）活动
6	林纾（1852—1924）	1901年为《杭州白话报》撰写白话道情①。	反对文学革命和提倡白话文。
7	包天笑（1876—1973）	1901年10月在苏州与尤子青创办《苏州白话报》。	1917年主编《小说画报》并提倡白话文。他说："小说以白话为正宗。"并在发刊词中检讨："盖文学进化之轨道，必由古语之文变而为俗语之文学。"同时，作为鸳鸯蝴蝶派作家被"新文学"阵营攻击。
8	彭翼仲（1864—1921）	分别于1902年和1904年创办《启蒙画报》和《京话日报》。	1913年恢复《京话日报》，1918年接办该报，直至1921年逝世。
9	蔡元培（1868—1940）	1903—1905年参与、主持《俄事警闻》《警钟日报》，两报文言、白话并用，蔡元培在这两报上均有白话论说和白话小说。	1916年底任北大校长，支持白话文运动和文学革命，使北大成为文学革命的主要阵地。

① 参见林纾在《论古文白话之相消长》中的自述和郏道平的考证文章《〈杭州白话报〉上林纾的白话道情》（《福建工程学院学报》2012年第5期）。

续表

序号	姓名	清末参与白话报刊活动	五四时期的(文学)活动
10	刘师培(1884—1919)	1903—1905年参与《俄事警闻》《警钟日报》编辑工作,并为《中国白话报》撰稿。	1915年发起成立筹安会,为袁世凯称帝鼓吹;1917年,任北京大学文科教授;1919年,与黄侃等成为国粹派。
11	马裕藻(1878—1945)	1903—1904年参与编辑《宁波白话报》,并在该报第四期发表《论戏曲宜改良》。	民国以来,力推国语运动。1920年任北大国文系主任,聘鲁迅、吴虞任教于北大。
12	王子余(1874—1944)	1903年创办《绍兴白话报》,参与者有陈仪、蔡谷卿(元康)、胡钟生、刘大白等,该报持续六年半,到辛亥革命前停办。①	辛亥革命后从事政治革命和教育工作。
13	刘大白(1880—1932)	1908(或1910)年参与王子余创办的《绍兴白话报》。	新诗运动的倡导者,在《民国日报·觉悟》上发表新诗和随感,1924年出版新诗集《旧梦》。
14	陈荄荄(1862—1922)	1899年撰文《论报章宜改用浅说》,倡议报刊使用白话。1904年在广州创办《妇孺报》。	五四前后在粤、港从事女学启蒙读物编写和义务教育。

① 晨朵《〈绍兴白话报〉出版的前前后后》,《绍兴文史资料》第18辑,2004年。

续表

序号	姓　名	清末参与白话报刊活动	五四时期的（文学）活动
15	钱玄同（1887—1939）	1904年与方青箱、张界定等创办《湖州白话报》;1910年与章太炎次创办普及国学的白话杂志《教育今语杂志》。	《新青年》的编辑之一和文学革命的主要推手,在他的倡议下,《新青年》从第四卷第一号起改用白话文出版。
16	方青箱（1877—1945）	1904年与钱玄同创办《湖州白话报》。	辛亥革命前,曾为嘉兴中学茅盾的老师;五四前后曾担任浙江、安徽等地牢政、教育主管。
17	秋瑾（1875-1907）	1904年在东京创办《白话》;1907年在上海创办《中国女报》。	已去世。
18	杭辛斋（1869—1924）	1904年协助彭翼仲创办《京话日报》;1908年与许祖谦创办《白话新报》①;1910年与许祖谦所办《浙江白话报》合并为《浙江白话新报》。	辛亥革命以来,从事反袁和护法革命活动。
19	陈独秀（1879—1942）	1902年接办由谷平人创办的《芜湖白话报》;1904—1905年芜湖创办《安徽俗话报》。	1915年创办《青年杂志》,成为五四文学革命的主要阵地;1917年发表《文学革命论》。

① 士元《杭辛斋事略》（《报学季刊》1934年创刊号）说"清光绪戊申秋,杭氏出狱,创办《白话新报》"。但史和《中国近代报刊名录》又说该报"1909年11月7日（宣统元年十月初五）创刊"。

续表

序号	姓 名	清末参与白话报刊活动	五四时期的（文学）活动
20	房秩五（1877—1966）	1904 年，1905 年在芜湖协助陈独秀办《安徽俗话报》。	五四前后主编过《司法公报》《东三省日报》等，从事政法和地方教育工作。
21	景梅九（1882—1961）	1904 年在东京与秋瑾合办《白话》；1905 年在东京创办《第一晋话报》；1906 年参与《晋阳白话报》；1907 年与同仁创办白话报《晋乘》。	1911 年创办《国风日报》，其中有白话文。之后从事讨袁和护法革命运动。
22	刘冠三（1872—1925）	1904 年在济南创办《山东白话报》；1906 年与他人创办《济南白话报》。	1917 年段祺瑞揽权后，刘冠三奔走南北，从事护法革命，直至逝世。
23	王法勤（1869—1941）	1905 年河北保定创办《河北白话报》；1906 年担任《地方白话报》的编辑和发行人。	五四前后从事军政革命活动。
24	胡适（1891—1962）	1906 年至 1908 年参与和主编《竞业旬报》。	文学革命和新文化运动的主将。
25	张丹斧（1868—1937）	与胡适同为《竞业旬报》的编辑和主要撰稿人。清末民初以来，担任很多通俗报刊的编辑。	1919 年在《新中国》杂志发表《文言……白话……的辩论》，为白话文辩护。

续表

序号	姓名	清末参与白话报刊活动	五四时期的（文字）活动
26	傅熊湘(1882—1930)	与胡适同为《竞业旬报》的编辑和主要撰稿人。	五四前后主持《长沙日报》《醴陵旬报》《湖南通俗日报》，从事湖南地方政务及教育工作。
27	黄世仲(黄小配)(1872—1913)	分别为1905年在香港创办的《有所谓报》和1907年在广州创办的《广东白话报》的撰稿人；1906年与其兄黄伯耀在广州创办《粤东小说林》(后迁香港并改名为《中外小说林》)。	已去世。
28	郑贯公(1880—1906)	1905年在香港创办《有所谓报》。	已去世。
29	黄伯耀(1883—1965)	参与创办《广东白话报》和《岭南白话杂志》，并为主要撰稿人。	在香港从事报业工作。
30	欧博明(1872—1942)	1908年在广州创办《岭南白话杂志》。	在军界、医学界工作。
31	范鸿仙(1882—1914)	1908年在上海创办《国民白话日报》。	已去世。
32	李辛白(1875—1951)	1908年与李怿、范鸿仙等在上海创办《安徽白话报》。	1917年后任北大庶务，出版部主任，创办《通俗周报》，参编《每周评论》《新潮》等，1919年创办《新生活》。

续表

序号	姓 名	清末参与白话报刊活动	五四时期的(文学)活动
33	韩衍(署伯)(?—1912)	分别于1907年、1908年在安庆创办《俗话报》和《安徽通俗公报》;1912年初与陈独秀、易白沙创办《安徽船》。	已去世。
34	高语罕(1887—1947)	分别于1907年、1908年助韩衍创办《俗话报》和《安徽通俗公报》。	1915年即为《青年杂志》撰稿;五四期间在皖从事新文化宣传,出版《白话书信》(1921)、《国文做法》(1922)。
35	张九皋(1887—1963)	1910年12月参与陈子范主持的《皖江日报》,刊登清新明快的白话文。	1915年创办《工商报》《皖江日报》(五四改用白话),同时担任《皖江日报》总编,钱杏邨、蒋光慈等为报纸撰稿;1918年,安排张根水担任《皖江日报》文艺副刊编辑。
36	温世霖(1870—1935)	1910年创办《公民白话报》。	五四前后从事革命工作。
37	詹大悲(1887—1927)	1910年12月任《大江白话报》(后改名为《大江报》)主编。	五四前后从事革命工作。
38	冯特民(1883—1913)	1910年在新疆伊犁创办《伊犁白话报》。	已去世。
39	赵尔丰(1845—1911)	1911年在成都创办《正俗新白话报》。	已去世。

在这三组人员中，"游离者"与文学革命看似无直接关系，但事实上，"由于文学场和权力场或社会场在整体上的同源性规则，大部分文学策略是由多种条件决定的，很多'选择'都是双重行为，既是美学的又是政治的，既是内部的又是外部的"[1]。所以由清末的白话报人转变而来的革命者，他们的"政治的""外部的"的革命精神和革命行动，无疑在客观上支持了五四白话文运动这一文学场"内部的""美学的"革命。且不说这些在五四前后从事"讨袁""护法"等具体革命工作的职业革命者，即使是那些在教育、医疗等领域工作的专业知识分子，都是整个社会进步事业的有力推动者，而社会整体的进步，为文学革命的发生和胜利，创造了必不可少的社会条件和舆论氛围。

清末白话报人中，有一部分如秋瑾、黄世仲等，在五四之前早已离世，但他们在清末用白话报宣传的革命思想、启蒙精神以及他们早期的文学创作，对五四文学革命及其新文学的传播与扩展，产生了长远和持续的影响。

白话新文学之所以能在五四时期蔚然成风，还与清末以来的一大批革命家，用白话文鼓吹革命有关。要知道清末以来最易感动人心的是革命，而白话文伴随着澎湃而来的革命之潮，震荡着一代青年的心灵世界，正所谓"文字收功日，全球革命潮"。孙中山曾称赞范鸿仙"范君一支神

---

[1]［法］皮埃尔·布迪厄《艺术的法则——文学场的生成和结构》，刘晖译，北京：中央编译出版社，2001年，第248页。

笔,胜十万师",可见革命家的文字宣传,其威力之大。

　　清末的白话文运动对五四文学革命的先导作用,并非都是显而易见的。比如,某些清末地方大员出于宣传"新政"目的而创设的白话报刊及其他宣传品,与文学(革命)没有直接关系,但它起码在潜移默化地培养普通白话文的作者和读者方面,即"白话文学的环境,白话文学的空气"①方面,起到了积极的作用。在清末最后十年中,四川总督岑春煊、赵尔巽等,可谓是开风气的先锋,他们在任内身体力行,用白话告示、传单等宣传新政。赵尔丰在他短暂的川督任内,在成都支持创办了官报《正俗新白话报》。四川作为早期新文学在内地的一个重镇,即与清末民初在这里创办白话报在内的白话文实践密不可分。

　　具有反讽意味的是,被普遍认为是中国近代第一份白话报《演义白话报》创办者章仲和②,不但没有成为文学革命的推动者,而且在 1919 年"五四"当日遭到北京示威游

①胡适说:"社会上既然没有白话文学的环境,白话文学的空气,学白话文学的人们,将来在社会上没有一处可以应用,如果是这种样子,倒不如一直仍旧去念那子曰诗云罢,何必自讨没趣呢? 照这样看来,虽然是为平民教育而提倡白话文学,但是学的人到社会里面去,所学无所用,那么,当初又何必要学呢? 所以顶要紧的,就是要造一种白话文学的环境,白话文学的空气,这样学的人才有兴趣。"胡适之讲、孟侯记《新文学运动之意义》,《晨报副刊》1925 年 10 月 10 日。

②章仲和创办该报是受梁启超的影响,梁启超在《蒙学报演义报合叙》中有"门人章生仲和及其哲兄伯初有《演义报》之举"。见《时务报》第 44 册,1897 年 11 月 5 日。

行学生的痛打。这一"滑稽"个案,并不能否定清末白话报与文学革命的整体性历史关联,而只能说明,在个人历史和社会整体历史之间,存在着某些不可预测的错位和变异。同时,这也证实了清末白话文运动和五四文学革命之间,并非简单的历时演进关系。

当然,讨论清末白话报刊与五四文学革命的关系,最应大书特书的是这些由清末的白话报人演变而来的文学革命的"旗手"和"推手"。在文学革命的"推动者"十八人中,由于年龄、观念、社会地位等各种因素的差异,他们在清末白话报刊和五四文学革命中的表现各不相同,有的在清末是白话报人中的活跃分子,而在五四文学革命中渐趋边缘;有的恰好相反,在清末白话报人中仅仅属于附和者,但到五四时期却成为活跃分子。但不管怎么说,他们在清末参与创办白话报刊的经历、观念、实践,与他们后来发起或推动文学革命之间的历史逻辑,清晰可见。这里以胡适和裘廷梁为例,说明其间的历史关联。

胡适对他在清末参与白话报刊的活动和后来提倡文学革命之间的关系,有自觉的体认:

> 这几十期的《竞业旬报》,不但给了我一个发表思想和整理思想的机会,还给了我一年多作白话文的训练。清朝末年出了不少的白话报,如《中国白话报》,《杭州白话报》,《安徽俗话报》,《宁波白话报》,《潮州白话报》,都没有长久的寿命。光绪宣统之间,范鸿仙等办《国民白话日报》,李莘伯办《安徽白话报》,都有

我的文字,但这两个报都只有几个月的寿命。《竞业旬报》出到四十期,要算最长寿的白话报了。我从第一期投稿起,直到他停办时止,中间不过有短时期没有我的文字。和《竞业旬报》有编辑关系的人,如傅君剑,如张丹斧,如叶德争,都没有我的长久关系,也没有我的长期训练。我不知道我那几十篇文字在当时有什么影响,但我知道这一年多的训练给了我自己绝大的好处,白话文从此成了我的一种工具。七八年之后,这件工具使我能够在中国文学革命的运动里做了一个开路的工人。[①]

胡适以上所说,仅仅是两个历史时期的外在关联,还有往往被人忽略的胡适早期白话文的文体风格、思想倾向与文学革命之间更为内在的关联:"……这段文字已充分表现出我的文章的长处与短处了。我的长处是明白清楚,短处是浅显[②]。这时候我还不满十五岁。二十五年来,我抱定一个宗旨,做文字必须要叫人懂得,所以我从来不怕人笑我的文字浅显。""但我很诧异的是有一些思想后来成为我的重要的出发点的,在那十七八岁的时期已有了很明

---

① 胡适《四十自述》,合肥:安徽教育出版社,2006年,第71—72页。
② 梁漱溟评价胡适时说:"他的才能是擅长写文章,讲演浅而明,对社会很有启发性。他的缺陷是不能深入;他写的《中国哲学史大纲》只有上卷,下卷就写不出来。因为他对佛教找不见门径,对佛教的禅宗就更无法动笔……"梁漱溟《略谈胡适之》,《忆往谈旧录》,北京:金城出版社,2006年,第107—108页。

白的倾向了……"①

裘廷梁是清末白话文运动的急先锋,也是早期白话报(《无锡白话报》)的创办者之一,而且更为重要的是,他在清末白话文运动的纲领性文献《论白话为维新之本》中,明确提出既"崇白话"又"废文言",并非胡适后来在谈到清末的白话文运动和五四白话文运动的区别时所说,只有他们到五四时期才开始"老老实实的攻击古文的权威"②。

不管裘廷梁白话"八益""废文言"的主张对胡适"活白话""死文言"、文学改良"八不主义"有无直接启发③,裘廷梁1920年代初在无锡与钱基博所展开的"文白之争",确实属于文学革命的"外围战"。裘廷梁属于清末白话文运动中年龄最长的一代,但以其一以贯之的精神,仍然在五四文学革命中保持着先锋姿态:

　　清末,那些觉悟了的士大夫,他们虽已认识白话

---

① 胡适《四十自述》,合肥:安徽教育出版社,2006年,第65、70页。

② 胡适《五十年来中国之文学》,《胡适全集》第2卷,合肥:安徽教育出版社,2003年,第329页。

③ 谭彼岸说,胡适"在'文学改良刍议'中所提出的'八事'的事数是从章学诚古文八弊脱胎来的,然而裘廷梁从思想内容方面入手,论白话有'八益',胡适从文字改良形式方面入手论白话有'八不',两者所论的对象都是白话,而叙述形式都用'一曰……八曰……',事数与叙述形式相似,'内容'则盗窃裘廷梁陈荣衮的意见,盗窃前人不认帐,正是胡适的惯伎,所谓'八不'(即八事),明明是盗取先驱者的主张,这和他有意的割断晚清白话文运动历史的诡计是分不开的"。谭彼岸《晚清的白话文运动》,武汉:湖北人民出版社,1956年,第33—34页。

文为普及教育的利器(如林纾、章太炎诸氏都写过白话文),但心中都仍对这一种工具表示保留,认为不能用之著书、立说或创作文艺作品。因此,尽管他们提倡白话,应用白话,一旦自己写正式文章,仍旧用了文言(林纾译《茶花女》,严复译《天演论》,依旧用文言文)。只有裘可桴先生并不如此,他在《广告文》中,简述新闻文字的源流,说:中国古代的学者都是用其时其地的语言写的。为了提倡白话,他曾和好友邓似周舌战很久,可说是最早的文白之争①。后来,他又和钱基博氏笔战了经年。《新青年》朋友提倡白话文学,他

---

① 因裘、邓的"文白之争"是二人对谈之间的"舌"战而无文字记录,故后人多不知情,曹聚仁此处的文献显然来自裘廷梁为邓似周遗著《霉盦集》所写的序,裘廷梁说,正当他与里中同人创办《无锡白话报》之际,邓似周与他谈话时,忧心忡忡地说:"白话兴,文言废,文学必亡,此非不可预知者。"裘辩解说,他并不是要"废文言",仅是用白话"代"文言(虽然裘确实没有直接提出"废文言",裘该文出现"废文言"三字,是在一假设句——"使古之君天下者,崇拜话而废文言,则吾黄人聪明才力,无他途以夺之……"但根据裘将文言、白话置于势不两立的地位看,他用白话"代"文言,即含有"废除"之意),但邓似周认为"文白必不能并存",于是二人争持不下。裘在该序文附注里对此次"文白之争"这样解释:"文白之争,始于前清戊戌似周与余二人,是时余方与里中诸同志创行《无锡白话报》,继加官音二字,示非土语。继又别为论说附报行,鼓吹白话甚力,君意不我同也,故以文学将亡为虑。后二十余年,余与钱子泉基博复有文白之争,而内容绝异。前以口舌,后以书翰,所操争具亦绝异,而争点之不易解决则同。"裘廷梁《霉盦集序》,《可桴文存》,无锡:裘翼经堂,1946年,第57—58页。

才吾道不孤。①

裘、钱的论战之前，在北京的文学革命"激战"已经结束，各方的观点基本得到了完整的表达，而且白话文作为"国语"也得到了政治上的认可。时在无锡江苏省立第三师范任教的钱基博，借所编国民学校语体文教材《语体文范》的机会，表达他对文学革命的反对意见。钱基博虽然编了语体文教材，自称"不是老师宿儒深闭固拒的态度"，但他还是站在维护文言文的立场上，"带着非难的色彩"来批评语体文。

钱基博认为语体文不是轻易能够做好的，"语体文也有缺点和不便推行的所在，须得要改良；不是纯靠空言提倡，可以推行的"。他认为语体文最大的缺点是不经济，他举例说"语体文范例言"，若要改做地道的语体文来说，便是"白话体裁的文章的范式体例说明"，"不但念在嘴里，噜苏麻烦，而且意义不大明显"，"语体文与文言文不一样的地方，不过是句式，如果讲到作文的层次，不能不分个先后，词气不能不有个抑扬顿挫，这是根于语言姿态自然的需要，语体文与文言文一样的"②。

在裘廷梁看来，钱基博反对白话文（语体文），是基于他的"文章家"——贵族阶级——立场：

---

① 曹聚仁《我与我的世界》（下），北京：生活·读书·新知三联书店，2011年，第561页。
② 钱基博《语体文范例言》，钱基博编《语体文范》，无锡：书林书局，1920年，第19—20页。

你选的语体文,篇篇都好,但都是用文章家眼光去选的,所以你的批评,都是文章家的批评,你对于社会上说语体文容易做的人,很不以为然。对于教育部改用语体文的部令,及大学堂内一班学者和现在几个有名的白话文家,你更加不以为然,词气间时时露出愤愤不平的态度来……所以人人都知道的白话文比文言文容易做,改用白话文是大多数人的便利,你都不信。①

裘廷梁在答钱基博的第二信中又说:"但我总希望你,替别人想想,不要推己及人,硬说文言和语体文,没有什么两样,用不着改革,如果四万万人,都像你一样的天才或者都像你一样的境遇,可以安坐读书,本来用不着什么语体文,请你张开眼睛看看,他们能同你一样么?""文言有美感的功用,没有普遍的功用,只能做一部分人的珍玩品,大多数人,是享用不着的。专制时代的教育,本来是少数人的教育,用不着替大多数人想法。现在教育家,人人讲普及教育了,却不肯改用语体文,照这样教育下去,我以为即使立刻普及,也不会有可惊的进步。因为文言是装饰门面的招牌,不是求知识的利器。""小学生腾出来的脑力和时间,可以指导他们多得些知识,多习些技能。大学生腾出来的脑力和时间,可以鼓励他们,走到科学中最有兴味的

———————————

① 裘廷梁《致钱子泉信》,《可桴文存》,无锡:裘翼经堂,1946年,第97页。

一条路上去。如有天性喜欢文学的,也不妨任凭他把文学一门,格外注意,为将来专门文学的预备。但不可强逼他们,引诱他们,叫个个人走到做文章的一条路上去。"[①]

由于钱基博的上述反对意见是围绕他对蔡元培《国文之将来》的批评展开的,而蔡元培此演说文对文学革命给予有力支持,所以钱基博对蔡文的批评意见,可以看作向整个新文学阵营的开战。但由于此次论争发生在文学革命的外围,再加上文学革命此时已基本上取得了胜利,所以这场论战并不广为人知。但它对扩大新文学的影响范围,深化地方读者对文学革命和新文学的认识,无疑具有很大的推动作用。

若从逻辑上推论,同样作为清末白话报人的林纾,后来成为五四文学革命的死对头,岂不否定了清末白话文运动与五四文学革命之间的演进逻辑吗? 这个问题确实对我们认识清末白话文运动和五四文学革命之关系提出了挑战,但也为认识二者关系的复杂性,提供了思考和辩论的契机。

二　新文学阵营与林纾的论战

由清末白话报人而成为文学革命"反对者"的两人

---

① 裘廷梁《再致钱子泉信》,《可桴文存》,无锡 : 裘翼经堂,1946 年,第 98、99、100 页。

中,刘师培在清末的白话文理论倡导和写作实践方面,比林纾的贡献和影响要大得多,但他后来由于告密和叛变革命,从此与进步阵营分道扬镳,且一再附逆,身害名丑,不能自拔。他五四时期被蔡元培出于惜才之心,援引入北大讲授古代文学,虽然没有明确的反对文学革命的言论,但他"一修俗语,以启瀹齐民;一用古文,以保存国学"① 的"二元论",使他的文学语言观和林纾相差不远。况且他与黄侃等成立"国故月刊社"、发起《国故学刊》等行为,便不言自明地昭告了他反对文学革命和新文化运动的立场。可惜文学革命尚在酣战之际,这位在五四时期地位尴尬的清末白话报人,便在郁郁不得志中辞别人世。由于他在五四时期没有更多的关于对文学革命的确凿言论,我们很难了解他此时内心的真实想法:一位在清末那般激进的文学青年和革命家,当他历经数次附逆后,面对一个与他数十年前的主张相契的新时代时,他是经过深思熟虑后反叛了自己青年时期的主张,还是仅为了与他的仇敌继续势不两立,而苟且投身于反对者阵营中呢? 这都是颇费思量的问题。要是他能经历之后二三十年代的数次语言论争,就会为我们观察、理解他的语言和文学观念演变的逻辑和脉络,提供更多的参照。

---

① 刘师培《论文杂记》,《刘师培辛亥前文选》,北京:生活·读书·新知三联书店,1998 年,第 319 页。

　　从清末白话报人中分化出来的真正的文学革命反对者，便是林纾。

　　这里首先需要廓清学界比较含混的一个认识，林纾反对文学革命，是反对革"文言"的命，但并不反对"白话文"，他真正反对的是"废文言"。所以以往的文学史，夸大了林纾守旧和"反动"的一面。如何审视清末白话报人在五四时期的分化问题，林纾是一个典型的个案。

　　林纾在清末文学改良运动中，也算是一个附和潮流的人，他在甲午到庚子前后创作《闽中新乐府》，为《杭州白话报》写白话道情；民国初年在《平报》发表一百多首"讽谕新乐府"，甚至在五四文学革命期间还在写"劝世白话新乐府""劝孝白话道情"。林纾在五四时期对他清末参与白话报颇感自豪：

　　　　至白话一兴，则喧天之闹，人人争撤古文之席，而代以白话。其始但行白话报。忆庚子客杭州，林万里、汪叔明创为白话日报，余为作白话道情，颇风行一时。已而予匆匆入都，此报遂停。沪上亦间有为白话相诘难者，从未闻尽弃古文行以白话者。今官文书及往来函札，何尝尽用古文？一读古文则人人瞠目，此古文一道，已属声消烬灭之秋，何必再用革除之力？

　　　　……故冬烘先生言字须有根柢，即所谓古文者，白话之根柢，无古文安有白话？近人创为白话一门，自炫其特见，不知林万里、汪叔明固已先汝而为矣。①

林纾因为此前《论古文之不宜废》②一文中有"吾识其理，乃不能道其所以然"，而受到新文学家的嘲笑，于是他又撰《论古文白话之相消长》，特为论证古文"不宜废"的理由：一是古文已到"声消烬灭之秋"，何须多此一举；二是古文为白话的根底，"无古文安有白话"；三是清末早有白话报和白话文的实践，但"未闻尽弃古文行以白话者"。若以提倡白话文为"特见"，那还有林万里等前辈，轮不到胡适之辈。林纾在这里挟前辈以自重，但殊不知，不说胡适、陈独秀等年轻一辈的清末白话报人在五四时期扮演的社会角色，即使是他引为"同道"的林万里，此时依然是思想革命的先锋，正在所办《公言报》上攻击北洋政府统治下的各种乱象，且对林纾在《公言报》发表攻击蔡元培的公开信甚为不满。这说明林纾与其他清末白话报人在五四时期的分道扬镳，确有其他深层原因。

清末白话报人在五四时期的分化，涉及很多复杂因素，如年龄、思想观念、文学趣味、文坛地位、社会地位，甚至职业等。

林纾反对文学革命，卫护文言文，根本的原因，在于其

---

① 林琴南《论古文白话之相消长》，《文艺丛报》第 1 期，1919 年 4 月。
② 林纾此文在五四时期经胡适错引为《论古文之不当废》之后，一直以讹传讹，甚至连许多林纾研究资料都既未能注明出处，也未收录此文，新近日本学者樽本照雄在《林纾冤案事件簿》（商务印书馆，2018 年）对此文进行了详细的考证说明。

守旧的思想观念和卫护自身文坛"地位"的动机。清末以来的文学革新者，对此即有清醒的认识。

梁启超在《清代学术概论》中说："纾治桐城古文，每译一书，辄'因文见道'，与新思想无与焉。"[1]

胡适认为，包括林纾在内的桐城派末代传人，他们反对新文学的原因在于其"卫道"的心理："他们有时自命为'卫道'的圣贤，如方东树的攻击汉学，如林纾的攻击新思潮，那就是中了'文以载道'的毒，未免不知分量。"[2]

周作人认为，吴汝纶、严复、林纾等桐城派古文家，在清末数十年通过翻译大量的西洋文学作品和哲学社会科学著作，影响过胡适、陈独秀等后来新文学运动的主要人物，但他们在五四时期之所以跟不上时代潮流，甚而成为反对势力，"是因为他们介绍新思想的观念根本错误之故"——"因文近乎'道'，所以思想也就近乎'道'了"（吴汝纶原话为"严子一文之，而其书乃骎骎与晚周诸子相上下，然则文顾不重耶？"——引者按）。"他（林纾）译司各特（Scott）、狄更斯（Dickens）诸人的作品，其理由不是他们的小说有价值，而是他们的笔法有些地方和太史公相像，有些地方和韩愈相像，太史公的《史记》和韩愈的文章都既有价值，所以他们的也都有价值了。"这是其基本思想和新文学不同之处：

---

① 梁启超《清代学术概论》，上海：上海古籍出版社，1998年，第98页。
② 胡适《五十年来中国之文学》，《胡适全集》第2卷，合肥：安徽教育出版社，2003年，第266页。

他们的基本观念是"载道",新文学的基本观念是"言志",二者根本上是立于反对地位的。所以,虽则接近了一次,而终于不能调和。于是,在袁世凯作皇帝时,严复成为筹安会的六君子之一,后来给人写信也很带复辟党人气味;而林纾在民国七八年时,也一变而为反对文学革命的主要人物了。[1]

在激进的语言文字学家黎锦熙看来,即使是严复在晚清的那些西籍翻译,也是流弊无穷:

他的译品,包括了哲学、逻辑、社会、政治、经济等科,已觉内容上有点儿汗漫;幸而他译的份量还少,又没有继起的人,否则活像晋唐间把特殊的文体,例如四个字一组之类,来翻译大批的佛经,一定也要弄成一种积重难返的危险。因为严先生那种"达旨"的译书法,只算替本国的古文扩张领域。假使以后译科学专著的也要学他,一来就不必是自己专精而有把握的科目;二来可以在不能彻底了解之处卖弄几套舞文的手段,只要文章好,谁都办得了;其流弊又活像桐城派之于宋学;糊里糊涂抄袭了一些,改头换面,作为自己的文材,其实把宋儒的真相和他们的一点特长都湮没了。果然如此,真正科学知识的输入,便从此绝望;幸而并不如此。[2]

---

① 周作人《中国新文学的源流》,石家庄:河北教育出版社,2002年,第45页。

② 黎锦熙《国语运动史纲》,北京:商务印书馆,2011年,第45页。

林纾的"卫道"思想，不仅体现在他翻译西洋小说时"因文见道"的观念上，也体现在他自清末到五四时期的白话文写作实践中。学人言及林纾进步的一面，向来都以他自夸的"白话道情"为例，但很少去考查其思想内容。

林纾在《杭州白话报》上的第一首白话道情《觉民曲》，即把"维新"的功劳全都归到光绪的头上，说什么"我光绪皇爷，是一个菩萨心肠，念中国堂堂怎受制外洋"，又感念皇恩浩荡道："思量我的亲皇上，生我爹娘，养我爹娘，皇爷恩比爹娘当。"[①] 他在写到庚子之乱时，极力为皇帝开脱罪责，说"我皇夙意并不动干戈……叵耐这妖氛闯下弥天祸，我皇爷累得远远去奔波"[②]。

林纾在民国初年的"讽谕新乐府"中攻击社会的乱象，虽有合理之处，但我们发现林纾是站在维护旧秩序的立场上，对任何新生事物都冷嘲热讽，仿佛社会的败坏都是由改革或"革命"造成的："共和实在好，人伦道德一起扫。……全以捣乱为自由，男女混杂声嘤嘤。男也说自由，女也说自由，青天白日卖风流。"[③]

到了 1919 年五四文学革论战中，林纾的白话文写作，显然含有与文学革命对抗的意味：你们用白话文学宣传新

---

① 竹实饲凤生《觉民曲》,《杭州白话报》第 4 期，1901 年 7 月 20 日。
② 竹实饲凤生《唱御驾到西安》,《杭州白话报》第 8 期，1901 年 9 月 27 日。
③ 林纾《共和实在好》,《林纾诗文选》，北京：商务印书馆，1993 年，第 227 页。

道德，我也能用白话文攻击新道德。他以白话文"卫道"意图变得更加露骨。他自誉"既不为名，亦不为利，所争者名教耳"①。他的《母送儿》明显是攻击新文化运动的，说学堂教师给学生讲"父母无恩"，结果遭到学生反诘，出尽洋相。而那学生因"那晓教师不教孝，彼言父母感情欲"提出退学。这和他向蔡元培写信攻击北大，以小说映射陈、胡、钱诸人，如出一辙。林纾一生以卫道自命，他在五四时期新旧伦理之争中，更是极力用白话文卫护"孝道"："宗旨一生劝孝，不妨白话学些须。"②

从以上简略的分析可以看到，林纾的守旧、卫道，并不是他在五四时期的突变，而是自有渊源。我们往往忽略了不同白话报人及其作品的差异。同是白话报人、白话文，其思想内涵还是有很大差别的，并非所有的白话文都承载了民主、革命、科学、自由等新的思想内容和价值观念。在某种意义上说，我们之前夸大了林纾白话文写作的"进步"意义。

林纾在五四文学革命中备受攻击，除了他固守老旧的"文以载道"观念外，还与他以桐城派传人自居有关。在五四前夕的文坛上，桐城派古文正是一道令人生厌的孽

---

① 林纾《劝世白话新乐府·小引》，《林纾诗文选》，北京：商务印书馆，1993年，第233页。
② 林纾《劝孝白话道情·父母唯其疾之忧》，《林纾诗文选》，北京：商务印书馆，1993年，第238页。

障,而林纾则正以此标榜("晚年名高,好为矜张"①),他在《论古文不宜废》中,明目张胆地为桐城派张目:"呜呼,有清往矣,论文者独数方姚,而攻掊之者麻起,而方姚卒不之踣,或其文固有其是者存耶。"②

洞悉清末文坛宗派势力的钱基博,对林纾晚年"奢言宗派"的自重心态有深刻的分析:

> 初纾论文持唐宋,故亦未尝薄魏晋。及入大学,桐城马其昶、姚永概继之,其昶尤吴汝纶高第弟子,号为能绍述桐城家言者,咸与纾欢好。而纾亦以得桐城学者之盼睐为幸,遂为桐城张目,而持韩柳欧苏之说益力。③

钱基博又说:

> 按林纾论文不薄六朝,论诗不主江西,不持宗派之见,初意未尝不是。顾晚年昵于马其昶、姚永概,遂为桐城护法,昵于陈宝琛:(该书误植为陈宝箴——引者注)、郑孝胥,遂助江西张目,然"奢言宗派,收合徒党,流极未有不衰",纾固明知而躬蹈之者,毋亦盛名之下,民具尔瞻,人之藉重于我,与我之所以见重于人者,固自有在,宗派不言而自立,党徒不收而自合。召闹取怒,卒丛世诟。则甚矣盛名之为累也。或者以桐

---

① 钱基博《现代中国文学史》,上海:上海书店出版社,2004年,第130页。
② 林琴南《论古文之不宜废》,《大公报》1917年2月1日。
③ 钱基博《现代中国文学史》,上海:上海书店出版社,2004年,第131页。

城家目纾,斯亦皮相之谈矣。①

这就是说,林纾与新文学阵营的对立,表面是所持的思想观念——即"道"的相左,实则是各自为争文坛地位而展开的斗争。当然,文坛地位并非一个空虚的名号,而是与现实利益紧密相关。傅斯年在分析"迷顽可怜的老朽"反对白话文的心理时指出,林纾卫护文言地位,即有现实的利益考量:

> ……况且单就白话的介壳而论,未必有所谓离经叛道的东西;好在他们也是会说白话的,乃祖乃宗也曾读过白话的高头讲章的;苟不至于如林纾一样,怕白话文风行了,他那古文的小说卖不动了,因而发生饭碗问题,断不至于发恨"拼此残年"反对白话。②

文学史家普遍认为,林纾之所以受到攻击,是新文学阵营"策划"(钱玄同与刘半农所演"双簧")的结果。但试想一下,其实当时不赞同文学革命者甚众,为何林纾首先要跳出来呢? 新文学阵营为何对"选学妖孽,桐城谬种"必欲除之而后快? 这是因为,只有林纾才是衰落不堪的旧文坛的最具声望的代表。而且林纾以文坛元老自居,当仁不让,出来卫护古文的地位。

正如法国学者皮埃尔·布迪厄所深刻洞察到的,"文

---

① 钱基博《现代中国文学史》,上海:上海书店出版社,2004年,第135页。
② 傅斯年《白话文学与心理的改革》,《新潮》第一卷第五期,1919年5月1日。

学或艺术异端的形成是反对正统的结果，但也离不了正统的存在，以利用它从前的声势"①。新文学阵营之所以拿林纾来开刀，其意义正在于此。

三　文学场中的"权位"之争与白话文学"正宗"地位的确立

无论古今中外，文学史上的文学革命，均属新兴文学力量与旧有文学力量之间为争夺领导权（话语权）而展开的斗争。五四时期，白话文学的倡导，正大光明的诉求，无疑是思想启蒙和现代民族国家的建立。但放在一个更大的社会、文化场域来看，确与晚清以来文坛大变局中，不同势力的分化重组与权力争夺有关。

布迪厄的文学场理论，有助于我们理解文学革命时期文坛上各种势力的关系。他认为"场是位置之间的客观关系网"，这个场中的各种派别、势力，为了各自的"占位"而不断进行斗争："文学（等）场是一个依据进入者在场中占据的位置（举极端一点的例子，也就是成功作家的位置和先锋派诗人的位置）以不同的方式对他们发生作用的场，同时也是一个充满竞争的战斗的场，战斗是为了保存或改变这场的力量。我们能够且应该把占位（作品，政治宣言

①［法］皮埃尔·布迪厄《艺术的法则——文学场的生成和结构》，刘晖译，北京：中央编译出版社，2001年，第304页。

或示威,等等)看作出于分析需要的一个对立'系统',不是一个随便达成什么客观一致的形式的结果,而是永恒冲突的产物和焦点。换句话说,这个'系统'的发生和统一原则是斗争本身。"[1]

五四文学革命只不过属于这个永恒斗争过程中的一个特殊时段和事件,这个斗争的结果,并非像我们通常所认为的那样,旧文学销声匿迹了,新文学成为了唯一的文学事实。实际上,它只不过改变了新旧两种文学在文学场内的位置而已:

> 占位空间的根本转变(文学或艺术革命)只能来自于组成位置空间的力量关系的转变,转变之所以可能,取决于一部分生产者的颠覆欲望和一部分(内部或外部)公众的期待之间的契合,因而取决于知识场和权力场之间的关系变化。当一个新的文学或艺术集团在场中推行开来,整个位置空间及相应的可能性空间,乃至整个未定性都发生了转变:由于新集团开始存在,也就是开始变化,可能选择的空间就发生了变化,至此,占统治地位的产品则被推到了次等或经典产品的地位。[2]

五四文学革命的主体力量,整体上属于一代青年作

---

[1] [法]皮埃尔·布迪厄《艺术的法则——文学场的生成和结构》,刘晖译,北京:中央编译出版社,2001年,第279—280页。
[2] [法]皮埃尔·布迪厄《艺术的法则——文学场的生成和结构》,刘晖译,北京:中央编译出版社,2001年,第281页。

家。他们经历或目睹了清末十多年来的文学改良,最终发现在新旧并行的文学格局中,新文学始终没有他们希望取得的地位,于是,他们采取了"彼可取而代"的策略:

> ……变化的开端就其特性来说几乎是属于新来者的,也就是属于最年轻的人,这一点千真万确,他们最缺少特殊资本,他们在一个生存就是区分、就是占据一个不同的和有区别的位置的空间中,仅仅是这样地存在着:他们无需特意,就通过推行新的思想模式和表现方式,表现他们的身份,也就是他们的差别,让别人认识和承认("给自己造名声"),与现行的思想模式决裂,注定通过他们的"晦涩"和"无动机"制造混乱。
>
> 由于占位通常很大程度上在与他者的关系中消极地确定自身,它们通常是空着的,缩小为一个充满挑战、拒斥和决裂的团体:结构上最"年轻"的作家,(也许在生理上同他们试图超过的"老作家"年龄一样大),也就是在合法化进程中最落后的作家,拒绝成为他们最尊崇的先驱者那样的人,否定他们做的事情,这一切在他们看来都"老掉牙"了,诗歌也好,别的也好(他们有时会走向滑稽模仿),他们还自内部(学院等)或外部(成功等)认可的迹象开始,装作拒斥社会老化的所有迹象。①

---

① [法]皮埃尔·布迪厄《艺术的法则——文学场的生成和结构》,刘晖译,北京:中央编译出版社,2001年,第287页。

文学革命的核心力量中，除了蔡元培等少数外，多为清末因科举废除未能走上"正途"的"失意"文人，他们既没有社会上的位置，也没有前辈作家在文坛上的声望。他们要占得文学场中的核心位置，只能通过与文坛上暂居高位者的斗争，以改变自身的地位。所以，文白之争，不只是思想观念和语言形式之争，也是文坛"正宗"地位之争。

说文学革命或"文白之争"是文坛地位之争，其明显的证据是，当时极力反对白话文的人物，如严复、章太炎、林纾、章士钊等，均是清末民初文坛上执牛耳者。如果说林纾反对白话文是由于其思想守旧，但章太炎、章士钊等这样激进的思想家和革命家，他们反对白话文，却不能以此来解释。胡适虽深信白话文学为文学进化的必然趋势，但他知道若要白话和文言自由竞争，他有生之年恐难"尝试"成功，所以，他要在这个自然进化的趋势里，施加人工的推力，让文言"速朽"、白话"速胜"。他认为哪种文学占据了"正宗"地位，哪种文学就掌握了文学界的领导权。胡适等所倡文学革命，其核心的诉求是白话文学"正宗"地位的获得。

"正宗"一词出于宋代陈师道《请兴化禅师疏》："绍雪门之正宗，入慧林之半座。"指佛教禅宗称初祖达摩所传的嫡系宗派。胡适屡次借用这一禅宗词语，为他提倡的白话文学寻找历史依据，恢复遭明代"八股"与"复古"等逆流中断的白话文学潮流。对新文学颇有偏见的钱基博，也认为胡、陈的文学革命，是对文学"正宗"地位的篡夺：

> 及胡适自美洲毕所学而归，都讲京师，倡为白话文，其友人陈独秀诵其说而张之，以其长大学文科，锐意于意大利文艺改革之事也。登高之呼，薄海风动，骎骎乎白话篡文言之统，而与代兴为文章之宗焉。[①]

不过，胡适最初使用的是与"正宗"语义相近的"席"：

> 惜乎五百余年来，半死之古文，半死之诗词，"复"夺此"活文学"之席，而"半死文学"遂苟延残喘，已至于今日。[②]

胡适第一次将白话文学在文学史上的地位由一"席"改为"正宗"，是在发表于1917年第二卷第五号《新青年》杂志上的《文学改良刍议》中，该文三次用到"正宗"，前两次用以提升白话小说的地位：

> 今人犹有鄙夷白话小说为文学小道者，不知施耐庵，曹雪芹，吴趼人，皆文学正宗，而骈文律诗乃真小道耳。……吾惟以施耐庵，曹雪芹，吴趼人为文学正宗。[③]

第三次才指白话文学的"地位"：

---

① 钱基博《现代中国文学史》，上海：上海书店出版社，2004年，第384页。

② 胡适《吾国历史上的文学革命》，《胡适全集》第28卷，合肥：安徽教育出版社，2003年，第334页。

③ 胡适《文学改良刍议》，《新青年》第二卷第五号，1917年1月1日。

　　……然以今世历史进化的眼光观之,则白话文学为中国文学之正宗,又为将来文学必用之利器,可断言也(此"断言"乃自作者言之,赞成此说者未必甚多也)。以此之故,吾主张今日作诗作文,宜采用俗语俗字。①

对胡适的"白话文学正宗说",《新青年》同人多表赞同且为之张目。陈独秀对胡适此说,予以坚定支持:"……独至改良中国文学,当以白话为文学正宗之说,其是非甚明,必不容反对者有讨论之余地,必以吾辈所主张者为是,必不容他人之匡正也。"②钱玄同在倡导《新青年》同人应身体力行使用白话写作时,力排众体,独尊白话诗为"正宗"("正体"):

　　总而言之,今后当以"白话诗"为正体(此"白话"是,是广义的,凡近乎言语之自然者皆是,此"诗",亦是广义的,凡韵文皆是),其他古体之诗,及词、曲,偶一为之,固无不可,然不可以为韵文正宗也。③

胡适常常引为骄傲的是,他首倡的文学革命,是中国文学史上第一次"有意的主张白话文学"。其实,这里除了胡适

---

① 胡适《文学改良刍议》,《新青年》第二卷第五号,1917 年 1 月 1 日。
② 陈独秀《再答胡适之(文学革命)》,任建树主编《陈独秀著作选编》第一卷,上海:上海人民出版社,2009 年,第 338 页。
③ 钱玄同《论小说及白话韵文》,《新青年》第四卷第一号,1918 年 1 月 15 日。

的骄矜自夸,确有他对文学革命的策略性思考[①]。文言文的衰落与不合时宜是谁都看得清的事实,然而却没有人敢宣告它的"死信"。胡适则第一个为古文"发丧举哀",他明白只有"除旧"而后才能"布新"。与其说胡适是有意地主张白话文学,不如说有意地争夺文学"正宗"地位:

> 吾辈以今人当造今人之文学,而古文家则以为今人作文必法马班韩柳。其不法马班韩柳者,皆非文学之"正宗"。吾辈之攻古文家,正以其不明文学之趋势而强欲作一千年二千年以上之文。此说不破,则白话无有列为文学正宗之一日,而世之文人将犹鄙薄之以为小道邪径而不肯以全力经营造作之。如是,则吾国将永无以全副精神实地试验白话文学之日。[②]

[①] 钱基博说:"林纾、马其昶之伦,皆文章老宿,而纾尚气好辩,尤负盛名,为适所嫉,摭其一章一句,纵情诋毁,复嗾其徒假名曰王敬轩者,佯若为纾辩护,同时并刊驳难而耸观听。及纾弟子李濂镗,欲访所谓王敬轩者而与之友,则乌有先生也。叹曰:'昔人所谓不信之至欺其友,不意馈亲见之。'纾则愤气填膺而无如何,既以摧抑而不得伸喙。"又说:"启超之病生于妩媚,而适之过乃为武谲。……武谲则尚诈取、贵诡获,人情莫不厌艰巨而乐轻易,畏陈编而嗜新说,使得略披序录,便膺整理之荣,才握管觚,即遂发挥之快,其幸成未尝不可乐,而不知见小欲速,中于心术,陷溺既深,终无自拔之一日也。然当是时,白话文乘方兴之运,先之以《新青年》之摧锋陷阵,胡适、陈独秀、钱玄同诸人实为之主干。"《现代中国文学史》,上海:上海书店出版社,2004年,第396、401页。

[②] 胡适《历史的文学观念论》,《新青年》第三卷第三号,1917年5月1日。

时隔一年多,胡适又提出,光有攻击旧文学还是不够的,必须要创造有生命的新文学来取代旧文学:

> 他们所以还能存在中国,正因为现在还没有一种真有价值,真有生气,真可算作文学的新文学起来代他们的位置,……所以,我希望我们提倡文学革命的人,对于那些腐败文学,个个都该存一个"彼可取而代也"的心理,个个都从建设一方面用力,要在三五十年内替中国创造出一派新中国的活文学。①

他又说:

> 因为没有"有意的主张",所以做白话的只管做白话,做古文的只管做古文,做八股的只管做八股。因为没有"有意的主张",所以白话文学从不曾和那些"死文学"争那"文学正宗"的位置。白话文学不成为文学正宗,故白话不曾成为标准国语。②

陈独秀在《文学革命论》中用三个"推倒"和"建立",表明他的文学革命,是要实现新、旧文学位置的调换,所以他对胡适的策略心领神会,由他执笔的与胡适二人答易宗夔的信里这样说:

> 仆等主张以国语为文,意不独在普及教育。盖文字之用有二方面:一为应用之文,国语体自较古文为

① 胡适《建设的文学革命论》,《新青年》第四卷第五号,1918 年 4 月 15 日。
② 胡适《建设的文学革命论》,《新青年》第四卷第五号,1918 年 4 月 15 日。

易;一为文学之文,用今人语法自较古人语法表情亲切
也。……尊意吾辈在一意创造新文学,不必破坏旧文
学,以免唇舌;鄙意却以为不塞不流,不止不行,犹之欲
兴学校,必废科举,否则才力聪明之士不肯出此途也。
方之虫鸟,新文学乃欲叫于春啼于秋者。旧文学不过
啼叫于严冬之虫鸟耳,安得不取而代之耶? ①

五四文学革命与清末白话文运动的不同之处,"有意"
与否是一个方面,但还有一根本的区别在于,清末的白话
文运动,仅将白话文当作"开通民智"的工具,而五四文
学革命中,胡适则认为"白话乃是创造中国文学的唯一工
具",他号召有志于新文学的人,"都该发誓不用文言作文:
无论通信,做诗,译书,做笔记,做报馆文章,编学堂讲义,
替死人做墓志,替活人上条陈……都该用白话来做" ②。胡
适的"国语的文学——文学的国语",说到底,就是要全面
提升白话文的社会地位,让其跻身上流社会。

明清以来,白话小说、戏曲蔚然成风,但这并未从整
体上提升白话文的地位。因为小说、戏曲向来不被当作文
学看待,梁启超在清末极力提高小说的地位,但也未能改
变白话的地位。胡适的过人之处,在于他认识到要真正提
高白话的文学地位、社会地位,非得从传统文学中的核心

---

① 胡适之、陈独秀《论〈新青年〉主张》,《新青年》第五卷第四号,
　 1918 年 10 月 15 日。
② 胡适《建设的文学革命论》,《新青年》第四卷第五号,1918 年 4 月
　 15 日。

文体——诗文——入手不可。胡适 1916 年在美国与友人讨论文学改良问题时,即力主"以白话作文作诗作戏曲小说"①,他之所以被"逼上梁山",乃是他的朋友认为,白话只可用作鄙俚的小说戏曲,却万不能侵入高雅的诗文领域:

> 现在反对的几位朋友已承认白话可以作小说戏曲了,他们还不承认白话可以作诗。这种怀疑,不仅是对于白话诗的局部怀疑,实在还是对于白话文学的根本怀疑。在他们的心里,诗与文是正宗,小说戏曲还是旁门小道。他们不承认白话诗文,其实他们是不承认白话可作中国文学的唯一工具。所以我决心要用白话来征服诗的壁垒,这不但是试验白话诗是否可能,这就是要证明白话可以做中国文学的一切门类的唯一工具。②

胡适在为白话文学树立"正宗"地位的同时,否认古文的"正宗"地位,他说:"古文文学的研究,是专门学者的事业。但须认定'古文文学'不过是中国文学的一个小部分,不是文学正宗,也不该阻碍国语文学的发展。"③

胡适有一句名言叫"但开风气不为师",胡适的文学

---

① 胡适《白话文言之优劣比较》,《胡适全集》第 28 卷,合肥:安徽教育出版社,2003 年,第 391 页。
② 胡适《逼上梁山》,《东方杂志》第三十一卷第一期,1934 年 1 月 1 日。
③ 胡适《答黄觉僧君的〈折衷的文学革新论〉》,《新青年》第五卷第三号,1918 年 9 月 15 日。

革命就是这种精神的体现,他有敏锐的"文坛空间感"或"位置意识",他深知老是跟在别人身后,就永远没有自己的位置,他对"模仿古人"的反感即是出于此。他除屡次谈及文学"正宗""位置"之外,还提到"殖民地"① 这一空间概念,尤其是他对"先锋"这个表动态位置的词情有独钟。

胡适的"先锋"精神,最初体现在他新颖独创的文学观念和大胆"尝试"的实践。古今中外文学史上,凡某一新式文学潮流和体裁的出现,总是作为正统文学的反叛者。布迪厄对文学场建立过程中,先锋派作家由挑战权威、引起混乱进而确立新"法则"的过程,作如下描述:

> 他(波德莱尔)以有悖常理的疯狂举动,试图引起混乱,这种混乱不合常理地是这个不合常理的世界的法则,也将是达到完全自主的文学场,即在创作者——预言家之间的自由竞争,这些人坦率地承认与众不同、独树一帜、没有先例、无以伦比的法则,法则确定了他们自身的属性。②

在胡适的论敌梅光迪眼中,胡适与布迪厄笔下的波德莱尔颇为相似:

> 读大作如儿时听"莲花落",真所谓革尽古今中外

①胡适在《逼上梁山》一文中说:"我此时练习白话韵文,颇似新辟一文学殖民地。"
②[法]皮埃尔·布迪厄《艺术的法则——文学场的生成和结构》,刘晖译,北京:中央编译出版社,2001年,第77—78页。

诗人之命者！足下诚豪健哉！盖今之西洋诗界，若足
下之张革命旗者，亦数见不鲜，……大约皆足下"俗
话诗"之流亚，皆喜以前无古人，后无来者自豪，皆喜
诡立名字，号召徒众，以眩骇世人之耳目，而己则从中
得名士头衔以去焉。[1]

胡适自己毫不隐讳他的"标新立异"：

> 我辈生于今日，与其作不能行远不能普及的《五
> 经》、两汉、六朝、八家文字，不如作家喻户晓的《水浒》
> 《西游》文字。与其作似陶似谢似李似杜的诗，不如作
> 不似陶不似谢不似李杜的白话高调京腔。与其作一
> 个作"真诗"，走"大道"，学这个，学那个的陈伯严、郑
> 苏盦，不如作一个"实地试验""旁逸斜出""舍大道
> 而不由"的胡适。[2]

他在《时报》十七周年的纪念文中，对曾经作为报界
先锋的《时报》，不愿再做"先锋"深表遗憾，他觉得当日做
先锋人还应该努力向前争这个"先锋"的位置，他给《时
报》的祝词中说："《时报》是做过先锋的，是一个立过大功
的先锋，我希望他不必抛弃了先锋的地位，我希望他发奋
向前努力替社会开路，正如他在十七年前替中国报界开了
许多先路！"[3] 这既是他对《时报》的祝愿，也是对他自己文

---

[1] 胡适《胡适留学日记》，长沙：岳麓书社，2000年，第685—686页。
[2] 胡适《胡适留学日记》，长沙：岳麓书社，2000年，第693—694页。
[3] 胡适《十七年的回顾》，《胡适全集》第2卷，合肥：安徽教育出版社，2003年，第408页。

坛地位的期许。

1925 年,在章士钊保卫文言的"后卫战"中,他和胡适由开始各说各话到最后终于开骂,进一步坐实所谓文白之争,其实就是文坛席位的争夺。这与数年前新文学阵营和林纾的"前卫战"有神似之处。

有意思的是,胡适对章士钊的反驳,延迟了两年。章士钊攻击胡适及文学革命的《评新文化运动》,最初发表于 1923 年 8 月 21—23 日上海《新闻报》。据胡适后来说,章士钊此文写好后曾主动向他叫战,但养病中的他托人捎话给章士钊,说此文"不值一驳",而并未参战。直到 1925 年初,二人还唱和"我写白话歪词送把你,总算是老章投了降","同是曾开风气人,愿长相亲不相鄙"。但是到了这年 4 月,当章士钊兼任教育总长后,他企图借助政治的力量,谋取(作为桐城古文末代传人)文坛领袖地位,于是有所谓整顿教育,复刊《甲寅》,尊孔读经,复兴文言,一步步向新文学进逼。正如胡适是以"文学革命"的方式取得文坛领袖地位一样,章士钊也想通过复辟这一"反革命"的方式夺取文坛领袖地位。可是他的时运太差,他复兴文言的举动不仅没有助推他获得古文维护者的领袖地位,反而将他变成一个与林纾一样滑稽的卫道者,从反面提升了白话文的社会声誉和社会影响。

当胡适看到章士钊讽刺文学革命后的文坛,是"以适之为大帝,绩溪为上京,遂乃一味于胡适文存中求文章义法,于《尝试集》中求诗歌律令"时,胡适深刻而敏锐地洞察了章士钊"悻悻然"的潜意识心理："行严是一个时代的落伍者，他却又虽落伍而不甘心落魄。总想在落伍之后谋一个首领做做。所以他就变成了一个反动派，立志要做落伍者的首领了。……其实行严自己却真是梦想人人'以秋桐为上帝，以长沙为上京，一味于《甲寅》杂志中求文章义法！'"①

没想到文白之争的深层心理，就被胡适这么一语道破了。其实，章士钊在清末民初的政坛和思想界上是颇有革命锐气的，胡适曾对他的政论文为文学革命所作的贡献给予高度评价。但不管怎么说，他未曾走到新文学的阵营中来。这就像林纾一样，不管他如何自夸早在庚子年间为《杭州白话报》写白话文，但他始终属于旧文学阵营，并誓死卫护古文的"正宗"地位。章士钊也属于桐城派的末代变种。正如章太炎一样，他的革命思想和进步的政治学说，不能使他成为一个新文学的支持者。这说明思想相近，并不能使不同个性的作家取得文学上的认同。我们之前对五四文学革命的看法，过于简单，对他们的分裂过于惊讶，其实就是对不同作家文学观念形成过程和因素的复杂性，缺乏全面而深刻的认知。

胡适对章士钊的反驳可谓一针见血。章士钊的愤愤不平，正是因为胡适占据了文坛"正宗"地位，所谓"大帝""上京""义法""律令"，即是文学权威的标志。在章

①适之《老章又反叛了》，《国语周刊》第12期，1925年8月30日。

士钊看来,若能借助他手中掌握的行政权力,复兴文言成功,文坛的"大帝"就非已莫属了,这才是章士钊的真正野心。可文坛毕竟是整个权力场之一角,章士钊欲借政治权力谋取文坛领袖地位,但他弄巧成拙地却被政治场中的斗争排挤出局。他的文言保卫战,终于成了堂吉诃德式的滑稽表演。

四 白话报人的年纪、籍贯(地域)和趣味

众多的清末白话报人,在五四时期依然活跃的只是其中一部分,而这一部分中,并非都在文学革命中扮演重要角色。其中一个原因即与他们的代际差异有关。文学革命"推动者"十八人中,最年长的裘廷梁是 1850 年代末出生,其次陈荣衮、彭翼仲、吴稚晖、张丹斧、蔡元培为 1860 年代生,林白水、李辛白、包天笑、马裕藻、陈独秀为 1870 年代生,刘大白、傅熊湘、黄伯耀、高语罕、张九皋、钱玄同为 1880 年代生人,年龄最小的胡适为 1891 年生。我们可以看出,五四文学革命中核心的力量是 1870—1890 年代人。如果扩大范围来看,所有在五四时期从事革命工作的白话报人,比较活跃的基本上也是这个年龄阶段的人,这说明更年长的一代清末白话报人,即使政治见解能够跟上时代步伐,但他们的文学观念基本停留在清末的文学改良阶段,他们对如何完成文学革命的突破,并无新的见解。虽然我们不能仅仅以生理年龄来区分思想的新旧,但这至

少是一个可区别的因素。因为年轻的一代白话报人,一方面因袭的文学传统较少,另一方面,更为重要的是,他们在旧文坛上的卑微地位,使得他们更倾向于通过建立一个有利于自身的文坛新秩序,来获得其在文坛上的核心位置。

如果我们仔细考察文学革命"推动者"十八人,就会发现,不必说1870年代末以来出生的陈独秀、胡适、钱玄同等最年轻一代,即使是十九世纪五六十年代出生的裘廷梁、吴稚晖、蔡元培等很有声望的文人,他们在清末和民初的文坛上依然没有位置①。所以,这两代具有维新思想的报刊文人,能够认同和呼应年轻一代文学革命的号召,推动文学革命走向成功。

清末白话报人的籍贯,和白话报本身的地域分布在很大程度上是重叠的。这里之所以引入"籍贯"这一地域概念,一是因为清末白话报人在文学革命中扮演的角色,与他们是否处于文学革命的中心(北京、上海)或边缘(政治和文学中心之外的如杭州、无锡、长沙等)有关;二是地缘

①钱基博在《现代中国文学史》中所列清末"古文学"作家,可以看作清末文坛占据较高"位置"的作家,其中古文作家"魏晋文"有王闿运、章炳麟、苏玄瑛;"骈文"有刘师培、李详、孙德谦;"散文"有林纾、马其昶、姚永概。古体诗人"中晚唐诗派"有樊增祥、易顺鼎;"宋诗派"有陈三立、陈衍、郑孝胥、胡朝梁、李宣龚。词人有朱祖谋、况周颐。曲作家有王国维、吴梅。"新文学"作家中,一为"新民体",列康有为、梁启超;二为"逻辑文",列严复、章士钊;三为"白话文"作家,只列胡适一人。这个"文类"划分和作家名单,反映了清末民初文学概念的演化和新文学作家所面临的"文学场"权力格局。

关系,往往成为五四文革命阵营建立的一个重要纽带。

如果我们考查清末白话报的地域分布[①],就会发现白话报创办最早、数量最多的地区,基本上就是文学革命思想萌芽最早、新文学作家队伍最集中、新文学传播最广泛的地区。上海、北京、苏州、绍兴、杭州、福州、芜湖、长沙、成都、广州(以及这些城市所在的省)等和日本东京,既是清末民初白话报分布较多的地区,也是现代文学史第一个十年新文学作家出现最多的地区。这就是清末白话报刊与文学革命的发生、新文学发展密切关联的最有力证据。

从白话报创办的地域而言,上海、北京、江浙、福建、安徽等地最多,这与新文学作家的分布基本吻合。尤其值得注意的是,日本东京是海外白话报刊创办最多的地区,我们要说新文学的发源地或重镇,东京当属其中非常重要的一个。不管五四新文学作家直接受到清末白话报刊的影响几何,清末白话报刊的地域分布与五四新文学"重镇"的重叠,都不是偶然的。

除了白话报的核心区域江浙闽皖以外,还有湖南、广东这两个地方比较引人注目。自清末维新运动以来,湖南风气甚为开明,在20世纪头十年,创办了很多白话报或通俗报,如《湖南地方自治白话报》《湖南演说通俗报》

①可参考胡全章《清末民初白话报刊研究》一书的附录三《清末民初白话报刊年份、数量、地域一览表》和李仁渊《晚清的新式传播媒体与知识分子》一书中的表4–5《维新后各城镇第一份国人自办白话报刊创办年》。

《外交俚语报》《俚语日报》等。广东之所以出现一个白话报人群体，与康、梁的影响有关。康有为是早期倡设报馆的变法人士，梁启超虽未直接创办"白话报"，但他支持创办早期儿童白话报《蒙学报》，他的"新文体"更是影响了一代文人。与康、梁二人关系密切的陈荣衮，则是早期白话报的理论倡导者和积极实践者，他1897、1898年先后撰有《俗话说》《论报章宜改用浅说》，后又编写了很多妇女、儿童用白话教材。其他如郑贯公早年追随梁启超办《清议报》，1905年在香港创办亦庄亦谐的《有所谓报》（全称《唯一趣报有所谓》）。黄伯耀、欧博明、黄世仲一起创办连续性白话小说杂志就有三家：《粤东小说林》（旬刊，1906年9月创刊）、《广东白话报》（旬刊，1907年5月创刊）、《岭南白话杂志》（周刊，1908年2月创刊）。

而这些在清末创办白话报最多的地区，无一例外，后来都成为新文学创作或接受最为活跃的地域，这说明清末的白话报刊，无论是对新文学作家还是新文学读者的培养，都有不可否认的影响。

清末白话报刊及白话报人的地域范围之于文学革命的关系，还体现在以地缘关系为纽带，在五四前后建立起来的松散的文学革命阵营。陈万雄说，清末的白话报，遍及香港、广东、湖南、湖北、山东、山西、江西、东北、天津、伊犁、内蒙古的全国范围及海外东京等地，"但以长江流域的江苏、浙江和安徽三省最盛行。以一个地方计，上海占了二十余份,最令人瞩目,北京次之。白话报刊行多寡与地区文风和革新风气的高低有关,这可进一步研究"①。

文学革命的两位"旗手"或"台柱"②,都是贯穿清末与五四两个时期的皖籍白话报人,此外,文学革命阵营中皖籍白话报人还有李辛白、高语罕等。

除了皖籍白话报人外,江浙两省的白话报人,也因各种因缘,结成了关系比较密切的团体。江苏无锡的裘廷梁在创办《无锡白话报》(中国官音白话报)的同时,还与在无锡设馆的武进人吴稚晖、广东新会的陈荣衮共同创设清末最早的白话组织"白话学会"及白话书局③。福建闽侯林白水即是《杭州白话报》《中国白话报》的创办人,后来又参与蔡元培创办的《俄事警闻》《警钟日报》。总之,类似这样交替参与不同白话报刊的现象还是很多的。大致来说,各省的白话报人之间的这种交互重叠,会不断扩展他们的联络范围。除了前述广东新会的陈荣衮通过信函远

① 陈万雄《五四新文化的源流》,北京:生活·读书·新知三联书店,1997年,第160页。

② 李孝悌:"我们说五四白话和清末的白话属于同一个不曾断绝的传统,最直接的证据是领导1910年代白话文运动的两个台柱——胡适和陈独秀——都在1900年代的主要白话刊物上写过大量的文字,而且其中的一些主张都成为1910年代启蒙运动中新思想的要素。"见《清末的下层社会启蒙运动:1901—1911》,石家庄:河北教育出版社,2001年,第278页。

③《开办白话学会简明章程》,《中国官音白话报》第19—20期,1898年8月27日。

距离联络无锡的裘廷梁这种情况以外,临近省域之间,由于交往的便利,这些白话报人联系会更加频繁而密切。即如蔡元培和陈独秀,由于共同参与了许多社会团体和革命组织,他们会将各自先前所拥有的关系网络,不断带进对方的关系网中。这样,到五四文学革命前夕,由于蔡元培执掌北大、陈独秀任北大文科学长并将《新青年》迁至北京,于是,由他们自清末经营起来的以江浙皖闽四省为核心的白话报人群体,组成了文学革命的核心力量。这股力量,他们在清末创办白话报的时候,既已彼此呼应①,中经辛亥革命前后的沉寂,又因为相似的经历、抱负而遇到新的历史契机,于是在五四前夕迅速汇集到共同的文学革命阵营中来。

很显然,五四前后依然活跃的清末白话报人,身居政治、文化中心的蔡元培、陈独秀、胡适、钱玄同等,在文学革命中扮演着领导者的角色;而远离中心的裘廷梁、陈荣衮、傅熊湘、黄伯耀、张九皋等,则仅仅是文学革命的呼应者。就后者在地方上的表现而言,我们可以推断,如果他们在五四时期能身处核心地带,他们肯定也都是文学革命的

---

① 不仅是同省的白话报人之间联络密切,而且相邻省市的白话报之间,都能互通声气,至少是都在彼此关注对方。胡适后来回忆说:"清朝末年出了不少的白话报,如《中国白话报》,《杭州白话报》,《安徽俗话报》,《宁波白话报》,《潮州白话报》,都没有长久的寿命。清朝光绪宣统之间,范鸿仙等办《国民白话日报》,李莘伯办《安徽白话报》,都有我的文字,但这两个报都只有几个月的寿命。"胡适《四十自述》,合肥:安徽教育出版社,2006年,第72页。

"健将"。但退一步说，他们五四时期在各自所处的边缘地带，也为文学革命向更大范围的扩展，向地方读者普及新文学，作出了他们应有的贡献。

从整体来说，清末白话报人在五四时期，多持革命和进步的文学姿态，但其中的差别也清晰可辨。这种区别表现为，有些虽然积极参与五四思想启蒙运动，但与文学革命保持一定距离；有的虽然支持白话文学，但对其废除文言等激进主张持保留态度；有的虽属新文学阵营中人，但又异于新文学的启蒙立场；等等。其中的一些典型人物如吴稚晖、蔡元培、张丹斧，值得一一细说。

吴稚晖在清末白话文运动中的激进（如"废除汉文"、提倡"世界语"等）无人可比，他在清末以来的文学改良和语言变革运动中，为五四文学革命所做的开创性工作，有目共睹。他打破一切旧文学藩篱、不拘格套的写作实践，也为五四新文学"话怎么说，就怎么说"的自由书写开了先河，所以，周作人对他及身而绝的独特文体深表钦佩："吴稚晖实在是文学革命以前的人物，他在《新世纪》上发表的妙文凡读过的人是谁也不会忘记的。他的这一种特别的说话法与作文法可惜至今竟无传人，真令人有广陵散之感。"[1] 即使是在五四时期，他对国语运动的倾力推动，他在新旧思想论战中的战斗精神，都是无人可比

---

[1] 周作人《〈中国新文学大系·散文一集〉导言》，上海：良友图书公司，1935年，第12页。

的①。但不管如何，他对文学革命和白话新文学只作壁上观，而不愿做一个躬身实践者。究其原因，这与他的文学观念，尤其与他对文学功能的认识有关。他认为凡是文学家，不论古今，往往自立宗派，唯己是尚，遗患无穷。于是，他针对罗家伦劝他作文学家和章士钊为保护严复的古文要成立"编译局"而发挥道：

> 他们自己的确又都是文学家，闹成了癖。好比吊死鬼，落水鬼一般，恨不得人家都变了吊死鬼，落水鬼，方才舒服。
>
> ……这无非章先生文学其自己嗜尚之文学，不觉欲人之类我类我，遂不恤生今返古耳。终之彼含有文

---

① 关于吴稚晖在中国语文现代化和新文化运动中的地位和意义，不仅他的同时代人给予高度评价，在他逝世后，蒋介石 1964 年在吴稚晖诞辰百年纪念会议上讲道："先生认为我国'书同文'还可勉强过得去，但'字同音'则距离太远，于是在民国初年即尽力研究并推行统一国音运动，到了今天可以说先生这一伟大运动大部分已经成功，我们全国同胞无论散布在任何天涯海角，都能藉此达意通情，这不但便于传达政令与沟通知识，且使我同胞们因语言交流，而情感融洽，精神团结，愈益强固。台湾光复以后，曾经沦陷在日本统治下五十年之久的在台同胞，今日不论居住在高山或是平地的，无论男女老幼，都能说标准国语。这项成就，外国的语文专家来到台湾，经耳闻目睹以后，也都认为奇迹。这都是吴先生的化泽深远所赐，乃是一个显著的实利。但是大家不要忘记这件大事，并非容易成功，乃是由于他精通我国文字音韵的学问，再加上运用东西文字拼音比照的方法，费了他毕生心血的研讨，才能克底于成的。所以大家认为吴先生乃真是一位中国新文化的先驱和导师。"蒋介石《吴稚晖全集·代序》，《吴稚晖全集》（卷一），北京：九州出版社，2013 年，第4—5页。

学家三字之毒素，也正相等于簇新时髦之"的么"文学家，并非章先生别有肺肠。充文学家之弊害，你以为"射他耳""幽默"之足尚，我以为"朴茂""渊雅"之可贵，腹诽白话文，害及普及教育，皆从此多事。故我愿奉劝罗、章诸位先生，爱"之乎者也"也好，爱"的么呀啦"也好，"文以载道"是古训，"放屁放屁，真正岂有此理"是天真。取必于严又陵的文笔，劝人做文学家，皆大可不必，我愿为没世无名的小卒，不愿做什么乌烟瘴气的文学家。[①]

吴稚晖是一个彻底的"文学无用论"者，他诅咒"文学不死，大难不止"，他说"文学是胡说八道，哲学是调和现实，科学才是真情实话"。他是一个物质主义者和科学万能主义者，他真正崇拜的只有科学。对于他和新文学阵营之间的分歧，当时有一位名叫张孝敏的学人曾在《新青年》杂志上向钱玄同提出疑问：

> 先生与独秀半农适之诸先生均主张以"白话为文学之正宗"，盖取言文一致之义，惟大志四卷二号所载吴稚晖先生之论《旅欧俭学之情形及移家就学之生活》内，有云："文字自文字，语言自语言，世俗惯语，以为西洋语文合一，此实似是而非，世界无论何国文字，莫不相同，皆有高深与浅俗之别，浅俗之文，则与语言密切相近……"愚以为吴先生此论，颇似"古文

---

① 吴稚晖《乱谈几句》，《猛进》第 10 期，1925 年 5 月 8 日。

家"之议论。……吴先生之说,究与先生等所倡"白
话为文学之正宗"之论,是否可以相容而并存? 愚诚
末学,实未敢妄断,乞先生拨冗一言。

在钱玄同的要求下,吴稚晖对此这样作答:

兄弟以为拿白话为文学的正宗,这是一种主张,
现在世界各国的文字,都有高深同浅俗的区别,这是
一种事实。兄弟的主张,也是渴望有白话文字通行,
现在的教育上生出极大的作用;设使刘胡陈钱诸位
先生又能把白话文造做文学的正宗,那更快意。至于
从前的谈话,说起现世界各国文字的事实,乃对于习
外国文字的人诉说艰难,不是主张别人如此,我们也
应当如此;亦不是说各国事实如此,即是各国人赞成
如此。①

他认为"白话文学正宗"只是一种"主张",他对白话
文学能否真的成为将来文学的"正宗"持怀疑态度。文贵
良对吴稚晖与文学革命主流的区别,作出如下概括:

吴稚晖虽赞同白话文,但着眼于识字通文的启
智功能,而不是白话文学。他虽赞同白话文,但并不
主张废弃文言文。他的这种独立姿态,使得他既不同
于坚守文言的旧文学家,也不同于提倡白话的新文

---

① 《文学上之疑问三则》,《新青年》第五卷第五号,1918 年 10 月
15 日。

学家。①

这只是问题的一个方面,其实吴稚晖并不像清末以来的梁启超以及五四文学革命诸君那样,夸大文学的功能。正如前文所引,即使白话文学成为"正宗",他对文坛内部的"乌烟瘴气"甚为反感,他打心底里反对文学这个"神话",他希望把文学安放到明道救世这一世俗世界中来。他对文学家的看法颇似顾炎武"一自命为文人,便无足观"的观点。顾炎武认为,知识分子最重要的使命是"明道""救世"而非以诗文等雕虫篆刻"名世":"君子为学,以明道也,以救世也。徒以诗文而已,所谓雕虫篆刻,亦何益哉?"吴稚晖不愿作文学家,怀疑文学,乃正是出于对文坛充斥着的以文学家而沾沾自喜、夸夸其谈的愤激。

蔡元培在五四文学革命中可谓功高位重,无人否认。尽管他不是文学革命的倡导者,但可以毫不夸张地说,没有蔡元培,就没有文学革命,更遑论文学革命的成功。他集各种因素,促成文学革命的开展与成功。但他的艺术趣味与文学观念,甚至对文学革命的方案,也与胡陈钱刘等人不同。他支持白话文学,但并不像胡适、钱玄同等认为文言已经失去了生命力,可以速死速朽。他说:"……我敢断定白话派一定占优胜。但文言是否绝对的被排斥,尚是一个问题。照我的观察,将来应用文,一定全用白话。但

---

① 文贵良《"自成为一种白话":吴稚晖与五四新文学》,《文艺争鸣》
2014 年第 6 期。

美术文，或者有一部分仍用文言。"又说："但是美术有兼重内容的，如图画、造像等。也有专重形式的，如音乐、舞蹈、图画等。专重形式的美术，在乎支配均齐，节奏调适。旧式的五、七言律诗与骈文，音调铿锵，合乎调适的原则，对仗工整，合乎均齐的原则，在美术上不能说毫无价值。就是白话文盛行的时候，也许有特别传习的人。譬如我们现在通行的是楷书、行书，但是写八分的，写小篆的，写石鼓文或钟鼎文的，也未尝没有。将来文言的位置，也是这个样子。"①

张丹斧是胡适早年在上海《竞业旬报》时期的同事，五四时期还与胡适保持联系。但是若以传统的新文学标准来看，他与胡适应当分属两个阵营。事实上，他们之间的分歧颇为微妙。正当胡适在北京掀起文学革命之际，这位当年的白话报同人，早已是上海文坛上颇有名气的"鸳鸯蝴蝶派"文人。对他们二者在五四文学革命时期文学观念的分析，很能说明即使是同一代人、出自同一份清末的白话报刊团体，而由于其他各种复杂因素，也会使他们在文学革命中表现出一种貌合神离的微妙分歧。

1919年初，当"文白之争"正酣之际，在北京新近创办的《新中国》月刊第二期上，发表了题为《论新旧文学》的长文，论文的第一部分"说文学"为徐一士作，第二部分

---

① 蔡元培《国文之将来》，《北京高师教育丛刊》第 1 期，1919 年 12 月。

"文言……白话……的辩论"为张丹斧作。这份刊物的主要撰稿人既有胡适、邵力子、刘叔雅等，也包括上海的通俗文学作家包天笑、周瘦鹃等，似是有意引导包括鸳鸯蝴蝶派在内的上海通俗文学作家向文学革命阵营靠拢。徐一士和张丹斧的论文，显然是有意的安排。张丹斧的论文是否与胡适有关，不得而知，但他的论文是对"文白之争"的表态。笔者认为张丹斧此文有意含糊其词，让人难以揣摩其用意。张丹斧在文章中仿佛是模仿王敬轩和刘半农的"双簧"，"文言"和"白话"各自扮演一个辩论者的角色，把当时文白论战中的各种观点，几乎逐一陈述一番：文白双方为各自的存在陈述理由，同时否定对方。论辩的过程让人觉得难分胜负，但似乎"白话"一方略占上风。文章的结尾作者表态说：

> 在下平心问问自己，未尝不喜欢文言，且自己相信弄个文言要子，也还下得去，但要帮着文言去和白话打仗，却有些不敢。为什么呢？因为白话断非文言打得败的。不过白话要把文言灭掉，却也不能。此时最可怜的，是那些糊里糊涂的人，以为要做文言的忠臣，一心要去灭那白话，我看他不但不懂白话是个什么东西，简直不懂文言是个什么物事。①

读张丹斧的论文，我们发现他和胡适等在文白之争中

---

① 张丹斧《论新旧文学：二、文言……白话……的辩论》，《新中国》第一卷第二期，1919 年 6 月 15 日。

的愤激、焦虑完全不同,是完全超脱的。他对文言的感性体验——"喜欢"——抑制了对白话文的理性支持。他和当时多数人的理性判断一致,即文言和白话将长期双轨并行。这从道义上看,相当于没有给"白话文"予以应有的支持。

同年 10 月,胡适在《星期评论》上发表《谈新诗》一文。11 月 9 日,张丹斧在《晶报·毛瑟架》上发表了《为什么新诗都做得不好》,算是对胡适的正式回应。

胡适在《谈新诗》一文中举他的《应该》一诗为例,说"这首诗的意思神情都是旧体诗所达不出的"。这个说法遭到了张丹斧的反驳,张丹斧认为,胡适的新诗"诚然不能说坏,但说比他做的旧诗,要说好些,却真正未必",而且他认为胡适引为自豪的《应该》一诗,虽然表达很曲折,但"未免太像外洋人口吻,与中国男女用情的地方似乎不大相同"①。总之,张丹斧认为,胡适等所创白话新诗,在表情达意上并不像他自己吹嘘的那样,比旧诗好很多。平心而论,胡适在《谈新诗》中,对当时白话诗的评价过高,尤其所宣称的与旧诗相比的优势,更是难以服人。只不过圈子里的同人,为了替白话文学张目,不便明言。可张丹斧与他既不是一个阵营中人,且善于挖苦调侃,算是一个敢于戳破谎言、说出真相的顽童。所以,胡适面对老朋

---

① 张丹斧《为什么新诗都做得不好》,转引自钦鸿《胡适的佚信以及关于白话新诗的一场笔战》,《新文学史料》2007 年第 2 期。

友的质疑，只是虚晃一枪，根本不敢正面交锋。他答复张丹斧的信里说："你的《为什么新诗都做得不好》实在是一篇骂人狠（很）利（厉）害的文章。但是你的成见太深，故不免有冤枉新诗的地方，和过誉旧诗的地方。"① 若说"成见"，胡适并非没有，他向以"清楚明白"为标准衡量文学的好坏，不仅是"成见"，而且是偏见。胡适之所以说张丹斧的文章"骂人很厉害"，是张丹斧击中了他的要害。胡适是一个喜欢与人辩论的人，但他自知理亏，所以借口"忙得狠，不能打笔墨官司"而避免与之论战。此后，张丹斧继续在他所主持的《晶报》上发表了张恨水、姚鹓雏、李涵秋等人批评新诗的文章，胡适都不回应。张恨水《纯粹新诗决做不好》在《晶报》发表后，《晶报》经理余大雄赋诗云："天生胡适成何用，专为新诗改革来。偏遇对头张恨水，可能从此战端开。"这似乎是向胡适挑战，但胡适依然保持沉默。

张丹斧的这种立场，确实与他以"游戏""消遣"为目标的文学追求有关。从清末过来的白话报人中，与张丹斧相似的还有创办过《苏州白话报》的包天笑。

清末白话报人中，确有一类如吴稚晖、张丹斧者，他们在五四时期仍然坚持其此前一贯的主张，即从启迪民智、普及教育的角度提倡白话文，但不认为白话可以做文学；他们提倡白话文（应用的而非文学的）但不主张废弃

---

① 胡适《与丹翁说话》，转引自钦鸿《胡适的佚信以及关于白话新诗的一场笔战》，《新文学史料》2007年第2期。

文言文(文学的而非应用的)。这种主张,使他们既不同于旧文学家,也异于新文学家。总之,这确属"态度"问题①。但是细分起来,这两人还是有很大区别。张丹斧在"五四"时期更接近鸳鸯蝴蝶派等通俗文学家,对此,钱玄同就颇为不满地嘲笑过:"有的效法张丹斧做《太阳晒屁股赋》那种鸟勾当,专做不负责任没有目的的恶趣味的文字。"②

通过以上分析,我们可以得知,这些白话报人从清末

---

① 清末白话文运动和五四白话文运动的关系,甚为复杂(既有关联也有区别),即使参与两个时期白话文运动的当事人胡适,对此的表述前后充满矛盾。在谈到二者的区别时,胡适说:"第一,这个运动没有'他们''我们'的区别。白话并不单是'开通民智'的工具,白话乃是创造中国文学的唯一工具。白话不是只配抛给狗吃的一块骨头,乃是我们全国人都该赏识的一件好宝贝。"(胡适《五十年来中国之文学》,《胡适全集》第2卷,合肥:安徽教育出版社,2003年,第329页。)周作人说:"……第二,是态度的不同——现在我们作文的态度是一元的,就是:无论对什么人,作什么事,无论是著书或随便地写一张字条儿,一律都用白话。而以前的态度是二元的:不是凡文字都用白话写,只是为一般没有学识的平民和工人才写白话的。在那时候,古文为'老爷'用的,白话是'听差'用的。"(周作人《中国新文学的源流》,石家庄:河北教育出版社,2002年,第52—53页。)"我们"/"他们"、"老爷"/"听差"对立的文学观念,恐怕不仅存在于新文学反对派中,在五四新文化运动阵营中,持此观点的大有人在,他们由对新文学的"游离"到后来在政治上走向"反动",起决定作用的还是其"态度"和观念("民主"意识),即他们认为文学只是"我们""老爷"的奢侈品,与"他们""听差"无关,更用不着由"小百姓"用白话来创造文学。

② 《疑古玄同与刘半农抬杠——"两个宝贝"》,《语丝》第85期,1926年6月27日。

进到五四,总体上都走在思想革命、社会革命、政治革命、文学革命的行列之中。不用说,由于社会变革的整体性目标的一致,即使是在文学革命行列之外的白话报人,他们为文学革命所给予的推动力量也是不言自明的。但是,在文学革命这一阵营内部,作为文学革命的"推动者",他们之前的相似经历和实践,并没有促使他们在五四时期抱持同一观点和立场。这说明这些白话报人在清末的办报经历是促使他们走上文学革命行列的因素之一,而其他的因素,则使得他们在这个看似一致的阵营中,保持着差异甚至分裂的趋势。这些其他的因素,范围甚广,如经历、观念、趣味等。布迪厄认为这些综合而成的"习性",对一个作家在文学场中占据何种位置,具有重要影响:

> 一个人会不会加入某一个场,并如果加入了会占据哪个位置等问题,和场所提供的位置和场的规则有关,但同时也和该人的"生性"有关。生性概念是布狄厄对社会学的第二大贡献。它意味着一个人因出于某个家庭、属于某个阶级、某个性别时而特有的习惯、想法、能力、感觉等等。生性和"自由意志"(free will)不同,和"阶级意识"也不同。生性是一种气质(disposition),是进入场的时候的"投资资本"。①

长期以来,因为文献资料的缺乏,我们以为周氏兄弟没有参与清末民初的白话报刊(他们甚至也没有表现出对

---

① 贺麦晓《布狄厄的文学社会学思想》,《读书》1996年第11期。

此的关注和器重^①），却在五四文学革命中扮演了如此重要的角色（至少在白话文学的创作实绩上，无人可及）。但经最新的研究发现，周氏兄弟当年不仅购买、阅读《白话丛书》《杭州白话报》等早期的白话书报，而且还与《杭州白话报》《绍兴白话报》编者建立了比较广泛的关系网络。受此影响，周氏兄弟于 1902 年 7 月 18 日、19 日互致白话信。周作人在 1903 年 9—12 月《绍兴白话报》，分五次连载其白话文《劝绍兴妇女不要缠脚》。^②

　　周氏兄弟参与清末白话报刊的资料的发现，一改之前我们关于他们在五四文学革命之际"突变"的观点，同时也要重新评估钱玄同"劝驾"的功劳。

　　周氏兄弟虽然参与了清末白话报，但参与程度不高，笔者将之称为"低度"参与。这其中可能的原因很多，所处地域环境的限制和其叔祖周椒生对他们的严密监视，是客观原因；主观方面，他们的语言习惯与观念、文学趣味等，

---

① 周作人在 1930 年，基本上否认清末白话文运动与五四新文学的关系："总之，那时候的白话，是出自政治方面的需求，只是戊戌政变的余波之一，和后来的白话文可说是没有多大关系。"他认为五四文学革命中白话文学的主张不是从清末出来的，而且也与胡适的主张有异："现在的用白话的主张也是从明末诸人的主张内生出来的。这意见和胡适之先生的有些不同。"周作人《中国新文学的源流》，石家庄：河北教育出版社，2002 年，第 52、54 页。

② 周氏兄弟参与清末白话报刊的情况，笔者未刊稿《周氏兄弟与清末的白话报刊》有详细的梳理。周作人发表在《绍兴白话报》上的佚文之发现与考证，见胡士然《〈劝绍兴妇女不要缠脚〉作者为周作人考》，《现代中文学刊》2020 年第 1 期。

与胡适的文学改良主张尚有一定差距。而他们之所以在五四文学革命中"转向"白话文写作,一为唤醒大众的启蒙使命所驱使,二为看清了文言旧文学的穷途末路:

> 严复林纾的翻译文章,在当日虽勉强供应了一时的要求,究竟不能支持下去。周作人兄弟的《域外小说集》,便是这一派的最高作品,但在适用一方面他们都失败了。失败之后,他们便成了白话文学运动的健将。①

清末的地方士绅,在思想观念上有一种重大的转变,即由传统上配合各级官员维持帝国统治秩序,到转向启蒙大众。早期提倡白话文并创办白话报的裘廷梁,在给汪康年的信和他的论文中,清楚地表明了他在认识上的这种转变。李仁渊对此分析说:

> 就报刊出版的转向而言,士绅欲"媒介"、"联络"的对象从上层官员转移到下层群众、要教化他们的内容从忠孝节义、因果善恶,变成强种救国、科学民主。以前教给群众的是符合官方意识形态的顺从统驭,如今是要他们成为组成国家的主体。换言之,士绅虽仍在地方社会中扮演者教化启蒙的角色,但是整体的权力关系已逐渐有所改变,更加切断与官方、中央的关联或依赖,从与官方同一阵线,到以群众、国民作为权

---

① 胡适《五十年来中国之文学》,《胡适全集》第 2 卷,合肥:安徽教育出版社,2003 年,第 261 页。

力的基础来源。[1]

在此,笔者一再强调清末白话报刊和文学革命具有密切关联的同时,也要提醒,这只是文学革命发生的一个要素。否则如何解释在清末"低度"参与白话报刊的周氏兄弟,在文学革命中扮演的重要角色。周氏兄弟参与文学革命,一方面与浙籍人士(或"章门弟子")掌教北大有关,尤其与钱玄同的循循善诱有关;另一方面,也与反思他们自身在清末用古文翻译《域外小说集》的失败有关[2]。周氏兄弟在清末与整个知识界的启蒙立场基本一致。不管是他们生活其中或相邻的绍兴、南京、杭州和东京,都曾出现过不少的白话报,但从现有的史料来看,周氏兄弟对此的热情并不高。这当然有客观的原因,但也与他们的文学趣味有关,这从鲁迅五四时期的文体风格能够看得出来。鲁迅在五四加入文学革命阵营,很大程度上是出于正义感的支持。尽管他们在清末深受章

---

[1] 李仁渊《晚清的新式传播媒体与知识分子》,台北:稻乡出版社,2013年,第253页。

[2] 鲁迅在1920年初的《域外小说集序》里说:"我看这书的译文,不但句子生硬,'诘屈聱牙',而且也有极不行的地方,委实配不上再印。只是他的本质,却在现在还有存在的价值,便在将来也该有存在的价值。其中许多篇,也还值得译成白话,教他尤其通行。可惜我没有这一大段工夫, ——只有《酋长》这一篇,曾用白话译了,登在《新青年》上, ——所以只好姑且重印了文言的旧译,暂时塞责了。但从别一方面看来,这书的再来,或者也不是无意义。"《鲁迅全集》第十卷,北京:人民文学出版社,2005年,第177页。

太炎以复古达到革命的策略的影响①,但他们毕竟属于年轻一代,在旧文坛中没有地位,也就没有义务为旧文学辩护。

周氏兄弟,尤其是鲁迅在五四新文学阵营中,反对文言,卫护白话文学不遗余力,除了以创作的实绩证明白话文学能够存在理由外,也积极参加文白论争。

鲁迅在《随感录》五十七中说:

> 高雅的人说,"白话鄙俚浅陋,不值识者一哂之者也。"
>
> 中国不识字的人,单会讲话,"鄙俚浅陋",不必说了。"因为自己不通,所以提倡白话,以自文其陋",如我辈的人,正是"鄙俚浅陋",也不在话下了。最可叹的是几位雅人,也还不能如《镜花缘》里说的君子国的酒保一般,满口"酒要一壶乎,两壶乎,菜要一碟乎,两碟乎"的终日高雅,却只能在呻吟古文时,显出高

①作为清末影响最大的复古主义者章太炎弟子的周氏兄弟,尤其是鲁迅,为何在文学革命中一跃而成为马前卒,日本学者木山英雄这样解释:"十年之后,以传统的全面批判者姿态出现于文化界中心的周氏兄弟,为了描述生存于旧世界底层的灵魂的悲惨与滑稽,为了把本质上属于'平民'的人的际遇作为自己的事情来加以描述,开始从彻底的文言一元化文学语言转向一元化口语的崭新实验,过去信仰的超人天才信念之崩溃过程,在兄弟二人那里不尽一致;但是显而易见,王朝制度的最后崩溃所引起的危机的深化,是使得他们与自己曾经无视的俗语化趋势合流的诸种原因中最重要的原因。"［日］木山英雄《"文学复古"与"文学革命"》,张春田编《晚清文学"研究读本》,桂林:广西师范大学出版社,2016年,第131页。

古品格；一到讲话，便依然是"鄙俚浅陋"的白话了。四万万中国人嘴里发出来的声音，竟至总共"不值一哂"，真是可怜煞人。

> 做了人类想成仙；生在地上要上天；明明是现代人，吸着现在的空气，却偏要勒派朽腐的名教，僵死的语言，侮蔑尽现在，这都是"现在的屠杀者"。杀了"现在"，也便杀了"将来"。——将来是子孙的时代。[①]

他在《二十四孝图》中又说：

> 我总要上下四方寻求，得到一种最黑，最黑，最黑的咒文，先来诅咒一切反对白话，妨害白话者。即使人死了真有灵魂，因这最恶的心，应该堕入地狱，也将决不改悔，总要先来诅咒一切反对白话，妨害白话者。[②]

在1930年代的大众语文论战中，他认为文学革命与清末白话报同属一个体系：

> 单在没有文字这一点上，智识者是早就感到模胡的不安的。清末的办白话报，五四时候的叫"文学革命"，就为此。但还只知道了文章难，没有悟出中国等

---

① 唐俟《随感录·五十七》，《新青年》第六卷第五号，1919年5月（原刊无日期）。
② 鲁迅《二十四孝图》，《鲁迅全集》第二卷，北京：人民文学出版社，2005年，第258页。

于并没有文字。[1]

我们看鲁迅在五四时期为白话文辩护的文字,理论的清晰和态度的坚决,超乎清末以来任何一位前辈白话报人。这从另一角度说明,清末的白话文运动,在经过正反两方面的教训后,在五四及以后获得了更广泛、更坚定的支持。

五 清末白话文运动与五四文学革命的区别

清末的白话文运动虽然声势浩大,但无论是作为普及教育的工具,还是在文学方面,都没法与五四时期的国语运动和白话文学相比。其中的缘由,值得认真省思。

对清末白话文运动与五四白话文运动的区别,文学革命的当事人,在文学革命后不久就已进行了总结。一个世纪以来,这种反思还在进行当中。文学革命的当事人的总结,一是由于他们身在其中,难免偏护自己而贬低他人;二是文学革命自身的实践及其弊端尚未充分展露,所以,他们的评判未必公允、客观。一个世纪后的今天,回顾五四以来白话文学走过的道路,对其中的一些问题,能够看得更清楚一些。

---

[1] 公汗《中国语文的新生》,《新生》第一卷第三十六期,1934 年 10 月 13 日。

胡适和周作人分别在 20 世纪二三十年代对五四文学革命和清末白话文运动的区别,做过分析。胡适 1922 年在《五十年来中国之文学》中说,文学革命运动有两个要点与那些清末的白话报不同:

> 第一,这个运动没有"他们""我们"的区别。白话并不单是"开通民智"的工具,白话乃是创造中国文学的唯一工具。白话不是只配抛给狗吃的一块骨头,乃是我们全国人都该赏识的一件好宝贝。第二,这个运动老老实实的攻击古文的权威,认他做"死文学"。①

周作人于 1932 年在《中国新文学的源流》中也有类似的说法:

> 第一,现在的白话文,是"话怎么说便怎么写"。那时候却是由八股翻白话,…… 这仍然是古文里的格调,可见那时的白话,是作者用古文想出来之后,又翻作白话写出来。

> 第二,是态度的不同——现在我们作文的态度是一元的,就是:无论对什么人,作什么事,无论是著书或随便地写一张字条儿,一律都用白话。而以前的态度是二元的:不是凡文字都用白话写,只是为一般没

---

① 胡适《五十年来中国之文学》,《胡适全集》第 2 卷,合肥:安徽教育出版社,2003 年,第 329 页。

有学识的平民和工人才写白话的。①

胡适和周作人后来虽在其他场合对他们的观点有所修正②,但都不肯将清末的白话文看作五四白话文的基础,这背后的原因颇为复杂,大概包括主、客观两方面的原因。从主观方面看,作为五四白话文运动的领袖,胡适等确实有"贬低晚清、抬高五四"的居功自傲心态。我们虽然不能否认清末白话文和五四白话文的区别,但要认识到这个区

---

① 周作人《中国新文学的源流》,石家庄 : 河北教育出版社,2002 年,第 51 页。

② 周作人后来对他在《中国新文学的源流》里的上述观点又有所修正,他在《中国新文学大系·散文一集》导言中重申了清末的白话文和五四白话文的区别后说 : "话虽如此,那时对于言文问题也有很高明的意见的。"他举黄遵宪在光绪十三年(1887)著的《日本国志·学术志二》和《白话丛书》的编者裘廷梁在《白话丛书》的代序——《论白话为维新之本》(戊戌七月)——为例说 : "二者意思相似,都说得很通达,'手口异国'一语更很得要领。这种态度颇有点近于一元的了,但是这总是极少数,在那时办白话报等的人大都只注重政治上的效用也是事实,而且无论理论如何写出来的白话文还不能够造成文艺作品,也未曾明白地有此企图。"胡适 1935 年在《中国新文学大系·建设理论集》导言中承认 "中国白话文学的运动当然不完全是我们几个人闹出来的,因为这里的因子是很复杂的。""我们至少可以指出这些最重要的因子 : 第一是我们有了一千年的白话文学作品 ; 第二是我们的老祖宗在两千年之中,渐渐的把一种大同小异的 '官话' 推行到了全国绝大部分 ; 第三是我们的海禁开了,和世界文化接触了,有了参考比较的资料,尤其是欧洲近代国家的国语文学次第产生的历史,使我们放胆主张建立我们自己的文学革命。"但他始终不提近代的白话文运动。他的这一观点及其《白话文学史》,被谭彼岸 1956 年在《晚清的白话文》一书中批评为 "远交近攻" 的策略和 "白话文外来论"。

别,是程度上的,而非性质上的。

胡适和周作人都指出的"态度的不同"(即胡适所说"我们""他们"的分别),即使在他们提倡文学革命的当时都还存在,且不说《文学改良刍议》《文学革命论》《我之文学改良观》均由文言书写,就连《新青年》杂志本身,直到1918年第四卷第一号起,才全部改用白话文。黎锦熙作为国语运动和新文学运动的参与者和见证人,对此有细致的观察和分析:

> 那时教育部这几位先生们虽然主张改国文为国语,做了许多文章从事鼓吹,可是有一件事情很不彻底,未免有点儿可笑,就是:自己做的这些文章,都还脱不了绅士架子,总还觉得"之乎者也"不能不用,而"的么哪呢"究竟不是我们用的……同样可笑的事,这时《新青年》虽极力提倡"文学革命",但讨论问题本身的论文和通信等等,也还没有放胆用"以身作则"的白话文;说的尽管是:……独至改良中国文学当以白话为文学正宗之说,其是非甚明,必不容反对者有讨论之余地;必以吾辈所主张者为绝对之是,而不容他人之匡正也(陈仲甫答胡适书三卷三号)。可是说是这么说,做却还是做的古文,和反对者一致。[1]

由此可见,真正"一元"的态度,也并非文学革命发难者一开始就具有。

---

[1] 黎锦熙《国语运动史纲》,北京:商务印书馆,2011年,第134页。

至于"攻击古文的权威",清末以来白话报刊中更是
不绝于耳,即如前文已指出的那样,像裘廷梁"废文言"的
说法也已出现。至于周作人所说白话文的写作是"文从口
出"还是由古文翻白话,更是一个在实践中逐渐演进的过
程。总体上看,越到后来,白话文的写作越顺畅、流利,但
绝不能说清末的白话文没有超过五四白话文的个例。

那么,五四文学革命何以超越清末的白话文运动呢?

从客观上看,包括科举的废止、辛亥革命的发生、市民
阶级队伍的壮大等一系列社会的进步和变迁,逐渐创造了
适合白话文学这一具有平民性质的文学存在的社会条件。
正如1923年陈独秀在"科玄"论战中所说:"常有人说:白
话文的局面是胡适之、陈独秀一班人闹出来的。其实这是
我们的不虞之誉。中国近来产业发达人口集中,白话文完
全是应这个需要而发生而存在的。适之等若在三十年前
提倡白话文,只需章行严一篇文章便驳得烟消灰灭,此时
章行严的崇论闳议有谁肯听?"[1]清末最后十年急剧的社会
变革,既从制度上、思想舆论上,为文学革命创造了条件,
而这些条件(或者说教训),是清末白话报时期不曾有的;
同时,清末的各种社会变革也把文学革命逼上了绝路,这
个逼迫,并非胡适所说他个人的被"逼上梁山",而是有识
之士从清末以来所尝试过的从器物到制度层面的改革都

---

[1]陈独秀《答适之》,任建树主编《陈独秀著作选编》第三卷,上海:
上海人民出版社,2009年,第168—169页。

失败了,而同样启动自戊戌前后的思想启蒙,也收效甚微。所以在五四前夕,选择以文学革命作为社会变革的突破口,既是新的战略选择,也是被迫的无奈之举。在胡适首倡文学革命之前的 1915 年,著名政论家、新闻记者黄远庸给《甲寅》杂志章士钊的信中说:"愚见以为居今论政,实不知从何处说起……至根本救济,远意当从提倡新文学入手。综之,当使吾辈思潮如何能与现代思潮相接触,而促其猛省。须与一般之人,生出交涉。法须以浅近文艺,普遍四周。"① 分处海内外、互不联络的两位学人,在当时不约而同地提出以"新文学"改造社会的命题,充分说明"文学革命"肩负着那个新时代无法推卸的重大责任与使命。

从主观上来看,五四文学革命在总体设计上,的确与清末白话文运动有许多不同之处。首先是它扩大了白话文的使用范围。在应用层面,由"下等人"而提升到上层社会,即成为全民通用的"国语";在文学层面,白话由小说、戏曲等文学"小道"而侵入文学"正宗"的诗文领域。胡适 1918 年在答黄觉僧的信中,对他从"应用文"到"美术文"以白话全面取代文言的"策略"有详细的解释:

　　……足下若细读此篇(指《建设的文学革命论》),便知我们的目的不仅是"在能通俗,使妇女童子都能了解"。我们以为若要使中国有新文学,若要使中国

---

① 黄远庸《致甲寅杂志记者·其一》,《黄远生遗著》(下),北京:商务印书馆,1984 年,第 189 页。胡适在《五十年来中国之文学》中说:"这封信究竟可算是中国文学革命的预言。"

文学能达今日的意思，能表今日的感情，能代表这个时代的文明程度和社会状态，非用白话不可。我们以为若要使中国有一种说得出，听得懂的国语，非把现在最通行的白话文用来作文学不可。我们以为先须有"国语的文学"，然后可有"文学的国语"；有了"文学的国语"，我们方才可以算是有一种国语了……所以我们主张文学革新的第一个目的是要使中国有一种国语的文学；是要使中国人都能用白话做诗，作文，著书，演说。因为如此，所以要纯用白话。[①]

胡适意识到清末几十年的白话文运动，之所以没有从根本上改变白话文的地位，就在于它的应用范围局限于下层民众。要提高白话文的地位，仅仅赋予它"国语"的名号还是不行的，必须要借文学（尤其是文学中的高雅种类诗和文）来提升白话文的社会地位：

在文学革命以前何尝没有做白话的人，只因他们提倡白话的目的，只重在通俗教育，只希望减少读书作文的困难，所以虽有许多通俗的报章杂志，始终不会发生影响，始终掀不起文艺界的波澜。不仅如此，即如章太炎这样在文学界可谓有崇高的地位了，然其白话文何尝发生一些影响呢？所以我们要晓得文学革命之所以成功，不仅在提倡白话，不仅在提倡新思

[①] 胡适《答黄觉僧君〈折衷的文学革新论〉》，《新青年》第五卷第三号，1918 年 9 月 15 日。

想,而在新诗的尝试,而在小说戏剧的创作,而在小品散文的成立。[①]

胡适选择以白话诗为文学革命的突破口,使文学革命的攻坚战发生在诗歌领域,这既是文学革命的要义所在,也是胡适的高明之处。五四新诗革命,就像辛亥革命一样,颠覆了几千年来的文学格局,它不仅全盘改写了文学的语言形式,更重要的是,它彻底改变了人们鄙视白话文的社会心理。这个社会心理的改变,才是白话文能够在全社会普及,并最终取代文言文,成为"正宗"的制胜法宝。语言学家、国语运动的参与者黎锦熙的分析,让我们认识到五四文学革命的策略及其成功本身的意义,远超文学自身,他说:

> ……这个大革命,使知识阶级的人换了一个根本观念:二千年来文人学士都看不起的"大众语文学",二千年来文人学士都要摆臭架子,戴假面具,阳为拒绝,而暗地里却偷袭它乃至跟着它走的"大众语文学",到此才认定它有个相当的地位。其效果,知识阶级的人才胆敢用白话来作正式的应用文,才放心做一个文学家或学者也不必要古文做得好,才把那通俗教育家"你们啃窝窝头,我吃肉"的"阶级意识"打破,这便是"文学革命"的大功劳。[②]

最后,回到"清末白话报人与五四文学革命的关联"

---

① 郭绍虞《新文艺运动应走的新途径》,《语文通论》,上海:开明书店,1948年,第86页。
② 黎锦熙《国语运动史纲》,北京:商务印书馆,2011年,第58页。

这一核心论题。五四文学革命，主要是陈独秀、胡适、钱玄同等年轻一代白话报人来完成的，他们的特殊经历，尤其是学贯中西的知识背景，使他们的思想观念、文学趣味和语言训练与他们的前辈有了很大的不同，他们能够超越前辈的各种局限，也比前辈走得更远。前一代领袖人物梁启超、黄遵宪、裘廷梁、陈荣衮等，在五四文学革命中已不再扮演重要的角色，但他们在清末白话文运动中培养了年轻一代白话报人，更为难能可贵的是，他们中的大多数在五四文学革命中，总以这样那样的方式，与革命前驱保持同一步调，助推文学革命走向成功。这一历史角色的转换，说明清末以来的文学变革，正如长江后浪推前浪，不断向前，最终汇聚成五四文学革命的滚滚洪流。

第四章　清末白话报刊与语言变革

在一般人的心目中，五四文学革命的核心事件是"文白之争"，新文学最醒目的标志即是由"文言"变为"白话"。但事实情况远非这个表象这么简单。清末的语言变革与文学变革此呼彼应、相辅相成，最终促成了文学革命的成功。简单而言，清末的语言变革包括拼音文字的创制、白话（官话、国语）的提倡、外来词的涌现、方言俗语地位的提升等，白话报刊仅仅是其中的一个方面。但语言的变革是牵一发而动全身的复杂工程，白话报刊这一表面看来仅仅是白话文写作的实践，也牵涉了诸多相关的语言变革问题。在这一章里，仅就清末白话报刊涉及的语言变革问题做一梳理，分析其中哪些要素演化为文学革命的主张，且为文学革命的发生做了哪些建设性的前导工作。

在清末至五四的改革运动中，对语言问题的重视，在中国思想史和文学史上，未有能出其右者。究其原因，一是海禁大开之后，在与西方列强的接触中，国人意识到语言也是国家"防卫"手段之一；二是在与西方现代国家的对比中，发现中国的语言状况（言文分离）不符合建立现代民主社会的要求；三是在"印刷资本主义"时代，文字媒介的重要性日益凸显。在清末民初的语言变革中,先有对语言问题重要性的认识,然后才有各种语言改革措施的提出和实施。所以,我们在讨论具体的语言改革之前,先来分析清末民初知识分子中"语言意识的觉醒"①。

一　"语言意识"的觉醒

这里所说"语言意识"的觉醒,并非 20 世纪西方哲学中"语言本体论"意义上的,而是指清末民初的中国知识分子,开始意识到语言问题与民众的解放和个体的解放,与民族、国家的生存和发展之间的密切关系。

(一)"语言意识"的觉醒与"人的发现"

古人虽也尊崇文字(非语言),但那在很大程度上是对文化特权的崇拜,与现代人对语言的看重,根本不同。现代人强调语言的重要性,一方面是从下层民众普遍缺乏使用语言(文字)权利着想,另一方面是从民族国家的区别方面着想;而这两者之间,又往往互相关联。

清末语言意识的觉醒,关乎两个层面的问题,一是就语言与人的关系而言,二是就语言与民族国家的关系而言。

①参见拙文《语言意识的觉醒与"人的发现"》,《甘肃社会科学》2010 年第 2 期;《清末民初语言变革中的国家意识》,《社会科学论坛》2011 年第 8 期。

严复 1895 年在《救亡决论》中批判八股文的弊害时，认为"语言文字"是上天赋予人的才能，是人与禽兽区别的标志。东西洋各国四民并重，无不识字知书之人类，而唯有"中国以文字一门专属之士"，于是滋生了一个"翘然以知书自异"的民蠹阶层[1]。

陈荣衮 1899 年在倡导白话（"浅说"）时，对八股取士，文言成为朝廷定制，致使"不晓文言之农、工、商、贾、妇人、孺子，陆沉于无何有之乡"深感忧虑："大抵今日变法，以开民智为先。开民智莫如改革文言。不改文言，则四万九千九百分之人日居于黑暗世界中，是谓陆沉。若改文言，则四万九千九百分之人，日嬉游于琉璃世界中，是谓不夜。"[2] 陈荣衮认为，将民众排除在文言之外的制度，是对他们国民资格的剥夺。而通俗语言文字的使用，将为"四万九千九百分之人开一光明大路"。

与中国近代在许多领域的变革一样，清末的语言变革，也多受西方人对中国语言的批评性观点的影响[3]。1882年，林乐知（1836—1907）主办的传教士在华刊物《万国公

---

[1] 严复《救亡决论》，王栻编《严复集》第一册，北京：中华书局，1986年，第 42 页。

[2] 陈荣衮《论报章宜改用浅说》，《近代史资料》1963 年第 2 期。

[3] 黄遵宪 1887 年即在其《日本国志》中有"泰西论者谓，五部洲中，以中国文字为最古，学中国文字为最难，亦谓语言文字之不相合也"，此为确证。

报》^①上刊登了一篇题为《西士论中国语言文字》的文章，介绍了英国皇家书院都戈拉斯对中国语言文字的研究，说这种研究的动机，一为中英之间的贸易引发的交涉需要，二为"阐抉上古上帝创造天地后，世间初有人时，其语言文字之道理如何、规模如何？"而中国语言文字又是世界上少有的绵延至今、变化较少的一种，"故讲方言家欲知上古人之语言如何，不能不于中国语言文字多多致意"。但该文认为都戈拉斯有重语言轻文字的偏见："谓中国语言当急讲，书籍可缓学。"^②这虽然可能不是最早的传教士对中国语言文字的论述，但我们至少可以借此知道，西方传教士通过语言比较的视角，对当时中国语言文字的利弊得失，提供了一个"他者"的看法，而且他们的观点，随着接触的日益扩大和研究的深入，影响愈加普遍。

美国传教士林乐知长期在华从事翻译与教育工作，由于他们在华传教，首先面临着语言的交流与对比，所以，他们对中国语言及其政策的利弊得失，感受最真切，他们

---

① 原名《教会新报》(*Chupch News*)，1868 年 9 月 5 日在上海创刊，主办人是基督教美国监理会传教士林乐知，是宗教性质刊物，至 1874 年 9 月 5 日，《教会新报》出至 301 期时改名为《万国公报》，1883 年出至 750 期时因经济原因停刊，报刊内容开始演变为非宗教性质。1889 年 2 月《万国公报》复刊，成为广学会的机关报，同时由周刊改为月刊，仍由林乐知主编，李提摩太和丁韪良等外籍传教士也参与过编撰工作。1907 年 5 月 30 日林乐知在上海病逝后，《万国公报》也在 7 月终刊。

② 古吴居士笔述《西士论中国语言文字》，《万国公报》第 708 期，1882 年 9 月 30 日。

对中国语言的观点和看法,对清末维新知识分子的语言意识、变革主张,均产生了很深的影响。下引林乐知发表于1902年的这篇文章,其中对语言重要性的强调和改革语言的主张,都与中国学者非常相似:

> 语言之有益于世人,其功用最奇,虽有明人,莫能测其缘由。古之论语言者,或谓言者心之声也,出于自然,不待学而能。上帝赐人以口舌,使人用之,能发各种之声音,能题所见各物之名目,能成各地之方言,并能发为语言,以达其心中所存之意念,使人闻而知之。或谓能言与否,为灵性有无之证据,亦为人禽之大分别。鹦鹉能言,不离飞鸟,猩猩能言,不离走兽。由其虽能效法世人之语音,而不能明言语之意,以期彼此相通也。
>
> ……
>
> 总而言之,语言文字,中西虽不能相通,而论语言文字之损益,则中西如出一辙。有文理(即深语),有文言(即浅语),有俗言(即粗语)①。文理为上品,经书用之,凡著书立说,专供博学之赏识者,亦多乐用之。文言为中品,凡对乎大众人之论说,皆当用之。俗言为下品,市井用之。文字为教化之源,所以启发人心之明也。如使有书而不能读,有话而不能明,则不明

---

① 林乐知对中国书面语言的三分法,与我们常说的略有不同,这有可能是翻译、表述上的问题,他所说的文理、文言、俗言,分别相当于我们常说的文言、官话、俗话。

之人,则永受黑暗之苦矣。惟其有书而尽人可读,有话而尽人能明,则如黑暗之中,有一点真光,能照澈于人之心中矣。语言文字之真益,在于澈上澈下之文言,若徒用深文高论,何益于世哉。①

林乐知的这篇文章虽然发表于 1902 年,但他自 1860 年来华传教,与中国上层官员和知识分子交往颇多,他的语言观点和主张肯定早已被中国知识分子熟知②。

1906 年胡适参与创办的《竞业旬报》创刊时,胡适在中国公学的英文教师胡梓方(1879—1921),在所写的"发刊辞"中,首先强调了语言文字之于人类的重要性:

> 荀子曰:人之所以异于禽兽者,以其能群也。胡以群之事独属于人,而禽兽独不能有以群? 曰:惟人有言语故。然鸡之喔喔,犬之唁唁(疑为"狺狺"之误——引者按),岂得谓鸡犬无言语? 昔人有能辨鸟音通兽语者,斯又何说? 曰:惟人有文字。故太初荒远,不可考稽,无文字也。度其时,人与庶类樊然并处,浑浑噩噩,老死不相往来,无群也。独是人无齿牙

①林乐知述意,任保罗撰词《论语言文字之真益》,《万国公报》第163 期,1902 年年 8 月 15 日。
②裘廷梁的《论白话为维新之本》,明确指出耶稣传教不用希腊语而用土白对他的启发,可证晚清传教士对白话文的影响。笼统地说,西方传教士或学者肯定影响了中国近代知识分子的语言观点和主张,但西方传教士如何影响中国知识分子的语言观点及其改革措施,尚需要仔细辨析具体的人际关系、时间先后关系、主张或观点之间的关系。

爪角之利,而处于犹獉草莽之中,苟非群合人类,将必无以竞生存而持久长;又非有一物焉以通其情感而一其心志,必不足以利群而称治,则书契尚已……吾谓必文字起,而后礼俗宗法政教胥有所坿丽,人群之事,乃以大备。今夫言心声也,悲喜窘穷,怨恨思慕,有蕴于心而言以宣之,人与人乃无不达之隐焉。顾言可及于一人,充其量及于千人万人而止。而境异时迁,其言又不能复有所影响,势也。代以文字,则其用广。言于百世之上,百世之下,闻者如昭也;言于堂户之内,而四海九州之广,可资以观感而兴起也。地殊其俗,人殊其言。秦越闽粤之人,相见至不能通其姓氏。自文字出,但使声教所及,胥可以示肺肝而通款曲。[①]

在胡梓方看来,正因为人类拥有语言,才可以传承文明,组织社会。他虽然也意识到拥有语言文字是人类独有的特性,但并未由此在形而上的意义上思考人与语言的关系。

胡梓方接着批评了当时号为"通人"者,务为艰深之文,"以为士大夫劝,而独不为彼什佰千万倍里巷乡闾之子计"造成的严重社会弊端,于是提出创办"明白易晓之报"作为普及知识的应急之策。但他明确指出,他的这一思路是受传教士的启发:

景教之来也,新旧约迻译不一种,或为浅文,或为

---

① 梓方《发刊辞》,《竞业旬报》第 1 期,1906 年 10 月 28 日。

官话,或为京话,或为各地方言。然方言则限于地域。京话,京师之方言也,要亦不可以尽通。浅文又于乡愚村姬无所施。推行尽善而有力者,其惟官话本乎。盖官话无文字之沈晦,无方言之庞杂,声入心通,无毫发扞格,此其功绩最宏,实已验自彼教之人,亲为余言者也。[①]

胡适当时所在的中国公学是"第一个用'普通话'教授的学校"[②],而他此时参与其事的《竞业旬报》,胡梓方在发刊词里满怀自豪地预言:"斯报之出,无远不届,贩夫走卒,无人不识。国语大同,言文一致,群情感通,如一家子,德教昌明,权舆于是。"[③]这些躬身实践的经验和重视语言的意识,对后来胡适提倡"国语的文学"产生了很大影响,他在《四十自述》里专门引述了胡梓方发刊辞和署名"大武"的文章《论学官话的好处》对"国语"的提倡,说明他个人的文学革命与早期白话报的关系。

总之,清末知识界已普遍认识到,要救亡图存,富国强兵,首先要唤醒民众,要用民主思想和科学知识启发民众。但由于他们没有读书识字的能力,就无法唤醒他们,就无法将他们纳入用报刊媒介编织起来的"想象的共同体"之中,也就意味着他们无法获得现代国民的资格。维新知识分子将是否拥有使用文字的权利、是否掌握文字的

①梓方《发刊辞》,《竞业旬报》第 1 期,1906 年 10 月 28 日。
②胡适《四十自述》,合肥:安徽教育出版社,2006 年,第 61 页。
③梓方《发刊辞》,《竞业旬报》第 1 期,1906 年 10 月 28 日。

使用能力，看作现代国民的一个重要标志。所以，清末的白话文运动，就是一场维新知识分子为普通民众争取文字使用权的运动。这就是说，作为一个群体或者阶级的下层民众的"人的发现"，是与对他们缺乏文字使用权的认识是密切相关的。所以，鲁迅认为，清末的白话文运动，就是要"将文字交给大众"[①]。虽然"人的文学""平民文学"的口号是在五四文学革命中提出的，但从语言意识的层面"辟人荒""发现人"，却早在清末就开始了。

就语言与人的关系而言，语言意识觉醒的另一指向，是"个人的发现"与"个性解放"。文言自确定为国家统一的书写语言后，一方面与儒家意识形态和科举考试制度相结合，成为士大夫"代圣贤立传"的"载道"工具；另一方面，它与唐宋以来的复古风气相契合，成为文学复古的一种工具。"载道"和"复古"这两种势力相结合，抑制了作家个性化的表达。就文学语言而言，有所谓千篇一律、陈陈相因。何以故？用胡适的话说，就是"模仿古人"造成的弊端。

裴廷梁 1898 年在《论白话为维新之本》中，严厉批判了文言对个性的压抑：

> 后人不明斯义，必取古人言语与今人不相肖者而模仿之，于是文与言判然为二。一人之身而手口异国，实为二千年来文字一大厄。……吾一不知夫古人

---

① 鲁迅《门外文谈》（1934），《鲁迅全集》第六卷，北京：人民文学出版社，2005 年，第 97 页。

之创造文字,将以便天下之人乎,抑以困天下之人乎。

人之求通文字,将驱遣之为我用乎,抑将穷老尽气,受

役于文字,以人为文字之奴隶乎。①

胡适 1916 年给陈独秀的信中,谈及文学革命的预想

时说:

适尝谓凡人用典或用陈套语者,大抵皆因自己无

才力,不能自铸新词,故用古典套语,含糊过去,其避

难趋易,最可鄙薄!②

钱玄同在讨论胡适文学改良"不用典"的观点时,也

表达了类似看法:"自后世文人无铸造新词之材,乃力竞趋

于用典,以欺世人,不学者从而震惊之,以渊博相称誉。于

是习非成是,一若文不用典,即为俭学之征,此实文学窳败

之一大成因。"③

以上三人都谈到中国近代文人语言上的模仿(用典)

与创新问题。尽管他们均将文学上的仿古,归咎于作家

"铸造"新词能力的匮乏,但实际上,最主要的原因在于科

举取士制度及儒家意识形态的规范。所以,清末的白话运

动,在变革语言文字的同时,不遗余力地攻击八股取士的

科举制度和儒家伦理。清末的白话文运动,将人从文言的

---

① 裘廷梁《论白话为维新之本》,《中国官音白话报》第 19—20 期,
　1898 年 8 月 26 日。

② 胡适《寄陈独秀》,《新青年》第二卷第二号,1916 年 10 月 1 日。

③ 钱玄同《反对用典即其他》,《钱玄同文集》第一卷,北京:中国人
　民大学出版社,第 3—4 页。

拘禁中解放出来,在很大程度上仅仅是一种理想的预期和理论的设想,因为清末的白话报刊,主要是针对下层民众进行宣传,对于民众而言,白话文(或通俗文)的使用,基本上是接受(阅读或听)的问题,很少涉及表达的问题。所以,语言的个性化与个体的"人的发现",直到五四时期,才算显示了理论的成熟和创作的"实绩"。

刘半农在讨论文学革命时说:"尝谓吾辈做事,当处处不忘有一个我。作文亦然。如不顾自己,只是学着古人,便是古人的子孙。如学今人,便是今人的奴隶。若欲不做他人之子孙与奴隶,非从破除迷信做起不可。此破除迷信四字,似与胡君第二项'不摹仿古人'之说相同。其实却较胡君更进一层。胡君仅谓古人之文不当摹仿,余则谓非将古人作文之死格式推翻,新文学决不能脱离老文学之窠臼。……吾辈欲建造新文学之基础,不得不首先打破此崇拜旧时文体之迷信,使文学的形式上速放一异彩也。"[1]

胡适在 1918 年《建设的文学革命论》中,概括其文学革命的宗旨,其中之一是"有什么话,说什么话;话怎么说,就怎么说"[2]。他的这一理论,为五四新文学作家自由率真的自我表达,提供了有力的理论支撑。

郁达夫在总结新文学第一个十年的散文时说:"五四

---

[1] 刘半农《我之文学改良观》,《新青年》第三卷第三号,1917 年 5 月 1 日。

[2] 胡适《建设的文学革命论》,《新青年》第四卷第五号,1918 年 4 月 15 日。

运动最大的成功,第一要算'个人'的发见。从前的人,是为君而存在,为道而存在,为父母而存在的,现在的人才晓得为自我而存在了。我若无何有乎君,道之不适于我者还算什么道,父母是我的父母;若没有我,则社会,国家,宗族等哪里会有? 以这一种觉醒的思想为中心,更以打破了械梏之后的文字为体用,现代的散文,就滋长起来了。"[①]

固然个性的表现不全在文字,但文字是最直接、最突出的表现形式。所以说,只有在打破了文字的束缚之后,作为个体的作家才找到了最能表现其个性的语言,这既是五四新文学的特点,也是清末以来语言变革的结果,即"个人的发现"有赖于能够表达个性的语言形式。

(二)"语言意识"与国家想象

在清末的语言改革运动中,知识分子之所以不厌其烦地论述语言文字之于国家的重要性,一是与晚清以来所面临的列强瓜分中国的危机有关;二是由于机器印刷所催生的报刊媒介,改变了人们想象和认识世界的模式。

在列强竞相瓜分中国的背景下,清末的知识分子,不论是倾向于保存文言的"国粹派",还是主张废弃汉字、改用拼音文字的激进派,都认为语言文字是"合群保种"的重要因素。

[①] 郁达夫《中国新文学大系·散文二集》导言,上海:良友图书公司,1935年,第5页。

"想象的政治共同体"是美国著名学者本尼迪克特·安德森对民族所下的定义,在他看来,在宗教共同体、王朝与旧时间观念的衰落、解体过程中,随着资本主义和印刷技术的崛起和相互影响,语言等文化要素,逐渐成为"想象共同体"的关键因素。同样,著名的加拿大媒介学者麦克卢汉也表达过与此相似的观点:

> 在印刷术许多始料未及的影响中,民族主义的兴起大概是最广为人知的。借助口语与语言集团而实现的政治统一,在印刷术将地方口语变成地域广阔的大众媒介之前,是难以想象的。部落这一血亲家族形式由于印刷术的出现而爆裂,取而代之的是经过相似训练的个体组合而成的群体。民族主义到来时展示出群体命运和地位的一种强烈而新鲜的形象,民族主义的到来有赖于印刷术问世之前未曾有过的信息运动速度。①

中国现代国家的建立,与西方现代民族国家形成的情形并不相同,我们不必套用西方民族国家的理论,来解释中国的情形,但上述两位学者将语言看作"想象共同体"构成要素的观点,却可以帮助我们理解晚清民初的中国知识分子,何以将语言夸张到那样高的地位,进行想象性的国家建构。之所以这样说,并非是要将西方学者关于现代民族国家的某些理论,来生搬硬套清末的历史事实,而是在清末的

---

① [加] 马歇尔·麦克卢汉《理解媒介:论人的延伸》,何道宽译,南京:译林出版社,2011年,第204页。

中国知识分子当中,对语言文字在建立现代国家中的作用,和西方学者确实有很多非常相似的理解与表述。1905年,李文源在为他的胞兄李文治的《形声通》所作的跋中,敏锐地指出,由于现代印刷技术与报刊媒介的结合,语言文字在人类文明的发展中,扮演着越来越重要的作用:

> 盖二十世纪之舞台,一切新制度,新理想,新器械之发明,无不借语言文字之媒介。①

在晚清,将语言看作构成国家象征性元素的学者,不在少数。他们的这种观点,多受近代西方民族国家观念的影响②。在国粹主义者邓实眼里,语言的重要性,显然不在本尼迪克特之下,他说:

> 合一种族而成一大群,合一群而奠居一处,领有其土地山川,演而为风俗民质,以成一社会。一社会

----

① 李文源《形声通·跋》,《清末文字改革文集》,北京:文字改革出版社,1958年,第50页。

② 正如本杰明·史华慈说:"弗斯令人信服地指出,五四时代著名的'保守主义者',没有一个真正是全然生活于古老的中国里、或准备用那些传统提供的武器来护卫过去传统的人。梁漱溟、梁启超、林纾、章炳麟、辜鸿铭和'学衡派',都是被西方思想范畴如此显著地影响的人,以致无论我们称其为'传统主义者'或'保守主义者',都掩盖不了他们以全新的观点审视中国的过去这一事实。……然而,我们在此所关注的要点,并不是各种形式的'新传统主义'的真实与否,而是'新文化'的主要敌人本身,就曾经历了一场思想革命,而对于其大多数人来说,这一革命在五四之前三十年就已发生了。"见本杰明·史华慈《〈五四运动的反省〉导言》,《五四:文化的阐释与评价——西方学者论五四》,太原:山西人民出版社,1989年,第3—4页。

之内，必有其一种之语言文字焉，以为社会之元质，而为其人民精神之所寄，以自立一国。一国既立，则必自尊其国语国文，以自翘异而为标识。故一国有一国之语言文字。其语文亡者，则其国亡；其语文存者，则其国存。语言文字者，国界种界之鸿沟，而保国保种之金城汤池也。[①]

刘师培虽也是清末的国粹主义者，但他并不固守文言。他提倡白话文，创办白话报，是因为他认为白话不仅是普及文明的最佳利器，也是增进"国民相互之爱力"，实现国家统一的工具：

全国语言杂糅，本于国民相互之爱力大有障碍。各省官话虽亦不无小异，而大致相同，合各省通用之官话，以与各省歧出之方言相较，亦可谓占之大多数矣。欲统一全国语言，不能不对各省方言歧出之人而悉进以官话。欲悉进以官话，不可无教科书。今即以白话报为教科书，而省会之人为教师，求材甚易，责效不难，因以统一一省之语言，而后又进而去其各省会微异之音，以驯致全国语言之统一。[②]

清末的国粹派亟亟于保护"文言"，是受到废除汉字、改用拼音文字的激进派的威胁。不过，"文言"这种帝国

---

① 邓实《鸡鸣风雨楼独立书》（1905），《癸卯政艺丛书·政学文编卷七》，台北：文海出版社，1976年，第173—174页。
② 刘师培《论白话报与中国前途之关系》，《警钟日报》1904年4月25、26日。

的神圣语言,已经无法获得印刷资本主义时代的国家认同了。正如黎锦熙所说:"纵然他们彼此共喻,似乎取得了文字统一的好处,也只算统一了上层阶级,民众实在被摒除在统一之外,因为他们是一辈子运用不来的,率性不要了,还能说得上统一不统一的话吗?"[①]

本尼迪克特在研究欧洲"神圣语言"的衰落过程时指出,欧洲的殖民者,在对欧洲以外的语言资料进行搜集和比较研究中,动摇了希伯来文是独一无二的古老语言或有着神圣起源的观念:

> 从此刻开始,古老的神圣语言——拉丁文、希腊文和希伯来文——被迫要在平等的本体论立足点上与一大群驳杂的庶民方言的竞争对手混处一室。这个历史运动使他们先前在市场上被印刷资本主义降级的命运雪上加霜。如果现在所有的语言都有相同的(内部的, intra–)世俗地位,那么原则上他们都同样值得被研究和赞美。不过要被谁研究赞美呢?照逻辑推论,既然现在已经没有语言属于上帝,则自然是他们新的拥有者,也就是以每个特定语言为母语的说话者——还有读者。[②]

近代中国语言观念的变化,与本尼迪克特所说欧洲的情形非常相似,虽然在欧洲是地理大发现、海外殖民引发

---

① 黎锦熙《国语运动史纲》,上海:商务印书馆,2011 年,第 51 页。
② [美]本尼迪克特·安德森著《想象的共同体——民族主义的起源与散布》,吴叡人译,上海:上海人民出版社,2003 年,第 84 页。

的语言观念变化,而在我们则是"被发现""被殖民"引发的语言观念变化,但毋庸置疑,文言作为东方帝国的神圣语言,正是受到包括传教士在内的西方语言观念的启发,而不断受到质疑与挑战,并进而提出诸多语言改革方案。

既然神圣语言——文言——不再享有独尊的地位,那么,使用最为广泛、最能联结全体国民的世俗语言——白话(官话)——就成了被赞美和推广的语言了。而世俗语言之所以受到推崇,是因为它能够在这种语言的使用者——国民——之间创造一个以此为纽带的共同体。

清末对世俗语言白话(文)的重视,是现代民族国家观念的一种必然要求,即每一个体,既然都成了国民,意味着他们要成为这个国家机体当中的一个个不可或缺的生命个体,而普遍通行的白话文,是把每个国民纳入国家机体并使他们息息相通的不二法门。

清末的白话报刊创办伊始,即一再申说用白话报刊联结全体国民的意旨。裘廷梁在 1898 年创办《无锡白话报》时指出,中国近代的改革之所以一再受挫,是因为没有唤醒全体国民的参与:"法非不善也,政非不美也,泰西行之有效者,犹人之四肢百节,必与全体相连而后有运用之妙。中国弃其全体而取一支一节,脑经血轮末由灌注,在彼则运掉变化无不如志,在我则朽腐而已。"他认为西方富强的根本在于"民智",而中国要开民智,首先应该转变观念,即将农、工、商、贾、妇女、幼童一律平等地纳入国民范畴,而不是仅仅依靠少数上层精英来振兴国家:

……一人智而天下皆愚，能富强昔日之天下，决不能富强今日之天下。谋国大计，要当尽天下之民而智之，使号为士者农者商者工者，各竭其才，人自为战，而后能与泰西诸雄国争胜于无形耳。[1]

《杭州白话报》是在南方影响最大的白话报，它在1901年第2期的一篇论文里指出，"识字"是作为国民的"第一件事"，只有识字，才能晓得"保国"的道理：

> 列位，你们要晓得认字这一件事，非同小可。大凡人在世上，各人都有应该做的事体。我们做了中国人，那第一件事，便是要大家晓得保中国的道理。现在并中国的字，也不识得。那里还晓得保中国呢？从前有一个印度国，国里的人，识字的也狠少，后来把英国灭了（这是早期白话文的表达方式，即"被英国消灭了"——引者按）……[2]

1901年创办于北京的《京话报》，尽管其政治立场比较保守，常站在维护"大清国"的立场上说话，但我们已经能够看到论者由"帝国"向"民国"观念的转变（重要的论说中，"大清国"和"中国"混用即是其征兆，如"试问咱们中国，四万万人，这里头，哪一个不是咱们大清国的百姓？"），而且在用白话报联结国民感情（"齐人心"）、统一国家这一点上，它与其他白话报并无二致：

---

①裘廷梁《无锡白话报序》，《时务报》第61册，1898年5月20日。
②謞者演《劝人识字说》，《杭州白话报》第2期，1901年6月30日。

中国所以不能自强,受人欺负的缘故,不过两端:一是民智不开,一是人心不齐。民智不开的坏处,一言难尽,将来有功夫的时候,再给你们细讲。这个人心不齐的缘故,大半可就在言语不通的上头。外洋各国,也是有多少种语言,本不能一律。但是一国之中,所说的话,不差什么,总是一样的,所以他们通国的人心,没有不齐的。我们中国则不然,南边的人,不能懂北边的话,这一省的人,不能懂那一省的话。甚至于同省同府的人,尚有言语不通的地方,你说怪不怪。这不是一国之中,变成了许多的国了么。所以要望中国自强,必先齐人心,要想齐人心,必先通言语。说到这里,我们的这《京话报》,可就大大的用得着了。你想咱们中国这么大,百姓这么多,说话的口音到有好几百样。现在要想大家都说一样的话,这一定是京城的官话无疑了,要学官话,这个报就是个顶好的一位先生。[1]

陈独秀和胡适既是文学革命的发起人,又同为清末的白话报人,他们在清末白话报刊中的国家论述和五四文学革命中的国家论述,多有关联。他们主持或参与的白话报刊中,有关白话报与国家想象的表述,在清末民初的白话报刊中,颇有代表性。

陈独秀 1905 年在他创办的《安徽俗话报》中,曾撰

---

[1]《论看这〈京话报〉的好处》,《京话报》第 1 期,1903 年 10 月 5 日。

《说国家》一文,宣扬"国家思想"的重要性:"当今世界各国,人人都知道保卫国家的,其国必强。人人都不知道保卫国家的,其国必亡。所以现在西洋各强国的国民,国家思想,极其发达。"① 他的《国语教育》一文,更是将"国语教育"看作增强国民国家意识的一种手段:"全国地方大的很,若一处人说一处话,本国人见面不懂本国人的话,便和见了外国人一样,那里还有同国亲爱的意思呢? 所以必定要有国语教育,全国人才能够说一样的话。"②

胡适参与创办的《竞业旬报》,胡梓方在其发刊辞中表明,他们要用"国语"联络国民的宗旨——"国语大同,言文一致,群情感通":

> 语言者,发表心意之符号也。中国言文之不能一致,无论矣。即纯以语言而论,此省则殊于彼省也,甲州县则殊于乙州县。甚至一州县之方言,彼此亦不无差别。语言上之不统一,实为文明生一大障碍焉。本报立言,既自别于文辞,择音尤难限于乡土,故惟取国语之最纯熟者为之,盖欲使国人得以普通了解,齐傅楚咻,幸能无诮。③

《竞业旬报》第 32 期《论白话报》一文中,作者希望用

①三爱《说国家》,《安徽俗话报》第 5 期,1905 年 6 月 14 日。
②三爱《国语教育》,《安徽俗话报》第 3 期,1905 年 5 月 15 日。
③梓方《发刊辞》,《竞业旬报》第 1 期,1906 年 10 月 28 日。

"普通话"[1] 来"连合团体,振兴祖国"[2]。在稍后的另一期报中,一位作者在谈到《竞业旬报》在扬州乡村的传播情况时,也对白话报唤醒国民、振兴国家,充满期待:

> ……诸君可知道这《竞业旬报》更生,专为开通社会风气,饷我国民的,如果国民个个看了这个报,岂但长了智慧,亦且受了这报刺激,晓得一种权利,一种公德,便不知不觉爱国之心,救国之志,勃然而生。社会上有了爱国救国念头,自然不会放弃责任。担了责任,自然会尽力做去。我国振兴,必有一日。那时格外要崇拜《竞业旬报》的力量呢。[3]

清末的白话报,除了普及知识之外,还有一个或明或暗的任务,便是宣传革命。不论革命还是立宪保皇,都需要鼓动国民的认同和参与。而白话报这种通俗的文字媒介,是最适合于唤醒国民的革命热情的。本尼迪克特说:"不管在哪里,一旦识字率上升,随着民众在他们原本一直谦逊地使用,而如今却被印刷术提升了地位的语言中发现

---

[1] 现在所能查考到的"普通话"这个词,最早出现于1902年吴汝纶在日本考察教育时,他在谈话中曾使用这一名词。1904年,秋瑾与留日学生在东京组织了一个"演说联系会",其简章中也出现过"普通话"。1906年,朱文熊在《江苏新字母》中把汉语分为"国文"(文言)、"普通话"和"俗语"(方言)。

[2] 汉卿《论白话报》,《竞业旬报》第32期,1908年11月4日。

[3] 嵩生《说竞业旬报力量输入村镇之可喜》,《竞业旬报》第34期,1908年11月24日。

新的荣耀之后,要唤起群众的支持就更容易了。"①《竞业旬报》上一位署名"大武"的作者即说:

> ……无论倡立宪,改共和,只看我们通国的人心联合不联合。我看我们中国的人,隔省隔县,情谊不通,彼此猜疑,争些什么客籍又闹些什么省界,将来恐怕要同室操戈,不知闹成什么样子。如何能够合群爱国,共同富强。这是什么缘故呢? 都为是话音不同,性情遂异,生出了无数恶感情来。诸位呀,要救中国,先要联合中国人的心。要联合中国人的心,先要统一中国的语言。这才是变弱为强的下手第一着。②

辛亥革命之前,随着清廷预备立宪的步伐加快,推行官话,普及教育,不仅是民间力量艰难推进的启蒙任务,也成为各地方大员预备立宪的一项政治任务。因为要立宪,就必须将"臣民"改造成具有立宪资格的"国民"。这时白话报刊便自然成了组织国民参与革命的最佳工具,借用汤姆·奈伦的说法,"民族主义的新中产阶级知识分子必须邀请群众进入历史之中;而且这张邀请卡得要用他们看得懂的语言来写才行"③。

无锡《白话报》1909年第5期淡如《论识字读书》,就

---

① [美]本尼迪克特·安德森《想象的共同体——民族主义的起源与散布》,吴叡人译,上海:上海人民出版社,2003年,第93页。
② 大武《论学官话的好处》,《竞业旬报》第1期,1906年10月28日。
③ 转引自[美]本尼迪克特·安德森《想象的共同体——民族主义的起源与散布》,吴叡人译,上海:上海人民出版社,2003年,第93页。

从立宪、选举、自治等方面,论述如何用通俗文字将"百姓"编制进"民国"这个想象的共同体:

> 现在宣统皇上的生身爷,旧年做了摄政王,管了全国的权柄,看到中国的光景,实在坏极了。晓得一个国里的事情,靠着几个官,是弄不好的,便拿许多事情,都推到百姓身上,叫有的百姓自己做,有的叫百姓帮着官做,好象现在办的咨议局,地方自治,都是这个意思。你想从前地方上的事情,都是官来做的,官虽然吃了皇帝个俸禄,受了百姓的供养,总是别处人。有几个肯出心出力替地方上做事情,现在既然拿这事情归到百姓身上,本地人作本地方的事情,是好好坏坏都是自作自受的了,难道还好看破烂么?不看破烂,便要去做。若是一个字不识,一句书不曾读,两眼墨突黑,一点清头勿懂,请教你这样做法呢?上头也晓得这个道理,所以要行强迫教育,要叫百姓个个进学堂。现在且不要管他学堂好不好,究经应该进不应该进。但是识几个字,读几句书,总是好事情。而且现在世界是极要紧的。想来列位也不见得叫我这句话是坏话呢。[①]

近代中国的各项改革,都归于一个核心的主题,那就是救亡图存,建立现代国家。五四文学中浓烈的"感时忧国"情怀,早为文学史家所论述:

---

① 淡如《论识字读书》,《白话报》第 5 期,1909 年 3 月。

……那个时代的文学，却有不同于前代，亦有异于中共文学的地方，那就是作品所表现的道义上的使命感，那种感时忧国的精神。当时的中国，正是国难方殷，企图自振而力不逮，同时旧社会留下来的种种不人道，也还没有改掉。是故当时的重要作家，——无论是小说家、剧作家、诗人或散文家——都洋溢着爱国的热情。①

但要知道，五四文学乃至整个中国现代文学中突出的爱国意识或国家观念，并非自天而降，它一方面由近代中国内忧外患的严酷现实所决定，另一方面，又接续了清末以来的语言变革中反复申说的国家观念。这种传承关系，在五四新文学作家的论述中，表现尤为明显。在1919年五四运动期间，作为青年学生的傅斯年，就曾说过："从白话文学的介壳，跳到白话文学的内心，用白话文学的内心造就那个未来的真中华民国。"②

二　白话报刊的语言变革理论与实践

清末白话文运动的相关理论，既往的文学史、思想史、文化史已有很多论述，不必在此重复。在此仅就其中一些

①夏志清《现代中国文学感时忧国的精神》，《中国现代小说史》，台北：传记文学出版社，1979年，第533页。
②傅斯年《白话文学与心理的改革》，《新潮》第一卷第五期，1919年5月1日。

此前未曾论及的问题和未受重视的文献,作一简单的分析。

(一)白话文的理论倡导

研究清末白话文运动,我们发现一个有趣的现象,即这些最早提倡白话文的论文,如裘廷梁的《论白话为维新之本》《无锡白话报序》,陈荣衮的《俗话说》《论报章宜改用浅说》等,却都是用文言写成的。这个现象,被五四新文学家胡适、周作人指责为"态度"问题,即对知识分子用文言,对下层百姓用白话。这符合事实,但也不仅此而已。因为这种情况一直延续到五四早期,包括胡适、陈独秀、钱玄同等在《新青年》上鼓吹白话文学"正宗说"的文章,都是用文言写的。直到1917年8月《新青年》第三卷第六号,钱玄同在给陈独秀的信中,才对他们这种"言行不一"做出反省:

> 我们既然绝对主张用白话体文章,则自己在《新青年》里面做的,便应该渐渐的改用白话。我从这书通信起,以后或撰文,或通信,一概用白话,就和胡适之先生做《尝试集》一样的意思。并且还要请先生,胡适之先生,和刘半农先生都来尝试尝试。此外别位在《新青年》里面撰文的先生,和国中赞成做白话文章的先生们,若是大家都肯"尝试",那么必定成功。"自古无"的,"自今"以后,一定会"有"。不知道先生们的高见赞成不赞成? ①

---

① 《新青年》第三卷第六号,1917年8月1日。

　　至少到此时为止，文学革命者陈、胡、钱等是没有资格指责他们的前辈的。尽管明清以来，出现了很多有影响的白话文学作品，但它们都是中下层文人所为。尽管《红楼梦》等明清白话小说后来被奉为"经典"，但在作者当时，白话文这种"卑微"的文体，使得很多作者都不敢公开自己的真实身份，致使很多白话文学作品的作者及其身世，都需后世学者去考证。清末白话报上的很多作者，多使用了"化名"，刻意隐蔽自己的身份，也是这种心理的反映。除了这种自卑心理以外，很多文人都不愿将自己的白话作品堂而皇之公开发表的另一重要的原因，是白话文并不像胡适所说"话怎么说，就怎么说"那么容易写好。就提倡白话文的具体作家而言，虽然他们自己不肯承认，他们"尝试期"的白话作品，多不如他们自己的文言作品，这在胡适身上体现得尤为明显。这就是说，对早期提倡白话文的作家而言，写作白话文对他们来说也是有困难的。陈独秀在文学革命期间答复钱玄同关于《新青年》同人都改用白话做文的信里就说："改用白话一层，似不必勉强一致。社友中倘有绝对不能做白话文章的人，即偶用文言，也可登载。"① 何谓"绝对不能做白话文章"？这可不仅是"态度"的问题，而是"能力"的问题。白话文的写作——尤其是向来用文言写作的"正宗"论说文——也要经过一定的训练，这恰恰是他们这一代人的"弱项"。他们从小经过严格的文言写作

---

① 《新青年》第三卷第六号，1917 年 8 月 1 日。

训练,但如何写出能登大雅之堂的白话论文,对他们来说是一个严峻的考验。就连清末最早提倡白话文的裘廷梁,他自己无意间透漏白话文写作的不易,"《国粹论》初意欲作白话文不果"[①]。后来当他的从侄孙欲将其译为白话时,他难掩兴奋地说:"去年作《国粹论》,屡易稿,亦颇自悔不以白话达意而用文言,汝欲为我译成白话,何幸如之!"[②] 为何"不果"而又"自悔"? 就是作为白话文的倡导者,心想躬身实践自己的主张,在文言和白话之间颇为犹豫,但由于还是觉得文言更为顺手,于是趋易避难,最终还是用文言来写就。正如《京话日报》上的一篇论文所说:"字眼儿浅的人,觉着文话难;要惯了笔头儿的,觉着文话比白话倒容易。"[③]

通过以上分析,可见从清末至五四文学革命前后,在关于白话文的提倡中,存在一些似是而非的理论问题,核心的问题是白话与文言孰难孰易。但这个问题不能仅凭想象就可以简单地推论结果。

一要看是"写作"还是"接受"(读或听)的问题:白话文比文言文更容易阅读、理解;至于写作,则不能简单、笼统地说文言难、白话易。

二要看是"谁"写的问题:对于未受文言教育的初学

---

① 裘廷梁《可桴文存·自序》,无锡:裘翼经堂,1946年。
② 裘廷梁《与从侄孙裕书》,《可桴文存》,无锡:裘翼经堂,1946年,第28页。
③ 彭翼仲《文言不喻俗》,《京话日报》第155期,1905年1月(原刊无日期)。

写作者而言,白话文要比文言文容易;但对于接受文言文长期熏陶的作者而言,则正好相反。

三要看"写什么"的问题:中国古代不同文体在长期的写作实践中,各自形成了一套适于自身的语言体系,小说、词曲等通俗文类已形成了白话写作的传统和惯用的语言体系,而诗文则有其另一套较为文雅的语言体系。所以清末的论说文,很难在白话中找到一套相应的表意符号。

四要看在什么时代:清末的白话文运动,要解决的主要任务是如何让读者"接受"的问题,即如何写出让民众能够读(听)懂的白话文(当然首先要"写"出来),这个任务只能由训练有素的文言作者来完成。到了五四时期,由于经过长达二十多年的近代白话文阅读熏陶和新式教育的培养,再加上文言写作和教育的弱化,年轻一代当中的很多人,比他们的前辈更具有写作白话文的素质和能力。所以,五四文学革命的成功,除了倡导者自身从清末以来的白话写作积累中,彻底完成他们由文言写作到白话写作的转变外,更重要的是更多接受白话文写作训练和教育的年轻作者,加入白话文写作的行列中来,为白话文带来了一种全新的质素。

我们可以将裘廷梁 1898 年的《论白话为维新之本》和 1903 年《京话报》第 3 期对该文的白话译文作一对照,可见孰难孰易。

表4-1 《论白话为维新之本》片断的文／白表述对照表

《论白话为维新之本》片段 裴廷梁	《白话书是变法自强的根子》片段
有文字为智国,无文字为愚国。识字为智民,不识字为愚民。地球万国之所同也。独吾中国有文字而不得为智国,民识字而不得为智民,何哉? 裴廷梁曰:此文言之为害矣。	天下认得字的人就明白,不认得字的人,就糊涂。有了文字的国,就是文明。没有文字的国,就是野蛮。文明的国,是一天强似一天。野蛮的国,是一天坏似一天。这是现在通地球上各国的一个总共得批语,再也不错的。惟独我们中国则不然,虽有文字,也算不得文明之国。虽有认得字的百姓,也算不了明白的人。你们可知道,这是什么缘故? 这可就是咱们中国文理太深。

清末白话文运动的理论核心就是裴廷梁所说"崇白话而废文言",这个理论看似无甚高深之处,实则为五四文学革命奠定了坚实的基础。尽管胡适在谈到清末的白话文运动与五四白话文运动的区别时,极力夸耀自己"攻击古文的权威"独特历史功绩,但我们稍一翻阅清末白话报,就知道这纯属胡适的妄说。清末的白话报刊,一方面从理论上不断动摇、削弱了文言的地位——"废文言",同时也不断提升白话的地位——"崇白话"。

陈独秀在《开办〈安徽俗话报〉的缘故》里说:"……但是现在的各种日报旬报,虽然出得不少,却都是深文奥意,满纸的之乎也者矣焉哉字眼,没有多读书的人,那里能够看得懂呢? 这样说起来,只有用最浅近最好懂的俗话,写在纸上,做成一种俗话报,才算是顶好的法子。所以各省做好事的人，可怜他们同乡不能够多多识字读书的，难以学点学问，通些时事，就做出俗话报，给他们的同乡亲戚朋友看看。现在已经出了好几种：上海有《中国白话报》，杭州有《杭州白话报》，绍兴有《绍兴白话报》，宁波有《宁波白话报》，潮州有《潮州白话报》，苏州有《苏州白话报》，我都看见过。我就想起我们安徽省，地面着实很大，念书的人也不见多，还是没有这种俗话报。"①

胡梓方在《竞业旬报》"发刊辞"中，对当时大多报章仍使用文言深表不满："作者又复刻饰其词，纡徐其文，则彼里巷乡闾之子，仍无得而启发也。"在"凡例"中，编者又宣称，"本报立言既自别于文辞，择音尤难限于乡土，故惟取国语之最纯熟者为之，盖欲使国人得以普通了解也"。"本报意在通行于下等社会，故措辞不欲其奥，陈义无取甚高，街谈巷议，樵唱渔歌，皆本报之材料也；盲词俚曲，粤讴楚谣，皆本报之风裁也。宁伤于雅，期当于俗，宁失之陋，不求之迂。乐天之诗，老妪能诵，巴人之什，举国所歌。"②

《竞业旬报》在停刊一年多又复刊时，再次将"文言"和"白话"对立起来，崇白话而贬文言：

> 本报觉得现在报纸，虽较从前加增，然文话甚多，俗话甚少。文话只能及于程度较高的人，俗话始能及于一般普通人，且文话多及于成人，俗话乃及于幼稚。

①陈独秀《开办〈安徽俗话报〉的缘故》，《安徽俗话报》第 1 期，1904 年 3 月 31 日。
②《竞业旬报》第 1 期，1906 年 10 月 28 日。

中国正当幼稚时代,自然以开通幼稚为宜,幼稚之程度不高,自然以概用普通浅文俗话为宜。①

署名"汉卿"的作者认为白话报的最大好处,便是它的通俗易懂:

白话报所以有价值就在这里,你看那些文言报纸,咬文嚼字,佶屈聱牙,那里有像白话的直接痛快,真正是一口气可以读完的。②

我们知道,"文白之争"是五四文学革命中最为引人关注的事件,且因教育界推动的"国语运动"与新文学运动的"双潮合一",遂使胡适在《文学改良刍议》中提出的"白话文学正宗"说,能够最终落到实处。但"文白之争"的酝酿、发动,其功却在清末的白话报。我们一般认为,中国近现代文白之争的兴起及白话取代文言,乃是中国资本主义的萌芽及其市民阶级出现以后的必然要求,但却很少从媒介本身去思考这一变化的原因,麦克卢汉的观点有助于我们对清末白话报刊如何使它自身与文言为敌有更好的理解:

印刷纸片的同一性和可重复性的另一个意义重大的方面,是它对追求"正确的"拼写、句法和发音所造成的压力。印刷物更为引人注目的影响,是造成诗与歌、散文与讲演术、大众语言与有教养的言语的

①铁秋《更生辞》,《竞业旬报》第 11 期,1908 年 4 月 11 日。
②汉卿《论白话报》,《竞业旬报》第 32 期,1908 年 11 月 4 日。

分离。[①]

正是经过清末一代代白话报人的努力,将文言不断地塑造为白话的对立面,才使得白话文在文学革命你"死"我"活"的斗争中最终取得胜利。

清末的语言变革运动,包含的内容甚广。除了我们熟知的"白话文运动"之外,还有"简字运动"(即各种拼音文字的创制)、"国语运动"、方言调查与写作实践等。清末的白话报,除了提倡和实践白话文以外,对清末的各项语言变革或呼应,或躬身实践,从整体上推动了文学革命的发展。

(二)白话报刊的写作实践

不管在理论上如何宣扬白话文的优越性,但最终还要以白话文的写作实绩来取信于社会。清末的白话文写作,经历了从用白话翻古文的佶屈聱牙,到逐渐顺手顺口、渐入佳境的不同阶段。五四文学革命之所以能够以白话文全面取代文言文,就是因为经过清末以来二三十年的白话写作锻炼,白话逐渐胜任了各种文体表情达意的功能。

我们把清末白话报初创时期的白话文,和十年后的白话文做一对比,便能显出白话文在实践中的进步。

下面这段文字,是 1898 年《无锡白话报》中的开头

---

① [加]马歇尔·麦克卢汉《理解媒介——论人的延伸》,何道宽译,南京:译林出版社,2011 年,第 202 页。

一段：

> 梅侣做成了《女诫》的注释，请吴芙做序。吴芙就提起笔来写道："从古以来女人，有名气的极多，要算曹大家第一，曹大家是女人当中的孔夫子。《女诫》是女人最要紧念的书，真正一字值千金。要一句句想想，个个字味味，依了女诫的说话，方才成个女人。况且曹大家会做皇太后的先生，会替哥哥做书。就要想着，我是女人，他也是女人，他就万古留名，贤惠到如此。我就依依袅袅，眼孔小到像绿豆，做小姐，单知道衣裳首饰，争多嫌少；做媳妇，单知道靠着丈夫吃，靠着丈夫住。也不知道天东地西，也不知道古今往来。木头一段，石头一块，住好吃好，就算顶好。住到像翠绿鸟，吃到像养胖狗。空闲下来，寻寻烦恼，说阿婆，骂媳妇，惹姑娘，讲阿嫂。妯娌像冤家，丈夫当奴仆。哎，到阎王一请，就此完结。外面人说道，你家里倒拔去一个祸根。家里人说道，我家里又空出一副铺板。哎，人去留名，鸟去留声，何苦何苦！况且昏头昏脑，像木头，像石头，像翠绿鸟，像养胖狗。活了一世，生不带来，死不带去，有什么趣味？[1]

十年以后的《河南白话科学报》上，曾连载过一篇《京师博览园游记》。这篇游记，其叙事条理之有序、说明文字

---

[1] 吴芙《班昭女诫注释序》，《无锡白话报》第 3 期，1898 年 5 月（原刊无日期）。

之准确、选词造句之自然、文学趣味之优美，虽比不上五四散文小品中的上品，但也相差不远。

玻璃花房的东院，有盆草数百种，也有种在地上的。西院有盆花数百种，类如仙人掌，茉莉花，夹竹桃，石榴花等，更是看不尽说不完。园内除这二十间玻璃房外，东面又有一处玻璃花洞，统计园中植物，不下数十种，东西洋植物，一概都有，真是大观，不愧博览二字。

由植物园再往西，又分出南北两条路线，南路是咖啡馆，就是西洋茶馆。北路是燕春园番菜馆，就是来远楼。游园游到这处，可是全园的最幽胜处了，话分两头，今先说咖啡馆。

咖啡馆，是一大九开间的，新式玻璃厅，单说四面窗户上的玻璃，前后两面，各二百七十方，左右两面，各一百三十四方，统计四周，共八百零八方。

内容一切陈设，都是洋式桌椅，却分出男女两栏，南半是男座，北半是女座，有玻璃屏扇挡着。

外廊西面和南面，沿着栏杆一带，也都安设茶座，统计里外，可容三百多人。每茶一壶，铜子八枚，加牛奶，要多两枚，共十枚。点心如鸡蛋，如中饽饽，如西洋点心，每碟都是十二枚。看官注意，这是园中喝茶第四处。西廊外是大莲花池，池子中央处，有石块堆着，如同小岛，石上立着假仙鹤，左右两个，中心点有喷水管，喷出水来，多至五六道，高至一两丈，这又是园内一种奇景。

　　南廊外有高桥,时见有肩舆过桥来。池子南面,菖蒲很多,又时见有灯船向东来,这处池水很浅,行船须用双篙支撑,方能进行。

　　遇着夏天,最好是在外廊西南隅角处喝茶,俯看荷花,仰听蝉声,近看喷水,远看草亭,南望卧桥如长江,北望来远楼,西望西洋楼,景象万千,同赴眼前,实在是全园揽胜处。来远楼东西都有长廊,楼下是燕春园番菜馆,菜价分四等,头等每人两元,二等每人一元半,三等每人一元,四等每人半元。①

由这一对比可以看出,它各个方面与十年前初创时期的白话文相较,已有明显的进步。当然,并非说十年后的白话文作品,都提高到这样的水平。但就整体而言,清末二三十年间的白话文写作,其进步显而易见。这说明清末以来众多的白话文作者,在默默无闻的白话文写作磨练中,不断走向成熟。作者驾驭白话能力的进步和白话文作品整体水平的提升,才使得五四文学革命的倡导者,有自信、有底气来宣布,用白话作诗作文、著书立说、编写讲义、演说写信等。

根据胡适等人的论述,好像文学革命的成功,是由于他们在理论上的改弦易辙(如不区分"我们""他们",攻

---

① 《京师博览园游记》,《河南白话科学报》第 12 期,1908 年 9 月 24 日。

击文言、宣布文言为"死语言")等,实际上,文学革命的成功,最大的功绩,应归功于清末以来近三十年间,那些有名无名的白话文作者。正是他们对于白话文的写作不断"尝试",才使得白话成为新文学的"利器"。在文学革命中,虽然胡适因白话诗的写作"尝试"引起的争议,使他仿佛成了文学革命的英雄,但真正的白话文写作"尝试"者,应是清末数十年间白话文写作的"大众"。他们"尝试"的时间之早、用力之勤、文体范围之广、效果之可圈可点,都堪称白话文写作的开路先锋。

除了白话文的写作实践之外,清末白话报刊在国语教育、拼音文字、方言写作等方面,也颇有影响。

一是提倡"国语教育"。"国语教育"表面看来是教育的问题,但教育语言的选择,又与文学语言的选择之间有密切关系。黎锦熙对国语运动与文学革命"双潮合流"的社会背景、理论主张、实践活动、人事关系等问题,做过细致而又合理的分析,他的观点,有助于我们理解启动于清末的"国语运动"和文学革命之间虽非直接,但却很密切的关联。他说:

> 民国五年(1916),中华民国国语研究会成立于北京。那时正当洪宪皇帝袁世凯驾崩于新华宫,帝制推翻,共和回复之后,教育部里有几个人们,深感于这样的民智实在太赶不上这样的国体了,于是想凭借最高行政机关的权力,在教育上谋几项教育的改革,想来想去,大家觉得最紧迫而又最普遍的根本的问题还是文

字问题,便相约各人做文章,来极力鼓吹文字的改革,主张"言文一致"和"国语统一";在行政方面便是请教育长官毅然下令改国文科为国语科。①

胡适在1918年发表文学革命的纲领性文献《建设的文学革命论》中,提出了"国语的文学,文学的国语"的宗旨。黎锦熙说:

> 这篇文章发表后,"文学革命"与"国语统一"遂呈双潮合一之观。
>
> ……于是本会底"国语统一""言文一致"运动,和《新青年》的"文学革命"运动,完全合作了:这是要大书特书的一件事。那时"国语统一"和"文学革命"两大潮流,在主张上,既有"言文一致"的"白话文学"作了一个有力的媒介,而联合运动的大纛"国语的文学,文学的国语"已打出来了,在人的关系上,则北京大学校长蔡元培(民七八两年的《新青年》就是北京大学教授陈仲甫、胡适、钱玄同、刘复、沈尹默、李守常六人轮流编辑的)就是这会的会长,其间自然发生声气应求的作用:于是这两大潮流合而为一,于是奔腾澎湃愈不可遏。②

从上文黎锦熙的论述中,我们可以理解"国语运动"与文学革命的关系及其对文学革命的意义。

---

① 黎锦熙《国语运动史纲》,上海:商务印书馆,2011年,第133页。
② 黎锦熙《国语运动史纲》,上海:商务印书馆,2011年,第136页。

中国人最早使用与 national language 对应的"国语"一词，是成书于 1887 年、刊行于 1895 年的黄遵宪的《日本国志》。1902 年，京师大学堂总教习吴汝纶赴日考察教育，深受日本推行"国语"的启发，归国后上书管学大臣张百熙，请求在学校推行"国语"教育。1909 年，议员江谦在资政院会议上正式提出将"官话"改名为"国语"，并设立"国语编查委员会"，制定研究国语计划。1911 年，学部召开"中央教育会议"，会议通过《统一国语办法案》，决定成立国语调查会，调查语词、语法、音韵，审核制定"国语"标准，编撰国语教材、辞典等。1913 年，"读音统一会"审定了"国音"和"国音字母"。为了迫使北洋政府早日公布注音字母、改"国文"科为"国语"科，北京教育界于 1916 年成立了"中华民国国语研究会"。1919 年，五四运动爆发以后，北洋政府终于设立"国语统一筹备会"，并于次年改国民学校"国文"为"国语"。

清末的白话报刊，基本上从一开始就参与了"国语运动"。陈独秀、胡适参与其事的《安徽俗话报》和《竞业旬报》，就是典型的案例。

据查，陈独秀大概是清末最早在白话报上响应"国语教育"的人，他说：

> 现在各国的蒙小学堂，顶要紧的功课，就是"国语教育"一科。什么是国语教育呢？就是教本国的话。我说出这话来，列位必定好笑。以为只有人学外国话，那里有人本国话还不会说，也要到学堂里去学的道理呢？殊不知列位这样说，便说错了。所以，

必定要重国语教育,有两层道理。一是小孩子不懂得深文奥义,只有把古今事体,和些人情物理,用本国通用的俗话,编成课本,给他们读。等他们知识渐渐的开了,再读有文理的书;一是全国地方大的很,若一处人说一处话,本国人见面不懂本国人的话,便和见了外国人一样,那里还有同国亲爱的意思呢?所以必定要有国语教育,全国人才能够说一样的话。照这两层道理看起来,国语教育,一定是要紧的功课了。你看我们中国小孩子读的书,都是很深的文法,连秀才举人也不能都懂得,漫说是小孩子了。这是第一层道理。再说起中国话来,十八省的人,十八样话,一省里各府州县的说(话),又是各不相同。若是再不重国语教育,还成个什么国度呢?[①]

陈独秀还对怎样实行"国语教育",提出了在课程设置、教材编写方面的具体设想:"要是新开学堂,总要加国语教育一科。即使做不到外国那样完全的国语读本,也要请一位懂得官话的先生,每天教一点钟的官话……若是采择小孩子所懂得的古今史事,中外地理,人情物理,嘉言善行,用各处通行的官话,编成课本,行销各处,这更是顶好的法子了。"[②]

《竞业旬报》创刊伊始,便在首期的社论中刊出《论学官话的好处》,提出推广国语教育的各种办法:

---

① 三爱《国语教育》,《安徽俗话报》第 3 期,1904 年 5 月 15 日。
② 三爱《国语教育》,《安徽俗话报》第 3 期,1904 年 5 月 15 日。

……但现今中国的话音,也不知有多少种,如何叫他们合而为一呢? 必定要有一个顶好的法子。除了通用官话,更别无法子了。但是官话的种类也很不少。有南方官话,有北方官话,有北京话。现在中国全国通行官话,只需模仿北京话,自成一种普通国语哩。"我愿各处绅商,设法尽力提倡,或编官话字母,或开官话学堂,或撰官话文典,或刊官话报章,或辑官话讲义,或立官话演场。所有各省各府,无论公私学堂,都将官话教授,排入学科端详。"①

通过以上两报的事例,我们可以得知,清末的白话报刊从一开始即致力于宣传国语教育,白话文运动和国语运动相互配合、相互促进。虽然"国语的文学,文学的国语"这一口号是五四文学革命中胡适提出来的,但其实早在清末的白话报刊中就已开始了。这从另一角度说明,五四文学革命的源头,起于清末的白话报刊。

二是宣传"简字运动"。"简字运动"又称"切音字运动",即汉语拼音的早期阶段,它和"国语运动""白话文运动"合称为清末民初的"三大语文运动"。拼音文字的创制,本是用以拼切方言俗语的,它虽与文学革命没有直接关系,但它在无形之中提高了"白话"的地位;与此同时,简字是为补救文言的难认难读的弊端而创制的,这又无形中把"文言"构造成了"白话"的对立面和革命的对象。这

---

① 大武《论学官话的好处》,《竞业旬报》第 1 期,1906 年 10 月 28 日。

一思路,演进到五四文学革命时期,便是钱玄同等人再次提出"废除汉字",挑战和颠覆了文言的权威地位,确立了白话的"正宗"地位。从这一角度来说,清末的"简字运动"与文学革命也算不无关系。

清末的白话报刊,虽不以提倡"简字运动"为务,但从对"简字运动"相关事件的新闻报道中,我们可以看出,这些报刊对此所持的肯定和支持态度。《竞业旬报》第 5 期时闻栏登载一条"简字研究"的消息说:

> 我国识字的人少,皆由于文字太难。近来有简字的法则,把简字拼成字音,便很易得懂。日前江南学务处,札派简字学堂卒业生陈某来南通州,以充简字学堂教习。现在由各绅董,延请在贡院讲演法政处,设一简字研究会,集合同志十六人,每逢星期二三五等日,研究二小时。①

《竞业旬报》第 6 期时闻栏"简字学堂"报道了浙江学堂的开办情况:

> 杭州简字风气,最初是浙江藏书楼杨君创办的。现在第一班年内可以卒业。却因用的南音,将来还想改良,改做北音。省城各营,都已添加简字教科,内中以旗营办得最好。因旗人能说官话,学习北音,一学便会。听说上班时候,都是用这简字教科书。这教科书,由北京简字社发行。凡历史地理博物学体操法卫生学以及

---

① 《竞业旬报》第 5 期,1906 年 12 月 6 日。

国文修身,各种教科书无不具备,还有北京出的简字报,这真成了个简字世界。将来可没有不认得字的人了。[1]

《绍兴白话报》也对拼音文字的创制,极为关心。该报不但提倡用罗马字母拼切方言[2],也对王照创制的"官话合声字母"极为热心,及时报道这种拼音文字的推广情形:

> 从前礼部主事王照新造一种字母,共五十个字,照中国字把笔画减少,用两个字拼合就成一个音。学会这五十个字母,将来只要用这个字母做起书报来,就人人会看了。这个字母只要两个月就好学会,旧年在北京、保定开了两个学堂专教字母,后来各处徼效,已有四五十处识字的人,已有好几万。现在南京也要照样开字母学堂,又把字母增添了十二个,以便南边人学习。好方法大家快学。[3]

绍兴是清末得风气之先的地方,当地志士不仅广为宣传拼音文字,而且勇于实践,在当地开办起"简字学堂":

> 前几年北京有一姓王的,兴起一个简字学堂,用中国字的偏旁做记号,只要费几个月工夫,就能够学会。现在有嵊县姓裘的,到府里进禀,明年想在府城开一个简字学堂,已经本府批准了。[4]

---

[1]《竞业旬报》第 6 期,1906 年 12 月 16 日。
[2]《劝用罗马字母拼合土音说》,《绍兴白话报》第 69 期(该报多数原刊无出版日期)。
[3]《字母学堂》,《绍兴白话报》第 75 期。
[4]《拟开简字学堂》,《绍兴白话报》第 113 期。

1908 年的《河南白话科学报》报道了江亢虎(1883—1954)创制的"通字",并申说了利用这"通字"字的十八种益处,还对反对者的意见一一进行驳斥:

> 弋阳江亢甫(应为"虎",系南方人发音虎、甫不分所致——引者按),因此特创一种字学,名叫通字,分别父音,母音,复母音。所有配合法,是用英文二十六字母译成。父音的译音,是博侧得佛格者喝则克勒末纳虐泼涩设特撒十六音(实为十八音——引者按)。母音的译音,是阿厄"恶亨"伊恩恶乌迂日九音。另有一(儿)音,第三音"恶亨"二字是合音。复母音的译音,是卯挨安拗压咽应因幽"恶伊"欧哇翁威温窝雍云央腰烟汪歪弯渊二十六音(实为二十五音——引者按)。第十音"恶伊"二字是合音。父音母音,只用英文一字译出。复母,用英文两字译出,所以叫做复母音。
>
> 另有韵符,分别(清平)(浊平)(上)(去)(入)五韵,清平符号作为(1),浊平符号作为(2),上韵符号作为(3),去韵符号作为(4),入韵符号作为(5)。[1]

据笔者所查,虽然此前已有意大利人利玛窦在明朝万历年间(1605 年)创制的拉丁化汉字读音方案,也有国人卢戆章于 1892 年创制的切音字方案(为拉丁字母与希腊字母、自创字母的混合体),但江亢虎的这套拼音方案,

---

[1]《记江亢甫创造通字》,《河南白话科学报》第 3 期,1908 年 8 月 11 日。

是中国人自己运用拉丁字母创制的第一份汉语拼音方案。这套方案除了声母、韵母外,尤其难能可贵的是,还创制了汉字读音的声调符号。我们作一简单的对比,就会发现它和1958年第一届全国人民代表大会第五次会议表决通过的现行汉语拼音方案,非常接近。

当然,江亢虎和其他清末民初的拼音文字创制者,他们对语言变革、文学革命的意义,不仅在于创制一套拼音文字,更在于他们在这一文字创制过程中,所提出的语言观念和思想资源。拼音文字的创制本是为大众着想而求文字的简易,这与白话文运动和五四新文学的平民化主张,彼此呼应,一脉相承;拼音文字是用来拼切白话的,它在提高白话文地位的同时,也时时"窥窃神器"①,不断

---

① 黎锦熙在1926年发表的《"图穷而匕首见"了》一文中认为,拼音文字不仅为拼切汉字之用,它最终要取代汉字。这就是1930年代国语罗马字的思路。他说:"图穷了! 匕首见了! 三年来斜倚在汉字身边,甘作寄生生活的注音字母,现在才发现它原来是那里'窥窃神器'。"清末以来企图以拼音文字取代汉字的思路连绵不绝,它不仅动摇了"旧文言"的地位,甚至要取代"新文言"——五四以后的白话文——的地位。这一激进思路在1926年的《全国国语大会宣言》中已有体现:"在用汉字作普及的工具的时代,真正的白话文学简直不能成立。现在所谓白话文学,只是从古文进一步的改良作品;必须百尺竿头再进一步,用拼音文字写出来的,才是脱离古文、另辟新时代的创造作品。……现在既改从白话中创造文学,却还要因袭向不合作、奇形异状的汉字,这真是古人说的'枘凿不相入'了。……汉字一天不解甲归田,古文便时时运动复辟;汉字一天站的'普及'的地位,白话文便时时要走向'不普及'的迷途。所以要白话文'普及',便须叫汉字'不普及',这是一件要注意的事。"见黎锦熙《国语运动史纲》,上海:商务印书馆,2011年,第28、44页。

动摇着"汉字神圣"的观念,为五四文学革命中白话取代文言,做好了前期的理论和舆论准备;拼音文字的横行书写、标点符号等固有形式,为中国语言和文学的现代化,提供了有益的借鉴模式。我们在五四文学革命的很多论述中,都能见到清末拼音文字改革中早已提出的各种主张和观点。

《河南白话科学报》在论述创制"通字"的益处时,说它不外乎"教育普及""言语统一"[1],这"言语统一"的说法也就是从清末白话报到五四文学革命一再高唱的"言文一致"的口号。至于上面所说拼音文字运动中所鼓吹的与文学革命相一致的三个方面,在介绍江亢虎"通字"的这一文中都有体现:

> 认识通字,事极容易,深通汉文的人,只要数十分钟,便能通识,在通汉文的,认识通字,又可多一种学问。在不通汉文的,认识通字,便可明白科学,何必反对,何苦反对。况中国文字,本分两种:一文话,二白话。今把汉字认为文话,把通字认为白话,文语难懂白话容易懂,通字却更比白话容易懂。至于说通字改换面目,破坏汉文,这话更没有理由。……看官试想,现今我们中国人,固已四万万有余,合计起来,识字的占最少数人,仿佛都是在三九严寒天气,人人光着脊

---

[1]《说明通字的理由》,《河南白话科学报》第17期,1908年10月19日。

梁,在那儿等衣服穿。热心教育的人,还不想快快的把通字教给他吗?

这通字和王君官话字母,劳君简字谱录,同是一个用意,但比王君、劳君简字两种,更为容易便利。这并不是奉承江君,实在是世界公理,并且是字学的原理。怎么说呢,写字的自然手法,利于左起,不利于右起,利于横行,不利于直行,字学的原理,原来如此……那么采用罗马字母,制造中国通字,左起横行,不是适合字学的原理吗?诸君平心静思,便知道这通字的好处了。[①]

三是方言书写、调查与研究。清末的白话报,在提倡国语(或官话)的同时,也多用方言俗语。清末白话报的启蒙对象是下层社会的识字无多的普通大众,所以白话报尽可能地贴近大众,它在注重语言的普适性(即"官话"或"国语")的同时,也多考虑启蒙对象的地方性,往往多用方言土语,以便当地民众阅听。

清末白话报对方言的重视,一是体现在白话文中普遍地杂用方言词汇,或个别报刊专以方言书写;二是对方言进行调查,并将其与国语进行对比研究。

清末白话报刊杂用方言的现象,非常普遍,前文所引《论白话报》中"在下将将说过"一句的"将将"之类,就是

---

①《说明通字的理由》,《河南白话科学报》第 17 期,1908 年 10 月 19 日。

很典型的。我们再看胡适在《竞业旬报》中的一段话：

> 我又回转头来看看我们祖国的同胞,唉! 还不是合从前一样的无知无识吗! 靠天的靠天,靠人的靠人,靠皇帝的靠皇帝,靠官的靠官。那官,还不是手儿伸得长长的,还不是腰包儿装得满满的吗! 那绅,还不是心儿黑黑的吗! 还不是眼儿瞎瞎的吗! 那士,还不是脑儿空空的吗! 还不是牛皮儿吹得大大的吗! 那商,还不是眼孔儿小小的吗! 那工,还不是斧头儿笨笨的吗! 那农,还不是锄头儿狠狠的吗! 那女界,还不是脚儿缠得小小的吗! 还不是野鸡儿满天儿飞的吗! 还不是卖淫妇千千万万的吗! 那鸦片烟,还不是家家吹得嗤嗤响的吗! 那麻雀牌,还不是家家输得精精光的吗! 那学堂,还不是哟哟糊的吗! 事,还不是多多的吗! 钱,还不是光光的吗! 人才,还不是空空的吗! ①

清末白话报刊,不仅大量杂以方言土语,还有纯粹的方言报,如《有所谓报》《广东白话报》《岭南白话报》即是粤语报刊②。现举《广东白话报》的发刊辞片段,以知晓其利弊:

---

① 铁儿《本报周年之大纪念》,《竞业旬报》第 37 期,1908 年 12 月 23 日。

② 关于晚清以来的广东方言作品及粤语书写,已有朱少璋编校的《粤讴采辑》(广东人民出版社,2016 年)和李婉薇的《清末民初的粤语书写》(香港三联书店,2011 年),后者对清末广东白话报刊有翔实、深入的研究。

响街碰着个人,闹声佢病君。佢一时唔嬲唔掉忌,喫温你,连忙闹番转头都唔得。之唔怪得嬲,唔怪得掉忌嘅,好地地话人病,确係唔想嘅。惟独是点解个哋外人,开声埋声都话中国係病人,都总有个人嬲吓,掉忌吓呢。确係病又唔话得人话亚。冇乜好嬲好掉忌啫。嗱,四万万人,个个都病敢样,冇离精神,摆出个病样响处。重想唔认咩,究竟係乜野病,有的医冇呢?病源太多咯,有圣药响处都有得救嘅。乜野叫做圣药亚,白话报就係喇。讲出来好似好犯驳敢,唔信等我将中国人边等人受边等病。白话报点能究当得圣药嚟医好佢嘅原故,一五一十数俾列位听吓。列位听过,咪当我空口讲白话,依住去做,自然百病销除,重灵过牛时符,嗱,静耳听罅,有皮宜冇舌底嘅亚。①

这段告白,即是对清末多数白话报启蒙话语的重复,它对粤语地区的民众,无疑更具亲和力。但毕竟方言不能普及,它的启蒙功效就受到限制。于是,就有方言调查和方言研究。

早在 1904 年创办于东京的《白话》上,有一署名"武安"的作者,就提出粤语改良的问题,作者说:"现在各省多有白话报,独广东未有,这就是俗语写不出的缘故,勉强写出来,人亦多不懂的缘故了,怎么不要快的改良呢?"他提出的改

---

①庐亚《白话报係中国人嘅圣药》,《广东白话报》第 1 期,1907 年 5 月 31 日。

良方案是："第一个法子,先在学堂上,将各省新出的白话报,当做国语功课,每日教一点钟久,不要一年,未有不懂的;第二个法子,就在报馆上,每日出白话论说一篇,或在附张上笑话一门,有一两段用普通语,久之亦自然能懂了。"①为了便于读者理解,作者还将常见的粤语词汇与普通白话列表对照:

表 4-2 粤语词汇与普通话对照表

普通俗字	我们	你们	他们	是的	的	怎样	怎么	怎算
广东俗字	我哋	你哋	他哋	係嘅	嘅	点样	点呢	点算
普通俗字	没了	没脸	了	东西	那样	那处	在这里	在
广东俗字	有略	有面	略	乜嘢	边件	边笪	喺呢嚟	喺
普通俗字	不好	不	这个	是吗	是呀	来了	要回	拿回
广东俗字	唔好	唔	呢个	係咩	係嗜	嚟咯	摆番	揣番
普通俗字	拿来	不是的	来看吗	这桩	那人	找他	觅	曲背
广东俗字	械嚟	唔係嘅	嚟睇喇	噉样	乜嘢	揾佢	揾	掌腰
普通俗字	歹	休	那些	快些	呀	儿女	小孩子	
广东俗字	曳读平上两音	咪	个啲	快啲	啰	仔女	细仔仔	

---

① 武安《广东通俗文宜改良说》,《白话》第 4 期,1904 年 11 月 21 日。

　　无独有偶,陈独秀创办的《安徽俗话报》也刊登过一则安徽的方言调查:

表 4-3　皖北的土话 [①]

方言词汇	普通话释义	方言来源地
杂哩古董	夹杂的意思	寿州语
乒乓流星	乱响的声音	寿颍语
铺哩叨痛	乱响的声音	寿颍语
污哩八醋	污秽而且乱杂的意思	安庆合肥寿颍语
麻图噜(噜念阴平声)	快乐的意思	寿州语
百支百曼	吹毛求疵的意思	寿州颍语
迷迷麻麻	迟缓不了事的情形	安庆寿州语
哼哧流星	出力时的声音	寿颍语
甩货	无用的人	寿州语
阿哩吾支	不识好歹的情状	寿州霍邱语
白搭黑	胡扯的意思	寿州颍州霍邱语
苟丁	魔缠捣鬼的意思	六安寿州合肥语
胎(胎货、胎像)	无用不老成的意思	安庆寿州语
嘿塞(都念作去声)	麻木不觉的意思	寿州语
失弄	办理不善的意思	合肥寿州语
腌哩八脏	无条理不干净	颍州语
枝棱棱(棱念阴平声)	好看的情状	寿州语
和稀泥	敷衍的意思	安庆合肥寿州语
马辣窖	胡闹不能成功的意思	寿州语
假子伊	貌为百知百巧的人	寿州语
坑嗤拉巴	用力的声音	寿颍语
绉头	古怪不近人情的人	寿州霍邱语

　　之所以将清末白话报中的方言书写、方言研究与文学革命关联起来论述,是因为白话文的书写,无论是从更久远的历史上看,还是从清末到五四的这一时段来说,都有一个不断加入方言进而改造它、丰富它的过程。到五四文

---

① 《皖北的土话》,《安徽俗话报》第 20 期,1905 年 6 月 17 日。

学革命期间,这一认识越加清晰,实践也越加积极。如果说清末的白话报更看重方言通俗易懂的启蒙功能的话,那么,在五四文学革命之前,则已逐渐认识到它蕴藏的艺术趣味。

1915年,毕倚虹在发表他整理的北京歌谣时说:"歌谣多由方言构成,虽语多费解,然细加玩味,颇多奇趣,有非小说谐文所能及者。因其中每含有无形之天籁,故也不佞奔走南北近二十年,脑中贮此甚夥。今写其能记忆者数则以博一粲,惟阅者读之宜用急读法,其趣当更不可思议也。"现举他所列歌谣二则,以证其所言不虚:

> 小秃子,坐门登(门登者北人呼门限也)。哭哭啼啼要媳妇儿,要媳妇儿干吗?要媳妇做鞋做袜点灯说话吹灯做伴(北人谓妻曰媳妇儿,若媳则曰儿媳妇矣)。

> 车儿去,马儿来,老老门口搭戏台。人家姑娘都来了,我家姑娘还不来。说着说着就来到。骑着毛驴打着伞,光着屁股网着攒(北人呼鬏曰攒如马尾攒等是)。[1]

胡适1916年提出的文学改良"八事"之一即为"不避俗字俗语","主张今日作诗作文,宜采用俗语俗字"[2],这与清末白话报对方言的重视,其精神一脉相承。

---

①倚虹《北京歌谣六则》,《余兴》第6期,1915年3月。
②胡适《文学改良刍议》,《新青年》第二卷第五号,1917年1月1日。

正当五四文学革命进行之际,1918 年 6 月,作为文学革命阵地的北京大学,发起征集方言的活动,动员各级教育行政部门和各学校校长参与方言调查①。

五四文学革命中,一方面,新文学界广征方言,并就方言入文进行讨论;另一方面,一些作家身体力行,写作方言作品,以救白话文学词汇贫乏之穷,以反驳林纾鄙弃"都下引车卖浆之徒所操之语"的观点。

1918 年 9 月,胡适在答复黄觉僧的信中反驳方言不可入文的观点说:"方言未尝不可入文。如江苏人说'像煞有介事'五字,我所知各种方言中竟无一语可表出这个意思。这五个字将来便有入国语的价值,便有入文学的价值。并且将来国语文学兴起之后,尽可以有'方言的文学'。方言的文学越多,国语的文学越有取材的资料,越有浓富的内容和活泼的生命。"②胡适在 1925 年给顾颉刚《吴歌甲集》作序时,进一步强调方言对于文学的重要性:"国语的文学从方言的文学里出来,仍须要向方言的文学里去寻它的新材料、新血液、新生命。这是从'国语文学'的方面设想。若从文学的广义着想,我们更不能不依靠方言了。"③而且还为鲁迅、叶圣陶未用方言写作感到遗憾,并借此称赞徐志摩用硖石土白所作《一条金色的光痕》,说它是"今日的

①《征集方言之办法》,《北京大学日刊》第 171 期,1918 年 6 月 25 日。
②胡适《答黄觉僧君〈折衷的文学革新论〉》,《新青年》第五卷第三号,1918 年 9 月 15 日。
③胡适《〈吴歌甲集〉序》,《国语周刊》第 17 期,1925 年 10 月 4 日。

活文学中,要算是最成功的尝试"①。此处将徐志摩分别受到胡适和黎锦熙夸赞的两首含有方言或具有方言韵味的诗,引录如下,以见方言带给新文学的新奇感。

一条金色的光痕(硖石土白,有序)

志摩

这几天冷了,我们祠堂门前的那条小港里也浮着薄冰,今天下午想望久了的雪也开始下了,方才有几位友人在这里喝酒,虽则眼前的山景还不曾着色,也算是赏雪了,白炉里的白煤也烧旺了,屋子里暖融融的自然的有了一种雪天特有的风味。我在窗口望着半淹在烟雾里的山林,只盼这祥瑞的雪花:

Lazily and incessantly floating down and down.

Silently sifting and veiling road, roof and railing;

Hiding difference, making unevenness even,

Into angles and services softly drifting and sailing.

Making unevenness even!

可爱的白雪,你能填平地面上的不平,但人间的不平呢? 我忽然想起我娘告诉我的一件实事,连带的引起了异常的感想。汤麦士哈代吹了一辈子厌世的悲调,但一只冬雀的狂喜的放歌,在一个大冷天的最凄凉的境地里,竟使这位厌世的诗翁也有一次怀疑他自己的厌世观,也有一次疑问这绝望的前途也许还闪

---

① 胡适《〈吴歌甲集〉序》,《国语周刊》第 17 期,1925 年 10 月 4 日。

耀着一点救度的光明。悲观是现代的时髦;怀疑是智识阶级的护照。我们宁可把人类看作一堆自私的肉欲,把人道贬入兽道,把宇宙看作一团的黑气,把天良与德性认做作伪与梦呓,把高尚的精神析成心理分析的动机……我也是不很敢相信牧师与塾师与"主张精神生活的哲学家"的劝世谈的一个:即使人生的日子里,不是整天的下雨,这样的愁云与惨雾,伦敦的冬天似的,至少告诫我们出门时还是带上雨具的妥当,但我却也相信这愁云与惨雾并不是永没有散开的日子。温暖的阳光也不是永远辞别了人间;真的,也许就在大雨泻的时候,你要是有耐心站在广场上望时,西天边或东天边的云罅里已经分明的透露着金色的光痕了!下面一首诗里的实事,有人看来也许便是一条金色的光痕——除了血红色的一堆自私的肉欲,人们并不是没有更高尚的元素了!

来了一个妇人,一个乡里来的妇人,

穿着一件粗布棉袄,一条紫棉绸的裙,

一双发肿的脚,一头花白的头发。

慢慢的走上了我们前厅的石阶:

手扶着一扇堂窗,她抬起了她的头,

望着厅堂上的陈设,颤动着她的牙齿脱尽了的口。

她开口问了:——得罪那(你们),问声点看,我要来求见徐家格位太太,有点事体……

认真则,格位就是太太,真是老太婆哩,

眼睛赤花,连太太都勿认得哩!

是欧,太太,今朝特为打乡下来欧,

乌青青就出门;田里西北风度(大)来野欧,是欧,

太太,为点事体要来求求太太呀!

太太,我拉埭上,东横头,有个老阿太,

姓李,亲丁末……老早死完哩,伊拉格大官

官,——

李三官,起先到街上来做长年欧,——早几年

生弱病,田末卖掉,病末始终勿曾好;

格位李家阿太老年格运气真勿好,全靠

场头上东帮帮,西讨讨,吃一口白饭,

每年只有一件绝薄欧棉袄靠过冬欧,

上个月听得话李家阿太流火病发,

前夜子西北风起,我野冻得瑟瑟叫抖,

我心里想李家阿太勿晓得那介哩。

昨日子我一早走到伊屋里,真是罪过!

老阿太已经去哩,冷冰冰欧滚在稻草里,

野勿晓得几时脱气欧,野呒不人晓得!

我野呒不法子,只好去喊拢几个人来,

有人话是饿煞欧,有人话是冻煞欧,

我看一半是老病,西北风野作兴有点欧——

为此我到街上来,善堂里格位老爷

本(给)里一具棺材,我乘便来求求太太,

做做好事,我晓得太太是顶善心欧,

顶好有旧衣裳本格件吧,我还想去

买一刀锭箔;我自己屋里野是滑白欧,

我只有五升米烧顿饭本两个帮忙欧吃,

伊拉抬了材,外加收作,饭总要吃一顿欧!

太太是勿是?……唉,是欧! 唉,是欧!

喔唷,太太认真好来,真体恤我拉穷人……

格套衣裳正好……喔唷,害太太还要

难为洋钿……喔唷,喔唷……我只得

朝太太磕一个响头,代故世欧谢谢!

喔唷,那末真真多谢,真欧,太太……

一月二十九日 ①

另外,黎锦熙认为新诗"根本上不敢承认它成立,就因为他们都没有敢拿一种活的方言作根据,诗里面没有语言的精神,颠来倒去,总不成'话',总没有活的音节,总看不出有一种什么新的 Style"。当他 1925 年看见徐志摩发表在《晨报副刊》上的《残诗》时,为之"拍案叫绝",并"推为新诗第一",说"就以内容意境而论,从元微之的《连昌宫词》到王湘绮的《圆明园词》,都不及他的深刻精悍"②。

---

① 《晨报副刊》1924 年 2 月 26 日。
② 黎锦熙《国语运动史纲》,上海:商务印书馆,2011 年,第 69 页。

"残诗一首"

徐志摩

怨谁？怨谁？这不是青天里打雷？

关着；锁上；赶明儿瓷花砖上堆灰！

别瞧这白石台阶儿光滑，赶明儿，唉，

石缝里长草，石板上青的全是霉！

那廊下的青玉缸里养着鱼，真凤尾，——

可还有谁给换水，谁给捞草，谁给喂？

要不了三五天准翻着自肚鼓着眼，

不浮着死，也就让冰分儿压一个扁！

顶可怜是那几个红嘴绿毛的鹦哥，

让娘娘教得顶乖，会跟着洞箫唱歌，

真娇养惯，喂食一迟，就叫人名儿骂，

现在，您叫去！就剩空院子给您答话！①

其实，正当文学革命进行时，刘半农就大力尝试用方言写作新诗，他的《羊肉店》(1918)、《云》(1919)等，多是用拟儿歌、拟民歌体所写。同时，他采集《江阴船歌》，并受其影响，用江阴方言写了许多后来收在《瓦釜集》中的歌谣体新诗。如果我们将刘半农1919年用"寒星"的笔名发表在《每周评论》上的方言诗，与同一时期的纯白话诗作一比较，就会发现确如论者所言，方言的运用，给早期的新文

---

① 《晨报副刊·文学旬刊》第59期，1925年1月15日。

学增添些许艺术韵味①。

羊肉店（仿儿歌体用江阴方言）

寒星

羊肉店，羊肉香。

羊肉店里结着一只大绵羊。

芊芊！——芊芊！——芊芊！——芊！

苦苦恼恼叫两声！

低下头去看看地浪格血，

抬起头来望望铁勾浪。

羊肉店，羊肉香。

阿大阿二来买羊肚汤，

三个铜钱买了半斤零八两。

回家去，你也夺，我也抢。

气坏了阿大娘，

打断子（原文如此，疑为"了"误植——引者注）

阿大老子鸦片枪。

隔壁大娘来劝劝，

---

① 关于刘半农方言入诗的艺术成就，多受现代评论家的赞扬和肯定，沈从文说他"为中国十年来新文学作了一个最好的试验，是他用江阴方言，写那种方言山歌。用并不普遍的文字，并不普遍的组织，唱那一切成人所能领会的山歌，他的成就是空前的"，认为他的方言诗"比他的其余诗歌美丽多了"。见沈从文《论刘半农的〈扬鞭集〉》，《文艺月刊》1931 年第 2 期。

贴上根拐浪杖。[①]

五四文学革命中,倡导者之所以孜孜于方言调查与方言文学的创作,是因为他们意识到新文学由于词汇贫乏而造成的危机:

> 即如近来的文学革命,轰动一时,反对者视如洪水猛兽,固然谬不可言,赞成者歌舞升平,以为大功告成,也是太乐观了;平心而论,国语文学之成立当然万无疑议,但国语的还未成熟也是无可讳言。要是只靠文学家独力做去,年深月久也可造成"文学的国语",但总是太费力,也太迂缓了,在这时国语家便应助他一臂之力,使得这大事早点完功。我觉得现在中国语体文的缺点在于语汇之太贫弱,而文法之不密还在其次,这个救济的方法当然有采用古文及外来语这两件事,但采用方言也是同样重要的事情。我们写一篇文章的时候,常觉得缺少适宜的字,心想倘若有一部同英国 Roget 所编的相似的词典,收罗着各种方言成语,可以供我们的选择,那就非常得力了。方言调查如能成功,这个希望便可达到,我相信于国语及新文学的发达上一定有不小的影响。在其余的各方面当然也是很有用处,只因觉得和自己关系稍远一点,所以不复赘说了。[②]

----

① 寒星《羊肉店(仿儿歌体用江阴方言)》,《每周评论》第 31 期,1919 年 7 月 20 日。
② 周作人《歌谣与方言调查》,《歌谣周刊》第 31 期,1923 年 11 月 4 日。

方言对于现代文学的重要意义,鲁迅在 1930 年代的大众语文中,也表达过他的意见,但他显然并不像胡适那样推崇方言,这也可以看作他对胡适十年前假设《阿 Q 正传》用绍兴方言写作的迟到的答复:

> 方言土语里,很有些意味深长的话,我们那里叫"炼话",用起来是很有意思的,恰如文言的用古典,听者也觉得趣味津津。各就各处的方言,将语法和词汇,更加提炼,使他发达上去的,就是专化。这于文学,是很有益处的,它可以做得比仅用泛泛的话头的文章更加有意思。但专化又有专化的危险。言语学我不知道,看生物,是一到专化,往往要灭亡的。未有人类以前的许多动植物,就因为太专化了,失其可变性,环境一改,无法应付,只好灭亡。——幸而我们人类还不算专化的动物,请你们不要愁。大众,是有文学,要文学的,但决不该为文学做牺牲,要不然,他的荒谬和为了保存汉字,要十分之八的中国人做文盲来殉难的活圣贤就并不两样。所以,我想,启蒙时候用方言,但一面又要渐渐的加入普通的语法和词汇去。先用固有的,是一地方的语文的大众化,加入新的去,是全国的语文的大众化。[①]

清代的方言研究,在中国学术史上要算空前绝后了。

① 鲁迅《门外文谈》,《鲁迅全集》第六卷,北京:人民文学出版社,2005 年,第 100 页。

传世的著作有杭世骏的《续方言》、程世际的《续方言补正》、翟灏的《通俗编》、戴震的《方言疏证》、钱绎的《方言疏笺》等。与新文学有承前启后关系的章太炎,也有《小学答问》《新方言》问世。陈独秀作为清代汉学皖派的后辈,一生对文字学很有兴趣①。所以不论是从学术谱系,还是从人事关系看,清代的方言研究和新文学之间是不无关系的。

虽然新文学中确实有一些作家尝试用方言写作,但在此将清末的方言研究与文学革命联系起来,并不是说新文学就是方言文学,而是基于以下三个因素:一是考虑到"方言研究"本身就是"国语运动"的一个组成部分②;二是胡适在文学革命的"八不主义"中就有"不避俗字俗语"一条;三是治现代文学史的一些学者,将清末民初的方言研究看作文学革命的动因。具体如下:

任访秋1944年5月出版了他的《中国现代文学史(上卷)》③(河南前锋报社),侧重于从文学自身说明文学革命

---

① 濮清泉在《我所知道的陈独秀》中说,陈独秀在南京牢房中,"他房里有两个大书架,摆满了书籍,经、史、子、集,每样有一点,但他对文字学最有兴趣,成天埋头钻研《说文》"。见《文史资料选辑》第71辑。
② 钱玄同认为国语运动包含"统一国语、研究方言、制造音字"三义,见《与黎锦熙、罗常培书》,《钱玄同文集》第三卷,北京:中国人民大学出版社,1999年,第453页。
③ 因未能查阅任访秋该书,此处所引任访秋《中国现代文学史(上卷)》的观点,转引自黄修己《中国新文学史编纂史》和刘心皇《现代中国文学史话》。

的五个成因,其四是"对方言的重视",这是指章太炎等的方言研究,发现其中多存古音古义,证明今之文言,乃古之白话,从而为俗语方言入文提供了学理依据。

刘心皇的《现代中国文学史话》,在"清末民初的文坛述论"中,讲到诗界革命、章太炎的方言研究和文学主张、梁启超的"新文体"对"俚语、韵语,及外国语法"的借用;在"新文学运动的远因和近因"中,认为"言文一体的要求""重视方言"是新文学运动的"远因"①。

由此推论,清末的白话报,一方面以方言俗语入文,使方言成为书面语的一种因子,为白话文增添了新的活力;另一方面清代的"方言"研究,从学理上使方言俗语的地位得以提升,从而为胡适选择以语言形式为突破口,发动文学革命提供了有益的启示。

从语言层面看,方言俗语无疑给中国现代文学增添了地方性、多样性和个性色彩,但方言和国语(后来的"普通话")之间一直处于一种张力关系之中。这一张力关系,在清末的白话报中就有体现,并且一直延续到后来整个二十世纪中国文学的发展过程中,并且在某些历史时段,还一度成为文学斗争的焦点问题。这说明,方言和普通话,是一个矛盾体的两个方面,如何辩证地调适二者的关系,是考验文学发展的一个永恒难题。

---

① 刘心皇《现代中国文学史话》,台北:正中书局,1979年。

第五章 白话报刊与文体解放

一 "报章"对文体的影响

自古以来,文学媒介的演变必然引起文体的变化,这是一条铁定的规律。近代以来报刊媒介的出现,成为中国文学向现代形态转变的一个重要因素。

近代以来,西方印刷技术的传入使中国新闻业与印刷业得以迅速发展,资产阶级为宣扬自己的政治主张,创办了大量的报刊,这在中国文化发展史上实属数千年未有之新变。这些报刊创办的动机虽不在文学,但客观上却改变了中国文学的发展轨迹。

中国近代的报刊,经历了从半文半白的"新文体"到面向下层民众的纯粹白话体(或曰"语体")的发展。

报纸的出现,模糊了传统文学既有类别、体裁、形式之间的界限,加速了旧文体的蜕变,催生了新文体的诞生。

在戊戌变法之前,谭嗣同既已认识到报刊所引起的文体"巨变",说它"一编之中可以见此三类十体(三类:名类、形类、法类;十体:纪、志、论说、子注、图、表、谱、叙例、章程、计——引者按)而犁然各当,无患陵躐者",若"编幅纤余，又以及于诗赋、词曲、骈联、俪句、歌谣、戏剧、舆诵、农谚、里谈、儿语、告白、招帖之属，盖无不有焉"①。

对于报刊引发的文体变化，《中国各报存佚表》如是说："自报章兴，吾国文体，为之一变。汪洋恣肆，畅所欲言，所谓宗派家法，无复问者。夫宗派家法，固不足言，然藩篱既决，而芜杂鄙俗之弊亦因之而起。觉世之文与传世之文固异，不能执此以绳。然后生来学，亦不可不知也。又或嬉笑怒骂，不无已甚，君子病焉。至如法言庄论，指斥是非，而纤佻谑浪之语，杂于其间而不觉，浮薄之习，贤哲所呵，吾自犯之。"② 这真如谭嗣同所说，是"冲决词章之网罗"。报刊这一包罗万象的媒介形式，使得不同文体之间因在同一平面的对比、参照、影响、渗透，必然引发传统文体语言形式的变化。况且，晚清志士的创办报刊，是想以言论鼓动人心，以"觉世"为使命，所以求文字的简易通顺也是题中应有之义。所以，他们在一面鼓吹报章的好处的同时，也开始讨论如何将报章这一新的文体形式发挥到极致。

1897年3月11日，身为《时务报》主办人之一黄遵宪，在给汪康年的信中这样介绍新聘的章太炎："馆中新聘章枚叔、麦孺博（任父甚推麦孺博，弟深信其言）均高材生。

①谭嗣同《报章总宇宙之文说》（此文 1897 年 6 月 10、21 日载于《时务报》第 29、30 册时题为《报章文体说》），蔡尚思等编《谭嗣同全集》（增订本），北京：中华书局，1981 年，第 377 页。

②梁启超《中国各报存佚表》，《清议报》第 100 册，1901 年 12 月 21 日。

大张吾军,使人增气。章君《学会论》甚雄丽,然稍嫌古雅。此文集之文,非报馆文。作文能使九品人读之而悉通,则善之善者矣。然如此既难能可贵矣,才士也。"①

黄遵宪虽欣赏章太炎的文采,但却认为章太炎古雅的文辞,并不适合报刊这一新兴媒体。所谓"报馆文",即是以觉世劝民为目的、能使不同层次的读者都能读懂的文章。

因为对报馆文的评价存在分歧而引起的黄、梁与严复之间的激烈论争,很能说明报章这一新媒介引发的文体变革产生的巨大冲击。这场辩论,在某种程度上也可看作1917年文学革命中"文白之争"的前奏。

关于《时务报》为何要采用通俗语言,梁启超在1896年致严复的信中,作过这样的解释:"创此报之意,亦不过为椎轮、为土阶、为天下驱除难,以俟继起者之发挥光大之。故以为天下古今之人之失言者多矣,吾言虽过多,亦不过居无量数失言之人之一,故每妄发而不自择也。……然总自持其前者椎轮土阶之言,因不复自束,徒纵其笔端之所至,以求振动已冻之脑官。"既以醒世觉民为办刊之宗旨,故所写报刊文章,为求其能感动读者,尽情发挥,缺乏节制;又因报刊文章的时间催逼,文辞草率,无暇推敲,在所难免。"每为一文,则必匆迫草草,稿尚未脱,已付钞胥,非直无悉心审定之时,并且无再三经目之事。非不自知其

---

① 黄遵宪《致汪康年书·二十七》,吴振清等编校《黄遵宪集》下卷,天津:天津人民出版社,2003年,第466页。

不可,而潦草塞责,亦几不免。又常自恕,以为此不过报章信口之谈,并非著述,虽复有失,靡关本原。"[①] 梁启超对报刊文体的缺憾并非没有察觉,而是在机器印刷时代来临之际,他已经意识到"名山之作"的创作观念,已经不能适应危机四伏的中国现实。

1897 年,担任湖南时务学堂中文总教习的梁启超,在为该校所撰《学约》中,论述了时代变化与文体之间的密切关系,他提出文有"传世"与"觉世"之别,他所鼓吹的"觉世之文","当以条理细备,词笔锐达为上,不必求工"。因此,他认为严复的西籍翻译,启蒙的内容和"渊雅"的文体之间不相协调,并对此表达了不满。

而严复虽承认梁启超的报刊文章实践了他们"宜以流畅锐达之笔行文"的主张,但并不认同这一观点,他认为文章思想内容的高深等次和语言形式的雅俗之间存在着对应关系,即"理之精者不能载以粗犷之词,而情之正者不可达以鄙倍之气"。他认为欧洲近世文章与古人相较,其进化者在"理想""学术",并非语言形式。在他看来,以近俗

---

① 《梁启超致严复书》(1896),王栻编《严复集》第五册,北京:中华书局,1986 年,第 1567—1568 页。梁启超在《饮冰室文集》序中对"报章文体"也有类似的解释:"吾辈之为文,岂其欲藏之名山,俟诸百世之后也;应于时势,发其胸中所欲言。时势逝而不留者也,转瞬之间悉为刍狗。况今日天下大局,日接日急,如转巨石于危崖,变异之速,匪翼可喻。今日一年之变率,视前此一世纪犹或过之。故今之为文,只能以被之报章,供一岁数月之递铎耳,过其时,则以之覆瓿可也。"

之辞迁就、迎合文化程度较低的读者,是对文界的"凌迟"而非"革命"。他认为自己所翻译的是"学理邃赜"之书,本来预设的读者就不是市井乡僻之人,而是饱读诗书的士大夫阶层。严复虽然承认梁启超们所从事的著译事业,其目标都是为了启蒙国民,但他认为其中有"功候""境地"的差异,而他所翻译的高深思想,既不适合"引车卖浆者"接受,也不该用近俗之辞来表达,所以,他用"渊雅"之辞翻译《原富》等,是势所必然:"声之眇者不可同于众人之耳,形之美者不可混于世俗之目,辞之衍者不可回于庸夫之听。非不欲其喻诸人人也,势不可耳。"①

概而言之,严复坚持用"渊雅"的古文翻译西籍,他认为其原因有四:其一,"理""情"的"精""正"与文辞的"渊雅"若合符节,"精""正"的情理必须用"渊雅"的文辞表达;其二,古今文章的差异不在语言而在理想与学术本身;其三,如果按西方语言来音译其著作,中国读者是读不懂的;其四,最为重要的是,他翻译西籍的预设读者,并不是报刊文人念念不忘的农工商贾、妇女幼稚("非以饷学童而望其受益也"),而是上流社会的士大夫。

通过他们的这场辩论,我们可以看到由报刊的出现而引发的不同文体之间的分途,已清晰可辨了。

---

① 王栻编《严复集》第三册,北京:中华书局,1986年,第516—517页。1902年(光绪二十八年)《新民丛报》第七期刊载了严复这篇答书,原标题为《与〈新民丛报〉论所译〈原富〉书》,下注壬寅三月。

对于严复的辩护，黄遵宪回应说："本年五月获读《原富》，近日又得读《名学》，隽永渊雅，疑出北魏人手。……《新民丛报》以为文笔太高，非多读古书之人，殆难索解。公又以为不然。"他认为像《名学》这样本来比较晦涩的理论著作，用近俗之辞来翻译，确实很难传神，但"《原富》之篇，或者以流畅锐达之笔行之，能使人人同喻，亦未可定"。在黄遵宪看来，严复所标榜的"欲立一名，其深阔与原名相副者，舍计莫从"的译法，陈义过高，难以真正付诸实践。因为汉字在发展演变过程中产生的大量假借字，本来已与周秦诸子之文相去甚远，即使用周秦诸子之文来表达中古以来出现的名物，已很难胜任，更不用说用它翻译属于异质文化的西方文明。况且，即使是同一观念与事物，也有"因方言而异""随述作人而异"的表述差异，"乃至人人共读，如《论语》之仁，《中庸》之诚，皆无对待字，无并行字，与他书之仁与义并诚与伪者，其深浅广狭已绝不相侔，况与之比较西文字乎？"[1]也就是说，语言在翻译或转述过程中遇到的词不达意的情况是普遍的，为了能够比较准确地翻译西方的现代科学与思想文化，他给严复提出的建议是"造新字"与"变文体"[2]。

用后来者的眼光来看，究竟是白话还是文言更适合翻

---

①《黄遵宪致严复书》（1902年），王栻编《严复集》第五册，北京：中华书局，1986年，第1571—1572页。

②《黄遵宪致严复书》（1902年），王栻编《严复集》第五册，北京：中华书局，1986年，第1573页。

译西籍,其实两者在当时都有局限:文言的局限是与时代的脱节、与口语的脱节;而白话的局限在于缺乏在书面语层面上的锤炼。在当时,对于像严复那样经过成熟的文言写作训练的人来说,他用文言比白话更顺手,而且,他确实觉得很难在白话中找到对应的词汇,这就是因为白话缺乏锻炼。清末的白话报刊中已有很多用白话所写的科学文章,但确实并不流畅,用词也很别扭。但今天的事实确凿无疑地证明,白话文经过普遍的使用和锻造后,也能胜任各种外文著论的翻译。而且正如黄遵宪的建议在这场文体革命中,表达能力的提升,除了语言本身以外,语言之外的其他辅助手段,如分段、标点符号的运用,也是非常重要的一环。这些建议,在五四文学革命中作为"议案"被再次提出,而且得到采纳,极大提高了白话文的表达能力。

就在这封信中,黄遵宪还批评了严复"文界无革命"的观点,认为一部中国文学史就是文体不断维新演变的过程:佛经的翻译、元明以后的演义、清朝的官话文书等,都是以前无古人的文体创新而达到普遍适用的最佳例证。文字的功用,在于"人人遵用之而乐观之",何必曲高和寡、远离大众。他认为严复的逆势而为、唱反调,并非他不理解这个道理,而是他的"立场"出了问题:"凡仆所言,皆公所优为。但未知公肯降心以从,降格以求之否?"[1]

---

[1]《黄遵宪致严复书》(1902年),王栻编《严复集》第五册,北京:中华书局,1986年,第1573页。

为何黄、梁等人如此反对严复以周秦诸子之文翻译西洋今世之科学,这是因为他们觉察到,如果用周秦古文翻译西方的各种事物与思想观念,用周秦时期的语言、概念对应西洋新思想与新事物,就可能会因其"真义"与中国已有的观念不合而被过滤或扭曲变形。

这实际上是用中国先秦的观念来硬套西洋的科学和思想,这样的结果,依然是在自己固有的思想圈层中徘徊,并非真正的引进与吸收新的思想与知识。梁启超对此的警惕,引人深思:"摭古书片词单语以傅会今义,最易发生两种流弊。倘所印证之义,其表里适相吻合,善已。若稍有牵和附会,则最易导国民以不正确之观念,而缘郢书燕说以滋弊。例如畴昔谈立宪共和者,偶见经典中某字某句,与立宪共和等字义略相近,辄摭拾以沾沾自喜,谓此制为我所固有。其实今世共和立宪制度之为物,即泰西亦不过起于近百年,求诸彼古代之希腊罗马且不可得,遑论我国?而比附之言,传播既广,则能使多数人之眼光之思想,见局见缚于所比附之文句,以为所谓共和立宪者不过如是,而不追求其真义之所存。……此等结习,最易为国民研究实学之魔障。"①

周作人在谈到严复等的桐城派古文和新文学的区别时说:"他们的基本观念是'载道',新文学的基本观念是'言志',二者根本上是立于反对地位的。所以虽接近了一

---

① 梁启超《清代学术概论》,上海:上海古籍出版社,1998年,第88页。

次,而终于不能调和。"① 因此,严复支持袁世凯复辟帝制并入"筹安会",林纾成为新文学的反对派,确有其深刻的思想根源。"载道"的确是严复翻译西洋科学书籍的基本观念,然而这个西方的"道"并非中国固有的"孔孟之道"。严复用先秦诸子的概念(文)来载来自西洋的"道",确有失其"真义"的风险。而且他预设的读者是"多读中国古书之人",他的这种曲高和寡的做法,在民主思想逐渐普及的近现代中国,是与时代潮流背道而驰的,必然要遭到失败。如此来看,严复他们固守文言而不愿改用白话文的深层原因,是他们缺乏"民主"的观念,他们还没有真正把下层民众当"人"来看,他们认为文字是上流社会的特权,老百姓不配享用。对于士大夫阶层不愿将文字交给大众的心理,鲁迅在 1930 年代大众语讨论中发表的意见,可谓入木三分:

> 文字难,文章难,这还都是原来的;这些上面,又加以士大夫故意特制的难,却还想它和大众有缘,怎么办得到。但士大夫们也正愿其如此,如果文字易识,大家都会,文字就不尊严,他也跟着不尊严了。说白话不如文言的人,就从这里出发的;现在论大众语,说大众只要教给"千字课"就够的人,那意思的根柢

---

① 周作人《中国新文学的源流》,石家庄:河北教育出版社,2002 年,第 45 页。

也还是在这里。①

清末的"文体革命"，正是凭借报章这一新兴媒介实现的。而白话报在这一文体演变过程中，更是为五四新文学的文体变革，做好了前期的准备和试验工作。陈平原说："借报章的崛起讨论文体的嬗变，比起从'文白之争'入手更能探本。"② 这为我们追溯文学革命的前史，提供了有益的启发。

梁启超的"文体革命"，与黄遵宪给严复的建议——"造新字""变文体"——高度契合。他在《清代学术概论》中回顾自己主办《时务报》《新民丛报》《新小说》时期的文体变化时说："启超夙不喜桐城派古文，幼年为文，学晚汉魏晋，颇尚矜炼，至是自解放，务为平易畅达，时杂以俚语韵语及外国语法，纵笔所至不检束，学者竞效之，号新文体。老辈则痛恨，诋为野狐。然其文条理明晰，笔锋常带感情，对于读者，别有一种魔力焉。"③

包括白话文在内的清末报刊文章，大量铸造新词，引入外来语，并运用西洋文法和句法，在语言通俗化的同时，增加了汉语表达的灵活性和自由度，不断动摇着中国旧文

---

① 鲁迅《门外文谈》，《鲁迅全集》第六卷，北京：人民文学出版社，2005 年，第 95 页。
② 陈平原《中国散文小说史》，上海：上海人民出版社，2004 年，第 192 页。
③ 梁启超《清代学术概论》，上海：上海古籍出版社，1998 年，第 85—86 页。

体和八股时文的权威地位，为五四文学革命时期彻底的文体解放，做了有益的前期尝试。文学革命的当事人对此供认不讳，胡适在总结清末五十年文学的演变进程时说："梁启超当他办《时务报》的时代还是一个很有力的政论家；后来他办《新民丛报》，影响更大。二十年来的读书人差不多没有不受他的文章的影响的。""梁启超最能运用各种字句语调，来做应用的文章。他不避排偶，不避长短，不避佛书的名词，不避诗词的典故，不避日本输入的新名词。因此，他的文章，最不合古文义法。但他的应用的魔力也最大。"①钱玄同在和陈独秀讨论文学革命时说："梁任公实为创造新文学之一人。虽其政论诸作，因时变迁，不能得国人全体之赞同，即其文章，亦未能尽脱帖括蹊径。然输入日本新体文学，以新名词及俗语入文，视戏曲小说与论记之文平等，——此皆其识力过人之处。鄙意论现代文学之革新，必数梁启超。"②

我们向来高度评价梁启超在近代启蒙运动与思想革命中的功绩，但对他在文学革命尤其是"文体革命"中的贡献，往往估计不足，或者以形式主义作笼统概括，存而不论。其实，正是梁启超和胡适一脉相承的形式变革，才真正完成了文学革命的任务。我们若看俄国形式主义对

---

① 胡适《五十年来中国之文学》，《胡适全集》第 2 卷，合肥：安徽教育出版社，2003 年，第 282、286 页。

② 钱玄同《反对用典及其它》，《新青年》第三卷第一号，1917 年 3 月 1 日。

文学史的认识,才能懂得"文体"这一形式绝不仅仅是被内容"决定"的附属品,所以,梁盛志盛赞梁启超为文体改革的"导师":"梁启超是中国政治革命的先觉,也是中国文体改革的导师。"[①]胡适总结梁启超文体革命的贡献计有四点:

> 一、文体的解放,打破一切"义法",打破一切"古文""时文""散文""骈文"的界限;二、条理的分明,梁启超的长篇文章都长于条理,最容易看下去;三、辞句的浅显,既容易懂得,又容易模仿;四、富于刺激性,"笔锋常带感情"。[②]

总体来说,报刊文章多比严复用周秦古文翻译的西方科学论著与林琴南用桐城派古文翻译的西洋小说通俗易懂。但不管怎么说,当时大多数报刊文还不能脱尽因袭的"辞章"腔,这种文章事实上还是将识字不多的读者排除在外的。所以,随着报刊创办日多,其语言、文体的局限日益突出。白话报的出现,正是为了救文言报之弊端:"中国报章之创始,其主笔者不知报律,不知时局,大约出其平日辞章之材料,遂以为能事在此。故蔓延至今,其流弊尚未廓清也。然则倡开报馆而徒尚文言者,功以之首,罪以之魁

① [日]青木正儿《中国文学与日本文学》,梁盛考译,北京:国立华北编译馆,1942年,第94页。

② 胡适《五十年来中国之文学》,《胡适全集》第2卷,合肥:安徽教育出版社,2003年,第288页。

也。"①

由于洞察到报刊"徒尚文言"的功过是非，遂有陈荣衮将报刊改用"浅说"——白话——之倡议。清末白话文的提倡，首先是为了满足白话报刊这种面向底层民众的启蒙需要，它起初的目的，并不在文学上。但随着白话报刊和白话文运动的发展，逐渐波及文学语言的变革。或者可以说，五四新文学的新文体——白话体或语体，正是由清末白话报刊启动并发展演变而来的。

二 白话报刊与新文学的文体

以上是泛论报刊对文体的影响，但白话报刊自有其不同于文言报刊之处，所以它对文体的影响，除了文字的通俗化之外，还有其他方面的影响。这里主要从写文形式与文体风格两个方面入手，尝试对白话报刊引起的文体变化，作一具体分析。

（一）写文形式的变革与文体解放

清末在进行文字改革的同时，也提出了文体改革。1902 年，《外交报》发表了一篇译自英国报纸的论文《论中国语言变易之究竟》，介绍了英国传教士理雅各（James

_____

① 陈荣衮《论报章宜改用浅说》（1899），《近代史资料》1963 年第
2 期。

Legge, 1815—1897）在上海一次演讲的观点。理雅各认为在西学东渐的大潮面前，中国必须改革教育，而改革的方法，"不过增新字，变文体，以开学子之心胸，以速成学之功效而已"[①]。至于如何变文体，他并未给出具体的建议。前文所引黄遵宪给严复的建议，很有可能就是采自理雅各的观点，不过，他却提出了变文体的如下具体方法：

> 一曰跳行，一曰括号，一曰最数一、二、三、四是也。一曰夹注，一曰倒装语，一曰自问自答，一曰附表附图。[②]

清末以来的书面语言，总体上是朝着通俗易懂的方向发展。但是，书面语言的易懂，不仅在于文字本身，而且在于与文字相关的辅助工具的有无。正如胡适所说："古书的难懂，不全在文字的难认；识了几千字的人，往往还不能读没有句读的书。所以古时凡要人容易懂得的文字，必须加上句读。"[③]

近代以来，随着与西方文化交流的频繁开展，尤其是在东西方语言文字的翻译过程中，中国人认识到标点符

---

① 《论中国语言变易之究竟》，《外交报》第二卷第一期，1902 年 3 月11 日。
② 《黄遵宪致严复书》（1902 年），王栻编《严复集》第五册，北京：中华书局，1986 年，第 1573 页。
③ 胡适《报纸文字应该完用白话》，《国闻周报》第十一卷第四期，1934 年 1 月 15 日。

号、分行分段等辅助手段在文字表达中的重要作用。于是,清末的知识分子,在推进语言文字通俗化的过程中,逐渐尝试在汉字中运用这些辅助手段。

晚清以来的中文报刊,一般来说,由西洋传教士所办的,如《东西洋考每月统记传》《六合丛谈》等,都用简易的圈、点两种标点,也实行分段;但中国人自办的报刊如《瀛寰琐纪》等,虽也分段,但不用标点。

清末早期的白话报刊,一般多用空格或圈、点断句。越到后来,使用标点的种类逐渐增多,且开始尝试使用新式标点符号。

中国近代新式标点符号的使用,始于清末拼音文字的创制,这显然是受西方拼音文字影响的结果。1897年,王炳耀在《拼音字谱》中,为他创制的拼音字规定了",.。ˇ:—!;?「」"十种标点,据说"这是最早的中国人自定的新式标点符号"①。

清末白话报刊在使用标点和分行分段等辅助表达手段方面,可以说是急先锋。他们的大胆尝试,为行文的简洁、明了,带来不少便利。为了直观说明标点和分行分段带来的阅读和理解上的便利,将《扬子江白话报》和《瀛寰琐纪》的页面截图,作一对照,便可一目了然。

当然,标点和分行、分段带来的好处,不仅是阅读的便

① 倪海曙《清末拼音运动编年史》,上海:上海人民出版社,1959年,第59页。胡适说"新式句读符号的采用,起于留美学生办的《科学》杂志"(见《十七年的回顾》),此言不确。

利,还给读者带来一种由视觉到心理的刺激,即所谓阅读的快感! 胡适在回顾1904年创刊于上海的《时报》给他的影响时说:"《时报》的短评在当日是一种创体……这种短评在现在已成了日报的常套了,在当时却是一种文体的革新。用简单的词句,用冷隽明利的口吻,几乎逐句分段,使读者一目了然,不消费功夫去点句分段,不消费功夫去寻思考索。当日看报人的程度还在幼稚时代,这种明快冷刻的短评正合当时的需要。……我们试看这种短评,在这十七年来,逐渐变成了中国报界的公用文体,这就可见他们的用处与他们的魔力了。"[1]

下面,我们看看清末白话报,在运用标点符号和分行分段方面所做的尝试及其取得的效果。

《绍兴白话报》在正文使用○来断句,但在标题和首行常用感叹号,以引起读者关注,如第67期有一则报道:

不得了!!!!!!

不得了! 不得了! 现在我们的中国真真不得了!

《绍兴白话报》第104期有一篇《礼俗改良说》,其中除了用○外,个别地方还用﹑ 两种标点符号。此外,该文还用一、二、三和甲、乙两种序数(即前文黄遵宪所说"最数"),来标明所论问题的次序和层级,使得表达的逻辑和

---

① 胡适《十七年的回顾》,《胡适全集》第4卷,合肥:安徽教育出版社,2003年,第404页。

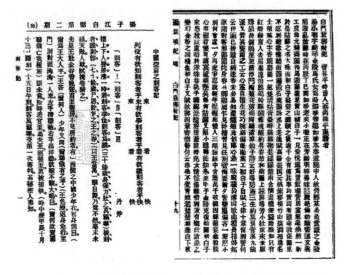

图 5-1 《扬子江白话报》版面　　　图 5-2 《瀛寰琐纪》版面

层次清晰了很多。

　　张丹斧在 1909 年第 2 期《扬子江白话报》的《中国空前之刺客记》中，首段不仅用了感叹号，而且还用了竖排引号「」，并且在正文中大量使用圆括号（）来作夹注和问答的提示，使得行文既清晰、流畅，又周密、翔实。

　　1907 年创刊于巴黎的《新世纪》杂志，在标点符号的使用上更为大胆、更有创意。该报除了一般断句用英文的句号．之外，「」、！、？、（）和序数的使用更为普遍。下面将吴稚晖发表于该报的一篇短文，除将竖排改为横排外，其余标点格式依照原文引录如下，以观其新式标点符号使用后的效果。

哈哈哈！好笑！！（燃）

立宪？说也齿冷．程度愈弄愈低．这班狗不吃的中国老．将重做扬州刀头之鬼．嘉定被屠之人．

……

好！要你怎么样说．亏你也曾开过立宪会．你自己去推开了尿缸的水泡．照照脸孔．配做他满洲立宪国的国民么．

滚！看徐锡麟从此更多．有人情愿贻害其至亲爱之家属．在南京．北京更造出恩铭第二．恩铭第三．

……

我笑．我好笑．哈哈哈！好笑！！预备立宪之效果．[①]

这篇文字，除了题目中用感叹号以外，在其余各段段首也用了感叹号和问号，以引起读者注意。尤其是在段中（末段）也用新式标点，这在当时即使不是首创，也实属罕见。这显然与该报在国外（法国）创办、受西方印刷文字标点符号的直接影响大有关系。

一般的观点认为，白话文或曰语体文的通俗易懂，是由文字的通俗易懂造就的，这其实是一个天大的误解。与白话文运动相伴而来的标点、分段分行，对现代文体的形成，绝不是可有可无的。或者说，没有新式标点符号和分段分行这些辅助手段的应用，新式白话文绝不是现在这样的文体。郭绍虞就曾质问过："旧文艺中如白话小说应当

---

① 《新世纪》第9期，1907年8月17日。

变化自如了,何以亦束缚于章回体之下而不能自拔?乃至何以白话的语录体会变成骈俪的语录体?何以戏剧中白话的说白,会变成骈俪的说白?"[①]这就是因为在应用标点符号、分段等手段之前,文字本身要充当句读的作用,它的表达功能得不到充分的发挥:

> 欧化所给予新文艺的帮助有二:一是写文的方式,又一是造句的方式。写文的方式利用了标点符号,利用了分段写法,这是一个崭新的姿态,所以称为创格。造句的方式,变更了向来的语法,这也是一种新姿态,所以也足以为创格的帮助。这即是新文艺所以成功的原因。……由写文方式言,旧文艺正因为不用标点符号,所以不能不注意断句;一注意断句,不是句法匀整,成为骈文韵文,绝不类语言的姿态;便是词意过求完整,很少能写出语言特殊的神情。
>
> ……
>
> 再有,旧文艺正因为不分行写,所以不能不注意段落,注意照应,注意顺序,但是一注意这些问题以后,自然成为:"某生,某处人,生有异禀,下笔千言……一日于某地遇一女郎……好事多磨……遂为情死"等刻板文章。[②]

---

①郭绍虞《新文艺运动应走的新途径》,《语文通论》,上海:开明书店,1948年,第93页。

②郭绍虞《新文艺运动应走的新途径》,《语文通论》,上海:开明书店,1948年,第93—95页。

写文形式上的这些改革,虽然在清末的白话报上已进行很多讨论和实践,但到五四文学革命期间,各种报刊使用标点符号、分行分段,仍多寡不一、形式凌乱。即以《新青年》而论,其标点符号、分行分段等写文形式也半新半旧、各行其是。我们都知道五四文学革命中文白之争的激烈与艰难,但殊不知,标点符号和分行分段等写文形式的改革,其所费笔墨和口舌,也堪比文白之争的过程①。

文学革命期间,较早全面论述此问题的是刘半农,他在1917年5月号的《新青年》上,专就文学形式问题进行讨论:

形式上的事项　此等事项,较精神上的事项为轻。然文学既为一种完全独立之科学,即无论何事,当有一定之标准,不可随随便便含混过去。其事有三:

(一)分段　中国旧书,往往全卷不分段落。致阅看之时,则眉目不清。阅看之后,欲检查某事,亦茫无头绪。今宜力矫其弊,无论长篇短章,一一于必要之处划分段落。惟西文二人谈话有一句,另起一行。华文似可不必。

(二)句逗与符号　余前此颇反对句逗。谓西文有一种毛病,即去其句逗与大写之下,即令人不懂。汉文

---

① 五四文学革命前后讨论标点符号、分行分段等形式问题的文章很多,拙文《五四文学革命中的书写形式革命》(《兰州学刊》2010年第3期)对此问题有较详细的梳理与论述。

之不加句逗者,却仍可照常读去。若在此不必加句逗之文字上而强加之,恐用之日久,反妨害原有之能事,而与西文同病。不知古书之不加句逗而费解者,已令吾人耗却无数心力于无用之地。吾人方力求文字之简明适用,固不宜沿有此种懒惰性质也。然西文,;:.四种句逗法,倘不将文字改为横行,亦未能借用。今本篇所用、。三种,唯、之一种,尚觉不敷应用,日后研究有得,当更增一种以补助之。至于符号,则? 一种,似可不用,以吾国文言中有"欤哉乎耶"等,白话中有"么呢"等问语助词,无须借助于记号也。然在必要之处,亦可用之。! 一种,文言中可从省,白话中决不可少。""与' '之代表引证或谈话,——之代表语气未完,……之代表简略,( )之代表注解或标目,亦不可少。*及字旁所注123等小字可以不用,以汉文可用双行小注,无须 foot-note 也。又人名地名,既无大写之字以别之,亦宜标以一定之记号。……

(三)圈点 此本为科场恶习,无采用之必要。然用之适当,可醒眉目,今暂定为三种,精彩用○,提要用·,两事相合则用⊙。惟滥圈滥点,当悬为厉禁。[①]
经刘半农号召、钱玄同强行规定,《新青年》从第四卷第一号后,部分作者全面采用新式标点符号,并讲究分行

---

① 刘半农《我之文学改良观》,《新青年》第三卷第三号,1917 年 5 月 1 日。

分段,其面貌令人耳目一新。我们把《新青年》1917 年第三卷第三号上刘半农使用旧式标点、不讲究分行分段的论文页面,与 1918 年第四卷第五号上鲁迅《狂人日记》的页面对照一下,就会发现,《狂人日记》的页面不仅清晰醒目,而且活泼灵动。

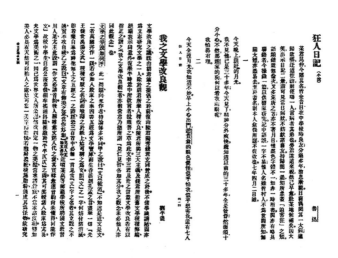

图 5-3　《我之文学改良观》首页　　图 5-4　《狂人日记》首页

《狂人日记》除了常见的新式标点符号基本全用外,全篇还使用一、二、三等序数来标明小说各部分的次序,尤其是正文部分每段段首的空格、几乎逐句的分行分段,如:

今天晚上,狠好的月光。

……

我怕得有理。

小说第六节只有两段,而且是逐行分段:

六

黑漆漆的,不知是日是夜。赵家的狗又叫起来了。

狮子似的凶心,兔子的怯弱,狐狸的狡猾……

这些形式上的创新,在今天看来非常普通,但在鲁迅写作、发表《狂人日记》的当时,实属创格。鲁迅在新文学家中,之所以较早自觉使用新式标点符号,与他兄弟两人在清末翻译《域外小说集》的实践有关[1]。之所以称其为创格者,绝不是为了肯定标新立异的形式主义,而是说这种形式给新文学带来了某种在旧的写文形式中无法表达的意味。就以这篇小说中的逐句分段而言,若是用在其他小说中未必就合适。因为这篇小说写的是一个"迫害狂"患者的心理,这种简短的、诗一般的短句段落,正好能够表达"狂人"跳跃的、断续的、不相联属的心理活动。

对于新式标点符号如何将文字从旧文学的句读功能中解放出来,更传神地表现人物的神情,钱玄同在分析刘半农翻译王尔德的戏剧《天明》时说:"文字里的符号是最不可少的,在小说和戏剧里,符号之用尤大;有些地方,用了符号,很能传神;改为文字,便索然寡味:像本篇中'什么东西?'如改为'汝试观之此为何物耶';'迪克?'如改为'汝殆迪克乎';……如其这样做法,岂非全失说话的神

---

[1] 见《域外小说集·略例》对所使用新式标点符号的解释。

气吗？"①

当然，刘半农提出的标点符号和写文形式的改革意见，即使在《新青年》内部也难得一致认同和执行，更遑论其他报刊。五四文学革命中的书写形式革命，也有一个漫长而繁难的讨论过程，直到1919年，北大马裕藻等联名向国语统一筹备会第一次大会提出《请颁行新式标点符号议案》并予以通过后，才算有了统一的标准。这个议案经1920年教育部第53号训令发布，才得以普遍实行。该议案除规定十二种标点符号及其用法外，还在"附则"对标点的位置、断句、分段的格式做出明确的规定：

（甲）句，点，分，冒，问，惊叹六种符号，最好都放在字的下面。

（乙）每句之末，最好是空一格。

（丙）每段开端，必须低两格。②

我们现在读到的无论是五四以来的新文学作品，还是后来重印出版的古籍，都是靠着标点和分段的辅助，才使我们易于理解。所以也可以说，新式标点符号和分行分段，不仅造就了新文学的文体，在某种意义上，也使得古典文学的文体获得了"二次解放"。

---

① 刘半农译《天明》，《新青年》第四卷第二号，1918年2月15日。
② 马裕藻等《请颁行新式标点符号议案（修正案）》，《教育公报》第七卷第三期，1920年3月20日。

（二）白话报刊与文学风格的变化

要概括现代文学的风格是一件困难的事,而清末白话报刊与现代文学风格之间的关系,更是见仁见智。但现代文学中的写实与讽刺两种风格,在清末民初白话报刊中已成为一种显著的潮流,并且在五四后的新文学中得到延续和强化。所以,从写实与讽刺两种文体风格入手,分析清末白话报刊与文学革命及新文学之间的关系,或许是一种艰难而有益的尝试。

写实风格

清末的白话报刊,基本都是民间报刊,其动机在于启蒙大众,而要启蒙大众,就要他们认识现实,从而产生对于现状的不满。于是揭露现实,批判、讽刺官府的腐败无能,成了白话报刊的主要使命。从文体革命的角度来说,清末的白话文,是要打破古代文学"正宗"文体的浮华虚饰和各种形式的拘牵,客观真实地呈现社会生活的方方面面,以使有更多的人参与到启蒙作品的写作与阅读中来,从而激发人们改变现状的革命("改良")意识。

关于报刊媒介与现代文学中写实风格的形成,中外学者均有近似的论述。我们现在虽然对新闻与文学有比较清晰的区别,但在近现代报刊初创之际,新闻与文学之间并无严格的区分。或者说现代文学就是在报刊媒介中孕育出来的,所谓"新闻杂志盛行而报章文学兴焉",就是对现代文学与报刊媒介关系的确论。时至今日,现代文学的很多特征依然与新闻报刊有不可分割的关系。新闻学者黄天鹏说："自从新闻纸发生后，在文字方面就有一种新闻的体裁。这种新闻的体裁，随着新闻纸的势力，一天比一天的扩张。因为应用的日广，在组织上、性质上，渐渐地独立起来，成为一种新闻的文学。"[1] 新闻学者探寻现代新闻之渊源，虽认为它即"史之流裔"，但它"非既往之史，乃现代之史"[2]，这就是说由"史"演变而来的近代新闻，它与古人所记之史是有区别的，这个区别，即在于近代新闻文学的当下性、现实性："新闻文学与史学之别，其最著者有四焉：史之所记，不嫌其旧，而新闻唯求其新，此材料去取之异也……"[3] 作为中国近代新闻文学之始的"时务文章"，它从一开始便因其强烈的现实感与批判性，而与当时的文坛宗主桐城、阳湖诸派大异其趣。

加拿大著名的媒介学者麦克卢汉，也认为现代文学中的写实主义手法与现代报刊关系密切：

> 写实主义的小说与报纸在18世纪的同时问世。报纸这种形式是报道社会剖面和人的兴趣的一种媒介。写实主义小说是预示电影形式的完美中介。甚至诗人也接受了上述全景式的风格，把表现人的兴趣的画面和特写当作变异的风格。格雷的《墓园哀歌》、彭斯的《雇农的星期六夜晚》、华兹华斯的《迈克尔》和拜伦的《恰尔德·哈罗德游记》都像是当代某种纪

---

① 黄天鹏《新闻文学概论》，上海：光华书局，1930年，第1页。
② 黄天鹏《新闻文学概论》，上海：光华书局，1930年，第3页。
③ 黄天鹏《新闻文学概论》，上海：光华书局，1930年，第1页。

录片的分镜头脚本。[①]

美国学者伊恩·P.瓦特在谈到"现实主义与小说形式"之间的关系时,也有类似的表述,他说:

> 哲学上的现实主义的总体特征是批判性的、反传统的、革新的;它的方法是由个体考察者对经验的详细情况予以研究,而考察者至少在观念上应该不为旧时的假想和传统的信念的本体影响;它还使语义哲学,即词语与现实之间的本质的命题具有特殊重要的意义。哲学上的现实主义的所有这些特征,与小说形式的与众不同的特征具有相似之处,这些相似之处引起了人们对生活与文学之间的独特的一致性的关注,这种一致性自笛福和理查逊的小说问世以来,一直通行于散文虚构故事之中。[②]

伊恩·P.瓦特在这里虽然讨论的是小说的兴起与现实主义之间的关系,但它适用于解释中国现代文学中的现实主义问题。"批判性""反传统""革新",无疑是清末民初白话报刊与生俱来的特征,也是五四新文学最广为人知的鲜明特征。现代文学在语言形式上用白话取代文言,正是基于对词语(白话)与现实一致性的认识:所谓"言文合一",就是要用接近口语、接近现实的白话取代文言。这

---

① [加] 马歇尔·麦克卢汉《理解媒介——论人的延伸》,何道宽译,南京:译林出版社,2011年,第328—329页。
② [美] 伊恩·P.瓦特《小说的兴起》,高原,董红钧译,北京:生活·读书·新知三联书店,1992年,第5页。

种类似西方学者所谓"语音中心主义"的观点,在清末的拼音文字创制者中大有人在,1897 年,王炳耀在《〈拼音字谱〉自序》中说:"夫人有音,本于天性也。有音即有言语,有言语然后有文字。言语之用达心意,而文字之用代言语耳……是书拼音成字,书出口之音,运之入心,不由耳而由目,使目见者即明;犹以口宣言,使耳闻者即达;声入心通,别无难义也。"①

而为了达到词语与现实的一致性,一方面清末的维新人士倡导白话文;另一方面,则不遗余力地攻击古典文学中对语言的滥用——这在提倡白话文的胡适("务去滥调套语")和并不认同白话文学的章太炎("榷论文学,以文字为准,不以彣彰为准")的论述中②,均有深刻的认识和系统的分析。

总之,批判性、反传统、言文一致(词与物的一致性),这些五四文学革命中最为响亮的口号,在清末的白话报刊中已广为宣传并付诸实践。

清末白话报刊的写实风格,可从两个方面得到确认:一是取材的当下性,二是写实手法的运用。

---

① 王炳耀《〈拼音字谱〉自序》,《清末文字改革文集》,北京:文字改革出版社,1958 年,第 12—13 页。
② 章太炎将"文字"看作"文辞的根本",推赏"质朴而远浮华""直截而无蕴藉"的文风,反对"华美主义"。〔日〕木山英雄《文学复古与文学革命》,赵京华译,北京:北京大学出版社,2004 年,第119页。

　　清末白话报刊的创办,是在亡国灭种之际,意在唤醒国民的救国意识,所以,白话报刊中的新闻内容,绝大多数是时事报道(瓜分危机及因对之策),这种危机意识,也渗透到白话报刊的诗词歌谣、小说戏曲甚至论说文字之中,使得此时白话报刊中的新兴文学,与古代文学划然有别。当然这并不是说古代文学中没有现实性,古代文学中,叙述性的长篇小说和戏曲,多以历史素材为主;即使"为时""为事"而作的诗文,因其印刷与传播条件的限制,其现实感、当下性,无法与近代的报刊文学相比。

　　这种取材上强烈的现实关怀意识和当下性,一直延续到五四以来的整个 20 世纪中国文学中,成为中国现当代文学最为突出的特征之一。胡适在五四文学革命中非常重视新文学的写实性,他说"惟实写今日社会之情状,故能成真正文学"。又说:"吾所谓务去烂调套语者,别无他法,惟在人人以其耳目所亲见亲闻所亲身阅历之事物,一一自己铸词以形容描写之;但求其不失真,但求能达其状物写意之目的,即是功夫。"[1] 他在《建设的文学革命论》中论到新文学的材料时又说:

　　　　(甲)推广材料的区域。官场妓院与龌龊社会三个区域,决不够采用。即如今日的贫民社会,如工厂之男女工人,人力车夫,内地农家,各处大负贩及小店铺,一切痛苦情形,都不曾在文学上占一个位置。并

---

[1] 胡适《文学改良刍议》,《新青年》第二卷第五号,1917 年 1 月 1 日。

且今日新旧文明相接触，一切家庭惨变，婚姻苦痛，女子之位置，教育之不适宜……种种问题，都可供文学的材料。

（乙）注意实地的观察和个人的经验。现今文人的材料大都是关了门虚造出来的，或是间接又间接的得来的，因此我们读这种小说，总觉得浮泛敷衍，不痛不痒的，没有一毫精采。真正文学家的材料大概都有"实地的观察和个人自己的经验"做个底子。不能做实地的观察，便不能做文学家；全没有个人的经验，也不能做文学家。①

清末白话报刊中，以当下所发生的真实事件为素材的文学创作，俯拾皆是。李孝悌说："至于革命报刊如《中国日报》，其所登载的白话方言戏曲，则多半以时事作文章，对清政府或保皇党加以嘲笑、抨击。譬如南音《裴景福拜月》就是根据广东某县知县畏罪潜逃的时事加以改编，对裴的逢迎、潜逃、就捕有非常生动、讽刺的描写。"②

包天笑说曾向吴沃尧请教《二十年目睹之怪现状》时，"他给我看过一本簿子，其中贴满了报纸上所载的新闻故事，也有笔录友朋所说的，他说这都是材料，把它贯穿起

---

① 胡适《建设的文学革命论》，《新青年》第四卷第五号，1918 年 4 月 15 日。
② 李孝悌《清末的下层社会启蒙运动：1901—1911》，石家庄：河北教育出版社，2001 年，第 266 页。

来就成了"①。

创办于 1901 年的《杭州白话报》,恰逢义和团之乱后,其中艮庐居士的小说《救劫传》和许多道情、弹词、歌谣、杂文,多取材于此前不久发生的庚子事变。

1904 年初,日俄争夺东三省的战争爆发后,陈独秀于 3 月底创刊《安徽俗话报》,该报创刊号不仅刊登了陈独秀的社论《瓜分中国》,还报道战事的最新进展,而且连载的小说《痴人说梦》,其第一回中叙述"南痴"在大街上劝说国民自强的道理,"正说得天花乱坠,忽有一个人说道:'俄国占住东三省,一定不肯退兵,已有文书宣布各国了。'又有一个人说道:'不错不错,我的朋友从北边来,说俄人把黑龙江边六千多人,一齐赶下水里淹死,现在又把增将军囚了。'接二连三的,又有人说道:'我前日看见湖南留学生公启,说日本国大臣名叫犬养毅的亲眼看见,俄人打我中国人,中国人都不敢哭。打死了,家里人也不敢问'……"②此后,小说的第四回、第七回,时时插入对战争进展的报道和对战事的看法。

《痴人说梦》整体上与清末其他政治启蒙小说《新中国未来记》《新年梦》一样,都是借小说表达维新志士的革命方略,但这篇小说,其动机和取材,多与日俄战争的刺激有关,其时事性、当下性,给小说文本带来的现实感、新鲜感,

①包天笑《钏影楼回忆录》,上海:上海三联书店,2014 年,第 337 页。
②守一《痴人说梦》,《安徽俗话报》第 1 期,1904 年 3 月 31 日。

是任何中国古代文学不曾有过的。

彭翼仲 1904 年在北京创办的《京话日报》，无论是在新闻报道，还是在文学创作方面，都堪称白话报刊中与现实密切互动的典型：

> 留学日本的中国学生被辱激出风潮，陈天华蹈海，遗血书以告国人；杭州惠兴女士热心教育，以身殉学；南昌知县江大令在外国教堂不屈被害，老百姓仇教，又杀了洋人；这些都连续报道其事，号召人们开会演说追悼，以至集资募捐等等，便算小题目小作。其较大的，有如美国禁止（排斥）华工，中国驻英公使与美政府交涉相持经年，不得解决，沿江沿海各埠发起抵制美货运动，北京方面就全靠《京话日报》来响应，来宣传号召。[①]

即如上文所言，惠兴殉学事件，发生在 1905 年底，这一事件，迅速成为各种体裁文学的素材。《绍兴白话报》所刊的《牺牲记》，即是一篇即时的"报告文学"或"传记"。为了说明白话文学的"写实"特征，将该文部分引录如下：

杭州惠兴女士为女学牺牲记

> 这惠兴女士，是个满洲人。他的父亲曾经做过协领，他的丈夫是个秀才，惠兴女士十九岁时候，他的丈夫死了。这女士平素读书知理，时时要想开女学

---

① 梁漱溟《记彭翼仲先生》，《文史资料选辑》第 4 辑，北京：文史资料出版社，1960 年，第 109 页。

堂。光绪三十年六月二十六日,邀集了有名望的人,商量开办女学的事体。等得众人到齐以后,女士忽然伸出手膀来,用刀割了一片肉,对众人说道:"今早是杭州旗城女学立起的日子,我把这点血做个记念。倘若这学堂关闭,我必定寻死。"三十年九月十六日,女学开起,约有三百多元的捐款,到今年秋间,学堂里款子又极支绌,以致上课常要间断。女士想这学堂没有起色,是因为没有长年经费的缘故,就暗中写了八封信,又一个上都统的禀帖,预先服了毒,心想坐了轿到都统里去进禀。他家里的人,看他神色不对,又查出茶碗里有乌烟痕迹,晓得他服了毒,赶紧医救,已来不及了。女士将死时候,对着人说道:"这个禀递上去,就好有长年经费了。"说完这话,气就绝了,年纪只有三十五岁,是光绪三十一年十一月二十五日的事体。死过以后,有一封绝命信与各学生,却是一篇白话,特抄在后面,大家留神看看呵。

……①

即如前文所言,写实风格的形成,有赖于题材的即时性和写实手法两个要素。前者在清末白话文,尤其是白话报刊上的各类文学中均有突出的表现,而绵密细致的实地描写,由于中国文学传统和语言形式所限,并非早期的白话文所长。但白话这一语言形式,另加标点、分段等写文

---

① 《绍兴白话报》第86期。

形式的帮助,使得白话报刊中的文字也能朝着委婉曲折、真实细致的方向发展。清末的白话报刊,对写实手法的强调并不普遍,但也有自觉的提倡,如《竞业旬报》在其发刊辞中谈到该报"体例"时即说:"同人创为是报,纯用官话,说理务显明,记事务翔实。不为光怪陆离之文,与夫一切可惊可谔不中情实之语,以欺世而骇俗。"① "记事务翔实",不为"不中情实之语",就是对"写实"的明确要求。

《杭州惠兴女士为女学牺牲记》在早期的白话文中,其记事、描写虽可称得上细致,但却不够繁复、周密。从整体上来说,清末白话报刊上的白话文,早期均比较粗疏,越到后来,越趋于细致真切。

1908 年《河南白话演说报》上刊登的《记大观楼改良文明新茶社》,已与清末早期的白话文,在描写的细致上,有了明显的进步:

> 自从首善第一楼失火后,喝茶的人,都到了宾宴楼上去。大观楼经理人,因此触动商业竞争的思想,在原有小蓬莱茶社大加改良,把从前演电影戏处,推广为特别茶座,四围安设新式玻璃窗,墙壁上糊的都是新式花纸,挂的都是各式照像片。所有茶座中央是圆桌,靠墙是方桌,桌上都铺着洁白新布。茶碗是瓜楞形的细磁大盖碗,茶盘也是磁的,花样都是一式。

---

① 《竞业旬报·发刊辞》,《竞业旬报》第 1 期,1906 年 10 月 28 日。

茶叶是雨前龙井茶，茶碗容积很大，所有的茶叶比寻常茶楼总要加出一倍。只因茶碗，跟饭碗一样大，所以茶叶不得不多。况且还有一特色，一碗茶可以两个人喝，这是北京城茶社向来所没有的。那么每碗的茶资贵不贵呢？并不贵，只要铜子五枚，够啦！

两人共同喝一碗茶，这个规则在北京茶社似乎特别，在南省茶社却是普通。苏州上海等处，喝茶风气，最为兴盛，普通规则，都是两个人喝一碗茶。惟有北京城，自从设立茶社以来，家家都是每人一碗茶，没有说是两个人共同一碗的。想不到这大观楼，小蓬莱茶社竟能发见上海规则，一切文明气象说不胜说。

就说茶壶罢，北京茶社，向来都是用洋铁的，今小蓬莱茶社所新用的茶壶，是铜壶。壶是圆形，擦的很亮，光耀照人视线，也是文明茶具的一种。

洋点心每碟铜子十枚，干果子每碟铜子三枚。碟子是白瓷大碟，和寻常小碟也不同。

搁纸烟的都是五色玻璃圆缸，上有白铜架，令纸烟架着，烟煤落缸中。手巾是洁白新毛巾，并有香皂的芬芬香味儿。

还有一件最要紧的，北京各茶社的茶伙，大半力把头居多，衣服不干净，举动粗笨，呼唤不灵，伺候不周，最是令人厌恶。今小蓬莱茶社的伙计，一律是月白竹布大褂，耳目灵便，伺候极为周到，这也是一个大优胜点。[①]

这篇文章,作者观察的真切、描写的细致周密,即使放在五四新文学早期的作品中去,也毫不逊色。白话文在写实方面的进步,除了因为白话文学写作的训练日趋进步外,还有一更重要的原因,是作者体验的深入与注重对生活的细致观察。胡适在谈到创造新文学的方法时,非常重视"实地的观察和个人的经验",他认为新文学初期的作品,取材虽转向了下层社会,但作者对于这一领域,并无深切的体验与细致的观察,"材料大都是关了门虚造出来的,或是间接又间接的得来的",因此总觉得"浮泛敷衍,不痛不痒的,没有一毫精彩"[②]。我们试看清末白话报刊上的白话文,凡是写得真切、翔实的,即是作者熟悉的生活与景象,否则,即为隔靴搔痒的描写。

新文学与旧文学最大的不同,在于表现对象由庙堂转向民间。清末一代白话报人,虽然将他们的言说对象转向普通民众,具有强烈的底层关怀意识。但他们对底层民众的生活既无体验,又少细致的观察,所以,描写的粗疏在所难免。

五四以后的新文学,从整体上形成写实的风格,一方面仰仗于白话文写作技巧的日趋娴熟,另一方面有赖于作

---

① 《记大观楼改良文明新茶社》,《河南白话演说报》第 135 期,1908 年 7 月 23 日。

② 胡适《建设的文学革命论》,《新青年》第四卷第五号,1918 年 4 月 15 日。

家们不断深入民间、接触底层民众,对表现对象有了深入的体验与细致的观察。

如果说清末白话报对于新文学写实风格形成的贡献,更多在于其尝试和实践的话,那么,到了五四文学革命期间,则在理论上有了更自觉的认识和提倡。

除陈独秀、胡适对"写实主义"并无系统的强调外,胡愈之、茅盾等众多新文学作家,都大力倡导写实主义,并将写实主义看作救治中国旧文学弊端的良药。

胡愈之1920年在提倡写实主义时,认为写实主义虽已不是欧洲文学的最新潮流,但它仍是最占优势的文艺思潮,对中国文学而言,尤其具有现实意义:

> 十九世纪是科学万能时代,文化上的各方面——政治、哲学、艺术等等——受了科学的影响,多少都带些物质的现实的倾向;在文学上这种影响更大;写实文学的勃兴,就为这缘故。在过去五六十年中,文学上的写实主义,和政治上的民主主义,哲学上的唯物主义,都具有支配文化的力量。虽然到了现在,欧洲非物质主义的文学,一日盛似一日,写实的文艺思潮,已渐渐衰退了;但我们却不能因此看轻他,在文艺进化史上,写实主义毕竟有重大的意义。决不是一件自生自灭的事情。我们中国现在科学思想已渐渐萌芽,将来的文艺思想,也必得经过写实主义的时期,才可望正规的发展;只可惜西洋的一切精神产物——不单是文艺——初次输入我国,往往变成似是而非的东

西;在真正的写实文学还未输入之先,冒牌的写实文学——像黑幕小说之类——却早已发现了。若不把他辨别清楚,国人对于写实文学,还会有正确的观念吗? 所以就现在的情形,把近代西洋的——真正的写实主义文学,尽力研究,忠实介绍,也是一桩很重要的事情。①

茅盾 1922 年在《文学与人生》中,认为现实主义的客观、真实性,是科学精神在文学上的表现:

> 近代西洋的文学是写实的,就因为近代的时代精神是科学的。科学的精神重在求真,故文艺亦以求真为唯一目的。科学家的态度重客观的观察,故文学也重客观的描写。因为求真,因为重客观的描写,故眼睛里看见的是怎样一个样子,就怎样写。又因为尊重个性,所以大家觉东西尽是特别,或不好,不可因怕人不理会,就不说。心理怎样想,口里就怎样说。老老实实,不可欺人。这是近世时代精神表见于文艺上的例子。②

正是经过清末白话报上的努力实践和五四文学革命中的大力倡导,写实风格才成为 20 世纪中国现代文学虽不是唯一,但却是最为重要的文体特征。

---

① 愈之《近代文学上之写实主义》,《东方杂志》第十七卷第一期,1920 年 1 月 10 日。
② 茅盾《文学与人生》,《文学运动史料选》第一册,上海:上海教育出版社,1979 年,第 189 页。

与写实风格密切相关的是白话报的批判性。清末的白话报,大多表面上是启迪民智,但具有革命倾向。于是揭露社会黑暗、批评官府,便常见于各种文字之中。这种精神,和鲁迅"揭出病苦,引起疗救的注意"的精神相一致,同时也是写实风格的体现。当然,在清末众多的白话报中,批判性的倾向因时、因地、因人而异,有的比较直露,有的比较委婉、隐蔽。

创办较早的《无锡白话报》,对官场的批判即显示了这种特色:

> 中国做大官的,碰着一样事情,无论大小,总是议论几个月,还没有眉目。他们议论的时候,坐在一块儿,左手拿着雕毛扇,右手拿着鼻烟壶,摇头摇脑,但听见喉咙里痰声、咳嗽声,和嘴里喊来字的声。好容易等到开出口来了,有的说这样事情,不妨试办试办;有的说那是万不能够的;有的说这是违背祖宗的法子;有的说这是碍我们百姓的谋生;有的说那是夺了我们衙门里开销的赚头;有的说这是坏了堂堂大国的面子;有的说那是伤了来龙去脉的风水。你一句,我一句,闹个不了。[①]

《京话日报》就曾直言不讳它的这一倾向,自称"是一个胆大妄言,不知忌讳,毫无依傍,一定要作完全国民的

[①]《洋报药言·日本时事新报》,《中国官音白话报》第 7、8 期,1898年 6 月 29 日。

报"①。"凡衙门八旗的弊病,明说暗说,毫不容情。""为了实践以上的这些诺言,它刊载了不少揭露性的评论和报道,对某些王公、贵族、军阀、官僚们恃强凌弱,草菅人命,营私舞弊,贪赃枉法的种种丑闻和暴行,作了一定的批判和揭露。"②

在清末的白话报中,像《京话日报》这样敢于秉持正义、批评官府的,实在为数不多。李孝悌认为,这种批评性,和它使用白话这一语言形式及其作家的"立场"转变有关:

在传统的政权下,这样的言辞是非常突出的。我认为这和采用白话有不小的关系,虽然采用白话不一定就表示和人民认同,但因为使用了一般人的语言而进一步站在他们的立场说话,在情理上是完全说得通的。③

这样说来,现代文学写实风格的形成,无论是描写的趋于细致周密,还是站在批判性的立场,均与其语言形式上白话的采用有关。

滑稽与讽刺

写实之外,现代文学最突出的特点便是滑稽、讽刺文

<hr />

① 《答书吏》,《京话日报》第 228 期,1905 年。
② 方汉奇《京话日报》,《辛亥革命时期期刊介绍》(五),北京:人民出版社,1987 年,第 63 页。
③ 李孝悌《清末的下层社会启蒙运动:1901—1911》,石家庄:河北教育出版社,2001 年,第 266 页。

体①的出现。汉代以后的中国文学,在内容上受文以载道的正统观念的束缚,在文体和语言形式上又受声韵排比的拘牵,显得拘谨、刻板、僵化。近代以来,随着报刊媒体出现,形成了一种在中国文学史上少见的滑稽、讽刺文体:

> 戊戌以后,竞事维新,东西洋新学术随潮流海舶以俱至,于是一变其故制常格,乃为散漫平常大言粗口之体,是为新闻文学之时期。盖当时操笔为文,但求微言之可以动人而已,不知渐久乃侵成文体矣。②

这种文体,在五四文学革命中得到进一步的发展,并在 20 世纪二三十年代蔚为风潮,形成了现代文学中独具特色的文体。

鉴于这种文体在清末的白话报中已初见端倪,且有像吴稚晖这样易于辨识、影响深远的个体风格鲜明的作家出现,故笔者在这里以吴稚晖为重点和个案,追溯清末白话报中这种文体的源流,梳理它和五四文学革命及其后现代文学中滑稽、讽刺文体之间的演变关系。

不独是白话报,就整个晚清的报章文学而言,它打破了因袭数千年的固有文体模式。所谓"汪洋恣肆,畅所欲

---

①清末的报刊文人,只是笼统地将这种文体称为"嬉笑怒骂""纤佻谑浪",但还没有后来从西方舶来的"讽刺"(Satire)与"幽默"(Humour)的专门概念。到了 20 世纪二三十年代,因陈西滢、林语堂等的有意提倡和鲁迅的反对,我们才知道常常联袂而出的幽默与讽刺并非一回事。尽管有学者对其进行区别,但事实上,在两者之间很难划出清晰的界限。

②胡长风《与某君论近年中国文学书》,《同南》1916 年第 5 期。

言"嬉笑怒骂""纤佻谑浪"①，即指这种新创的文体。清末的白话报，固多"法言庄论"，然"嬉笑怒骂"之辞、"纤佻谑浪"之语，亦不在少数。裘廷梁在《无锡白话报》序中就说："谈新述古，务撷其精，间涉诙谐，以博其趣。"②《竞业旬报》在其"凡例"中也说："本报意在传布于小学校之青年国民，故选材务求兴味勃发，而不妨杂用庄谐。"③这说明清末白话报，对这种"诙谐"文体，是有意提倡的。

清末的白话报刊中，既有明确标为"讽刺文""讽刺小说"之类，也有"滑稽文""滑稽小说""诙谐文""诙谐小说"的名称或栏目出现，说明在西洋的"讽刺"（Satire）和"幽默"（Humour）概念传入中国之前，我们已有了这种本土化的幽默、讽刺文体，何以故？因为人类的感情相同或相似，所以表达相同或相近感情的文体也就自然相似：

喜笑怒骂是人之常情。

我们对于一样东西发生了很恶劣或是不满意的印象，我们自然会发生一种反感的议论来：这议论或以高雅的口吻指斥之，或以粗俗的口吻谩骂之；如出之以幽默的口吻则为幽默（原文误写为"讽刺"——引者按），以讽刺的口吻形诸笔墨则为讽刺文。④

清末以来之所以有这么多的滑稽、讽刺文的出现，是

---

① 梁启超《中国各报存佚表》，《清议报》第 100 册，1901 年 12 月 21 日。
② 裘廷梁《无锡白话报序》，《时务报》第 61 册，1898 年 5 月 20 日。
③《竞业旬报·凡例》，《竞业旬报》第 1 期，1906 年 10 月 28 日。
④ 顾苍生《谈讽刺文》，《我们的园地》1929 年第 1 期。

与这个时代的特征、与这个社会普遍存在的虚伪的礼教有关:

> 讽刺文是讽刺当代的一切占多数。因为与讽刺者直接发生关系者厥推当代的一切,那便是说,使他发生不满意的,那么他当代的一切最容易的对象(原文如此——引者按),因此我们所能举到的例子,也以讽刺他同时代的个人或当代的政治及社会的为多。
>
> ……
>
> 英国是世界上最会虚饰的国家,中国是世界上礼教最麻烦的国家,因之我敢大胆地说一句,讽刺文的出产,也以这两国的为最多。[1]

陈撷芬创办的《女报》(后改名为《女学报》),其中辟有"谐铎"栏目,专刊这种讽刺文,并在"谐铎"栏中用醒目的大字——"嬉笑有涕泪,怒骂亦文章",以标明其文体特点。在此引录一则,以见其文体特征。

某孝廉

> 某孝廉主提倡女权,其妻则恪守夫尊妻卑之说,某日同坐窗前,见双燕营巢,雌燕堕其泥,雄者怒啄之。妻曰:"你看燕子也有个尊卑。"孝廉笑而不语。某日又见园中群鹿,牝者围绕其牡,若相随从。妻子又曰:"你看鹿也有个尊卑。"孝廉又笑而不语,妻曰:"你屡次不答我的话,是何缘故,莫是词穷理屈了吗?"孝

---

[1] 顾苍生《谈讽刺文》,《我们的园地》1929年第1期。

廉笑曰："我为你要劝我学禽兽，所以不敢奉教。"①

《安徽白话报》登载过如下一篇微型的讽刺小说：

优拔呢，有八呢（味冰）

优拔有八。

（一）预备（二）运动（三）筹款（四）请客（五）润笔（六）考试（七）回家（八）……

咳，要考了，预备吧！怎样预备？就是写字，看看书，理理旧考篮，刷刷烂大帽。

文章不好的人，不是要运动的吗？怎样运动？除非找枪手。

找枪手，不是要钱吗？我是个没有教馆的穷酸先（此处疑为"穷酸生"或"穷酸先生"——引者按），哪里会有呢？只好告贷，慢慢设法子。

有钱，没有人，也是不中用。只好哀求某君，绍介某先生。

说稳了，不能算事。预付润笔若干金，得中后加十倍。奉谢，费心，费心，千万不要误事。

考，策论，呆坐，等人稿子，苦极权吸两口鸦片烟，过过瘾，提提神。不一时，枪手送稿来。依样画葫芦，慢慢抄好，交卷，收拾烟家伙，鼠窜去。受了几夜罪，匆匆回家，神经大乱，就把这第八件事体忘记了。

---

① 《女学报》第 1 期，1903 年 3 月 13 日。

咳！这不是优拔有八，倒是优拔忘八了。[①]

这篇小说，通篇用对话体，以十分简洁的文字和自由不拘的文体，将科举制度对读书人的戕害，作尖刻的讽刺，使人联想到小说中的主人公，又是一个儒林中的范进。

《竞业旬报》在创刊之际，不但明确提出要"杂用庄谐"，也自觉实践了他们的主张。该报不但设有"滑稽文""谐文"等栏目，而且其他如歌谣、杂文、闲谭等栏目中，也刊登了大量的滑稽、讽刺文字。我们试举其"报余"栏中的一则，以观其笔锋之犀利和立意之深远。

吹牛（簇）

北人目说大话者为吹牛。以今之官吏，杀警察无罪，杀徽兵无罪，杀学生亦无罪。乃徐锡麟偶一效颦，而结果竟至大兴党狱。以今日之政府，卖路权自由，卖矿权自由，卖海权亦自由，江浙人欲稍加限制，而结果竟至姜军南下，而犹日畅言曰：开国会立宪，开国会立宪！吹牛乎？立宪乎？[②]

《竞业旬报》上之所以盛行滑稽、讽刺文，与该报的重要成员张丹斧有很大的关系。张丹斧是清末民初消闲报刊中滑稽、讽刺文的集大成者，但他之所以在五四以来的新文学主流阵营中没有地位和影响，与其流于庸俗无聊、取悦读者有关。

---

① 味冰《优拔呢？有八呢？》，《安徽白话报》第 3 期，1909 年 8 月。
② 簇《吹牛》，《竞业旬报》第 17 期，1908 年 6 月 9 日。

清末真正有个性的讽刺文体大家当属吴稚晖。我们看他在主张无政府主义的《新世纪》杂志上的讽刺文字，真是痛快淋漓。

猪生狗养的人种(燃)

好久不说些什么了，因为我所要说的，都被别人说去了。别人不屑说的，我也不屑说，所以好久没有什么可说，但是近日把我的眼睛里，耳朵里，装满了许多瘟臭瘟臭的新闻，朋友们是终于不屑过问，我却喉管痒齐齐，耐不住要……正在打着腹稿，忽然我的朋友哈哈君，送来一文叫做《对于十一月二十日屁谕之批评》。哈哈君的话，不消说得，自然句句中肯，但是屁谕何止十一月二十放了一个？还有二十一又放了一个。哈哈君话虽周到，无奈那放屁机器内的臭屁，是连珠发放，终觉着品评人有些应接不暇。因此我劝哈哈君索性不要对牛弹琴，但用君文中之一语，所谓"放他妈的狗臭屁"，足以包括一切。况且只二个臭屁发放之后，一般的立宪党，以及上海新党，虽属醉生梦死，到底还留一点人根人气，早已嬉笑怒骂，各自用他们的雌鸡声，发了许多鼻涕眼泪的怨恨话头，我们也不必再去上吊拉脚，笑他们的不长进(立宪党的不长进，分明便是洗净了屁眼，拉狗鸡巴去干，反受着狗的糟蹋)。我们且来打一段无谓的戏本，短短儿写他几句，先把近身的粪气，熏去一点，好让我们透口儿空气，不至于闷死。

（台上安设公使馆一个——白净上）："来！"

（小生滑头半沪半英应介）："Your Excellency（译言大人），舍事体。"

（白净）："……"

（滑）："Your Excellency（译言遮大人）我到中华公馆里，担子真笔板印末哉。"

（滑）："印好哉，拿去乃一张，夷一张，我自家也担一张，我外国拿着格卒业凭据，后头勿曾刻着个格，我想现在贴拉郎，也慢好。"

（滑）："曷亨——个格是我中华十一月念一格圣旨。（摇头洒脑介）Their Majesties'——（译言两位万岁爷爷的）"

（滑）：诸君！我忝为 Th C of.（不悉其意），我有发言权（略停介）。格张圣旨，每日多看几遍，是我你学生子格本分，世界郎顶顶要紧格末，是 Honor（译言体面）搭子 Law（译言王法）。我你能够尽我你学生子格本分末，才保住 Honor（体面）。若是 Their Majesties（两位万岁爷爷）格话，我你能够弗违拗，格末叫晓得 Law（王法），因为夷拉是 Sovereign（译言无罪恶之至尊，不可侵犯之神圣）呀！格眼道理，读子外国书，终会晓得，就是现在诸君外国文理，弗那亨搭我你杂格深，我你先出洋，见过十面格人，也勿肯放诸君拨别人家笑格呀，所以 His Excellency The Honorary President.（译言有体面的总理大人）（通身之肉尽绉）

今朝印子格张，我就搭子春夏秋冬格班朋友，来关照大家。"

（蛆虫蟆蟆田鸡虾蟹同鼓掌介）：呀和！呀和！！呀和！！！

哈哈君，你想这种猪生狗养的东西，不比那稍留人气的鬼立宪党，还要腐败么？故标一题目于首曰：猪生狗养的人种。无他，讥不进化而已，非谩骂也。[1]

《新世纪》中，不论是吴稚晖，还是其他同人，这种嬉笑怒骂的文字，在清末的通俗报刊中，绝无出其右者。这种看似盲目的谩骂文字，其实说明作对其有自觉的认识。在此依然征引吴稚晖在《新世纪》杂志上的"夫子自道"，说明他的讽刺文体写作，是有意为之的：

谈《新世纪》（真）

吾尝闻誉《新世纪》者曰："《新世纪》宗旨公正，言辞锋锐，既足以正人之思想，复足以正人之耳目。"吾又尝闻毁之者曰："《新世纪》空论难行。"（指无政府，共产，反对祖国军国主义等）讥词污鄙（指猪狗等词），吾之答《空论难行》之意者屡矣，兹不复论，请就讥词污鄙之意一研论之。

论者虽不用讥骂之词，然知讥骂之词之效力。不用者，非避而不用，是不能也。用之者，并非如旧道德所谓不庄重云云，实藉此戏言使人易于感动，藉以行

---

[1]《新世纪》第33期，1908年2月8日。

其正当之鼓吹，故无所谓污鄙也。鼓吹之中本有滑稽一法，恒托之于画，其感动力往往过于正式之论说，苦于支那人之画艺不工，不得利用此鼓吹之良法，而以讥笑语代之，由此亦可知其为鼓吹法中不可缺者矣。滑稽讥骂之益有二。

（一）易使阅者不倦；（二）易破寻常人久染之奴隶劣根性。

若人无久染之奴隶性质，则亦无所用其革命，更无所用其鼓吹。无奈染迷信者恒有之，其脑关已为迷信所污毁，不足审查平白之道，故须用滑稽之法以感触之。

如就"君长"而言，于平正之文中，则无非责其"不合公理……云云"。奈闻者有不知"公理为何物者"，非其脑力不足以知之，实为迷信所蒙蔽也，故于讥骂中易"皇上、慈圣、两宫"等迷信之名词，而为"猪狗"等名词，则闻者有惊而吐舌者曰："此神圣不可侵犯之物，何竟有以猪狗骂之者？"初未尝不责骂者之非，久而习惯，则神圣不可侵犯之思想，日渐消灭矣。

凡帝王必托神圣之名者，无非以之加重迷惑之性而已。骂者之用猪狗等名词者，亦以破此种迷信而已。故以骂破迷信，即医中所谓"以毒攻毒"也。故骂詈不过一作用，而非一主义。诸公尚纯粹之理，而不欲闻此鸣不平之言者，可俟"不平之物"（所谓皇上慈圣者等等）去，则鸣者自亦不平矣。

《新世纪》之所求者，惟公理之发扬，与革命之鼓吹,凡有裨于二者辄用之,毁誉固所不计。虽然其毁誉之词,亦可为现在社会人思想之计度表。表中"愚顽之官"等名词,皆就其性质而言,非限定其人也,总之右之度数日减,以至于消灭而后已,左之度数日增,以至于左极端而后已,此现在思想之计表也,至左之极端后,则当另有一度计表,尚非今之新世纪所得知其详也。(下表中文字与栏目原为自右至左,现改为自左至右,故其所论左右方向,与下表实际相反——引者按)

用无政府、共产、大同诸主义以求社会进化					
愚顽之官	开通之官	和平学者	社会革命者	本报	设为实行之时
大逆不道	空言无补	是而难之	是之	传播	无所用其传播

以讥骂、指责帝后、官吏为破除卑鄙服从诸迷信之作用					
愚顽之官	开通之官	和平学者	革命党	本报	帝后等除灭后
大逆不道	言词污鄙	有趣	称快	作用	无所用此作用

……①

　　包括吴稚晖在内的众多白话文作者,在清末民初这个"王纲解纽"的时代,挟思想解放的潮流,创造了一种前无古人、无拘无牵的讽刺文体。这种文体,到了五四文学革命期间大放异彩,为新文学的文体解放做出了巨大贡献,《新青年》《每周评论》《民国日报·觉悟》等

①《新世纪》第13期,1907年9月14日。

刊物的"随感录""杂感"等栏目中,登载了难以计数的庄谐杂陈的散文小品和杂文。这种讽刺的手法和文体,同时也渗透到小说、戏剧甚至新诗中去。但是到了二三十年代,随着社会政治环境的变化和作家自身的分化,这种滑稽讽刺的潮流发生了分化,出现了以鲁迅的杂文代表的尖锐的讽刺文,和以林语堂为代表的温和的幽默风格。

周作人在 1935 年编选第一个十年的散文选集时说:"吴稚晖实在是文学革命以前的人物,他在《新世纪》上发表的妙文凡读过的人是谁也不会忘记的。他的这一种特别的说话法与作文法可惜至今竟无传人,真令人有广陵散之感。"[1] 周作人此处的说法,有些是不确的,纵然吴稚晖在清末的思想和文化运动中影响最大,但他也积极参与了文学革命前后的国语运动、科玄论战,他从 1916 年起就在《新青年》杂志上发表文章,参与新文学运动。他在五四文学革命中发挥的作用是不容忽视的,尽管他不是文学革命阵营中的核心成员。另外,吴稚晖的那种讽刺文,在五四以后没有传人,但并非说明在五四文学革命及以后就没有影响。

1925 年在欧洲留学的罗家伦给《现代评论》的信里,呼吁大家劝说吴稚晖加入到新文学作家队伍中来,就是因

---

[1] 周作人《中国新文学大系·散文一集》导言,上海:良友图书公司,1935 年,第 12 页。

为他认为吴稚晖"确有一种'射他耳家'的天才",说他最宜写'射他耳'式的文章","他文章里的'射他耳'和'幽默',很像欧洲十八世纪的出品"①。

吴稚晖在答复罗家伦等的劝说时说,他之所以不愿作乌烟瘴气的文学家,是一来他觉得自己应该有更大的抱负与作为,所谓"雕虫小技,壮士不为";二是他从《何典》中"放屁放屁,真正岂有此理"的嬉笑怒骂中获得灵感,从此反对任何形式的限制,纯任自然地说话。当罗家伦、陈西滢将他与欧洲的讽刺文学家相比附时,吴稚晖早已洞悉了他们的动机。他认为陈西滢等劝他作"射他耳""幽默"家,与章士钊表彰严复"渊雅""朴茂"的古文一样,是借他人的名义,来壮自己的声势,以便形成一种文学上的宗派与集团,限制了作者自由自在的表达②。

罗家伦同时指出,在运用以小见大、以个别表现全体的讽刺手法上,鲁迅具有和吴稚晖一样的高超本领("透彻中国人的生活状况,凡是所谓'上中下三等'的生活,他不但有经验,而且能抓住最小而最特殊的地方,以表现全个。以这第二种特长显现着的,还有一位鲁迅先生")。还有,几乎一样地,在20世纪二三十年代,鲁迅和吴稚晖都拒绝了"幽默"。吴稚晖说他的讽刺文的灵感,是受《何典》的启发,而鲁迅在为刘半农重印《何典》所写的题记

①罗家伦《吴稚晖与王尔德》,《现代评论》第一卷第二十期,1925年4月25日。
②稚晖《乱谈几句》,《猛进》第10期,1925年5月8日。

中的一段话,至少也标明,他是认同这种嬉笑怒骂的讽刺文的:

> 是的,大学教授要堕落下去。无论高的或矮的,白的或黑的,或灰的。不过有些是别人谓之堕落,而我谓之困苦。我所谓困苦之一端,便是失了身分。我曾经做过《论"他妈的!"》早有青年道德家乌烟瘴气地浩叹过了,还讲身分么?但是也还有些讲身分。我虽然"深恶而痛绝之"于那些戴着面具的绅士,却究竟不是"学匪"世家;见了所谓"正人君子"固然决定摇头,但和歪人奴子相处恐怕也未必融洽。用了无差别的眼光看,大学教授做一个滑稽的,或者甚而至于夸张的广告何足为奇?就是做一个满嘴"他妈的"的广告也何足为奇?①

当然,这不是说鲁迅是吴稚晖讽刺文的传人,而是要指出,清末白话报刊中出现的诙谐、讽刺文学,在五四文学革命及以后,仍有着广泛的影响,并且得到了延续(当然也有分化),这有前辈学者的论述为证:

> ……不过他后来觉醒了,他不仅反对八股文试贴诗,而且反对洋八股、土八股、党八股,不特此也,同时他也反对读经,反对学文学,主张把线装书都扔到茅厕坑里去。提倡白话文,主张科学救国,青年应读理

---

① 鲁迅《为半农题记〈何典〉后作》,《语丝》第 82 期,1926 年 6 月 7 日。

工科。话虽如此说，可是他老先生觉醒后的文章愈奇妙愈老辣了。他主张打破古今文体上的一切新旧的程式，由"我手写我口，古岂能拘牵"而达到"独抒性灵，不拘格套；信腕信口，皆成律度"的地步。

　　……不过"放屁文学论"却由此而出，开文体解放的先河，为"有什么话说什么话，话怎么说就怎么写"的嚆矢，在新文学运动方面不无推波助澜之功。[1]

1920年代中期，周作人在与孙伏园讨论"语丝的文体"时，孙伏园说"我们最尊重的是文体的自由"，而周作人认为所谓"语丝的文体"，便是"随便说话""乱说""不伦不类"，即不受任何宗派、章法的限制，骨子里却是抗争的精神，与林语堂、陈西滢等所谓的滑稽幽默相区别：

　　我们并不是专为讲笑话而来，也不是讨论什么问题与主义，我们的目的只在让我们可以随便说话。我们的意见不同，文章也各自不同，所同者只是要三七二十一地乱说。因为有两三个人喜欢讲一句半句类似滑稽的话，于是文人学士遂烘然以为这是《语丝》的义法，仿佛《语丝》是《笑林周刊》的样子，这种话我只能付之一"幽默"——即不去理会他，虽然他们的不懂也不算很稀奇。……《语丝》还只是《语丝》，是我们这一班不伦不类的人借此发表不伦不类

[1] 朱肇洛《由吴稚晖的文体说起》，《杂志》第十五卷第一期，1945年4月10日。

的文章与思想的东西,不伦不类是《语丝》的总评,倘若要给他一个评语。[①]

在这里,我们仍能看到,"语丝文体"的主张与清末白话报刊上讽刺文之间的关联。

---

① 岂明《答伏园论〈语丝的文体〉》,《语丝》第 54 期,1925 年 11 月 23 日。

第六章　白话报刊与现代文学格局的形成

　　中国现代文学与古代文学的区别,除了思想主题、语言形式等尽人皆知的方面以外,还有一个非常重要的方面,就是古代文学是以诗文为核心("正宗")的包括各式应用文在内的泛文学格局;而现代文学则是以小说为核心("正宗")的包括诗歌、散文、戏剧的四大文类构成的新文学格局。现代文学这一格局的最终形成,是在五四文学革命中,新文学同人借鉴西洋"文学"的概念,经过激烈讨论而确定的。但这一新的文学观念中所包含的各种重要文学种类,都在清末的文学变革,尤其是在白话报刊中,受到了重视,也得到了比较充分的发展。或者说,现代文学观念与格局的形成,是以清末白话报刊的文学理念和实践为基础演化而来的。

　　正是基于这样的史实和认识,本章拟以清末具有代表性的两份白话报《安徽俗话报》和《竞业旬报》为中心,考查小说、戏曲、歌谣、杂文随感四种文体在白话报中的发展情况,并分析这一发展样态与文学革命及其后形成的现代文学格局之间的关系,从另一角度实证清末白话报刊与五四文学革命的演进关系。

一 新兴媒体与文学的结合和文学格局的新变

中国文学现代化的一个方面，即是旧文学（至少是"正宗"旧文学）各门类的衰落——"所有从前各种文体——古文（包八股文）、骈文、赋诗、词曲——尽成末流"[①]和各种新型文学种类——翻译文学、白话短篇小说、报刊政论文、歌谣小调、话剧演说、随感杂谭的出现与繁荣。

在推动文学发展变化的诸种因素中，除了社会生活的变化引起的文学题材、主题和文学语言形式的变化外，还有一个非常重要的方面，就是文学载体，即文学媒介的变化对文学发展的影响。由于中国几千年来物质生活的发展演变非常缓慢，因而文学媒介的变化，亦不甚剧烈。到了近代，随着西方的印刷技术和印刷机器进入中国，使得中国文学的现代转型，得以加速推进。语言学家黎锦熙，对印刷媒介如何影响文学语言和文体的变化，有非常精辟的分析。他认为文字从一开始，就与口头的语言之间，有着天然的区别，这种区别是由记录语言的文字符号的书写（刻制）物质条件限定的，文言的精练简括就是因此而成："省一句是一句，省一字算一字；改复词为单词，化散文

[①]黎锦熙《国语运动史纲·序》，上海：商务印书馆，2011年，第70—73页。

成韵语,其动机不必在文学上,实是在经济上。"直到印刷术发明了以后,书面语言才变得日趋繁复周密、委婉曲折。而近代语体文的出现,正是现代西方机器印刷技术输入的结果:

> 近来铅印石印的机器输入了,所以每天能出四五大张几万份的报。语文合一到此也就没有物质上经济上的障碍了。然而这几年语体文虽通行,却还没有打白话电报的(不费钱的骈文官电不在此例),可见语言和文学上之"唯物的"看法是不会错的,而秦以前的语文不能合一,与竹帛上不能有纯粹的活文学也是无可疑的。①

同样,阿英在《晚清小说史》中,也认为晚清小说繁荣的原因之一,"是印刷事业的发达,没有前此那样刻书的困难;由于新闻事业的发达,在应用上需要多量产生"②。

机器印刷技术的引进和白话报刊这一新兴媒体的出现,对文学的影响,当然不仅仅是印刷方便这一点,它引起的是整个文学系统的变化。

第一,从作者这一角度来说,由于以报刊为载体的新闻和印刷出版业,成了一种新的职业,知识分子不再依靠科举走仕进之途,便能靠自己的写作谋生,使得知识分子获得了更大的思想空间和独立意识。我们知道,中国文学

---

① 黎锦熙《国语运动史纲·序》,上海:商务印书馆,2011年,第49—50页。
② 阿英《晚清小说史》,北京:东方出版社,1996年,第1页。

从近代开始,一个很大的变化就是强烈的批判意识,这跟新兴媒体给作家创造的自由空间有很大关系。近代知识分子大多具有"眼睛向下"的民主意识,必然引起描写对象的变化,即周作人所谓从"帝王将相""才子佳人"到"普通男女"的转变。这一价值观念的转变,与报刊媒体所创造的独立空间有密不可分的关系。所以,报刊这一新兴媒体,不仅创造了一批独立作家,而且还赋予他们新的价值观念。

第二,从读者角度来说,报刊媒体,尤其是白话报刊的创办,本身就是针对广大下层百姓的一种宣传工具。由于它通俗易懂的语言形式和生动活泼的民间气息,极大地扩大了读者队伍。读者队伍的扩大,是现代文学区别于古代文学的一个显著特征,这跟白话报刊对新的读者队伍的培养是分不开的。

第三,就刊登在白话报上的文学本身来讲,也有诸多新的变化。首先是写作过程,"唤醒国民"的强烈启蒙意识和"朝脱稿而夕印行"的时间性,跟古代文学那种赏玩的态度和精雕细琢的写作有很大不同,它一方面有很强的现实感,但同时,也显得有些粗糙。就连载的小说而言,有的甚至前后矛盾、有头无尾。其次,因为它是针对普通大众的,所以从题材主题到语言形式,都贴近大众,通俗易懂。最后,因为要适应下层读者的阅读需要,所以通俗文学,如小说、戏曲、歌谣等通俗文学异军突起,挤占了文学的中心位置,引起了文学格局和文学观念的变化。

第四,在白话报刊中,众体杂陈,各文类之间形成一种互文关系。不同文体之间的相互渗透和影响非常明显。这既表现为一部文学作品,往往与同期或前后期报刊的新闻、社论等其他文体,形成密切的互文关系;也表现为早期白话报中的文学作品,有明显的"社论"笔法,这显然是"报章体"对文学的渗透。在此以《安徽俗话报》中的"女权"问题为例,来说明白话报中各类文体的相互渗透和互文关系。《安徽俗话报》第5期中的小说《痴人说梦》第四回介绍张无畏时有这样一段议论:"中国女权不张,是个极可恨的事情。女子一点儿事不做,终日里,梳油头,裹小脚,描龙刺凤,弄成了玩物一般。"该报第10期诗词栏里的《叹十声》说:"爱国男儿悲女权叹罢第七声,提起来女孩儿更觉酸心。能读书能通文百无一个,知地理知算法绝不得一人。包小脚圈禁在闺门,国家的兴衰不与他知闻。东西洋男女皆平等,独有我中国人把女来看轻。"

这两段文学性的表达和陈独秀在该报第12期《恶俗篇·妇女的装扮》中对中国妇女的六种"装扮"的批评,前后呼应:"我且请问你们做妇女的,装扮得似蝴蝶儿一般,到底是给他人看呢,还是自己看呢?……我中国的妇女们,还是几千年前,被混帐的男人,拿女子来当做玩弄的器具,这般妇女们,受了这个愚,便永远在黑暗地狱,受尽了万般的苦楚,一线儿亮光都没有,到如今越弄越愚,连苦恼都不晓得。"

报刊与文学联姻,是因为报刊可借文学吸引读者,扩大报刊的发行量,增加商业利润;而文学在被报刊利用的同时,也增加了自己的读者,从而扩大了自己的影响。

近代的白话报,从一开始就设有文学栏目,但不普遍。最早的白话报,是1876年由申报馆附出的《民报》,没出几期就停刊了,现已无法查考,不知是否刊登文学作品。现在所能查阅到的最早的白话报,是1897年10月创刊于上海的《演义白话报》,是一份文艺性的小报,除了新闻栏目外,还专设"小说"和"笔记",实际上也刊登戏曲。1898年创办的《无锡白话报》,分三大栏目:演古、演今、演报。"演今"中"取泰西小说之有隽理者",相当于翻译文学。"演报"中"取中外近事,取西政西艺,取外人论说足以药石我者。谈新述古,务撷其精,间涉诙谐,以博其趣。……酒谈茗话,亦偶载焉"。这相当于"杂文"栏。1901年创办的《京话报》第1期《论这创办京话报的缘故》里,虽说"日本明治维新的根儿,大家都说是贝原益轩一个人弄起来的",但《创办白话报章程》第三条则说:"本报虽全用白话演成,然亦不欲过染小说习气,致令阅者生厌。盖话报与小说笔墨虽似相近,而体例究竟不同。"可见早期的白话报对于小说这种颇宜于启蒙的文类,也持审慎的态度。

纵观早期的白话报,设置文艺栏目的为数不多,以新闻时事为主。创办于1901年的《杭州白话报》起初只有"杂文"一个文艺栏目,直到1904年才开设"小说"栏。《苏州白话报》创刊于1901年,开始也没有设文学栏目。1903年初创刊的《智群白话报》,直到第2、3期才开始设小说、杂录、唱歌。比《中国白话报》稍早创刊的《宁波白话报》第1期只有"小说"一个文学栏目,以后逐渐增设歌谣、杂录、传记等相关文学栏目。

1903年底创刊的《中国白话报》,是早期白话报中影响最大、栏目最完备的。该报共设十六个栏目,其中文学栏目有小说、戏曲、歌谣、谈苑:

第十一门:小说。哈哈天地间最妙的书是小说了,你看《水浒传》《红楼梦》《七侠五义》《包公案》《施公案》那个不喜欢看他。我如今另外做一种小说,里头记的无非是才子佳人英雄好汉,各种奇奇怪怪,写得十分出神,只怕你列位看看高兴起来,连吃饭睡觉都忘记吊哩。

第十二门:戏曲。《空城计》《翠屏山》《天水关》,各种戏曲都是好的了不得,闲着时候,就是不到戏园子里去看,单在家里唱唱,也是很好玩的。但是那种俗调也没有味道,我今新编各种时调好戏本,做出来比那"十三旦""七盏灯""小叫天"还好听得多哩。

第十三门:歌谣。孩子们虽然不会唱戏,却也狠喜欢唱唱歌,倘然有各种好玩的歌谣,教孩子们唱唱,也着实可以长进他的识见,畅快他的性情。你看外国人教小孩子都是用那种好好的歌来教他,因为那唱歌比念书容易些,又是狠好玩的,又是容易记的。如今这报上也做了好几首好歌谣,送把各位阿哥姑娘们唱唱,虽是些俗话,却比那寻常的小儿谣好的多了。

第十四门:谈苑。"谈苑"两字是说个零碎一段一段的说话,他们外国奇奇怪怪的事情最多,我们中国各省也是有的。你列位们料也不能一一知道了,我今把各种奇怪希罕好玩的事,随便抄几条给列作(据上文判断,该"作"为"位"之误植——引者按)看看,着实开心哩。①

大概从1903年开始,大多白话报,都开始设置了文学栏目,而且文学栏目的种类也逐渐增多。当然,当时还没有形成我们能今天所用的"文学"概念,所以各报所设文学栏目的多少和名称,也不尽相同。

概括来说,白话报中有关文艺的栏目,大致有小说、戏曲、歌谣(诗词)、谭丛(谭苑)、杂文(杂俎)、传记、图画等。

白话报中最常见的、占篇幅最大的文艺类型当属小说。这一方面跟小说这一文学样式本身的魅力有关;另一方面,是与严复、梁启超等在清末对小说重要性的宣传强调有关。尤其是梁启超1902年发表在《新小说》上的《论小说与群治之关系》,影响极大,加上他身体力行,创办小说杂志,翻译和创作政治小说,在清末文坛上形成了一种小说风潮。

对于小说等通俗文学样式,如何借报刊媒体挤占传统文学格局中正统文学的空间,清末的小说家们有自觉的意

①《中国白话报发刊辞》,《中国白话报》第1期,1903年12月19日。

识。清末广东著名报人黄伯耀（1883—1965）认为，小说在近代之所以能够发挥其不可思议之功用，是由于它与报刊的联姻：

> 故小说一门，隐与报界相维系，而小说功用，遂不可思议矣。是非小说家之别具吸电力也，盖道与时为变通。风俗既随时而进化，世界荒僻之初，固无所谓风俗，溯自图腾社会，一变而为游牧社会，再变而为制造社会。至制造社会之发达，文字亦因之发达焉。降及小说之思潮澎湃，将从前风俗之如何顽固，如何迷惑，群将视小说家之言论为木铎，而旧社会上之一切诗书糟粕，直弃之如遗矣。①

小说本身具有的神奇感化力，经启蒙者的夸大宣传，改变了人们传统的以诗文为"正宗"的文学观。开始视小说为"木铎"、为"标本"，而视传统的文学"正宗"诗文为"糟粕"。文学观念的这种变化，使得部分知识分子放弃了"诗言志""文载道"的写作立场，以改良风俗、启蒙大众为己任，开启了一个文学新时代。第一个写作《中国文学史》的黄人，在1907年3月创刊的《小说林》发刊词中说，小说借新闻报纸这一新兴媒体而"异军突起"，已俨然成为二十世纪最具时代特征的"文明标志"：

> 束发学僮，蛾眉居士，上自建牙张翼之尊严，下迄雕面粥容之琐贱，手握一卷，而不忍遽置者，小说也。

---

① 耀公《小说与风俗之关系》，《中外小说林》第二卷第五期，1908年。

小说之风行社会者如是。……模仿文明形式,花圈雪服,贺自由之结婚;崇拜虚无党员,炸弹快枪,警暗杀之手段。小说之影响社会者又如是。则虽谓吾国今日之文明,为小说之文明可也;则虽谓吾国异日政界、学界、教育界、实业界之文明,即今日小说界之文明,亦无不可也。①

戏曲在现代文学中之所以能与小说、诗歌、散文并驾齐驱,占得重要的一席之地,是与它自身的特点和清末维新人士对它的大力倡导有关的。在1904年的《中国白话报》中,白话道人(林獬)就将它列为六种"改良风气的法子"之首:

> 一唱戏:戏曲是最易感人的,又是人所最喜欢看的。凡开通风气,总要顺着人情。人情喜欢什么事,我这开风气的法子,就从这事着手。现在上海春仙戏园汪笑侬先生,他新编一本戏,名叫《瓜种兰因》。是把那波兰国灭亡故事,拿来做底子,中间夹了许多的情节,居然是个中国的影子。前两天唱起这本戏,看的人,也有痛哭的,也有流泪的,也有暗暗叹气伤心的,有时候也很可以惹人发笑的。在戏台下大家把他弄得喜怒无常,七情并发。这种戏本,是很有力量的。倘使内地志士,自己组织了一般戏子,一面学习曲调,一面编出新鲜戏本来大家演习。演习熟了,到内地各

---

① 黄人《小说林发刊词》,《小说林》第1期,1907年2月。

府州县神庙里头去唱,一定有效验的。而且不必花本钱,还有多多的进账哩！①

陈独秀在《安徽俗话报》上提倡戏曲,也是看中了戏曲移风易俗的功能。他说:"我看列位到戏园里去看戏,比到学堂里去读书心里喜欢多了,脚下也走的快多了。所以没有一个人看戏不大大的被戏感动的。……西洋各国,是把戏子和文人学士,一样看待。因为唱戏一事,与一国的风俗教化,大有关系,万不能不当一件正经事做,那好把戏子看贱了呢。"②

看重戏曲的启蒙功能,《绍兴白话报》也有类似的论述:

> 我们绍兴向来有一种俗见,就是看戏子是下流人一事。这都是因为绍兴戏子,大半是堕民做的。看轻堕民,就看轻戏子,不晓得堕民是因为没有行业,所以做戏子。照现在世界,堕民已经看轻不得,至于戏子,愈加不能看轻了。我们中国的戏子,果然大半是无赖流氓,一点没有学问的人。至于戏文也大半是佳人才子,状元宰相,牛头马面,神出鬼没的,一点没有道理,但也有演出贪官,污吏,昏君,奸臣种种的状态,英雄豪杰,爱国救民种种的气象。因为那龌龊的淫戏多,所以世界上淫风日盛。没道

---

① 白话道人《国民意见书·论开风气的法子》,《中国白话报》第 19 期,1904 年 8 月 20 日。
② 三爱《论戏曲》,《安徽俗话报》第 11 期,1904 年 9 月 10 日。

理的迷信戏多，所以世界上的迷信日出。若能将一切淫、迷信除去，切切实实的改良一番，那做戏的一事，也与那教科书演说会一样的有益。那做戏子的人，也与那文人教育家一样的有功。因为那戏文的事，能够曲曲折折、离离奇奇、五花八门的引人入胜，而且看戏的人，也用全副精神注目，所以格外的动人感情。外国专用戏文开通下等社会的人，所以那做戏子的，也称到大文豪的名目。我们却看得戏子如此下流，虽然是戏子自己下流，但我们不应该当他下流。①

天津有一个戏子，串了一本自强传的戏，袁制台端制台都叫他去唱，十分称赞，现在京郡学务去，已禀了袁制台，请将来把优伶从优看待，聘请文人考究戏曲。袁制台已批准了，取名叫得移风乐会，这个办法将来自然各省通行。我绍兴堕民正苦被这优伶两个字所苦，要脱籍有许多周折，能够赶紧请几个读书人，编几只新曲子，自然有人会看高。恐怕不争脱籍有人来硬请你脱籍呢。无如这班人性质终竟太驽下，自轻自贱，那才没法了。②

民间歌谣等通俗文学样式，在我国文学史上，自文人诗出现后，长期受到排挤和压制，虽历代屡有编纂，但在文

---

① 《论戏子并非下流人》，《绍兴白话报》第 79 期。
② 《改良戏文》，《绍兴白话报》第 109 期。

坛上难有地位。而到了近代,启蒙者则大多肯定民间歌谣的价值。梁启超说,"教小学急于教大学,教愚民急于教士大夫",而用高雅的诗文来启蒙一般民众,既是一种接受能力的挑战,也是给予读者和受众的错位。梁启超从日本明治维新得到很大的启发,他说:"日本之变法,赖俚歌与小说之力,盖以悦童子,导愚氓,未有善于是者也。他国且然,况我支那之民,不识字者十人而六,其仅识字而未解文法者,四人而三乎。故教小学教愚民,实为今日救中国第一义。"①

正是小说、戏曲、歌谣等通俗文学的样式,借批量生产和消费的白话报这一新兴大众传媒,逐渐从文学的边缘地带,向传统文学格局的中心位移,从"不登大雅之堂"到"文学之最上乘",为自己争取越来越大的生存空间,从而动摇了中国文学以诗文为中心的传统格局。

二 白话报刊中的各类文学状况

清末的白话报刊数目庞杂,且由于各报创办时间、地域和主办者等各种因素的不同,其栏目设置千差万别。对清末白话报刊中有关文学栏目的设置,做一个全面而准确的统计分析,无疑会对本章讨论的问题,提供更科学的说

①梁启超《蒙学报演义报合叙》,《时务报》第 44 册,1897 年 11 月 5 日。

服力。但限于各种条件，在此仅以《安徽俗话报》和《竞业旬报》为例，对这两份白话报刊中文学栏目所刊发的作品，做一统计，并由其数量和比例来推断现代文学各门类在清末白话报中的重要性。

尤其是考虑到陈独秀和胡适是横跨清末与五四时期的两个人物，他们在清末白话报刊中对文学栏目的设置或重视程度，都具有一定的权威性。所以，五四文学革命中，现代文学观念和现代文学格局的确立，与他们在清末白话报时期的文学观念和对各文类的重视程度有何关系，即需要我们不预设前提、以客观史实为基础的理性分析。

从时间上来看，《安徽俗话报》和《竞业旬报》创办的时期为 1904—1909 年，这个时期清末白话报已到了发展比较成熟和繁荣的时期，各种栏目的设置也相对比较完善、稳定。从地域上来说，这两份白话报分别创办于安徽安庆（后迁芜湖）和上海，沪、皖是清末白话报创办最多的地区，这两报所网罗的人才，虽不全是当时最有影响的白话报人，但其中除了陈、胡以外，在五四文学革命中走向新文学阵营的也大有人在，更不用说那些默默无闻的普通作者与读者，他们的文学观念与阅读趣味，在由清末到五四文学革命的演化过程中，也肯定发挥了其应有的历史推动作用。

表 6-1　《安徽俗话报》文学栏目一览表

栏目 期数	小说	诗词	戏曲	闲谈	传记
1	痴人说梦	叹五更、醉江东、送郎君			
2	同上	时事新歌			
3		十根小脚歌	睡狮园		
4	同上	闺中叹、十杯酒		小姐怨，清人贱种，日娘！什么王爷，交合权	
5	同上	湘江郎调、国民进行歌		卫太太的信，国是皇上家里的，天下第一贵重的坟墓，天主教	
6	同上	从军行、书根		烈女题诗，波兰人叛逆，大人恩典大人栽培，爱国女儿墓，今日洋鬼子异目圣明君，虐待金鱼的罪名，狗的酒馆子	木兰
7	同上	十二月想郎			
8		醒梦歌			同上
9	同上	戒吸烟片歌、马蚁歌	团匪魁		

续表

栏目\\期数	小说	诗词	戏曲	闲谈	传记
10		叹十声	康茂才投军		
11	黑天国		新排瓜种兰因版本		
12		观物杂谣	同上		
13	同上		同上		
14	同上	祝国歌	薛惠察江		
15	同上				朱元璋传
16	同第 1 期	女儿叹			
17		过督元陂吊荆轲、国耻歌、勉学歌			
18	自由花弹词	女箴、从吾游	胭脂梦		
19	同上	醒世格言	同上		
20	同上				
21—22	同上	怀远城隍会诗、好男儿歌			
总计	15 期 3 篇	17 期 27 首	9 期 6 本	3 期 15 篇	3 期 2 种

表6-2　《竞业旬报》文学栏目一览表

栏目 期数	小说	歌谣	文苑（词苑）	谭苑（谭丛、滑稽文、杂文、小言、报余、译丛）	戏曲	传记
1						
2	乞儿标旗	爱国歌				
3	真如岛	种菜歌				
4	同上					
5	暴塔海舰之沉没	雅雀词		笑铃四则		岳飞传
6	真如岛			秀才本草、学生本草		同上
7	同上	中国历史小曲		发鲜谭		同上
8	同上	中国历史小曲、时事小曲、劝诫烟赌歌		寓言二则		同上
9	同上	天职小学爱国歌			青衣行酒	同上
10	同上	莫包脚歌				
11	女党人	历代史略鼓儿词		快来、虚无党之家书、皇帝之俸金、宁远城、死后的光荣、狮牛立约、养猫遗患		王祯传略

续表

栏目\n期数	小说	歌谣	文苑（词苑）	谭苑（谭丛、滑稽文、杂文、小言、报余、译丛）	戏曲	传记
12	女党人、哭白话	同上	吊古、游白龙洞中吊翼王、海上竹枝词10、禽言、暮春感怀、感时(15)	生死之交、虚无党之博物院、澄海楼		
13	女党人	同上	送吴铁秋南游序（文）①、祁战死，天足会演说感赋二十四绝(25)			
14	同上	同上	饭牛感牧与吴听猿刺史书（文）、禽言	七言诗不始于柏梁、宋诗人喜谈自由、乱世之利益		中国伟人冉闵传略
15	河南遂平县的学务		闻谤、观爱国女校运动会纪之以诗(5)、读东方兵事纪略有感(7)	死囚爱国、车夫赖妇、周蔡争田		同上

①《竞业旬报》只有第13、14两期在"文苑"栏刊登了两篇古文。

续表

期数	栏目	小说	歌谣	文苑（词苑）	谭苑（谭丛、滑稽文、杂文、小言、报余、译丛）	戏曲	传记
16		哭白话、女党人	同上	春暮沪上感怀二首、中国政府歌、组东荼感节录，秋兴（2）、借友人游南郑舆中偶成、戊申仲春漫游海上、莫可奈何歌	德晓峰、恩晓峰		姚烈士传
17		女党人	同上	莫可奈何歌（续）(2)、春暮杂咏、西湖钱王祠、送石蕴山归湘、金陵杂咏	不自由之自由，世界一周之速，时事一夕话、吹牛、拍马		同上
18		同上	五月五日观竞渡歌	题汪君济才自由独立图、再题、哭岳王墓上、鸡鸣山望台城元武湖、留别诸弟示寄留东诸同志、奉酬哀婵	程云之遗扎、忠侍之遗扎		同上

续表

期数\栏目	小说	歌谣	文苑（词苑）	谭苑（谭丛、滑稽文、杂文、小言、报余、译丛）	戏曲	传记
19	同上		夜上鸡鸣山之畜豢楼有感,南京畜豢楼题壁,口占,登胜棋楼,江户除夕,丁未怀人之一	渔征税,清国革命党之势力		
20	同上	改良十劝,女同胞	感事杂咏四章,接哀婵手书,感怀(点绛唇),感事,感怀(调寄哀婵忆故人)	清国革命党之势力,诡辩学派之轶事,官而盗		同上
21	同上		是事偶感(5),接夷将之湘作诗赠别,再赠接夷,欢迎杜课园君出狱	释臣,欢迎政界诸公颂,狗咬革命党,鬼报恩		
22	同上	劝善歌,刺年少,拆城歌	书感简接夷,渡边愁三索句口占贻之,赠改庵,赠课园先生,送朱林两君之衡阳祝辞,答课园并祝竞业旬报万岁	法国奇事,东西文明之冲突与其集合点,大德进化		张巡传略

续表

期数＼栏目	小说	歌谣	文苑（词苑）	谭苑（谭丛、滑稽文、杂文、小言、报余、译丛）	戏曲	传记
23	同上	哀苦工、哀电车	借陈谟谒庭访琵琶亭图、题洵阳琵琶壁、金陵刘公祠题墓门、谒秋女士墓并题墓壁、杂感、遭杯四首、过缅甸口占一绝、赠课园诗并序、题石门瀑布、感怀、登豁蒙楼有感、题金陵钟鼓楼、规世	德国社会党宣言之纲领、能说话之言古古便宜、朗诵家		同上
24	女党人、真如岛	万古愁	游万国赛珍感赋	上海的中国人、适盎平话、论江西九南铁路米船捐钱不如捐米		
25	真如岛	万古愁（续）、戒缠足歌	弃父行、霜天晓角	无鬼丛话、二百五解、崇拜英雄、拿破仑之年少时代、古风新法、新闻纸之发达、蜂能传书、植物档炎		杨斯盛传

续表

期数＼栏目	小说	歌谣	文苑（词苑）	谭苑（谈丛、滑稽文、杂文、小言、报余、译丛）	戏曲	传记
26	同上	万古愁、无聊吟、破罗网	扬子江舟中偶阻阆阮院变、感作、满江红二阕、金陵、扫叶楼秋景、安庆大观亭谒余阙墓、口号	无鬼丛话、西洋笑话		姚烈士传、张巡传略
27	真如岛、东洋车夫	出风头歌、闻改出姜律作歌	怀沍之海上、秋日梦返故居、追哭先外祖、赠鲁楚玉、赠别黄用薄先生			贞德传
28	真如岛	前刘海歌	长夜歌并序（31）	无鬼丛话、十有九家不对、读爱国二童子传		
29		上海四类歌	海上秋兴（5）、西台行、送友人某君、上海电车大桥望黄浦、赠别汤保民、电车词（9）	爱情之动人		张巡传略

续表

栏目 期数	小说	歌谣	文苑（词苑）	谭苑（谭丛、滑稽文、杂文、小言、报余、译丛）	戏曲	传记
30	学问贼	同上	梦折臂行、杨度度行、题荆轲图、题陶潜图、中夜口占、无题十首之二、菖丹芳归	军人美谈、美术院观剧记		
31	戒烟药、客是谁、女党人	顶呱呱、十劝郎小曲	缝衣歌、军人梦、斗室四律、题西洋装钟馗像、前题	某月日、革命党被捉初次受鞫种种声音		
32	新侦探谭、这是中国的学问贼	送文夫出洋留学（十杯酒）、地理十八摸	罪诗八章、老子四律、别寄婷、桂、别寄婷、桂、中秋玩月、题日本小厮、长崎断句、寄寄生十六首之二、呈郭坚韧女监督八首之三	无鬼丛话（续）		中国爱国女杰王昭君传

续表

续表

期数\栏目	小说	歌谣	文苑（词苑）	谭苑（谭丛、谭馀文、杂文、小言、报余、译丛）	戏曲	传记
33	箴后人的话、仿佛、维多利亚、苦学生、女党人	女学生（小尼僧、小姐怨、咎丹）、小姐怨，答丹、荟十杯酒	惊涛篇、寄邓佛衷日本、秋柳（2）、寄寄生十绝之四、潮庄坐雨次周生佛韵律句二首之一、画石、题周生梅花卷子、覆丹斧六绝、十月十调寄苏幕遮（题花茵侠小说）	上海百话、革命党的好口供、咦字同贤弟大人雅正、这样报纸才进化、唐、可儿、中国果然病了、摸顶、到底哪个清白、梦报出现、这个报才有价值呢、这是他的自由权		
34	赵飞燕	象真相象歌、女儿叹	和荷珠桂隆乩诗（9）、羌城四律、登京口北城、甘露寺题壁、但愿、古意、悼亡人律、次丹徒李崇甫见赠原韵	读汉书札记		
35	真如岛、英德未来战争记		钝夫诗抄一—（12）、附录台湾秋兴八首	读汉书札记（续）	痛天碧	

续表

期数 栏目	小说	歌谣	文苑（词苑）	谭苑（谭丛、滑稽文、杂文、小言、报条、译丛）	戏曲	传记
36	同上		钝夫词抄（5）、西台、题十字军英雄记、海上别汉卿、赠鲁楚玉、李莘白被火感赋	今日报界之大文豪，一半去了呜呼	同上	
37	真如岛、英德战争未来记		钝夫诗抄二（5）、故园、中秋望月、留别适之、中秋遣兴、病起无聊杂书所触（4）	留学界之十大快		
38	英德未来战争记		钝夫诗抄三（17）、听竹楼诗抄（11）、白岳游草（8）		同上	
39	青年美谭		琼州杂事诗、酬哀蝉、春夜有杯、赠藻君、舟中遣兴、病起无聊杂书所触（3）、赠别古仲熙归粤、赠别怡孙归娶、赠意君、晨风篇	续新无堪论		

续表

栏目\期数	小说	歌谣	文苑（词苑）	谭苑（谭丛、谭荟、杂文、小言、报余、译丛）	戏曲	传记
40	卖鞯		咏雅片烟十章并序（10）、感怀、和启昌感怀、书愤	现今中国之大势、民醒、古董先生、说赌、说巫医娼优之价值、中国之男女、哭今日中国咨议局制选举、莫须有之代名词、中国人坐马车琐谈、红顶子、妓之权变、评文、报余之价值、英雄英雄		
41	同上		念奴娇、题竞业学会第一次摄影	原道、刀笔、满汉、君臣、父子、父母官、茶博士、新水浒、官场如戏场、夜客丛谈		
总计	39 期 19 篇	28 期 34 首	30 期 359 首 诗 词 2 期 2 篇 古文	32 期 107 篇	5 期 2 本	19 期 8 种

从以上两表的统计数字可以看出,在 20 世纪初,以白话报为载体的中国文学,出现了如下显著特点和趋向:

一是小说大行其道,逐渐取得文学正宗地位。《安徽俗话报》前后共出 21 期(第 22 期与第 21 期合刊),有 15 期刊载小说共 3 篇;《竞业旬报》共 41 期,有 39 期刊登小说共 19 篇。刊登小说的期数占总期数的将近九成,而且小说在栏目设置上位居其他各文学栏目之首。无论是从数量,还是从受重视的程度来看,小说已跃居文学中心位置。二是诗词中雅俗分流的趋向和现实主义倾向比较明显。歌谣和诗词在白话报中占很大分量。《安徽俗话报》共有 17 期在名为"诗词"的栏目刊登 27 首"歌谣"。而《竞业旬报》则分设"歌谣"和"文苑(词苑)"栏目,"歌谣"栏刊登歌谣小调,"文苑"栏则刊登古文和旧体诗词。诗词呈现出明显的雅俗分流趋势。《竞业旬报》有 28 期"歌谣"栏刊登了 34 首歌谣小调,30 期"文苑(词苑)"栏刊登了 359 首[①]旧体诗词。诗词,尤其是歌谣小调,其表现的内容大多指向现实,有很强的"觉世"意识。三是杂文的异军突起。《安徽俗话报》有 3 期刊登 15 篇"闲谈",《竞业旬报》有 32 期刊登 107 篇"闲谈"(杂俎、杂文、小言、滑稽文)。四是戏曲地位开始上升。这里既有自觉的理论倡导,也有为数不少的创作,两报共有 14 期刊载了 8 个剧本。五是

---

① 该报刊载的旧体诗词,有的在诗题中标明"×章×绝×律"等;有的同一题下数首连排,辨别起来有一定难度,所以,笔者这里的统计数字并不十分准确。

白话传记文学的出现。两报共有 22 期刊登了古今中外 10 位名人的传记。

（一）小说初步取得文学正宗地位

小说在清末民初的文坛上由边缘地带向文学中心的位移，涉及很多主观客观的因素，但有最为重要的一点，即是报刊媒体对于小说的推波助澜。

光绪二十五年三月十一日（1899 年 4 月 20 日），高凤谦在和汪康年讨论林译小说时，即明确认识到报载小说对书本小说销售的威胁："《茶花女遗事》系友人王子仁、林琴南同译，魏季子出资刊刻。计雕工并刷印以送人者，得费八九十元，尚未细算。现在所以发售者，不过欲收回成本，并无图利之心。足下将以印报，原无不可，惟报章风行，得阅者既多，恐碍此书销路。尊处若能出雕刷各费，则原板可以奉送，即已印成书者所存无多，亦只留以赠人，不复续印再行发售。足下将此书或登报，或印行，敝处并不过问。若以所费太巨，则请俟此书售价略抵成本之后，亦可将原板奉送。"[1]

另外，作为清末报刊文人的包天笑，对近代小说与报纸的关系，更有切身感受："那时候，正是上海渐渐盛行小说的当儿，读者颇能知所选择，小说与报纸的销路大有关

---

[1]《汪康年师友书札》（2），上海：上海书店出版社，2017 年，第1499页。

系,往往一种情节曲折,文笔优美的小说,可以抓住报纸的读者。"[1]

知道这一点,对于我们理解清末白话报刊中小说地位的上升,是很有帮助的。

《安徽俗话报》和《竞业旬报》有 54 期刊登小说 22 种。就体裁而言,绝大多数为短篇小说,长篇小说只有 5 部[2]。这是中国小说发展的一个新变化,其原因,一方面跟短篇小说比较适应报纸刊登有关,但另一更重要的原因,是小说作者为强烈的启蒙动机所驱使,运用短篇小说这一快捷灵活的样式,更易于表达作家对社会的批判。据学者统计,自 1840 年至 1910 年,上海出版的单行本小说共 352 种,而刊载于上海报刊的小说则有 429 种[3],这一事实说明,清末小说的繁荣,与报刊的大量出现有莫大的关系。这一时期短篇小说的大量涌现,可看作新文学初期的短篇小说繁荣的先兆。清末短篇小说的繁荣,与报刊这一新兴媒体的篇幅限制有关。我们看清末四大小说期刊之一《月月小说》1908 年的两次征文,对短篇小说的青睐,就具有代表性:

1908 年 3 月,《月月小说》第 14 号"特别征文":

---

① 包天笑《钏影楼回忆录》,上海:上海三联书店,2014 年,第 301 页。
② 《安徽俗话报》三部小说全为长篇,分别是《痴人说梦》《黑天国》和《自由花弹词》;《竞业旬报》两部:《真如岛》和《女党人》。
③ 陈大康《关于近代小说研究的一些思考》,2000 年上海近代小说国际研讨会论文,未刊稿。

　　本社现欲征求短篇小说,每篇约二三千字,及中西丛谈逸事等稿,海内著作家如有佳什见惠者,望投函本社,审定刊登。

又1908年4月,《月月小说》第15号所载"征文广告":

　　本报除同人译著外,仍广搜海内外名家,如有新奇之短篇说部愿交本社刊行者,本社当报以相当之利益。

就艺术形式论,长篇小说依然沿袭章回小说的旧形式,短篇小说由于处在初创阶段,艺术上比较幼稚粗糙。

而小说题材的变化,更值得关注。中国古典小说,大多不离帝王将相、才子佳人,或演义鬼神。而这一时期刊登在白话报上的小说,题材领域有了很大的开拓,开始关注社会重大问题和底层人民的生活。内容涉及当时现实生活的方方面面,举凡政治革命、婚姻家庭、教育、封建陋习,都是作家描写的主要对象。

清末小说在题材上的变化,在那份引起广泛关注的傅兰雅的小说征文广告中初露端倪,所谓"时新"小说者,就是要求题材具有现实性、批判性:

　　窃以感动人心,变易风俗,莫如小说推行广速,传之不久,辄能家喻户晓,习气不难为之一变。今中华积弊最重大者,计有三端,一雅片,一时文,一缠足。若不设法更改,终非富强之兆。兹欲请中华人士愿本国兴盛者,撰著新趣小说,合显此三事之大害,并祛各弊之妙法,立案演说,结构成编,贯穿为部,使人阅之心为感动,力为革除。辞句以浅明为要,语意以趣雅为宗,虽妇人幼子,皆能得而明之。述事务取近今易有,切莫抄袭旧套;立意毋尚稀奇古怪,免使骇目惊心。[①]

这里对所说"近今易有",正是清末小说题材对当下现实性的强调。前述 1908 年 4 月《月月小说》第 15 号所载"征文广告"特别强调对"科学、理想、哲理、教育、政治"诸类题材的重视,说该类小说～经入选"润资从丰"。同年 8 月,《月月小说》第 20 号又登载编辑部告白,征求"历史、家庭、教育、军事、写情、滑稽"小说。此前 1907 年 2 月,《小说林》创刊号"募集小说"启事也公开征求"家庭、社会、教育、科学、理想、侦探、军事"小说。

另外,清末小说题材的分类虽嫌不够科学,但这些名目繁多的小说题材类型,正反映了作者对现实问题的关注。

胡适五四时期谈到新文学题材的拓展时说:"官场、妓院与龌龊社会三个区域,决不够采用。即如今日的贫民社会,如工厂之男女工人,人力车夫,内地农家,各处大负贩及小店铺,一切痛苦情形,都不曾在文学上占一位置。并且今日新旧文明相接触,一切家庭惨变,婚姻痛苦,女子之

---

① 傅兰雅《求著时新小说启》,《申报》1895 年 5 月 25 日。

位置,教育之不适宜……都可供文学的材料。"① 这其实既是胡适对新文学题材上的一个要求,同时也是对清末以来的白话文学在题材领域的变化的总结。

1. 政治小说在晚清最为繁荣,这在中国小说发展史上要算一个特殊的现象。其社会的原因,鲁迅在他的《中国小说史略》里有这样的论述:

> 盖嘉庆以来,虽屡平内乱(白莲教、太平天国、捻、回),亦屡挫于外敌(英、法、日本),细民暗昧,尚啜茗听平逆武功,有识者则已翻然思改革,凭敌忾之心,呼维新与爱国,而于"富强"尤致意焉。戊戌变政既不成,越二年即庚子岁而有义和团之变,群乃知政府不足与图治,顿有掊击之意矣。其在小说,则揭发伏藏,显其弊恶,而于时政,严加纠弹,或更扩充,并及风俗。②

清政府在内外交困中权力的失控,给作家创造了批评的自由空间,这也是革命小说勃兴的一个前提。另外,梁启超对政治小说的大力倡导和身体力行的创作,也引领了政治小说的风潮。他不无夸张地说:"在昔欧洲各国变革之始,其魁儒硕学,仁人志士,往往以其身之所经历,及胸中所怀,政治之议论,一寄之于小说。于是彼中缀学之子,黉塾之暇,手之口之,下而兵丁、而市侩、而农氓、而工匠、而车夫马卒、而妇女、而童孺,靡不手之口之。往往每一书

① 胡适《建设的文学革命论》,《新青年》第四卷第五号,1918 年 4 月 15 日。
② 鲁迅《中国小说史略》,北京:东方出版社,1996 年,第 231 页。

出,而全国议论为之一变。"①

　　清末白话报上的政治小说,就是在这一背景下出现的。陈独秀在创办《安徽俗话报》前后多次参加各种革命组织和暗杀活动。《竞业旬报》的组织机关"竞业学会"是以中国公学为核心的,而中国公学在当时是革命党人的大本营,在这样一种浓烈的革命氛围中,他们的小说难免不受革命风潮的影响。

　　《安徽俗话报》所载三部小说,都可以说是革命小说。守一的《痴人说梦》,是在日俄战争的背景下展开情节的,小说中的"南痴"(朱先觉)和"北痴"(闵自强)是两个"启蒙者",天天跑到大街上演讲,以图唤醒国人。一日他们听说俄国占了东三省,便痛苦不堪,回家借酒浇愁,"南痴"喝得酩酊大醉,昏睡五日,第六日醒后,给"北痴"讲述了他在这五日梦中得到的"治国大纲":中日美英联合拒俄、大中国国会议院成立、全国统一实行义务教育、军国民制度、大兴实业、收回治外法权,这些都是晚清知识分子救国的策略。但其中对"铁血主义""军国民主义"的提倡、对俄国"虚无党"暗杀行动的钦佩,显然与报人的政治理想有关。《黑天国》是陈独秀一生唯一的一部小说,小说的主人公荣豪是基辅太学的一位大学生,因与反政府的人士有往来而遭逮捕,被送到号称"黑天国"的西伯利亚服苦役,忍受种种磨难和病苦。后遇到有"济世利人"志愿的聂里布,

_____

① 任公《译印政治小说序》,《清议报》第 1 册,1898 年 12 月 21 日。

因同情他而派他到伊哥克地方办理文书。这样,荣豪就和已经减刑先期已到伊哥克的唐美图之女能智姑娘——他的"诗人情人"——得续前缘。他到伊哥克以后,办公之余,经常到唐美图家中聚谈。小说写到第四回,波兰流放者的儿子罗智斯出场,便再没有了下文①。这部小说写主人公对俄国专制政府的愤恨和颠沛流离的流放生涯,与陈独秀个人的革命体验有关。有意思的是,这部小说中已经出现了在20世纪二三十年代革命小说中常见的"革命+恋爱"的模式。《安徽俗话报》的第三部小说是《自由花弹词》②,以元顺帝侍御史樊执敬被排挤出朝廷,到江浙平乱为线索,通过虚构来影射清廷,攻击朝廷奸臣当道、皇帝昏庸。

《竞业旬报》中作者署名佛奴的《女党人》,讲述俄国虚无党人(即无政府主义者)的暗杀活动及其警方破案的过程。这部小说在《竞业旬报》中标为"侦探小说",其实是革命小说。之所以标为"侦探小说",一是为了掩人耳目,二是也可借侦探小说的离奇情节来吸引读者。在清末,无

①这一回小说后,陈独秀就去参加"军国民教育会暗杀团"的活动,不仅《黑天国》没有了下文,《安徽俗话报》也停了。关于该报中间停刊的原因,在第19期的"本报告白"中这样说:"本报自从去年二月出版以来,很蒙诸位看报的赏识,销得不少。只恨去年十月因为出了一件古怪事,耽搁了三个多月,没有出版。"

②弹词是清代民间很流行的兼有说唱的曲艺形式,弹词的文字,包括说白和唱词两部分,前者为散体,后者以七言韵文为主,穿插以三言诗句,弹词可以说是一种韵文体的长篇小说。

政府主义作为一种思潮，被中国的革命知识分子广泛接受，正如前文所说，"崇拜虚无党员，炸弹快枪，警暗杀之手段"，成了许多革命者的人生选择。清末的许多白话报，刊载俄国虚无党人苏菲亚的画像，介绍他们的英雄事迹。《竞业旬报》在开始刊登《女党人》的第 11 期，同期也刊登了一封虚无党人的家书：

> 前年俄国警察总监，被虚无党中某女员暗杀。女员旋亦被捕，临行之前，致书于其母，其略云："家人等，必惊异我之杀人。噫！如我所杀果为人类，闻其事者，自当动恻隐之心，奈何以人杀人耶？孰知今日我所杀者，非人类又非动物，乃是一种不可思议残害人类之恶毒机械。哀哉吾母，是等残害人种之恶毒机械，乃得谓之人乎？乃能使之一刻生存于此世界中乎？故我之志，终要铲除此种机械，拯救我同胞人类。如我畏死，虚生世间，心中常怀惭恨，亦何益乎？今我死，我目光明，我心愉快。我实爱吾母，爱吾至亲，尤爱吾同胞。故我今日为我同胞，谋去恶毒机械而死，幸福大矣。"临刑身畔搜获炸药一包，发药械一具，乃谋轰警察总厅而未成者也，惜哉！①

前文谈到白话报和文学的结合，衍生出许多新的特质，其一便是因文学和新闻、社论等之间的密切互动，以及由此而生的互文关系。不了解清末的无政府主义思潮，便

---

①《虚无党之家书》，《竞业旬报》第 11 期，1908 年 4 月 11 日。

无法理解如陈独秀等革命家的活动,也无法理解当时以无政府主义者的暗杀活动为题材的小说。

2. 教育小说是清末白话报上出现的一种"史无前例"的新题材小说。说它"史无前例",是因为"学堂"这一新式教育机构,是维新变法的产物。而"振兴教育"被近代的启蒙者看作变法图强的根本所在。所以,这类小说,尽管显得幼稚,但在题材的开拓上,具有里程碑式的意义。阿英对清末真实反映教育和学生生活小说的缺失深表遗憾,他说:"……教育与学生应该是被注意的了,而事实也全是些谴责之作,没有一部很真实的反映他们的书。比较可读的,只有一部《苦学生》和一部谴责的《学究新谈》。"①

下面这篇《河南遂平县的学务》,揭露的是清末教育界的腐败,我们读来,觉得与五四时期叶圣陶反映教育界的小说,有些神似。

> 兄弟是河南汝宁府遂平县人氏,三年前头,那时还在那野蛮书馆里,读什么"天子重英豪,文章教尔曹"呢。有一天,我们先生打外面回来,喜孜孜说道:过来,我们的县太爷,今天要开洋学堂了。今儿来找咱们去当洋学生。有饭吃,有点心吃,咱们一块儿去罢。那时兄弟也不晓得什么叫做洋学堂,只听了先生的话,便似圣旨一般,一块儿跟了先生出来,一直走到那吴房书院的门口,抬头一看,那书院的匾儿,

---

① 阿英《晚清小说史》,北京:东方出版社,1996年,第208页。

也没有了。却换了一块，白底黑字的新匾，写着"遂平县高等小学堂"八个大字。那时咱们的先生，领了兄弟们到了一间房子的里面。那房子已收拾得干干净净，摆了几幅桌儿凳儿。各人桌儿上放了一本书。兄弟那时便悄悄地向四面望了几望，只不见咱们先生打人的竹板子，心便放下了一大半了。过不多时，只见一个戴红缨帽子的人走过来，说老爷差不多要过来了。先生听了，便把胡子一撇，叫兄弟们把书都翻出来。先生便站起来，捧了一本书，口里读了一遍，便滔滔不绝讲下去，那时咱们兄弟也不晓得他讲什么东西。只见他一头讲，那眼珠子一动一动，时时望着大门口。不多时，便见有许多衙役进来，后面便是我们遂平县的知县靳太老爷，和那上司派来查学堂的委员老爷。他两儿到这门口，望了一望，就过去了。我们的先生，还在那里"子曰""子曰"的讲呢。

这一天，到了下午天黑的时候，我们先生才带我们回到书馆。兄弟那时，好像做了一曲戏一般，又像做了一个梦一般，懞懞懂懂的，还记得我们是进过洋学堂的了，我们的靳太爷，是办过洋学堂的了。

我们遂平县，自从这个时候起，什么东西都涨了价了。听说都是为了办学堂的缘故，百物加捐。地亩有杂差捐，词讼有罚项捐，又有一切贾人末作抽捐。捐便日重一日，学堂却影子都没有见。唉！列位想想看，这笔款子，不是饱了我们知县老爷的私囊了么！

我们遂平县的人,在这么一个黑暗的世界里面,也不知住了若干时候,一直等到前年,才有三个志士出来,整顿这一县的教育。这三位志士,一位叫王荣光,一位叫栗寿松,一位叫魏履后,都是豫南师范的毕业生。他们毕了业,回到县里,激励提倡开学堂,兴教育。这时那靳知县调了人,换了一位姓龚的,虽不提倡,却未尝禁彼三人提倡。所以,这遂平一县,倒也有了三个学堂,都是那三位志士在那里担任。任劳任怨,艰苦备尝,才能够使遂平县的教育界,放一线光明。不料到了于今,这靳知县又调到这里来了。他一看这些什么学堂哪学生哪,就恨得什么似的。一定要破坏了他,才得甘休。那"扶助"和"维持"这二件事,便是梦想不到的了。唉!咱们遂平县的人,难道没有眼睛么?我们河南的上司,难道没有耳朵么?

唉!兄弟可不会说下去了。[①]

胡适在《竞业旬报》上也有一篇反映教育问题的短篇小说《苦学生》,兹引录如下:

某月日,某学堂中,有两个学生,在那里说话:

一个问道:"你为什么眼儿哭得红红的?"

一个答道:"你没看见这个么?"说着,把手向墙上一指说:"你看。"那人抬头一看,只见墙上贴着一

---

① 南适《河南遂平县的学务》,《竞业旬报》第15期,1908年5月20日。

张大字的公告，便念道：

本校开课以来，经费万分竭蹶，昨日竟有物质捐助者。危亡之机近在旦夕，尚乞我同学，竭力维持，量力捐助，公学幸甚。

那人读完，回头对那哭的人道："正是，咱们千辛万苦，受了多少羞辱，吃了多少苦头，好容易才有上课的日子，如今难道捐钱的人真个这么少。看这样子，又要倒了，这不是永远给人家笑话么！"说到这里，眼圈儿都红了，喉咙也咽住了。

那先哭的人，揩了眼泪，说："咱们空谈，干什么事，咱们总得想条法子才好，不然，难道哭着看他倒了吗！"

那个道："正是，我倒想了一个法子，你看可好？"说着便走过来，凑着那先哭的人的耳朵，叽叽哝哝，说如此如此，这般这般。那先哭的人听了，拍着手，叫道："狠好，狠好，咱们就是这么办罢。事不易迟，你去找老方老郑，我去找老陈老郭，可好？"

那人道："狠好。"说罢，两人点一点头，分道去了。

不多一会，到了晚上，铁马路当铺里，便多了五六件皮袍，爱而近路小押店里，便多了几幅金丝眼镜和两个小金表，那学堂中，便多了七八张当票。然而却多了一百几十块钱，那学堂便可以暂时支住了，不倒了。

过了几天，各处的捐款来了，那学堂便不倒了，那两个学生也不哭了。[①]

这篇小说的题材显然与胡适在中国公学求学的经历有关,小说中两个学生动员同学慷慨捐物的举动,与"河南遂平县的学务",形成鲜明的对照。而小说由于有真实的生活经历,写来不像胡适其他的小说那样空泛。而且通篇运用对话,叙述也不显得累赘。

3. 社会小说的题材,涉及范围极广,"剪辫""戒烟""迷信""婚姻"等,举凡清末那些启蒙的话题,几乎都被演绎成小说的形式。胡适的《真如岛》堪称这一题材的代表。胡适说他这部小说的宗旨是"痛斥迷信,打击神佛"。故事在"神权镇"开场,象征着中国人一直都生活在神权阴影的笼罩之下。小说以主人公孙绍武的行踪,串联起了老旧中国的各种陈规陋习。胡适最初计划写四十回,但因《竞业旬报》的停刊,仅写了十一回便终止。小说在这十一回中,很概念化地叙写了清末白话报上经常批判的一些封建陋习,如算命、婚俗、占时、风水、赌博、抽鸦片、迎神赛会、打醮、因果报应、童养媳、后母、扶乩等思想观念和行为,以及所造成的恶果。作者为宣传这个时代的启蒙思想所驱迫,虚构一位主人公,让他去经历各种陈规陋习显现的场面,并揭发其中的虚假与伪善。胡适的这篇"少作",毫无疑问预示着他后来为数不多的文学创作中普遍存在的观念化缺点。

此外,《竞业旬报》中的《学问贼》和《这是中国的学

---

① 铁《苦学生》,《竞业旬报》第 33 期,1908 年 11 月 14 日。

问贼》涉及知识分子题材。

当然，早期白话报上的白话小说，在主题开掘的深度、人物形象的塑造、小说结构的经营和语言形式的锤炼等方面，都显得有些幼稚。但那鲜明的时代感和对生活多角度、全方位的关照，已和旧小说拉开了距离，开了五四"问题小说"的先河。

（二）古典诗词的新变和歌谣小调的繁荣

诗词长期以来是中国文学的"正统"。但到了近代，由于严重的拟古倾向，它失去了艺术创造力和表现生活的能力，逐渐走向衰落。但也有部分诗人，在不断努力调适，以便用旧形式表现新的内容，即所谓"以旧风格含新意境"。近代诗坛最大的变化，是歌谣和小调俗曲的崛起。它在某种程度上是五四"诗国革命"重要的文学资源。这从五四文学革命期间，北大歌谣研究会对歌谣的搜集和研究的重视，便能看出它们之间的关系。

1. 旧体诗的新变

清末白话报刊登的诗歌，只是清末诗坛的一角，但我们可借此管窥清末诗坛变化的趋势。

《安徽俗话报》刊载诗歌的栏目名为"诗词"，但实际上绝大多数为时调小曲，旧体诗只有 4 首，其中《烈女题诗》录自郑板桥杂记，表达的是"故宫禾黍"的离乱之感。《过督元陂吊荆轲》录自咸丰年间陈独秀家乡怀宁一位名叫潘慎生的诗人的诗作。时人创作的两首旧体诗，都有很强的现实感。皖江忧国士的《书恨》,抒写"东南已作瓜分地,只此长城却赠谁"的亡国危机。可群的《怀远城隍会诗》中有句"天生奴性甘屠割,祈祷年年苦未休……神权念重国权轻,笙歌热闹灯如海",显然意在改良风俗、批判国人的迷信思想。

《竞业旬报》在栏目设置上,把诗歌类分设"文苑"(词苑)和"歌谣"。诗歌栏目的这种设置方式,反映了他们当时诗歌观念的分裂①,即启蒙大众用歌谣小曲等通俗形式,而诗人自我表达则沿用旧体诗词。尽管如此,《竞业旬报》所刊旧体诗,也出现了新的变化:那些登临怀古、赠别唱和的传统题材,也开始表达亡国灭种的焦虑。

留别诸弟示寄留东诸同志

张长

　　常念英雄造时势,这般时势竟如何? 经营日夜头将老,知己飘零泪更多。对此河山狂痛哭,自怜英气渐消磨。寄言后起诸贤辈,须谱同腔爱国歌。

---

① 胡适在《五十年来中国之文学》中认为文学革命运动有两个要点与清末白话报绝不相同:"第一,这个运动没有'他们''我们'的区别。白话并不单是'开通民智'的工具,白话乃是创造中国文学的唯一工具。白话不是只配抛给狗吃的一块骨头,乃是我们全国人都该赏识的一件好宝贝。第二,这个运动老老实实的攻击古文的权威,认他做'死文学'。从前那些白话报运动和字母的运动,虽然承认古文难懂,但他们总觉得'我们上等社会的人是不怕难的:吃得苦中苦,方为人上人'。这些'人上人'大发慈悲心,哀念小百姓无知无识,故降格做点通俗文章给他们看。但这些'人上人'自己仍应该努力模仿汉魏唐宋的文章。这个文学革命便不同了。"

奉酬哀蝉

大一

千里江南一纸书，伤春心事总烦纡。江山半壁谁牛耳，人物一时推狗屠。幕燕池鱼聊复尔，壶蜂象蚁渺愁余。自从小雅悲消歇，嗣响惟怀高达夫。[①]

上举两首和下文第七章所引《题汪君济才自由独立图》，从题材上讲，都属于旧文人的应酬之作，但已流露出新的思想和情感。

白话报上的一部分旧体诗，表达的则是全新的生活内容和思想。

观爱国女校运动会纪之以诗

铁儿

烂漫春三天气新，垂杨十亩草如茵。名园曲曲深深处，中有悲歌曼舞人。

蛾眉回首几辛酸，欲卖青丝绣林兰。姊妹花枝憔悴甚，为谁和泪看麻滩（是日有麻滩之战，兵式操甚佳）。

落日风翻照红旗，更无遗恨到蛾眉。剧怜玲珑娇小女，也执金刀学指挥（是日体操司令者为一幼年校生）。

无端忽作天魔舞，婉转琴声踏踏歌。歌到离离禾

---

① 张长《留别诸弟示寄留东诸同志》、大一《奉酬哀蝉》，《竞业旬报》第 18 期，1908 年 6 月 19 日。

黍句,也应蹴损小蛮靴。

> 疏林回首夕阳斜,愧煞须眉几万家。我欲赞扬无别语,女儿花发文明花。[①]

本诗就内容而言,"女校""运动会"都是前无古人的新事物,作者把它看作"文明花"而加以赞扬。该报第16期的《中国政府歌》严厉批评政府祸国殃民:

> 中国政府何堂皇,靴帽翎顶辉其煌。八台轿子走扬扬,出入朝门惊虎狼。孝子慈孙满天下,殷勤奉养咳唾香。拜门执贽累千万,黄金白璧匐匐将。军机大学士,官保尚书郎。平时娓娓谈经济,鬼来不敢高声张。若问相公有何能,插标卖国真高强。割地输金奉强盗,杀儿剐女喂犬羊。[②]

这种严肃大胆的批判精神,也是中国旧文学向来少见的。

2. 歌谣小调的繁荣

清末诗坛最为引人关注的现象,是歌谣小调的崛起。其数量之多,反映生活的范围之广,实属罕见。清末的诗坛,许多作家怀抱着启蒙大众的理想来从事文学创作,而歌谣小调这一来自民间的诗歌形式,最为老百姓所喜闻乐见,所以,诗人利用这一形式,极力宣传新的思想观念,由此引领诗坛趋向通俗化、大众化。

---

① 铁儿《观爱国女校运动会纪之以诗》,《竞业旬报》第15期,1908年5月20日。
② 王钝《中国政府歌》,《竞业旬报》第16期,1908年5月30日。

清末白话报上的歌谣，其内容涉及戒烟、反缠足、反迷信、男女平权、剪辫、爱国尚武、劝学等启蒙新思想的方方面面。下面这首《叹十声》，就包含的内容而言，足可为这类歌谣的代表：

叹十声（仿烟花调）

爱国男儿坐青楼，叹罢第一声，细想起，中国事，好不伤心：四万万，大国民，将为奴隶。二万万，膏腴地，不久属他人。劝同胞，把气争，切莫束手待瓜分，波兰国埃及前车鉴，亡国之后便要亡身。

爱国男儿察民情，叹罢第二声，可恨我，中国人，总欠聪明；不知道，地球上，多少强国。并不知，本国地，多少省城。井底蛙，妄自尊，饥食饱游顽冥不太灵。总是说，大清朝，福分大，外洋人，他何能，来坐朝廷。

爱国男儿论弊端，叹罢第三声，中国的腐败自有原因：不读书，不游学，自甘愚昧。不当兵，不学工，制造不得精。贪游戏，爱烟灯，鸦片耗资许多银，不怕你身强力又壮，吃上了洋烟不算一个人。

爱国男儿思改良，叹罢第四声，欲新中国先要新民。十八省，四百兆，人人能自立。又何患，八强国，再来联军。东日本，西英法，人家的好法子，须要取行。切莫学，印度国，棕人种，低声下气替他人去看门。

爱国男儿披地图，叹罢第五声，大中国，土地广，好不又惊人，前后藏，新疆省，皆为属地。内蒙古，外蒙古，万里长城。与日本，动刀兵，台澎割去又偿款，广州湾胶州法与德占了，旅顺口子满洲又被俄来侵。

爱国男儿观军情，叹罢第六声，南北洋，也还有，许多兵丁，无事时，排威武，倒还好看，临阵时，一个个，都要去偷生。掳钱财，惜身命，一见洋人胆战兢，总想能侥幸打个胜仗，保举札子又可骗两层。

爱国男儿悲女权，叹罢第七声，提起来，女孩儿，更觉酸心。能读书，能通文，百无一个。知地理，知算法，绝不得一人。包小脚，圈禁在闺门，国家的兴衰不与他知闻。东西洋，男女皆平等，独有我中国人，把女来看轻。

爱国男儿辟鬼神，叹罢第八声，可怜那，愚蠢人，沉醉不醒。害病时，他不知，请医调治，求仙方，拜菩萨，仗倚是神灵。乱吃药，丧了身，令人可笑，实又可矜。我中国，有许多，孔门弟子，受此迷惑圣道何存。

爱国男儿辟风水，叹罢第九声，地仙山人他都是游民，求避风，求避水，尽人知道。怕三煞，怕太岁，总算是愚人。国家弱，民间贫，虽信风水莫毫分。倘若是，人人求实学，又何患，中华国，不能振兴。

爱国男儿望太平，叹罢第十声，中国的男和女，洗耳细听，如果能，除积弊，翻然变法，地球上，中国人，也可扬扬名。意脱奥，美叛英，国民皆有爱国心。我中国,国民能爱国,欧美虽强可与他争衡。①

另外,像《哀苦工》《哀电车》等,已经开始表达对底层民众苦难生活的同情,让人联想到五四早期白话诗中对"人力车夫"等下层民众生活的表现。

从形式上来说,白话报上的歌谣,有的是利用旧有的民歌曲调,如"十杯酒""十二月想郎""闺中叹",来表达新的思想观念;有的则是新创的形式,如"戒吸鸦片歌""莫包脚歌""爱国歌"等。

这些歌谣,虽然音调铿锵,朗朗上口,但大多由于启蒙的愿望过于急切,表达直白浅显,缺少含蓄和节制。不过,当这些歌谣用以表现民俗生活的内容时,却也不乏活泼而又深刻的作品。《五月五日观竞渡歌》,由龙舟竞渡的"不胜即败",联想到"优胜劣败"的"天演公例",比较贴切自然。下面这首《马蚁歌》是一首儿歌,显然是用蚂蚁的团结协作精神来教育儿童的,但由于对蚂蚁生活的描写生动形象,所以能真正做到潜移默化、寓教于乐,比起前面那些直接的说教,更富于艺术性:

马蚁

马蚁马蚁到处有,成群结队满地走。米也好,虫也好,吃了就往洞里跑。谁来与我争,一齐出伏,大家把命拼,不打胜伏不回洞,守住洞口谁敢来。

好好好,他跑了,得胜回洞好。有一处,更好住,

---

① 合肥觉梦子《叹十声》,《安徽俗话报》第 10 期,1904 年 8 月 25 日。

要做新洞大家去。莫说马蚁马蚁小，一团义气真正好，人心齐，谁敢欺。一朝有事来，大家同安排，千千万万都是一条心，邻舍也是新兄弟，朋友也是自家人，你一脚，我一肩，个个要争先。你莫笑，马蚁小，义气真正好。[①]

清末白话报对歌谣小调的大力提倡，不仅为五四"诗国革命"提供了取法的路向，而且也成了二十世纪中国诗歌持续追求的目标。1933 年 2 月，中国诗歌会机关刊物《新诗歌》的《发刊诗》说：

……

我们要用俗言俚语，

把这种矛盾写成民谣小调鼓词儿歌。

我们要使我们的诗歌成为大众歌调，

我们自己也成为大众中的一个。

(三)戏曲地位的上升

中国戏曲自诞生以来，长期被排除在正统的文学体系之外。到了清末，由于启蒙的需要，戏曲开始受到重视。

清末白话报对中国戏曲的现代转型所做的贡献，一是努力提升戏曲的文学史地位，二是为中国戏曲的现代化提出初步的改革设想。

陈独秀不仅是近代最早认识到戏曲重要性的先驱，更

---

①志忞《马蚁》,《安徽俗话报》第 9 期,1904 年 8 月 11 日。

为重要的是,他是中国近代最早系统提出戏曲改革方案的第一人。在他之前,1903年虽有作者佚名的《观戏记》、陈佩忍的《论戏剧之有益》、蒋观云的《中国之演剧界》,都开始重视戏曲的社会作用,对中国戏曲的现状表示不满和批评,但并未提出中国戏曲改革的具体方向。陈独秀于1904年在他创办的《安徽俗话报》第11期上,发表《论戏曲》一文。他首先批评中国人鄙视戏曲的传统,说官方的不许"娼优吏卒"考官,民间的将"忘八戏子吹鼓手"同视,把唱戏当贱业,都是极为荒唐的。"西洋各国,是把戏子和文人学士一样看待,因为唱戏一事,与一国的风俗教化,大有关系,万不能不当做一件正经事做",所以在他看来,"戏馆子是众人的大学堂,戏子是众人的大教师,世上人都是他们教训出来的"。陈独秀在此已经有了将戏曲提升到"文学正宗"①的想法。在文学革命前夕,陈独秀在1915年11月15日《青年杂志》第一卷第三号的《现代欧洲文艺史谭》中延续了他十年前的观点,说"现代欧洲文坛第一推重者,厥唯剧本,诗与小说,退居第二流。以其实现于剧场,感触人生愈切也"。

针对中国当时戏曲的种种弊端,陈独秀在《论戏曲》一文中提出了五点改革设想:

一是要多多新排有益风化的戏:把我们古时荆轲、聂

---

① 1917年3月1日《新青年》第三卷第一号中,钱玄同致信陈独秀,发表对于胡适《文学改良刍议》的意见,说"戏曲小说,为近代文学之正宗"。

政等大英雄的事迹,排出新戏,要做得忠孝义烈,唱得慷慨激昂;二是可采用西法:戏中加些演说,大可长人见识,或是试演那光学电学各种戏法,看戏的还可以练习格致的学问;三是不可唱神仙鬼怪的戏;四是不可唱淫戏;五是除富贵功名的俗套。

陈独秀的这五项"除旧布新"的戏曲改革主张,后三项是"除旧"[①],前两项为"布新"。陈独秀实际上为中国戏曲的发展做出了前瞻性的战略选择:一是现实主义的艺术方法,他在强调"旧戏新排"的同时,还提出"多唱些暗对时事开通风气的新戏",并将当时上海丹桂、春仙两个戏院所演的戏称为"时事新戏";二是取法西洋话剧,"戏中加些演说"。我们知道,中国戏曲的改革,到五四时期才正式提出仿照西洋话剧"废唱本而归于说白"[②]的战略选择,从而1918年10月15日《新青年》第五卷第四号"戏剧改良号"引发新旧两派的激烈论战。陈独秀早在十四年前,就已经有了这个先见之明。

陈独秀取法西洋话剧的主张,在当时也得到了他人的回应。1905年,吴荫培自费到日本考察政治,第二年回国后,他在让端方代为向朝廷上奏的条陈中,提出了

---

① 陈独秀此处对于旧戏的批判,和周作人后来在《人的文学》中对"非人的文学"的批评甚为相似。

② 1917年5月1日《新青年》第三卷第三号发表了胡适的《历史的文学观念论》,胡适说:"今后之戏剧,或将全废剧本而归于说白,亦未可知。"

仿照东、西各国的戏剧改良主张。他说,日本演戏学步欧美,"说白而不唱歌,欲使尽人能解。中国京沪等处戏剧,已渐改良。惟求工于声调,妇孺不能遍喻,似宜仿日本例,一律说白,其剧本概由警察官核定"①。这个请求改良戏曲的请求,大概费了不少周折,一直到1908年8月,胡适在《竞业旬报》上登载了一条题为"改良戏曲"的新闻,说:"民政部某司员,上了一个条陈,说音乐能够移风易俗,戏剧一道,虽属小节,但是感人实深,要想化民成俗,这真是极紧要的一条路子。所以,要赶紧改良戏曲。现在民政部已经批准,行文各省,随地改良。哈哈! 好极了! 好极了!"胡适还加了一句"按语"说:"一纸空文,当不得什么,倒要请教怎样改良法呢?"②不管朝廷的这个批文如何,但它说明由陈独秀等先驱者倡导的取法西洋话剧的戏剧改革,已引起了朝野的广泛关注。

陈独秀不仅在理论上重视戏曲,鼓吹改良,也在《安徽俗话报》上实践着他的这些戏曲改良主张。

《睡狮园》写的是"大唐天子驾前督总管太监利业阴"到"睡狮园"听戏的故事,但他却说出"只恨如今出了什么维新党人,胡言乱语,说是一国的百姓,都可干预国政"

---

① 《谕折汇编》,光绪三十二年十二月三十日条。转引自李孝悌《清末的下层社会启蒙运动:1901—1911》,石家庄:河北教育出版社,2001年,第184页。

② 《竞业旬报》第25期,1908年8月27日。

等话,显然是影射李莲英。《康茂才投军》借元末投奔朱元璋起义的康茂才之口,宣讲"国民义务"。陈独秀在《论戏曲》中对汪笑侬《新排瓜种兰因》大加赞赏,并在《安徽俗话报》刊载这个剧本时,说它"暗切中国时事"。该剧借波兰亡国的历史,讽刺甲午海战前后清政府的腐败昏庸。剧中每个人物基本都可与清廷大员对号入座。这些历史题材剧都是"借古讽今"的,具有很强的现实针对性。

《薛虑祭江》和《胭脂梦》是《安徽俗话报》所刊两个现实题材的剧本,前者以俄国在黑龙江制造的江东六十四屯惨案为背景,作者是要借薛虑祭江,唤醒国人的爱国意识。后者则描写了三个"抗俄"英雄史国威、卫中邦和张阎权。春梦生的《团匪魁》,更是直指当朝官员的"假维新"和卖国求荣。

《竞业旬报》只有5期刊登2种剧本,作者署名"无为"的《青衣行酒》,讲述西晋第四任皇帝司马业被俘后,被后汉皇帝刘聪召去侍宴敬酒,受尽凌辱,又以不敬的罪名被杀的故事。作者显然是借此宣传种族革命的思想。另一剧本为清末著名诗人、戏曲家丁传靖写秦淮名妓杨碧怜的传奇《霜天碧》。这一剧本没有什么社会现实意义,但与胡适当时个人生活中的经历却有关联①。

《竞业旬报》所刊两个剧本虽都是历史题材的,但我们

---

①《霜天碧》传奇分四期刊登在《竞业旬报》第35—38期,这个时期《竞业旬报》全归胡适负责,这部传奇跟国事无关,但跟他在中国新公学"堕落"期的赌博、唱戏、逛窑子等个人经历有关。

从其所刊登的一则戏剧广告,可以看出以当下重大社会政治事件为取材对象的现实主义,已成为中国戏剧新变的一个趋势。这则名为“特别传单”的戏剧广告,其传递的信息颇为重要,故征引如下:

录前春阳社之旧社友五月朔日大演双烈传陈姚二烈士蹈海即新剧传单:

陈烈士以取缔之役,蹈东海死。姚烈士因之归沪,倡办中国公学,卒以身殉,公学赖以成立。而主张道德自治数大端之“竞业学会”,亦所由发起也。同人等谨将二烈士蹈海始末,扮演新剧。以为爱护祖国者劝,即以为澳涊国辱者戒。是以第一次所得之入场券费,概拟捐助竞业学会所办之旬报,呼醒国群,以稍慰二烈士未竟之遗志。凡我同胞,欲知杀身成仁震动全球之二烈士,不可不观此剧。

欲知竞业学会,及中国公学所以组织之原因,不可不观此剧。

欲知日本政府何以取缔我国留学生八千人,不可不观此剧。

欲知留学生在东所谓放纵卑劣之怪现象,不可不观此剧。

欲知留学生反对取缔规则之办法,不可不观此剧。

欲知东京各报之痛诋我国留学生,不可不观此剧。

　　欲知留学生回国后团体涣散之实情,不可不观此剧。

　　欲知当日官场阻挫公学之怪闻,不可不观此剧。

　　欲知留东学生自取缔后反增至一万四五千人,不可不观此剧。

　　欲知欧西各国之评论,不可不观此剧。

　　欲知竞业学会及中国公学开办及成立之险阻艰难,不可不观此剧。①

《双烈传》是以陈天华和姚洪业两位以死唤醒国人的烈士为题材的新剧。陈天华因反对日本"取缔清国留学生规则",于1905年12月7日写下绝命书,决心以死来激励国人,于次日在东京大森海湾投海自尽,时年三十岁。1906年春,当陈天华的灵柩运回上海后不久,中国公学干事姚洪业因公学筹款无着,面临破产,郁愤交集,遂留下绝命书,投江而死。中国公学为陈天华和姚洪业举行了一次公葬的会议,到会千余人,会上宣读了姚宏业的遗书和陈天华的绝命辞。1906年5月29日,陈、姚公葬于长沙岳麓山,据说送葬队伍达数万人,绵延十余里。

　　陈、姚二人的相继自杀,无疑是晚清轰动学界的一件大事,二烈士与此前的戊戌六君子、此后的秋瑾,成为文学作品中不断被形容与刻画的英雄形象。

---

① 《竞业旬报》第15期,1908年5月20日。

演出《双烈传》的春阳社 [①]，是中国境内第一个新剧（话剧）团体，其演出的许多剧目都是以发生不久的革命事件为题材的。清末以革命事件为题材的新剧不少，这反映了中国戏剧发展变化的一个新的动向，即由历史题材占统治地位的旧剧向以现实生活为题材的新剧转变。这在某种程度上也可以看作五四戏剧改良的前奏。

五四戏剧改良的主要着力点之一，就是提倡现实主义的戏剧。傅斯年在《戏剧改良各面观》中说：“旧戏最没道理的地方，就是专拿那些极不堪的小说做来源。新戏要有新精神，所以这一点万不可再蹈覆辙。材料总要在当今社会里取出，更要对于现在社会，有了内心的观察，透彻的见地，才可以运用材料，不至于变成‘无意识’。我希望将来的戏剧，是批评社会的戏剧，不是专形容社会的戏剧；是主观为意思、客观为文笔的戏剧，不是纯粹客观的戏剧。” [②] 他在《论编制剧本》里又说：“剧本的材料，应当在现在社会里取出，断断不可再做历史剧。” [③]

陈、姚二烈士轰动一时的殉国壮举，在时隔不到两年

①1907 年 10 月由王钟声创办于上海，主要成员有徐半梅、萧天呆、陈镜花等，先后演出了《黑奴吁天录》《秋瑾》《徐锡麟》等剧。该社曾得到马相伯、沈仲礼等的资助。1911 年王钟声在天津被杀，该社解体。
②傅斯年《戏剧改良各面观》，《新青年》第五卷第四号，1918 年 10 月 15 日。
③傅斯年《论编制剧本》，《中国新文学大系·建设理论集》，上海：良友图书公司，1935 年，第 390 页。

的时间里,戏剧界已将其搬演到戏剧舞台上,说明当时的剧作家已经注意从现实生活中寻找戏剧表现的题材。

(四)杂文、随感的异军突起

狭义的杂文指现代散文中以议论和批评为主而又具有文学意味的一种文体,是随感录、短评、杂说、闲话、漫谈、讽刺小品、幽默小品、知识小品、文艺政论等文体的总称。现在的文学史,一般都认为中国现代杂文产生于"五四",最初以"随感录"的形式出现在《新青年》杂志上。其实,如果我们对清末的白话报稍作检阅,就可动摇这一观点。

1904年钱玄同与他人合办的《湖州白话报》,在其创刊词中,他们对其中的"杂俎"栏目,做出了这样的界定:

> 做报人有许多好意思,随便写些出来,和诸君闲谈闲谈。但是不拘体格,所以叫做杂俎。①

这说明在这个时候,白话报人已经对杂文的文体有了相当清晰的认识。所以,现代杂文的起点,现在至少可以提前到20世纪初年的白话报时期。清末虽然还没有统一的现代杂文的概念,但许多白话报都设有"杂录""杂俎""闲谈""谭丛""谐谈""滑稽文""小言"等不同名称的栏目,在1909年1月22日《竞业旬报》第40期开始出现以"杂文"命名的栏目。所以,将现代杂文的起点放置在

---

① 《湖州白话报发刊词》,《湖州白话报》第1期,1904年3月31日。

清末的白话报时期,是"有名有实"的。

《安徽俗话报》的栏目中专设固定栏目"闲谈"一栏,陈独秀对此这样界定:"第十门闲谈:无论古时的现在的,本国的外国的,凡是奇怪的事、好笑的事,随便写出来几条,大家闲来无事,看看倒也开心哩!"①陈独秀对这个栏目的界定,我们可以把它解释为陈独秀这个时期的"杂文"观念,即取材上的古今中外,无所不包;内容性质上的"奇怪"和"谐趣";写作方式上的"随感随录"("随便写出来");读者接受时的"闲适心态"。这说明陈独秀在这时对"杂文"也已经有了比较明确的意识。

文学史家常以《新青年》的"随感录"为现代杂文的起点,但不知《新青年》的"随感录"又是从《安徽俗话报》等白话报刊中的"闲谈"脱胎而来。

我们下面举几篇清末白话报刊中的杂文,以见其特点:

日娘! 什么王爷

庚子拳匪作乱的时候,有一位王爷,顶信服义和拳,曾奉旨当过义和拳差事,打过公使馆,后来议和要办罪魁的时候,这位王爷也在内,便慌了。天天去哀求李中堂,替他向洋人说人情,闹得李中堂没法,只得叫他假造一本奏折,说他从前曾上过那奏折,劝太后

---

① 《开办安徽俗话报的缘故》,《安徽俗话报》第 1 期,1904 年 3 月 31 日。

别要纵容义和拳的话。便好将他的罪名开脱。那王爷急忙回到王府,连夜作了一本奏折,叫人送给李中堂。那奏折中所说的,无非是些大英大俄大法恩德如山,深仁厚泽的话。李中堂一看,便丢在地下,用脚乱踏。那班师爷劝道:"毕竟是位王爷的事,中堂不好这样生气。"李中堂怒目回道:"日娘! 什么王爷。"①

这篇杂文和《安徽俗话报》第9期的戏曲《团匪魁》可以互读,影射的人物是毓贤或载漪。通过王爷向李鸿章的求情及李鸿章踩踏奏折,我们可从中看到官场的势利。

大人恩典大人栽培

安徽省城有几位哨官,一天来见统领。那统领便和他同乡的一位哨官,谈谈家常话。统领问道:"你现在有家眷没有?"哨官答道:"蒙大人恩典大人栽培,已经娶过家小了。"统领又道:"可有小孩子了?"哨官答道:"蒙大人恩典大人栽培,生了两个了。"那统领红了脸骂道:"胡说,胡说。你生的孩子,怎么是我的恩典我的栽培呢!"同屋的人都不觉大笑。②

快来

直隶永平府属,有乐亭县。县有富商,雇佣一仆,名"快来"。其名称,乃以两足健走而得。商有良马,日

---

① 《安徽俗话报》第4期,1904年5月29日。
② 《安徽俗话报》第6期,1904年6月29日。

行五百里,而快来每于主人出门之前,请示沿路食品。到一站,快来已先将主人所示之食物,准备精致。主人到,安而食之,决不爽也。后有当道慕其名,以重金招之。快来决不肯舍弃故主去。此亦昆仑奴之流亚欤![1]

如果说前篇是尖锐的讽刺的话,那么后两篇则是诙谐的嘲笑。由官场上的套话引起的笑话这一轻松话题和畸形的愚忠,叫人反思国民的"奴性"这一沉重话题,即所谓寓庄于谐。

《竞业旬报》共 41 期,其中有 35 期刊登了 107 篇杂文。虽然该报的杂文栏目不像《安徽俗话报》那样规范(有"杂俎""谭苑""谭丛""滑稽文""杂文""小言""报余"等不同称呼,而且时时变换),但就其发表这类文体的数量而言,足以说明《竞业旬报》的同人对杂文的重视和为杂文创作付出的努力。胡适自己在《竞业旬报》创作、翻译了不少杂文。胡适是这份报纸后期的主编,《竞业旬报》第40 期就以"杂文"取代前期的"谭丛",说明胡适在这时期也已有了他自己的"杂文"概念。

胡适在《竞业旬报》第 26 期刊登了他翻译的两则西洋笑话:

聋子

大凡聋的人,总要说自己不聋的;瞎的人,总要说自己不瞎的。其实,瞎的到底是瞎了,聋的到底是聋

---

[1]《竞业旬报》第 11 期,1908 年 4 月 11 日。

了,这又何必如此了? 一天,一个聋子和人家说话,那人问聋子道:"老兄,你恐怕有点聋罢?"那聋子说道:"嗳呃,我何尝聋呢! 我听得很清楚呢!"那人伸手向袋里摸出一只金表,放在那聋子的耳朵边说:"老兄能够听见这表里面惕托惕托的响么?"那聋子故意听了一听,说到:"呵! 这表惕托惕托的响的很清楚呀!"那人哈哈大笑道:"老兄错了,这表昨天已停了,怎么今天还会响呢?"

秃子

有一个人对他朋友说道:"我的父亲有六年没有剃头了。"那朋友听了,很觉奇怪,忙问到:"那么,令尊的头发总有好几尺长了?"那人答道:"哎呃,不是呀。家父的头七年前已经秃得精光了。"

胡适还为此加了"按语"说:"兄弟做这个报,说了好几期的规矩话,恐怕列位看官听也听得厌烦了,就是兄弟也说得厌烦了。今天刚刚有一份外国报在手边,内中有几条笑话,便拣了两条,译成白话,博列位笑一笑罢。"[1]这说明胡适是注意到了杂文的"诙谐"性质和"消闲"娱乐的功能。

一般说来,杂文的战斗性与愉悦性的和谐统一、论辩性与形象性的有机结合、幽默和讽刺的修辞方式以及短小精悍的篇章结构等特点,在这些杂文中都已具备了。这不

---

[1]《竞业旬报》第 26 期,1908 年 9 月 6 日。

仅说明清末的白话报在杂文创作上有所努力,而且也证明了这一文体形态的基本成形。

从个人的角度而言,陈独秀在时隔十年后,再次以《新青年》继续他的启蒙生涯时,他是不会忘记他的《安徽俗话报》的,我们在"随感录"中能明显地看到《安徽俗话报》"闲谈"的影子。

综上所述,小说、诗歌、戏剧、散文能够成为现代文学的四大文类,与清末民初白话报刊对它们的培植有很大关系。所以,到五四文学革命期间,经过许多学者对文学的重新界定,基本形成了现代文学的格局。刘半农对现代文学的界定,在文学革命中得到了普遍的认同,他说:

> 其必须列入文学范围者,推诗歌戏曲、小说杂文、历史传记,三种而已。(以历史传记列入文学,仅吾国及各国之惯例而言,其实此二种均为具体的科学,仍以列入文字为是。)酬世之文,(如颂辞、寿序、祭文、挽联、墓志之属。)一时虽不能尽废,将来崇实主义发达后,此种文学废物,必在自然淘汰之列。故进一步言之,凡可视为文学上有永久存在之资格与价值者,只诗歌戏曲、小说杂文二种也。[1]

通过对清末白话报刊中文学栏目设置和各文学门类发展情况的考查,我们发现,作为五四文学革命所确定的

---

[1] 刘半农《我之文学改良观》,《新青年》第三卷第三号,1917 年 5 月 1 日。

新文学格局,在清末白话报刊中,已有明显的先兆和发展趋势。这就是说,由诗歌、小说、散文、戏曲所构建的现代文学格局,与代表清末文学革新力量的白话报刊的早期实践与推动大有关系。

当然,文学观念与文学格局的形成,受多种复杂因素的影响,且随着时代的变化而变动不居。即以现代文学的格局而言,在现代文学四大文类中,小说自清末到现在,它未曾辜负清末、五四时期两代提倡者对它的鼓吹与号召,一直处于核心的地位;但同样在清末与五四时期都受到重视的戏剧,在20世纪文学的发展过程中,却日趋衰落。这说明一个时期文学格局的构成,既与倡导者的提倡、号召有关,但也受制于其他复杂多样的主、客观因素。

第七章　风俗改良和"国民性"批判

　　近代以来的中国知识分子，在为亡国灭种的危机而苦恼、焦虑之际，萌生了一种强烈的启蒙意识。这种意识，不仅发为崇论宏议，也多设为形象、精妙的譬喻，以便唤起普通民众的觉悟。

　　鲁迅在五四文学革命之际，对于启蒙的犹豫不决，用是否应去唤醒"铁屋子"里沉睡的国人来作比，这一关于启蒙的动机与困境的叙述，在清末的白话报刊中，也多有表述。

　　1902 年，正是鲁迅为"别求新声"而东渡日本的那一年，《杭州白话报》上一首署名"黄海锋郎"的《醒国民曲》，已开始为唤醒沉睡的国民而"呐喊"：

　　　　国土如棋，国民如病，昏沉沉，大梦千年犹未醒，有谁人将心血儿，洗出一国的大光明，难道是四百兆人民，都入了黄粱（原文如此，疑为"梁"之误植——引者按）境，我待要唱一曲高歌醒国民。

　　　　……

　　　　则见那，文酣武嬉，国贫民病。那一个是怀羞记恨，那一个是去旧从新，那一个是同德同心，怕为牛马？那一个是为国为民，愿做牺牲？那一个是继往开来的大宗师,把热心儿,镕铸那国民基础?那一个是顶天立地的奇男子,把双手儿,拨开那世界文明?我撑起眼睛,瞧着这腐败情形,由不得的受怕担惊。怕则怕,瓜分豆剖期将近;惊则惊,荒烟蔓草国无人。嗳嗳!这也难怪那碧眼虬髯的异族儿,笑道我支那人,全无爱国性。

嘎!古语说道"天下无难事,只怕有心人",我国民果能够发奋自强,怕不把昏沉沉的中国,变成一个烈轰轰的中国呢!

我不是江南流落的李供奉,我不是大名城外的小燕青。我看见那四百兆人民,高卧黑甜呼不应,因此上高歌一曲,唤起那四百兆魂灵。他日呵,国土全新,大梦都醒,我再敲着鼓板儿,高唱支那永太平。[①]

在1903年的《中国白话报》中,白话道人(林獬)也表达了借白话报唤醒国民的强烈愿望:

我劝我的兄弟们,姊妹们,老板先生们,相公老爷们,大家留心一点儿。把我们这《中国白话报》,或是《杭州白话报》,或是《宁波白话报》,各种买一份看看。看了以后,先晓得国家的事体情形,现在弄得怎样乌糟,你们大家怎样危险可怕。教你们列位都明白了,然后急急的合拢来,商量救国的法子。列位阿,如今我们这中国,你若不去救他,再没有人去救他了。到这时候你们大家还不肯担责任,恐怕再过几个月,你

就是想要担责任,也没有责任给你担了。①

1904 年的北京的《京话日报》,将中国比作一艘飘荡在大海里的破船,诉说办报人欲唤醒民众而又左右为难的苦衷:

> ……要知道我中国现在的局面,已仿佛一个破旧不堪的大船,漂在大洋里头,篷帆不整,篙橹俱无,前后左右,却有无数的火轮铁甲(比外洋各国)。船底下磊磊落落的,还有无数的暗礁(比本国各种会党),就是风平浪静,稍不留心,一碰一撞,已是不可收拾,那里还经得起大风大浪? 所以说话之间,常再四的小心,不敢过于激烈,怕闹出是非,又叫政府为难。这是本报维持和平的一片苦心。但是民智不开,混混沌沌,长此昏天黑地,躲在破船里头,虽不致顷刻沉没送命。那前后左右这些大船上的人,却早看在眼里,不肯把这破船里的子女玉帛,便宜了海龙王,就要施搭救的善名,想取到自己手里。况且看中了这船的,不止一人,你抢我夺,不把这破船拆散了不止。必须把破船里的人,个个喊醒,叫他探出头来,看看外边的局面,才能知道着急。喊的声音小了,怕全船的人,听不清楚。喊的声音大了,又怕惊动管船的,与那一帮无赖的水手。你想这个时候,舍身救命的人,有多么为难。这就是本报要开通民智,又不能直言无忌的一片苦心。②

---

① 白话道人《论做百姓的责任(其二)》,《中国白话报》第 2 期,1904 年 1 月 2 日。

② 《本报忽逢知己》,《京话日报》第 73 期。

同年,《安徽俗话报》连载的小说《痴人说梦》中,"北痴"闵自强见了"南痴"朱先觉,二人如此对话道:

> 南痴向北痴说道:"兄弟,你看我们中国人,到了这个时候,还是那么歌舞太平,泄泄沓沓的样子,一点儿振作气都没有,怎么能够有自强的望头呢?"北痴道:"哥哥,他们自强的道理,一毫都不晓得,怎能怪他呢。我想一个好法子,见一个人就劝说一个人,见十个人就劝说十个人,凭我们这张口,这支笔,或者可以唤醒一两个人,也未可定。"[1]

五四新文化运动与现代文学中那种强烈的民族救亡意识与国民性批判思想,正是发动自清末的白话报刊,它虽历经辛亥革命前后的挫折而陷入低潮,但终在五四文学革命中得以接续,并经五四启蒙群体的共同努力而结出硕果。所以,要论清末的白话报刊与五四文学革命的关系,那么风俗改良与国民性批判,正是其前后演进中最重要、最密切的一环。

一 风俗改良

一国之风俗民性,是在长期的生活实践中养成的,它存在的合理与否,在于其能否随着时代的变迁而与时俱进,适应变化了的时代与生活。近代中国的风俗改良运动

---

[1] 守一《痴人说梦》,《安徽俗话报》第 1 期,1904 年 3 月 31 日。

之所以成为一项紧迫的时代课题,就是因为在海禁开放之后,在与西洋文化的广泛接触和对比中,国人发现自己固有的风俗民性不适于现代化的世界潮流。于是在清末来华的西洋传教士的启发下,早期的维新人士开始意识到改良风俗与重建文化、重塑国民性的重要性。

清末维新人士对固有文化、风俗的批判性观点,显然来自西方"他者"的看法。1897年2月,吴稚晖去北京拜见康有为时,康有为对吴说,要革新中国,"有应去之三害,第一为鸦片;第二为八股;第三为小脚"①。据美国学者韩南考证,类似"三弊""三毒"等对中国风俗的批判性观点,其首创者可能是英国传教士傅兰雅(John Fryer,1839—1928)在1893年提出的②,他在1895年"求著时新小说启"时说:"今中华积弊最重大者,计有三端:一鸦片,一时文,一缠足。"③韩南的这个说法是比较可靠的,康、梁等早期维新人士关于改良中国风俗的观点,即来源于此。可权

①罗平汉《布衣大佬吴稚晖》,北京:团结出版社,2010年,第15页。
②韩南说:"傅兰雅可能是首位指明这特定'三弊'的人,其他人在文章里面也用了'三弊'或'四弊'的词,但意义不同。例如,1897年4月3日《字林沪报》上的一篇社论指出,在时文和鸦片之外加上'风水'和'迷信',构成'四弊'。1896年1月和2月的《申报》发表了七篇社论,题为'述西友论中国之弊',但没有使用'三弊'这个词。傅兰雅在广告中并未暗示'三弊'是一个约定俗成的词语,但他在一年多以后写的征文比赛的报告中则暗示'三弊'这个词已经为人所知。"[美]韩南《中国近代小说的兴起》,徐侠译,上海:上海教育出版社,2010年,第131页。
③《万国公报》第77期,1895年6月。

1904 年在论文中明确指出："西人讥中国之风俗,谓中国不去五经毒、鸦片毒,终无望治之一日。吾以为其说未备,宜更合迷信毒去之,而中国上中下三流社会,乃无一人能逃其责矣。"① 1906 年《敝帚千金》在一篇题为"三丑"的论文中也说："外国人说我们中国有三丑,是哪三丑呢? 一是八股时文丑,二是妇女缠脚丑,三是在当街上拉粪丑。"②

在改良风俗被确定为启蒙的重大主题后,清末的白话报刊,对此有非常自觉的意识和可歌可泣的担当。《智群白话报》的报名就突显了其"开启民智"的动机,该报第 2 期刊登一首以"智群白话报"为名的自题小诗,表达其改良风俗的决心:

> 献身甘作万矢的,著论求为百世师。
>
> 誓起民权移旧俗,更研哲理牖新知。
>
> 十年以后当思我,举国犹狂欲语谁。
>
> 世界无穷愿无尽,海天寥廓立多时。③

清末白话报刊的创办,意在通过改良风俗而到达改良社会,进而改造国家的目的,这在早期的白话报中,即有明确的认识:

> 我们做这一种报的意思,为什么呢? 因为是旧风俗不好,要想造成那一种新风俗;因为是旧学问不

---

① 可权《改良风俗论》,《东浙杂志》1904 年第 2 期(此文分上、下,又发表于 1904 年第 7 期《东方杂志》)。

② 《三丑》,《敝帚千金》第 14 期,1906 年 5 月 15 日。

③ 《智群白话报》第 2 期,1903 年 3 月 23 日。

好,要想造成那一种新学问;因为是旧智识不好,要想
造成那一种新智识。千句话并成一句说,因为是旧中
国不好,要想造成那一种新中国。再进一层说,新中
国从哪里做起?从百姓做起。百姓从哪里做起?从
农工商贾妇人儿童做起,农工商贾妇人儿童从哪里做
起?从开他的智慧做起。开他的智慧从哪里做起?
从我们做白话报,和劝他看白话报做起。①

而所谓开启民智,就是运用西洋的科学和民主思想来
反观中国人固有的思想观念、生活方式。那些先觉之士,
开始理性地思考和评判中国人的思想和生活,正如鲁迅笔
下"狂人"所质疑的那样:"从来如此,便对么?"向来如此
的习俗,开始变得可疑甚至丑陋不堪:

> 我们中国的陋俗,非常之多,相沿已久,牢不可
> 破。即如顶神、看香、念咒、画符等事,一经说破,毫
> 无道理。现在天津明达的士绅,巨富的商家,知道民
> 智不开,不能立在闻名世界,激发热心,广立学堂,津
> 郡的风气,居然比从前大开,真是可喜可贺。无奈人
> 情狃于积习,不容易更改,还有很多陋俗,照旧的奉
> 行……②

清末白话报中关于揭露陋俗之弊与劝解改良的文字
之多、用力之勤,真是令人惊异而又感动。其中涉及的内

---

① 《论本报第三年开办的意思》,《杭州白话报》第 3 卷第 1 期,1903 年。
② 《顺天时报》,1905 年 10 月 14 日。

容,包括扶乩(算卦)、烧香、拜佛、讲风水、敬鬼神、缠足、留辫、早婚、承继以及种种礼俗等,不一而足。白话报刊对它们的批判,或设专栏,或设专论,或作新闻,或穿插于小说、戏曲、诗词歌谣、图画等各式文艺作品之中。1901 年的《杭州白话报》就曾连续刊登五篇总题为"变俗篇"的论说;陈独秀在 1904—1905 年的《安徽俗话报》上连载过七篇总题为"恶俗篇"的系列论说;《大公报》的白话附刊《敝帚千金》在 1905—1907 年刊登了十多篇以"迷信"为主题的文章;胡适于 1906 年连载在《竞业旬报》上的小说《真如岛》,是一篇以批判迷信和陋俗为主题的小说。另外,清末的白话报和画报中,也刊登了大量图文并茂的反映迷信陋俗之害的作品。图 7-1《迷信典礼》是 1908 年上海县令率县衙有关官员行"打春"之典礼,可见中国的迷信陋习,并不限于百姓,连县级官员都是如此愚陋,足见迷信、陋俗流毒之深远:

> 昨日午时立春,届时上海县署差役,特将春牛太岁升至大堂,恭设香案,本县李大令,率同学师社广文东厅王二尹、水利厅孙少尹、捕厅赵少尉等,向春牛行三跪九叩礼毕,手执春花在牛旁绕行一周,即举行打春之礼,其时鼓乐齐作,观者如堵,颇极一时之盛云。

> 按:迎春之典,见于《月令》,而打春则经传不载,或即劝耕之嚆矢欤!但是始则礼牛,继则鞭牛,且其所礼所鞭者,为一纸糊之牛,怪诞已甚,迷信已甚,欺人已甚,今中国事事改良,讲求文明进步,而仍独留此

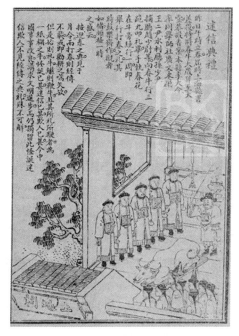

图 7-1 《迷信典礼》

怪诞迷信欺人不见经传之典礼,殊不可解。①

图 7-2 则是 1911 年北京一户普通百姓人家,因迷信而耽误救治病人的悲剧:

> 宣外麻线胡同住户马某,好神佛,日前伊子患病,不为延医,只在西城根请一李香婆求神治病,竟被他用巧言骗取卅多元而逃。伊子之病,仍是日日加重,不幸

①《迷信典礼》,《时事报图画杂俎》第 53 期,1908 年 2 月 6 日。

图 7-2 《有迷信者戒之》

日昨竟与世长辞,马某后悔,抚子痛哭不已! ①

通过对种种不合科学、不合人性之国民陋习的揭露与批判,事实上已触及对国民深层心理与精神方面的拷问,即国民性问题的思考。

对这些迷信思想和陋俗的揭露和批判,不仅在五四文学革命中得到继续,而且在其后二三十年的乡土小说中,依然是非常重要的一项内容。甚至到 1940 年代的延安解放区,在赵树理的《小二黑结婚》等小说中,仍得到表现。这一切说明,与国民性问题互为表里的风俗改良,自 19 世

① 《有迷信者戒之》,《北京画报》第 21 期。该刊创办年份不详(一说创办与 1906 年)。"民国时期期刊全文数据库"将该期编为"第 2 期",但该期末页中缝有"贰拾壹号"字样,可知该期不是第 2 期。

纪末以来,成为现代文学绵延不绝的论题,它从另一角度揭示了国民性改造的长期性与艰巨性。

二 梁启超等的国民性改造思想

对国民性问题的思考和表达,是启自晚清,贯穿整个20世纪中国思想界和文学界的一个宏大命题。甚至到21世纪的今天,依然是一个我们无法搁置的跨世纪课题。对于这个问题的研究,无论是宏观的历史论述还是微观的个案考察,都有非常多的成果。但由于清末的白话报刊等通俗性的宣传资料,主要是针对下层民众而展开的启蒙论述,其用力之勤、论述之多、设法之奇,真可谓用心良苦。清末白话报刊与五四文学革命及其以后很长时期里,新文学对国民性问题思考和表达的连续性,是很能说明清末白话报刊与五四文学之间的密切关系的。

长期以来,由于鲁迅在五四以来的文学创作中,对国民劣根性的深刻批判和高超的表达,我们很容易将他早在清末留日期间对国民性问题的思考,纳入与五四新文化运动一脉相承的思想谱系中去。但由于鲁迅在国民性批判中的显赫地位,常常遮掩了清末其他维新人士对国民性问题的思考和表达。我们稍一翻检清末的报刊文献,就会发现在严复、梁启超等启蒙先驱的影响下,国民性批判在清末已蔚为风潮。而清末以来的众多白话报刊,借助其浅俗易懂的文字和讲报、演说等多种启蒙形式,将国民性的讨论普及到粗通文墨的中下层知识分子和普通民众当中,以期收到"鼓民力、开民智、新民德"的效果。所以,借清末白话报刊对"国民性"话题的讨论,我们可以将现代文学中国民性批判的源头上溯到一个更早、更大的历史语境,进而对文学革命的发生和现代文学的内驱力,放在清末的宏大历史背景上进行考查。尤其是考虑到胡适、陈独秀、钱玄同等作为新文化运动和文学革命的发起人,我们更无法忽略他们在清末白话报刊中对国民性的思考和论述,与五四新文化运动时期国民性批判之间的历史关联。

关于近代中国知识分子对于改革中国思路的演进过程,梁启超1922年在《中国进化概论》中概括为三个阶段:第一期的洋务运动;第二期的变法维新;第三期的思想文化运动。

在这一寻求救亡图存的思路演进中,维新人士逐渐认识到,如果不彻底改造和重塑国民品格,无论是西方的物质文明还是制度文明,都不能在中国生根发芽。而要培养新的国民,就要从思想和文化入手。清末白话报刊等通俗读物的创办,就是为了给中下层民众灌输这些新的思想、文化。

而要建立新的思想文化体系,首先就要重新评估中国既有的思想文化。这就是清末的风俗改良与国民性改造之间的内在逻辑。

所谓的国民性批判与改造,首先遇到的是对"民"的认识转变的问题,即由"臣民"到"国民"的观念置换,也

就是对普通民众在国家和社会中地位的认识的转变：国民
不再是君主或皇帝的私产和奴役的工具，而是具有平等人
格和享有权利、承担义务的共同体成员。像梁启超这样的
早期启蒙者认为，中国仅有"部民"而无"国民"，所以他说
"必先铸部民使成国民，然后国民之幸福乃可得言也"。梁
启超借用伯伦知理的国家有机体学说，认为每个国民都是
国家整体不可或缺的有机构成之一要素：

> 国也者，积民而成。国之有民，犹身之有四肢、
> 五脏、筋脉、血轮也。未有四肢已断，五脏已瘵，筋脉
> 已伤，血轮已涸，而身犹能存者，则亦未有其民愚陋、
> 怯弱、涣散、浑浊，而国犹能立者。故欲其身之长生久
> 视，则摄生之术不可不明；欲其国之安富尊荣，则新民
> 之道不可不讲。[①]

正因为"民"在国家中，犹如"四肢、五脏、筋脉、血
轮"之于人体，如此重要，所以，"新民"就成了强国的先决
条件：

> 然则苟有新民，何患无新制度，无新政府，无新
> 国家？非尔者，则虽今日变一法，明日易一人，东涂西
> 抹，学步效颦，吾未见其能济也。夫吾国言新法数十
> 年，而效不睹者，何也？则于新民之道未有留意焉者

[①]中国之新民《新民说·叙论》，《新民丛报》第1期，1902年2月
8日。

也。①

这对于几千年来将国家的命运托付给圣君贤相的观念来说,是一个巨大的进步。对于国民身份的这种转变,1904 年的《中国白话报》中即有明确的体认:

> 自从甲辰以前,我们这般人都是叫做什么小民的,又是叫做什么愚民的,又是叫做什么顽民乱民的,又是叫做什么贼什么土匪的。如今能够做个堂堂正正的国民,这岂不是可贺的么!自从甲辰以前,我们这般人对着国家意一些见都没有,除了吃饭睡觉,各人管各人的私事以外,其余的一点儿不管账。如今能够体体面面大大方方出来干预那国家的大事情,一个一个都显出那整顿乾坤的手段,起先不免发表了许多意见,到后来实事求是,一件一件做出来。国土里头有什么腥膻臭秽,都替我洗一洗。人种里头有什么异族丑类,都替我锄一锄。把中国造出又新又光,如同才磨的镜子一样,这岂不是可贺的么?②

要制定改造国民性(即"新民")的方案,其前提条件是要对国民性有一个根本性的认识和判断。严复是最早通过对比东西方文明,来认识中国的国民性问题的,他说:

> 中国最重三纲,而西人首倡平等;中国亲亲,而西

---

① 梁启超《新民说·论新民为今日中国第一急务》,《新民丛报》第 1 期,1902 年 2 月 8 日。

② 白话道人《〈国民意见书〉第一编〈甲辰年国民的意见〉》,《中国白话报》第 5 期,1904 年 2 月 16 日。

人尚贤；中国以孝治天下，而西人以公治天下；中国尊主，而西人隆民；中国贵一道而同风，而西人喜党居而州处；中国多忌讳，而西人重讥评。其于财用也，中国重节流，而西人重开源；中国追淳朴，而西人求欢虞。其接物也，中国美廉屈，而西人务发舒；中国尚节文，而西人乐简易。其于为学也，中国夸多识，而西人尊新知。其于灾祸也，中国委天数，而西人恃人力。[①]

不管是在理论上，还是在实践中，清末以来的国民性思考，均与启蒙者通过出洋考察与留学等，对东、西洋不同国民性的观察、感受与对比分不开的。除了普遍地与西洋各国民性的比较外，与东洋日本国民性的对比，也为启蒙者进行国民性改造，提供了借鉴。《绍兴白话报》就刊登过一篇非常全面而简练的中日两国国民性的比较论：

日本与中国人

日本人有国家，没有个人；中国人有个人，没有国家。

日本人都有尚武的根骨；中国人都有商贾的根性。

日本人的迷信，是迷信宗教，所以受宗教的益处，不为受教士的害处；中国人的迷信，是信势力并非迷信宗教的道理，所以常受教士的害处，并不得着宗教

---

① 严复《论世变之亟》，王栻编《严复集》第一册，北京：中华书局，1986年，第3页。

的益处。

日本人的教育重尚武精神，所以骨骼虽小，但是不损威重；中国的教育重奴隶资格，所以身体虽大，反觉得腰曲手弯。

日本重西文是造成学者，中国人重西文是造成买办。

日本人爱国，都说是国民义务，所以国强；中国人有一二忧国，都说是大言欺人，所以国弱。

日本人喜酒，所以有豪气；中国人喜烟，所以有死气。

日本人住的是岛国，所以异种人来侵犯，当即震动；中国人住的是大陆，就是异种人侵犯他主权，他还是睡着不知。

日本人男女讲相爱；中国人男女讲相敬。

日本人当兵是御外族的；中国人当兵是杀同种的。

日本人都有独立的资格，所以能够立政府，亦能够倒政府；中国人无独立的资格，所以好官来就欢喜，坏官来就担心。

日本人最不怕势力，所以小日本敢与大俄国开战；中国最怕势力，所以多数人做少数的奴隶。

日本人非杀完他的人，不能够亡他的国，所以二千多年没有亡国；中国人只要杀少数的人，那多数的人，就降服了，所以中国常被夷狄侵夺。

日本人闹教出了事就有人出来自认，所以于国家无害；中国人闹教，一出事人都逃散，所以国家常受其害。

日本人最重侠气，所以多刺客，多暗杀人；中国人全没有气骨，所以多谗言，多暗伤人。

日本人最好名，无论哪国想骂他大日本三字，总不可得；中国人最好利，只要铜钱，就是骂他国家，骂他祖父，都是不妨。①

梁启超在《中国积弱溯源论》中，将中国国民性的缺点概括为六个方面：一曰奴性，二曰愚昧，三曰为我，四曰好伪，五曰怯懦，六曰无动。在《论中国国民之品格》中，他又概括出四点：一、爱国之心脆弱；二、独立性柔脆；三、公共之心匮乏；四、自治力缺乏。此后，梁启超在《新民说》中，对国民的公德私德、权利义务思想、国家思想、尚武精神、自由与自治、自尊、合群、毅力等方面的缺点，通过与西方国民性的对比，进行了全面而细致的分析。

至于如何改造国民性，梁启超提出，一要"淬历其本有而新之"，二要"采补其所本无而新之"。这也就是鲁迅所说"外之既不后于世界之思潮，内之仍弗失固有之血脉"。但在清末多数知识分子心里，"采补其所本无"，追踪世界潮流则是更紧迫的任务。

至于向哪里去"采补"，当然是欧美等西方民族。梁启超尤为崇拜白人中的盎格鲁撒克逊人，他在比较中认为，

①《日本与中国人》，《绍兴白话报》第104期。

白人具有明显的优越性："他种人好静，白种人好动；他种人狃于和平，白种人不辞于竞争；他种人保守，白种人进取。"①

从以上的简单勾勒中我们可以看出，由于戊戌变法的失败和庚子国难导致的屈辱结果，以严复、梁启超等为代表的清末维新知识分子，开始转向通过国民精神和品格的重塑来改变中国的命运。严复和梁启超的论调，对于向来以天朝大国自居的士绅来说，无疑起到了振聋发聩的作用，对于正在寻求变革出路的年轻一代，也具有很强的吸引力。20世纪初年，陈独秀、鲁迅、胡适等一代青年来到上海、南京等大城市学习时，梁启超宣传改造国民性的《新民丛报》等书报正风靡一时，上举三位学者都曾记述过他们当时如饥似渴阅读《新民丛报》，或接受康、梁思想影响的情形。胡适在二十多年后谈到梁启超对他的影响时，依然心潮澎湃地说："梁先生自号'中国之新民'，又号'新民子'，他的杂志也叫《新民丛报》，可见他的全副心思贯注在这一点。'新民'的意义是要改造中国的民族，要把这老大的病夫民族改造成一个新鲜活泼的民族……《新民说》最大的贡献在于指出中国民族缺乏西洋民族的许多美德。……他在这十几篇文字里，抱着满腔的血诚，怀着无限的信心，用他那枝'笔锋常带情感'的健笔，指挥那无数

① 中国之新民《新民说·就优胜劣败之理以证新民之结果而论及取法之所宜》，《新民丛报》第2期，1902年2月23日。

的历史例证,组织成那些能使人鼓舞,使人掉泪,使人感激奋发的文章。其中如《论毅力》等篇,我在二十五年后重读,还感觉到他的魔力。何况在我十几岁最容易受感动的时期呢?《新民说》诸篇给我开辟了一个新世界,使我彻底相信中国之外还有很高等的民族,很高等的文化。"①

在清末的国民性批判与国民性重塑中,梁启超是一个开风气的人物,他的思想影响了以后数代人:

> 总之,梁启超的国民理想看来对过去半个世纪来各个思想流派中的绝大部分中国知识分子都有着持久的吸引力,甚至在今天,它仍然是共产主义中国价值观体系的一个重要组成部分,从这一角度来看,在从传统到现代中国文化的转变中,19世纪90年代中叶至20世纪最初10年里发生的思想变化应被看成是一个比"五四"时代更为重要的分水岭。在这一过渡时期,梁是一位关键人物,他继承了晚清思想中儒家经世致用的传统,同时将这一传统固有的关切转变为以他著名的国民形象为标志的新的人格和社会理想,其思想成为20世纪中国意识形态运动的一个重要的和永久的组成部分。②

我们看鲁迅在日本留学期间所写的《文化偏至论》等,其中关于"立人"的思考和论述,与梁启超何其相似。

---

① 胡适《四十自述》,合肥:安徽教育出版社,2006年,第53—56页。
② [美] 张灏《梁启超与中国思想的过渡(1890—1907)》,崔志海、葛夫平译,南京:江苏人民出版社,1995年,第218页。

甚至到五四新文化运动时期,陈独秀《东西民族根本思想之差异》和《敬告青年》的论述框架及其对国民性的概括,都清晰地遗存着梁启超国民性思想影响的痕迹。

梁启超诚然是他那个时代的精神领袖,他的报章文体虽朝着通俗化的方向迈进了一大步,但却很难被识字不多的下层民众接受。白话报刊的创办者意识到半文半白的报刊文的局限,于是提出创办更为通俗的、口语化的白话报的主张。陈独秀、胡适等人正是在这一历史转折点上,通过创办白话报刊,充当了思想启蒙的接力棒和"二传手",将梁启超等先驱者的改造国民性的思想,转化为白话文,传达、普及到更广大的人群之中,并在五四文学革命中,由鲁迅带头,以更为诗意和哲理化的形式,提升了这一主题的思想和艺术内涵。

这样说,并不是要否认陈独秀、胡适在国民性批判问题上的独创性因素,而是说他们在这一跨世纪的改造国民性工程中,所扮演的角色、发挥的作用是不同的。梁启超的"新民"思想,其主要的接受对象在于中上层知识分子,而陈独秀、胡适等通过白话报刊"转译"的国民性思想,其主要的接受对象是下层民众,因而普及的对象更为广泛。

过去的文学史中,谈到现代文学中的国民性问题,仿佛是五四新文学独有的发现,其实客观来说,在关于国民性问题的思想谱系中,陈、胡所受梁启超的影响远大于他们自己的独创性见解。对于这一点,连文学革命的健将钱玄同也承认,梁启超实为"创造新文学之一人"。其实梁启超对他们的影响,远不止文学改良和文学革命,而是涉及新文化运动各个方面。

三　国民"病"的隐喻

自近代以来,随着中国屡遭西方列强的侵凌,这种挫败感逐渐转化为一种自我认知,国人对自我的评价开始变得颓废而病态,"病国""病夫"常常成为一种愤激的自我隐喻,乃至五四时期,这一表述仍屡见不鲜。以国民性批判最为用力的鲁迅,即以"病态社会""愚弱国民"来表达他哀其不幸、怒其不争的忧愤。

1901年的《杭州白话报》中,对西洋人将中国人称为"病夫"深感羞耻与不满:

> 我常看东洋西洋的书,他书上有的说,中国人是奴隶性质,中国人是无爱国心,中国人是病夫,中国人是贱种。我看见这许多丢脸的说话,由不得面红耳赤。[1]

《竞业旬报》刊发的一篇社论《说病》中,将中国描述为一个病入骨髓而又满身脓血的"病夫":

> 我本是地球上一个人,因为沾染了一种奇怪的病症,人人总把我唤作个病夫。唉,我好苦呀。我把我这个病源细细的说与诸位听听。我的祖,我的父,本

---

[1] 黄海锋郎《中国人》,《杭州白话报》第2卷第3期,1902年。

有一种疲软的暗病,传到我本身,这病根便深入骨髓。我原来是一个病种,在那少壮的时候,虽是内里有病,外面却要装作一个好汉。到得中年,那晓得竟不能支持了。也曾有些名医,替我斟酌许多方儿,无奈我自己不能决疑,我家中最可亲可爱的人,又不许我吃那名医的药。一误再误,遂把我这个病传染到各经。其初不过是神智昏迷,梦魂颠倒,终日里沉沉的睡着,还没有别的苦楚,渐渐的耳目也闭塞了,心腹也败坏了,言语也不能自由了,手足也不听我运动了。我这个灵魂恍惚也离了我的躯壳了。这还算是个内症。那里晓得又添了许多外症。这外症初起的时候,也不过是满身疮疖,到后来痈蛆并发,不是这一处流脓,便是那一处淌血。不是这一块挖去一块肉,便是那一处破一块皮。几几乎身无完肤的了。我当日虽是内里空虚,身体也还肥胖。到此刻被这些脓血淌成了一个骨头人身。诸位呀,你看可怕不可怕。这数年间,又生了一种附骨的蛆,满身瘙痒,没处捉摸。这蛆却也奇怪,到了夜静的时候,他便说起话来。[1]

这位病夫听医生说,不但他自家的性命难保,而且也要贻害子孙,于是他悔恨自己早不听医家良言,贻误治疗,以致病入膏肓。

在《竞业旬报》另一封“来函”中,作者又把中国比作

---

[1]《竞业旬报》第19期,1908年6月29日。

了"病院"：

> 中国一大病院也，四万万黄种呻吟其间。说者曰，有畿辅之太医在，无虑是，久之而太医不问也；说者曰，有省会之名医在，无虑是，久之而名医不问也；说者曰，有府州之良医在，无虑是，久之而良医不问也。是太医也，名医也，良医也，既置我病夫于不问，我四万万黄种，将抱此沉疴以长终也。岂知有灵素之上医在，时时过而诊视也。灵素云，上医治病于未形。旨哉言乎，旨哉言乎。若待膏上肓下，疾不可为之时，始怨参术之无灵，岂上医意乎？贾生云，天下之势，方病大瘇，一胫之大几如腰，一指之大几如股，平居不可屈信一二指。搐身虑，无聊久。今不治，必为痼疾。后虽有扁鹊，不能为已。此见微知著之上医，所以见而叹息，继之以流涕者也。我国民因循悠忽，苟且偷安，日复一日，年复一年，由少而壮，由壮而老，将有用之脑力，尽消磨于亡何有之乡。即令从此抖擞精神，尚恐不逮。况遭此八方之贼风虚邪，偏客于身半，而国民又苦其蹊蹊也。约而举之，国民有四，四者维何，士农工商也。士之顽固不可救药无论已；其留学东西洋暨中国学堂各生，动云科举，动云普通，只袭皮毛，不求实际。一旦衣外人服色，剪其发辫，诩诩得意，有不可一世之概……国民有此四病，即国民失此四业。外人窥我俱坐此病。凡业之可以驾我上者，务求达其目的而后已。中国二十余省，外人有二十余租界以制

之,漏卮莫塞,无时或已。中国之泉刀有限,何堪此外人吸精抽髓也。奄奄病夫,有不死亡者几希矣。同人忧之,有大声疾呼竞业者。因我国俱病失业,而他族之业,复蒸蒸日上,欲施起死回生之手,为四万万同胞下对症针砭,一药霍然而愈,起而与外人相竞。呜呼,旬报上医也,我国民庶其有疗乎! ①

1911 年,由"中日医学校友会"创办的医学刊物《医学新报》创刊号中,刊登了一篇名为《国病谈》的白话短篇小说。小说的题旨,是借主人公为推销《医学新报》,向民众宣传其救国的方略,但小说的情节与逻辑,却颇为有趣。小说的叙述者在街坊的一家茶馆里,偶遇一群谈论国事的茶客。这群茶客纷纷议论中国致弱的原因及救治之道,其中一位医生,仿照医学上的"诊候、预后、疗法"等来分析"国病"的原因及治疗的方案。听完这位医生的演说,众人质疑道:"先生说的好是很好,不过说的些法子,国民军非身体好的不能得力。兴实业非脑子好的不会改良。现在我国人,不是身子不好,就是脑子不好,怎么样能够做得到呢? 还要请先生再想一个容易点的方法才好。"这个说"国病"的人说道:"这很容易,只要大家知道讲卫生就好了。"大家说道:"我们倒也听见人家说过,但是到底用什么法则,就知道卫生呢。"那人拍掌大笑说道:"你们真呆,现在不是有了《医学新报》出来了吗? "大家听了都站起来

① 雪渔《致本会书》,《竞业旬报》第 18 期,1908 年 6 月 19 日。

说道:"不错不错,我们去买《医学新报》。"于是众茶客一哄而散①。

连专业的医生及医学杂志都如此热心于为救治"国病"而充当启蒙的喉舌,可见清末知识分子的危机意识与启蒙愿望之强烈。

既然国为"病国",民为"病夫",启蒙者当然多以"国医"自命,以实现"上医医国"的使命。

在1907年的《广东白话报》上,作者庐亚将白话报比作"圣药":

> 四万万人,个个都病敢样,冇离精神,摆出个病样响处。重想吾忍咩,究竟係乜野病,有得医冇呢。病源太多咯,有圣药响处都有得救嘅,乜野叫做圣药亚。白话报就係啦,讲出来好似好犯驳敢。唔信等我将中国人边等人受边等病,白话报点能究当得圣药嘛医好佢嘅原故,一五一十数俾列位听吓。列位听过,咪当我空口讲白话,依住去做,自然百病销除,重灵过牛时符。
>
> ……
>
> 总係记住细佬哥读过"世上无难事。人心自不坚个两句书,四万万人拼死去擂。冇话擂唔翻"。擂得翻,唔讲冇人敢话我係病夫,重要怕我至怕米贵添擂,个个阵时个个响自由自由世界处,扬眉吐气,边得重有

---

① 小谈《国病谈》,《医学新报》第1期,1911年6月16日。

病嚟呀。喂！兄弟，今日病成敢，后来好到敢，重话唔系白话报嘅功劳咩！任你笑我老鼠跌落天平自称自，我都死口白话报系救中国人病嘅圣药嘅嘑。①

　　清末的白话报刊多明确以"普及教育"和"开发民智"为目的，意在通过国民品格的重塑，进而改良社会，救亡图存。《竞业旬报》提出它着重关注的四个方面分别是振兴教育、提倡民气、改良社会、主张自治，其中每一项都涉及国民性问题。所以，该报在开办一周年之际，申明自己是胸怀"一片醒世的婆心"，希望同胞能够革除恶习和野蛮思想，爱祖国、讲道德、培养独立精神②。这些在今天看来已成常识的国民基本素养，在清末还是非常新鲜时髦的说法，因为它与几千年封建王朝统治对"臣民"的要求发生了巨大的转变。胡适在《竞业旬报》时期，既已认识到由造新国民到造新国家的逻辑，他呼吁同胞，"把那从前种种无益的举动，什么拜佛哪，求神哪，缠足哪。还有种种的迷信，都一概改去，从新做一个完完全全的人，做一个完完全全的国民，大家齐来，造一个完完全全的祖国"③。

---

① 庐亚《白话报系中国人嘅圣药》，《广东白话报》第 1 期，1907 年 5 月 31 日。
② 铁儿《本报周年之大纪念》，《竞业旬报》第 37 期，1908 年 12 月 23 日。
③ 希彊《本报之大纪念》，《竞业旬报》第 29 期，1908 年 10 月 5 日。

四　国民性批判和改造

许寿裳在《回忆鲁迅》一文中,谈到鲁迅在东京弘文学院时期对国民性问题的思考时说,他们常常一起所谈的问题是:(一)怎样才是理想的人性? (二)中国民族中最缺乏的是什么? (三)它的病根何在? 这大概也是清末思考国民性问题的一个普遍的思路,即首先诊断国民劣根性的种种表现,然后对照西方国民性,作为取法的依据,提出国民性改造的方案。

在清末的国民性批判思潮中,最令人触目惊心的是对国民劣根性不厌其烦的列举和概括。除了前举梁启超之外,邹容在他的《革命军》中也历数中国各阶层民众的奴隶根性,认为"革命必先去奴隶之根性"。在清末,国民性问题成为知识界广泛讨论的一个热点话题,是在20世纪初的最初几年里。这与义和团运动和其后不久爆发的日俄战争有着密切关联。前者暴露了从统治阶层到普通群众的愚昧蛮干,而后者则暴露了爱国意识的严重缺失。清末白话报刊大量创办之所以始于此时,正是因为这两次事件让知识界真正认识到国民性问题的严重性,于是,国民性问题的讨论,渐成一种社会思潮。

清末白话报刊对国民性的批判与思考,既有社论、专文进行系统论述和分析,但也见诸新闻报道、人物传记、诗词歌赋、小说杂谈甚至图画中的即兴发挥。

清末白话报刊对国民性的批判,因人、因时、因地而异。因为不同的启蒙者对国民性的认识本身存在差异。而在清末以来的历史演进中,国民性弊病也是随着数次重大历史事变逐渐暴露出来的。另外,不同地域的国民,因其民风传统、开化程度等因素的不同,其国民素质与觉悟程度,也都千差万别。但总体来说,从清末到五四时期,启蒙者对国民性问题的认识日趋深刻、批判的态度也日趋尖锐。

前引《杭州白话报》中的《中国人》,作者虽然引述西洋人批评中国人的奴性、无爱国心等缺点,但他并不认同。为了"大家抖擞精神,振作志气,好叫他外国人,不敢再笑骂我们中国人",作者辩解说,中国人有自治的习惯、冒险的性质、高尚的思想①。

清末民初的绝大多数白话报刊,与前述严复、梁启超相似,对国民性持负面评价和严厉批判的态度。《敝帚千金》基本上按照梁启超在"新民说"中确立的对国民性的论述框架,就国民性中爱国、合群、公德、独立、立信、尚实、竞进等方面的缺陷,展开全面而深入的批判。

鉴于陈独秀与胡适既是清末的白话报人,又是文学革命的发起人,而且他们从清末到五四时期,都对国民性改造有持续性的思考与论述,所以,接下来以陈、胡在清末参与创办的两份白话报刊为中心,来论述清末白话报刊对国民性的批判与改造设想。

---

① 黄海锋郎《中国人》,《杭州白话报》第 2 卷第 3、4 期,1902 年。

《竞业旬报》上傅君剑的两篇文章,在概括、总结国民性方面颇为全面、深入,可看作清末白话报刊对于国民性批判的总论。在《说民气的原质》一文中,傅君剑将中国的国民性概括为五点:萎靡、依赖、守旧、退让、怯弱。[①] 而在《改良社会吗,还是改良习惯吗?》一文中,他对国民性的诸项弱点进行了全面细致的描述。依作者的思路,改良社会的首要任务是先改良习惯,而要改良习惯则当先推究国民的"病根"所在。在傅君剑看来,中国国民的劣根性,既有"个人行为"("私德")方面的,也有"社会交际"("公德")方面的。"个人行为"方面的劣根性,表现为"懒惰""嗜好""妄想""迷信""苟安""依赖";"社会交际"方面的劣根性表现,有"繁文""诈伪""偏私""推诿""涣散"[②]。

清末白话报刊中关于国民性问题的论述,林林总总,形式多样,但如果我们对其作一归纳,其最突出者,约有如下四个方面:

(一)懦弱涣散,缺乏国家观念和尚武精神

清末白话报刊的大量创办,始于庚子之乱到日俄战争前后,因为这两次事件——战争或敌国入侵——所暴露出来的国民性问题,比战争失败本身要严重得多,使得国民

---

① 君剑《说民气的原质》,《竞业旬报》第 8 期,1907 年 1 月 5 日。

② 君剑《改良社会吗,还是改良习惯吗?》,《竞业旬报》第 2、3、4 期,1906 年 11 月 7、16、26 日。

劣根性被放大而引起知识分子的震惊。

1903 年创刊的《中国白话报》，其思想远比《杭州白话报》激烈，该报主办者林獬（白话道人）发表了很多措辞严厉的国民性批判。他认为百姓的主要事业有三：争国土的事业、争政治的事业、争种族的事业①。而这三项事业之所以做不出来，是因为中国人没有"国家思想"和"尚武精神"：

> 总归一句说话，如今我们做百姓的，不晓得这"国家"两字，到底是怎样解说，往往把国家当做皇帝的产业，随便什么事，都不去管理，所以弄到后来，那国被人家盗卖完了，侵占完了，他自己还在鼓里睡觉哩。
>
> ……
>
> 如今中国人，不是吃鸦片，就是做书呆，弄得腰都弯了，脖子也挺不起来，一些气力都没有，见了一个从九品的奴才官，都害怕得要命，见了一个吃几斤半鸦片的县差，也吓呆了。整日家也会做强盗打劫，待拿到衙门里，打二百大板，便满口里大老爷开恩呀，大老爷开恩呀。唉，你想这种怕痛怕打怕杀头的百姓，还有什么事共他好商量。②

钱玄同参与创办的《湖州白话报》，在 1904 年创刊

---

① 白话道人《做百姓的事业》，《中国白话报》第 3 期，1904 年 1 月 17 日。
② 白话道人《做百姓的思想及精神》，《中国白话报》第 4 期，1904 年 1 月 31 日。

号上刊登了一篇《说国家思想》的社论中,将中国人分为七派——混沌派、为我派、呜呼派、笑骂派、暴弃派、待时派、媚外派。作者愤慨道:"可恨啊,那外国人说,中国有四万万个人,足足有四万万个国。这句话是明明批评我们中国人只顾自己不顾国家的凭据。诸君,你看看国家公共的事情,百姓推官场,官场推皇帝,推来推去终究没有一个人肯替国家出力,所以现在弄得这样的不兴旺,受人家的欺侮,就因为这个毛病呢。"作者最后向国人恳求说:"诸君诸君,我看这七派的人,都是没有国家思想的,我又那里忍心说我们中国人,都是这种样的人吗? 我要叩求我们中国人,个个人把国家两个字存在心里才好。"①

陈独秀从清末以来一直作为革命者而从事于启蒙活动,所以他对国民国家意识的缺失和爱国心的淡漠深有感触。他在《安徽俗话报》中讨论最多的当属此类。他在《说国家》一文中,历陈他如何由于甲午战争、庚子国难的刺激,而萌发的国家意识:"我十年以前, 在家里读书的时候, 天天只知道吃饭睡觉。就是发奋有为,也不过是念念文章,想骗几层功名,光耀门楣罢了。那知道国家是什么东西,和我们有什么关系呢。到了甲午年,才听见人说有什么日本国,把我们中国打败了。……我生长二十多岁,才知道有个国家,才知道国家乃是全国人的大家,才知道人人有应当尽力于这大家的大义。我从前只知道,一身

---

①《说国家思想》,《湖州白话报》第 1 期,1904 年 5 月 15 日。

快乐,一家荣耀,国家大事,与我无干。那晓得全树将枯,岂可一枝独活,全巢将覆,焉能一卵独完。自古道,国亡家破,四字相连。若是大家坏了,我一身也就不能快乐了,一家也就不能荣耀了。"他认为世界上那些已经灭亡的国家,"都因为是那些国的人,只知道保全身家性命,不肯尽忠报国,把国家大事,都靠着皇帝一人胡为。或倚仗外人保护,或任教徒把持,大家不问国事,所以才弄到灭亡地步"。而西洋民族,"人人都明白国家是各人大家的道理,各人尽心国事,弄得国富兵强,人人快乐,家家荣耀"。"所以现在西洋各强国的国民,国家思想,极其发达"[1],"而我中国昏昏然无国家思想,不知国家为何物者,凡五千年。夫不知国家为何物,其弊在不知主权为何物,不知主权为何物,遂养成今日无识无知半生半死之人民"[2]。

正是由于陈独秀们意识到国家意识的缺失,才是造成中国危亡的原因,所以他们一再对此加以批判。陈独秀说:"依我看起来,凡是一国的兴亡,都是随着国民性质的好歹转移,我们中国人,天生的有几种不好的性质,便是亡国的原因了。第一桩,只知道有家,不知道有国。"[3]《安徽俗话报》第 12 期刊登了一则题为《可怜在辽阳的中国人》的新闻:"辽阳一战,日本攻城的炮,太觉猛烈,当时我们中国

---

[1] 三爱《说国家》,《安徽俗话报》第 5 期,1904 年 6 月 18 日。
[2] 吴景被《国家论》,《竞业旬报》第 12 期,1908 年 4 月 21 日。
[3] 三爱《亡国篇·亡国的原因》,《安徽俗话报》第 17 期,1904 年 12 月 7 日。

人,在辽阳逃避不及者,多被炮弹炸死。据上海红十字会得来消息,言死者共有两千多人,伤者有两千人。这些人无缘无仇,白白被人家炸死炸伤,你道可怜不可怜? 然而中国人实有取死之道。因为现在世界,尚是一个淫杀的世界,若不能人人当兵共保国家,就不能够有国家保卫,那就要被外国欺负了。"① 这则报道,又让人想起鲁迅那句"凡是愚弱的国民,即使体格如何健全,如何茁壮,也只能做毫无意义的示众的材料和看客,病死多少是不必以为不幸的"。可见先驱者们对国民劣根性的愤慨何其相似。

日俄战争期间,俄军将中国六千居民赶进黑龙江淹死,戏曲《薛虑祭江》借主人公薛虑之口,一方面对被难同胞深表同情,但同时,对他们平日对国事袖手旁观、漠不关心深感悲愤。他认为这场惨剧是中国人自造的冤孽:"自古道,天作孽,孽尤可逭,是这等,自作孽,死所当然。"② 汪笑侬所编戏曲《新排瓜种兰因》第八场,有一波兰卖国贼名叫王国奴,他的祖国和土耳其正在交战,但他却从中大发国难财,且说:"人家说这是国家的事,与着我小百姓什么相干……虽是国家事,不与俺小百姓什么相干,俺小百姓倒要在这国家事里发点财了。"③ 同样,在戏曲《胭脂梦》中,到"铁血村"从军抗俄的女子张阆权,对中国人"有钱的只知护私产、当官的只知饱私囊、读书的只知做文章、为商的

①《安徽俗话报》第 12 期,1904 年 9 月 24 日。
②《薛虑祭江》,《安徽俗话报》第 14 期,1904 年 10 月 23 日。
③汪笑侬《新排瓜种兰因》,《安徽俗话报》第 12 期,1904 年 9 月 24 日。

只知争微利"的自私行为大加批判,她说:"这都是中华文明受病处,表与列位听一番。国家兴亡都有责,莫说国事我无关。"① 《安徽俗话报》第 5 期两则"闲谈",都是讽刺国人毫无国家观念和爱国心的。第一则《卫太太的信》,讲述甲午战争时,中国一名叫卫汝贵的大将,其妻写信要他保重身子,且莫拼死打仗。汝贵听从妻子的劝告,打仗时果然带兵逃跑。这封信后被日人所得,挂在日本女学堂里,以警戒日本女子:"不要学卫太太一样,只知道爱惜丈夫,不知道爱惜国家,以致丧师辱国。"另一则"闲谈"题为《国是皇上家里的》,说在上海有位法国人和一位中国王姓进士聊天时说道:"我向你要一件东西。"进士公道:"你要什么?"法国人道:"我要你的国。"进士公道:"国不是我的,国是皇上家里的。"所以这位法国人教训道:"贵国人把国当作皇上家里的私产,人人不知道爱惜,所以要被各国瓜分了……贵国四万万人,要都像你说道,国不是我的,那贵国到底是谁的呢? 我看贵国,一定要归外国人所有了。"而王进士关心的是中国归了外国以后,是否可以考进士。王进士的这一关心,不但遭到法国人的嗤笑,也挨了一位做工的粗汉子的迎面一巴掌。那位工人痛骂道:"等到灭了我们的国,你这无耻的狗奴才,还想考进士吗? 看可怜我堂堂的中国,就送在你这班无耻的狗奴才手里了。"②

①皖江忧国士《胭脂梦》,《安徽俗话报》第 19 期,1905 年 6 月 3 日。
②《安徽俗话报》第 5 期,1904 年 6 月 18 日。

对国民性的这一缺点有了清醒的认识后,他们遵循梁启超提出的思路,一是用现代精神重新阐释具有强烈爱国意识的历史英雄,以唤醒民众的国家意识;二是介绍东西洋各民族的爱国意识和国家观念,作为民众仿效的对象。

在发掘中国爱国传统思想意识方面,清末的大多数白话报都做了很多努力,陈独秀、胡适参与其事的《安徽俗话报》和《竞业旬报》都用力甚勤。《安徽俗话报》"历史"栏提出要把"从古到今的国政民情圣贤豪杰细细说来给大家做个榜样"。陈独秀所作《中国历代的大事》《中国兵魂录》和《东海兵魂录》,还有传记《木兰》《朱元璋传》,用中国历史上无数为国捐躯的勇士事迹,激发国人的尚武精神和爱国精神,并将日本人尚武轻文的"大和魂"精神介绍给国人,以资借鉴。

《竞业旬报》刊登了大量历史人物传记,如《岳飞传》《王越传略》《中国伟人冉闵传略》《张巡传略》《中国爱国女杰王昭君传》和《历代史略鼓儿词》等,竭力从民族历史传统中发掘爱国意识。胡适在《竞业旬报》上不仅大力表彰中国历代的爱国英雄,还着力介绍西方的国家意识和尚武精神,他称颂法国女英雄贞德,说她"有一种天生的爱国心",并且表示,"我很望我们中国的同胞,快些起来救国……我又天天巴望我们中国快些多出几个贞德"①。

---

① 适之《世界第一女杰贞德传》,《竞业旬报》第 27 期,1908 年 9 月 16 日。

国民性批判本来是受到中外国民性强烈对比的刺激而提出来的，但在这一进程中所发生的事件，又强化了国人对劣根性的自我认同。《竞业旬报》第15期的"译丛"中的一篇文章，讲述了日俄战争期间，一位日本囚徒被判死刑，他的妻子变卖首饰后到狱中与丈夫饮酒诀别，不料却遭到了丈夫的痛斥："你但知道你一个我一个，你知道有国家吗？你但知道我们一个死一个活，你知道国家今日的死活吗？我们日本国今日到了什么时候了，俄罗斯是世界第一大国，日本财力兵力，均非其所敌手，近日已是山穷水尽草枯粮绝。旅顺若不顷刻立下，我国家进退失据，不知将来如何结局了，危及存亡，在于此日，我那有工夫计算我的生命呢！且钞币者国家的钞币，不是我一人私有的，国用紧急，到了这样，我还不拿去报效，直至临死的时候，犹自浪费国家的钱财，那真是死有余辜，一命不足以相偿了，速速将这些东西拿去助军饷，也偿了我一份志愿，也灭了我一份死后的罪名。你不负我的说话，乃真算我的贤妻啊。"这位囚犯的妻子对于丈夫的表现深感自豪，于是将打算买酒的钱捐作军饷。但当她在家中等待丈夫的遗体时，又收到了他的遗言，嘱咐将自己的遗体捐给医院作解剖的材料，"说什么死要死得有用，不可将这有价值的形体，供那蚂蚁的食品，又不可将这无价值的形体，徒然占据了一穴公地，我死囚也就死得干净了"。有感于这个故事对国民具有的深刻教育意义，译者在"著者识"中，特意借题发挥说："中国人素无国家思想，不知国家是什么东西，连那些衮衮诸公,都是如此,不要问诸公以下的人了。所以把堂堂中国,弄到这么样了。……把我中国衮衮诸公看看,且把我中国衮衮诸公以下的人看看,能悬他做个榜样就好了。"①

总之,对国民缺乏爱国意识的批判,正是为了培养他们的国家思想。诚如吴景裴所言:"吾请正告我同胞曰:自今以往,我中国国家之人民,人人要起国家思想。无国家思想者,即非我国家之人民。国家思想若何?国家者,人民之国家;土地,人民之土地;主权,人民之主权。人人有主权,人人勿放弃,人人勿推诿。有害我人民侵我土地者,是谓夺我主权。夺我主权者,群起而力攻之,斯可称为完全独立之国家。"②

(二)麻木冷漠,缺乏同情心和责任感

近代中国经历了历史上少有的内外交困的时期,如果说自1840年鸦片战争以来列强的多次入侵,揭示了国民爱国意识的缺失。那么,与"外患"相伴而来的"内忧",则将国民的冷漠、无情暴露无遗。近代中国社会动荡,多灾多难,正需要各方民众的患难与共、相互扶助,但事实恰恰相反,普通民众表现出来的对他人痛苦和不幸的麻木不仁,则说明现代国民素质亟待提高。

---

① 心石《死囚爱国》,《竞业旬报》第15期,1908年5月20日。
② 吴景裴《国家论(续)》,《竞业旬报》第13期,1908年4月30日。

即如前文所说，清末的中国人，经历了一个由"臣民"到"国民"的身份转变，这个转变，也意味着角色和责任的转变："我们做百姓的人，既然得了一个主人翁的名目，莫非可一生惟好静万事不关心么？自然有一种绝大的责任，压在我们做百姓们的身上，逃也无可逃，推也无可推，除了齐心协力，一直做去，更无别法。"① "我们中国的百姓，今朝闹到这种地步，一半是政府的过处，一半也是百姓的过处。为什么说一半是百姓的过处呢？凡是做百姓的，本来是一国的主人翁。主人自己放弃了责任，任凭他人作贱，闹得土地也失去了，财产也干没了，一切利权兵权，都掉失了，政府中人固然不能无过，那我们做百姓的，莫非可推却无过的么？"②

所谓同情心和责任感，它大可及国家民族大义，小至生活中的言行细节，总之，它是一个人对于他人与社会关爱程度的体现。

1908 年，无锡《白话报》将这种精神分别概括为"公益"和"公德"：

> 在下今有几句话，要告诉地方上富家中等人家穷苦人家，大家把地方上公益事件，不要看了太冷漠，好像是别人家事，与自己没相干，需要晓得公益两个字，是共同受益的意思。地方上人个个受着这益处的，能

---

① 《论中国百姓的责任》，《杭州白话报》第 2 卷第 32 期，1902 年。
② 《论中国百姓的责任》，《杭州白话报》第 2 卷第 33 期，1902 年。

出钱的出钱,能出力的出力,替地方上造出公共的福利来,保全一家家人家的财产,保全一家家人家的性命,救了别人,还是救了自家。列位把身家与地方的关系都看出来,便晓得地方的事,就是自己的事,再不肯推脱着,闲坐着,遗害子孙了。[①]

　　欧美人最讲究的公德,无论花园里,客栈里,市场里,同那一切公同地方,没有不收拾得洁洁净净。见有狠好的花草,从没有攀折一枝的。见有狠好的装饰品,从没有糟蹋一点的。行人旅客,没有不少敬老,男让女,强辅弱,众助寡的。来来往往,非常热闹的场处,都是整整齐齐安安顿顿,要像我们中国这个纷纷扰扰挤挤轧轧凌乱得极的一种样子,确是没有的。现在我们中国人,到了公园里去走走,看见了花开得好,你一枝,我一枝,都要闻闻香。住了客栈里头,嘻嘻哈哈,不管隔房住客闹个不了。至于热闹地方,都是涕涕吐吐,满地乱唾。不管人家讨厌,碰到了挤轧的时候,你抢我夺,那个占先就是得着。那轮船里,火车里,种种不道德的事情,真正令人气死。要破除这种样的习惯,必得人人要知道公德两字,处处存公德心才好。[②]

作为"竞业学会"的机关刊物,《竞业旬报》努力践行

①《身家与地方的关系》,《白话报》第 1 期,1908 年 11 月。
②保三《公德》,《白话报》第 4 期,1909 年 3 月。

它"改良社会、提倡民气"的宗旨。该报经常报道各地发生的自然灾害以及社会各界的赈灾活动,该学会成员也常参与赈灾活动,他们对普通民众在灾难面前的表现,多有感触。

一个例子是,在广东、湖北、江南、江北等地发生水灾风灾后,胡适在《上海的中国人》一文中,大力号召同胞"竭力捐助些洋银,好去赈济赈济,救得一人便尽了一份责任,多救一人,便多尽了一份责任,也不枉咱们做了多少年的同胞"。但是当他发现"那一处不是笙歌盈耳,车马满途……一个个穿绸穿缎,欢天喜地,饮食醉饱,那里有一点儿的悲怀,那一个肯哀怜我们那几千几万最苦恼最可怜的同胞"时,他愤怒地质问道:"不晓得他们可有心肝,要是有心肝呢,应该不致如此,大约他们那心肝,或者不是人的心肝罢了。"①

胡适对国民性的批判,虽然是作为报人的理性思考,但他的这些论述,往往来自现实的刺激。1908年10月29日,在长江江阴段,"泰宁"号轮船撞沉"大新"号轮船后,不仅见死不救,更令人不齿的是,祥茂船局员工居然诓骗前去实施营救的江阴知县,导致"大新"号乘客无一人获救。闻知此事,胡适愤怒不已,挥笔写下题为《中国人之大耻》的社论,他说:"我想那泰宁船上的人究竟是人呢,还是禽兽呢? 禽兽对禽兽,尚且有一些恻隐之心,同在一家的

①适广《上海的中国人》,《竞业旬报》第24期,1908年8月17日。

猫儿狗儿,尚且相互救护,何况同国的同胞呢!"中国人之屡被外人所讥诮,"都只为中国的人,不晓得你爱我,我爱你,总是一盘散沙似的",他说自己"并非哭那一百零八人,哭的是这人那么多地这么大的祖国呀!"①

胡适在胪列令人可憎可悲的国民劣根性典型的同时,也为我们呈现了一些正面的国民形象,以为国民性改造提供效法的榜样。在同期的《竞业旬报》上,胡适为我们呈现了一个与"上海的中国人"形成鲜明对比的小贩顾咸卿,他因与光天化日之下在上海大街上抢劫的歹徒搏斗,而牺牲了自己的性命。胡适称赞顾咸卿"是不怕死的好汉、慈悲的仁人君子、见义勇为的英雄",相较于多数"隔岸观火"的麻木庸众,他虽为普通人群的一员,但其人格高尚而令人钦敬。

胡适笔下类似的国民"榜样",还有中国公学创办人姚洪业。早年在日本留学的姚洪业,曾经组织、参加过拒俄义勇队。后因"取缔清国留学生规则"愤而回国,在上海创办中国公学。二十多岁的姚洪业因公学筹款无着跳河自尽,以期唤醒世人的同情而挽救中国公学。胡适是当年深受姚洪业这种以命殉教精神的感动,而进入中国公学读书的,他称赞姚洪业是"把他的生命来殉他的责任"的人。姚洪业的遗书,在他死后曾风靡一时,感动过无数像胡适一样的青年,姚洪业在遗书中说:"我这一死,一来呢,劝劝同事的人,大家担点责任罢! 二来呢,劝劝四万万同胞,

①铁儿《中国人之大耻》,《竞业旬报》第36期,1908年12月14日。

大家可怜我为国而死,爱爱国罢。三来呢,劝劝同胞,可怜我为中国公学而死,捐助捐助中国公学罢!四来呢,留一个好榜样给全国的同胞,使他们晓得,做国民的便应如此,办事的更应如此。五来呢,使人家晓得责任比生命重。"[1]

《安徽俗话报》对国民麻木冷漠的批判,往往是借题发挥。署名"蕋照"的作者根据《木兰辞》改写的木兰代父从军的白话故事,意在激发国人爱国尚武的精神,但在写到木兰行军至黄河岸边,听到黄河流水溅溅而思亲落泪时,作者对此大加发挥,认为木兰这几点思亲的泪,都是从多情上生出来的,而现在我们中国弄到这样子,是"因为现在的风俗,实在浇漓,中国的人,说起来虽然一共有四万万,但是大半的人全然没有情意,好像木石一般,就是有了几个人,要想出来,设个法子救国,也没有人去帮衬他,中国现在人的情意,不如古人远了"[2]。署名"饬武"的作者在《安徽俗话报》上讲儿童教育问题时谈到儿童的"慈善性",说小孩子们"看着疲癃残疾的人,断没有个不叹息的,看见宰杀牛羊的事,断没有个不怜悯的。唉!这一点儿性质,扩而充之,异日爱同胞,爱万汇,就是那大人不失赤子之心的话咧!"[3]

戏曲《康茂才投军》虽是历史剧,却传达了现代的国

---

[1] 铁儿《姚烈士传》,《竞业旬报》第 20 期,1908 年 7 月 9 日。
[2] 蕋照《安徽名人传·木兰》,《安徽俗话报》第 8 期,1904 年 7 月 27 日。
[3] 饬武《家庭教育》,《安徽俗话报》第 12 期,1904 年 9 月 24 日。

民理念："想人生,谁不有,国民义务。焉能得,轻权利,委命胡辽。我同胞,这责任,本该分晓。岂任他,亡种族,把祸来招。我虽是一布衣,断不肯求官禄,蜷伏昏朝。"①《安徽俗话报》上一封署名"中国人"的来信,向读者这样解释、宣传国民应有的权利和义务思想:"(义务)是个人对于国家分内应当做的事体,应当担的责任。一国的人,上至皇帝,下至平民,各有当尽的义务,那一个不尽忠替国家办事,都是不尽义务。不尽义务,便是叛逆。"②对国民权利和责任意识的强调,是为了培养国民自治的能力,这与竞业学会"主张自治"宗旨相吻合。所以《竞业旬报》的主编傅君剑说:"我们中国人,于权利责任的道理,从不讲究,所以不能自治的人很多。下流社会不能自治,不为强盗,即为乞丐;上流社会不能自治,不为民贼,即为奴官。奴贼奴官遍于上,强盗乞丐遍于下,这还成个什么国呢?"③

清末民初的白话报,希望能将现代国民思想与观念普及给大众,劝导他们勇于担当,恪尽义务。为了完成好这一使命,这些白话报动之以情,晓之以理,甚至以"因果报应"的迷信说法,来警诫那些不肯承担义务的国民:

世界上的人,无论富贵贫贱,总不能长生在世,

①《康茂才投军》,《安徽俗话报》第 10 期,1904 年 8 月 25 日。
②《奉劝大家要晓得国民的权利和义务》,《安徽俗话报》第 21、22 合期,1905 年 9 月 13 日。
③ 君剑《权利责任浅说》,《竞业旬报》第 7 期,1906 年 12 月 26 日。

到底同是一死。不过有死的荣耀,死得羞辱的分别罢了。昨晚我正在那朦胧的时候,突见一冤冠朝服,绝似王者的,端坐堂上,在那里判断事情。我便疾趋而进,见有五人在旁待质。因即站立阶前,听彼审判。

逾时,王者传彼五人至殿前,问彼生前事。一人曰,我生前的志向,不想谋个人的私益,总想为同胞去恶毒。我的事情,虽未做到,徒然送掉了一条性命,我一生的义务,却也尽了。王闻其言,非常尊敬,便差人招待他到天堂上去了。一人曰,我生前虽未能做国家的大事,不过尽些微的桑梓义务,地方上的人,虽不甚称颂我的功劳,到底也没有人说我的坏话。王闻此言,亦相敬以礼,留他在冥司里头办公事了。一人曰,我生前最讲究的,是慎重二字,地方上的事,虽亦想要去做,总怕时机不到,不易成功,等三等四,等了几十年,不知不觉,精力渐渐衰弱,不要说是做事,就是行动也觉为难,日复一日,竟一口气转不过来,就此呜呼哀哉。现在懊悔,已经来不及了。王者说道,你这个事,是最不好的,你还不是在世界上混了一世吗?冤枉做一个人吗?不过你的心,总还可以原谅,姑且准你再去做一世人。但是万万不可再是怕生怕死,不做事情,袖手旁观,负了做人的责任呢。一人曰,我生前是做官的,遇事均极驯谨,并最尊敬上司,牢笼百姓。于借外债,平内乱等事,最算得力,所以屡蒙上司恩奖。虽则百姓心中,都怨恨我,我对皇帝一个人,到

底也是尽忠竭力的了。王者闻言,大骂道,你在世上
作了奴隶,助桀为虐,侵害平民,到死还不晓得惭愧,
在这里夸张功劳,真是个死不要脸的东西。你既是喜
欢做奴隶,罚你去变牛马罢了。一人曰,我生前是没
有钱,也没有别的本事赚钱,只听得人家说,做侦探的
好,薪水最厚,我所以一心一意去做侦探,便不能顾全
我的同胞了。王者闻此言,大怒曰,你这个东西,真是
没有人格。现在我们这里,本是法律改良,长久不用
这些极残酷的刑罚了,但是你在世界上的时候,所做
的事情,无奈恶到极处,不能不用野蛮刑罚待你。若
罚你做禽兽,禽兽犹知爱同种,你真个是禽兽都不如
的东西了。当饬小鬼推他到尖刀山上,后又把他推下
油锅去煎。以为不把他立刻致死,恐怕他的恶气,又
要传染了人,所以不得不这样办法的了。

　　少顷,又有一群来。王问曰,你们都来做什么?
生前做什么事? 众答道:我们生前,是最守规矩,无论
什么事情,都不干预。他们讲共和,我们也跟他讲共
和,他们讲立宪,我们也跟他讲立宪。我们是遵守古
人的话,不在其位,不谋其政。我无官守,我无言责。
不敢讲起时事,惟有闭口读书,张眼看人做事。所以
那提倡社会主义,主张共和的,固然是不得骂我;那
醉心立宪的,也无从用我。生在世上,倒也颇觉快乐,
可惜我们的命均不长,不过混了几十年,便即病死了,
我们现在来国王殿下,求国王老子,再发放我们出去

做人,第二世里,总也是这样规规矩矩的。王者大怒曰,世界上最坏的,就是你们这班东西,亦只有你们这班东西最狡猾。看那一面胜,就做那一面的孝子顺孙,摇头摆尾服从他们了。此时若要你们去做事,你就要把"无学问不能做事"这句话来借口,并且还拿古时候的腐败不堪的话来讲,真是死不怕丑的。尤可恨的,你们口里,只晓得讲这些腐败不堪的话,那些天下兴亡,匹夫有责的话,你就不晓得了。世界新发明的科学,你就晓得研究去赚钱,那国民义务,怎样方可以尽,你就不晓得研究的了。倘若通国的人,都像你们这个样子,一切事情,还有谁去干呢?你们这样阴刁,还要引用那古人书句去哄人,真是十恶勿赦的了。除枷号三月示众外,罚你们到下等动物里做个蠢虫,遂了你们的心愿罢了。案既决,王者遂退位,予亦出门去。

行至半途,见茶馆中非常热闹,予便信步上前,择桌啜茗。

未几,有一群人来,坐于予桌之邻近,评论顷判之一案。痛骂贪生怕死及不担责任的人,而称赞舍生取义为国死的这几个人。那时,我在旁边,听了这席评论,十分满足,拍手称美,正在起劲,两手相触,过于猛烈,非常疼痛,便即警觉。[1]

---

[1] 觉后人《讲死后的荣辱》,《竞业旬报》第 11 期,1908 年 4 月 11 日。

其实这是一篇非常有趣的小说,从立意到构思和情节,在清末白话报上的小说中,可算是上乘之作,但不知为什么被放在了"谭丛"栏目里。在国人眼中,阴曹地府俨然人间世界,有自己的权力体系。手握生死大权的阎王爷向来被看作地狱的最高统治者,但该文作者却突发奇想,让向以面目狰狞恐怖著称的阎王爷,来扮演知情达理、铁面无私的国民性的"判官"。他将这些生前为民谋利、惠及桑梓、勤谨做事的鬼魂,或送入天堂,或留冥司做事,或发回人间重新做人;而对那些生前鱼肉百姓、奴性十足、作恶多端的鬼魂,则或处以酷刑,或罚作畜生。作者利用国民普遍的迷信鬼神心理,将改造国民性这一现代命题融入善有善报、恶有恶报的因果报应体系之中,以使人们产生敬畏,从而达到劝勉效果。作者为达到改造国民性之目的,其构思之巧妙、用心之良苦,令人惊叹。

国民的麻木冷漠,表面上看是"事不关己,高高挂起"的自私态度,但它在深层次上,反映的是国民对于他人和社会缺乏必要的爱心与责任感。这种缺失,在王朝体制中并不引人关注,但在现代民主社会中,由于民众的社会地位和承担的社会义务的变化,就显得尤为重要。博爱、责任感于是成了现代公民的一项不可或缺的素质。

清末的白话报刊,对国人爱心的缺乏,有着深刻的认识。1904—1906 年的《敝帚千金》刊登过四篇讨论"爱

德"的文章,认为中国的败落,是与爱心的缺失有关:

> 如今中国世道人心,败坏到这步天地,那里头的缘故,不止一端,我一言超百总下一断语,就是无爱德三个字。这个话,我想不以为然的人很多,听我略略的讲一讲。在上的人若是有爱德,看见天下有一个人不得其所,他心里着实的不安,一定要想法子教他不受饥寒,不受痛苦。推广这个不忍的心,凡是与民有益处的,必要设法兴起,有害处的,必要设法绝除。有视民如伤的心……①

> 嗳呀,这个爱德,是我们中国最缺少的一样要紧的事情。人没有爱德,就如同花草没有水一样,自然就枯干了;人有爱德,就是大公的心,我得了好处,也愿意别人一齐得好处;别人的苦处,也如同我的苦处一样。大家都有这个意思,中国怎么会不强呢?②

与《安徽俗话报》一样,《警钟日报》(前身为《俄事警闻》)也是有感于沙俄侵占中国东北的危机而创办的。该报在日俄战争期间,大量报道日俄两国侵略中国,给中国的老百姓所造成的苦难,同时也揭露了清政府的腐败无能与民众的冷漠麻木。

图 7-3 中,日俄士兵在抢夺中国人的财物,而中国的官员却向日俄两国跪求"局外中立",中国的"国民"则在一

---

① 《无爱德》,《敝帚千金》第 2 期,1904 年 5 月。
② 《讲爱德为同群大有关系》,《敝帚千金》第 2 期,1904 年 5 月。

侧酣睡不起。

图 7-4 中，俄兵在东三省焚烧房屋、杀戮百姓，而中国百姓则酣卧被中。

图 7-3　《局外中立》，《警钟日报》1904 年 3 月 19 日

图 7-4　《时事漫画·第二图》，《警钟日报》1904 年 4 月 4 日

鲁迅在留日期间，之所以发生由希望救治国民的"身体"到转向救治其"精神"愚昧，就是受到日俄战争中所暴露的国民麻木冷漠的刺激。学界原来对鲁迅自述的"幻灯片事件"多有质疑，认为是其虚构的故事。近来的研究，由于旁证资料的发现，部分学者考证"幻灯片事件"，乃是实有而非虚构[①]。《警钟日报》上发表的这些反映国民愚昧麻木的图画，并非作者杜撰，而是来自当时新闻报刊的战事报道，有的甚至来自真实的照片。这从日本随军摄影记者三船秋香1909—1914年出版的《满洲驻扎军纪念写真帖》《碧血的满洲》可得到确证。

鲁迅后来之所以走上"弃医从文"的道路，从他所述及的"幻灯片"事件可知，就是有感于国人的冷漠麻木、缺乏爱心。另外，在五四新文学中，确实出现了像冰心这样的一些作家，他们希望用"爱"和"美"来改造人心，美化社会。这种启蒙的思路，与清末白话报刊中的国民性批判，是一致的。

（三）信鬼神，听天命，缺乏竞争意识和进取精神

虽有部分启蒙者借迷信思想观念，劝诫百姓弃恶从善，做一合格的现代国民。但迷信思想本身与科学思

[①] 如罗义华《"幻灯片事件"与精神胜利法——从一个新发现的旁证出发》（《鲁迅研究月刊》2018年第11期）、程巍《日俄战争与中国国民性批判——鲁迅"幻灯片"叙事再探》（《山东社会科学》2018年第6期）。

图 7-5　三船秋香《露探の斩首》(《满洲驻扎师团纪念写真帖》)

想、民主精神格格不入。要进行国民性改造,培养一代新民,破除迷信思想与行为,即是当务之急,也是基础性工作。

　　因此,在众多的白话报中,我们可以看到,从社论、新闻到各式文艺作品,都在不厌其烦地反对迷信。《安徽俗话报》连载了四期《续无鬼论演义》的"来文",对人们迷信偶像(菩萨)、魂魄、妖怪、符咒、风水、谶兆的心理,用现代科学的道理逐一进行解释。《竞业旬报》也有两期《新无鬼论》的社论。作为白话报主持人的陈独秀和胡适,都对此不遗余力地进行攻击。陈独秀将"敬菩萨"看作国人的一大"恶俗"而加以批判,他劝国人"不如将那烧香打醮做会做斋的钱,多办些学堂,教育出人才来整顿国家,或是办些开垦、工艺、矿务诸样有益于国、有益于己的事"①。陈独秀

①三爱《恶俗篇·敬菩萨》,《安徽俗话报》第 7 期,1904 年 7 月 13 日。

还批判了迷信天命的思想,认为历代的统治者为了维护其统治的合法性,大力宣扬君权神授、奉天承运的愚民思想,使老百姓"只知道天命,不知道尽人力","我们中国人,无论何事,都是听天由命,不知道万事全都是靠人力做成的,因此国度衰弱到这步天地,还是懵懵懂懂说梦话,说什么天命如此,气数当然,人力不能挽回"。他号召国人振作自强,用自己的行动改变个人和国家的命运。他说:"天地间无论什么事,能尽人力振作自强的,就要兴旺;不尽人力振作自强的,就要衰败。大而一国,小而一家,都逃不过这个道理。"①

从《竞业旬报》上的文字来看,胡适确实无愧于破除迷信运动的健将这一称号②。他在《竞业旬报》"谈丛"栏目中连载了四期的《无鬼丛话》,发表了一篇社论《论毁除神佛》,都是专门破除迷信的。另外,小说《真如岛》、科学小品《地理学》《说雨》,也有很多内容是反对迷信的。

在中国近代知识分子的改革思路中,引入西方科技文明,被认为是拯救中国的不二良方。但当西方科学发展到引领全球之际,大多数中国人却还普遍生活在迷信思想观念支配之下。对于近代中国而言,要接受科学技术和科学精神,面临很多障碍,但其中之一,便是迷信思想。另外,

———————

① 三爱《亡国篇·亡国的原因》,《安徽俗话报》第 19 期,1905 年 6 月 3 日。

② 蔡乐苏《竞业旬报》,《辛亥革命时期期刊介绍》第三集,北京:人民出版社,1983 年,第 297 页。

鬼神迷信的普遍存在,将人置于神的统治之下,要建立现代民主国家,就必须将人从神的统治中解放出来,将他们培养成具有独立人格的现代国民。

国人的迷信思想,一方面给启蒙者提供了一个将"他者"(西方)的评价("野蛮""愚昧"等)当作自我认同的证据,同时,也为国民性批判提供了内在的动力。在不少启蒙者眼里,迷信鬼神就是中国不能进化的障碍:"……但是现在的人,信鬼怪的很多,不信鬼怪的很少,看官,这就是中国人不文明的凭据了。大凡文明的人,遇着一件事,必然去仔细考究考究明白,才敢信以为真,这就叫做文明。至如野蛮的人,他的心思极粗,遇着一件事,不能仔细去考究,耳中听见人说,心中就一味相信。"[1] 这是从小的方面说,若从大的方面来说,迷信思想祸国殃民,毫不夸张:"凡人祸福,皆自己求之,而愚者不察,乃归功造化。然此犹乐天安命之说也,甚者乃佞神以求福免祸,其居心之污下,宁复有伦此耶。数千年来,旧习中人至深,遂至全国上下,道德日漓,而进取思想更沦丧久矣,国亡种贱,皆此种恶习阶之厉也。"[2] 所以,从根本上毁除神佛,才能扫除进化的障碍,铲除奴隶性的根源:"神佛不毁,总有求神的,我们同胞那一种靠天吃饭的恶脾气总不会改的,这是进化的大障碍,列位万不可不晓得,这便是养成

---

① 《安徽俗话报》第 15 期,1904 年 11 月 7 日。
② 适之《无鬼丛话》,《竞业旬报》第 25 期,1908 年 8 月 27 日。

奴隶根性的大害处。"①

于是,解放被鬼神和迷信思想奴役的臣民,培养具有独立意识和进取精神的新国民,成了启蒙者不得不面对的时代课题。正如胡适所呼吁的:"我们堂堂地做个人,怎么低头叩首的去求那泥塑木雕的菩萨,去求那已死的死人,岂不可耻!"②

破除迷信这一启蒙主题,在五四文学革命及其以后的新文学中得到延续和强化。尤其是在鲁迅等人创作的乡土小说中,有深刻的表现。但这一启蒙任务的完成,绝非只靠舆论的宣传和文学的启迪。对于更广大的底层民众,迷信思想和行为的革除,不仅需要现代科学知识的普及、物质文明的提高,也需要政治制度的配合。在一定程度上而言,政策、制度和社会运动的强力推行,虽不能毕其功于一役,但能起到立竿见影的功效。我国在1949年之后开展的破除迷信运动,就说明了这一问题。但这也同时说明,破除迷信是一项长期的、复杂的跨世纪启蒙工程,我们对清末白话报人所开启的这项运动及其意义,应给予高度的评价。

(四)奴性十足,缺乏独立人格和抗争意识

中国国民性中奴性的养成,与漫长的封建专制统治有关:

---

① 铁儿《论毁除神佛》,《竞业旬报》第28期,1908年9月25日。
② 铁儿《论毁除神佛》,《竞业旬报》第28期,1908年9月25日。

奴隶非生而为奴隶者也,吾族人乃生而为奴隶者也? 盖感受三千年奴隶之历史,熏染数十载奴隶之风俗,祗领无数辈奴隶之教育,揣摩若干种奴隶之学派,子复生子,孙复生孙,谬种流传,演成根性。有此根性,而凡一举一动,遂无不露其奴颜隶面之丑态。且以此丑态为美观、为荣誉,加意修饰之,富贵福泽,一生享着不尽,于是奴隶遂为一最普通最高尚之科学,人人趋之,人人难几之。趋向既日盛一日,而根性乃日牢一日,至于近顷,奴隶成为万古不磨之铁案,无从推翻,遂乃组织一大无外之奴隶国。[1]

在专制体制下,统治者将人民当作奴隶,浸淫在这种制度文化之中,久而久之,便成为一种自我认同的人格;再加迷信鬼神思想的遗传,又深受道家思想的影响,崇尚安逸,与世无争,无论是在社会压迫,还是在自然威力面前,均表现为忍耐、顺从、退让,养成一种十足的奴隶性格。概括而言,中国人的奴隶性,约有四端:一为权势的奴隶;二为古人的奴隶;三为习俗的奴隶;四为环境的奴隶。

这种奴性国民,在闭关锁国的封建时代,因其环境本身的封闭性,倒有助于社会的稳定和皇朝的统治,但在资本主义的全球化竞争时代,它的弊端暴露无遗。

国民的这种奴性,被西方传教士"发现"后,随着中国与东西方列强在数次交战中的失败,亦逐渐被中国早期的

----

[1]《箴奴隶》,《国民日日报汇编》第一集,1904年。

启蒙者们所认同。《安徽俗话报》所刊登的朱元璋传,开头即说:"自从我们中国和外国交通以来,外国的人,看见我们中国不能独立自强,就都笑我们中国人是奴隶性质的人种。"①

《安徽俗话报》在"闲谈"栏目中刊登过一篇题为《今日洋鬼子明日圣明君》的文章,其中讲到,有一个名叫斯密士的美国传教士,他回国后,他的同胞向他打听中国人仇恨外国人的情况是否属实时,他说,中国人称外国人为洋鬼子,只不过是少见多怪而已,并非爱国排外,他们那些当买办的崇洋媚外、欺压本国百姓,连外国人都看不过。中国人最讲势利,不论是本国人还是外国人,只要谁有势力,他就贴然归顺。这位斯密士最后总结道:"可见中国人现在虽仇恨洋人,日后洋人要用兵力压服他一下,他必定翻过脸来,尊重洋人,还自命为忠臣哩! 你看今日的洋鬼子,便是异日的圣明君了。"②

虽不知这则看似有些戏谑的闲谈内容是否真实可靠,但它印证了中国人自己已经认同西方传教士关于中国人奴性的看法。文章所提及的斯密士,即现在翻译为《中国人的性格》的作者亚瑟·亨·史密斯,他在1870年代初来华传教,比较熟悉中国北方社会及民众的生活。1889年,上海《字林西报》曾连载过他描写中国人生活的英文著作 *Chinese Characteristics*。日本人涩江保于1896年将其译为《支那人的气质》。尽管该书被中国人翻译成中文要到

---

① 善之《明太祖朱元璋传》,《安徽俗话报》第15期,1904年11月7日。
② 《今日洋鬼子明日圣明君》,《安徽俗话报》第6期,1904年6月29日。

1903 年,但通过《安徽俗话报》上的这篇文章,我们就可以看出,西方传教士对中国国民性的评价,无论是发表在《字林西报》的英文原文,还是日文或中文的翻译,都已被中国启蒙知识分子所了解和接受,并转化成他们进行国民性批判的重要话语资源。

图 7-6 是 1902 年《杭州白话报》中的一幅插图,对中国

图 7-6 锋郎《媚外性》,《杭州白话报》第 21 期(1902 年)

人奴性特征之一的"媚外性",用图文并茂的方式来说明：

> 我前日得着一本日本的外交时报，翻开一看，猛然间瞧着一幅奇形怪状的图。不觉得叫我，笑一回、哭一回、痛一回、恨一回，我今且把这幅奇形怪状的图，描摩出来，好叫普天同胞，同声一哭。
>
> 呵呵！普天同胞啊！你晓得这幅图，是个甚么意思啊，这是讥笑中国人，奉承外国人的意思啊。这右边翎顶辉皇，鞠躬为礼的是中国人。那左边高冠佩剑，趾高气扬的就是俄国人。呵呵，可耻呀，可怜呀，可痛呀。却说我中国自庚子以前，傲然自大，自命中华，把那外国人，都看做蛮夷禽兽，无奈这班外国人，国富兵强，驱使那如熊如黑的势力，今日来要一块地，明日来要一利权。于是我国人，积羞成怒，积怒成仇，聚集了乌合之众，运动些野蛮之举，烧教堂、杀洋人要想把那些碧眼虬发的异族儿，一扫干净。无奈民智未开，民心不齐。反惹出八国的联军，浩浩荡荡的，前来问罪。可怜那时节啊，龙楼凤阁，都布满了弹雨硝烟，皇都天街，都排列些狼踪虎迹。家家户户，都高挂这顺民旗，口口声声，都高喊着洋大人。因惊生媚，于是把从前扶清灭洋的排外主义，变成个托庇捧臀的媚外主义。因此人人媚外，举国如狂。这媚外性增多一分，那爱国心九低去一寸，才有了媚外性，就不能够独立，就不能够自由。没了爱国心，就不能够自存，就不能够强种。唉，这个二万万里美如锦绣灿如荼火的江

山,怎么不亡这个媚外性呢? [①]

　　清末早期白话报对"奴性"的批判,主要是对历代统治者尤其是清王朝奴役百姓的批判。1904 年汉剑的《八大奴隶歌》即是对清代以来投降、效忠于清王朝的"八大奴隶"的批判。到 1908 年《竞业旬报》上署名"江都杨子江"的作者的《国民的奴性》,对为官、为士、为商、为工、为农的无不具有奴隶性质痛恨不已,呼吁国民:"要洗洗耻,除除痛。把奴隶性质,快快改改。大家要独立独立才好,不能眼睁睁受人蹂躏,装作做梦。" [②] 在对国民奴性的批判过程中,逐渐由国民的奴性身份、外表深入其精神层面:"奴仆之不自由,仅及其身体而已。思想之自由,人固不得而侵犯之。世之祸患,莫大于心为人奴。" [③]

　　在建立现代民主国家的过程中,独立人格是对其国民的一项基本要求,而国人根深蒂固的奴性思想,恰恰与此相对立:

　　　　我们中国的人,要是去不掉这个依赖的性质,万也不能够有自立的精神。……如今是立了宪啦,立了宪是要教人都得要强要好的自立,做一个完全的国民,如果要还有像这样的,庸庸碌碌,竟依赖着人家活性命,不懂得务那个士、农、工、商、兵自立的道路,我

①锋郎《媚外性》,《杭州白话报》第 2 卷第 21 期,1902 年。

②江都杨子江《国民的奴性》,《竞业旬报》第 29 期,1908 年 10 月 5 日。

③《说奴性》,《学生文艺丛刊汇编》第二卷第一册,1911 年。

恐怕将来到了宪法实行的时候,他拿什么担当国家的一份子责任呢？①

图 7-7　方醒人《奴隶城》,《北京白话画图日报》第 232 期(1909 年)

胡适早年在上海读书期间,就对中国人"独立性"的缺乏,进行过认真的思考。他说,我们传统思想观念中的"靠天"和"靠人"两大毛病,"便生生地把这独立病死了"。在国民性改造过程中,如何培养国民的独立品格呢？胡适认

①《自立》,《敝帚千金》第 20 期,1906年。

为,应该先从个体的独立做起,再到集体的家庭、社会和国家:"先讲自己一个人,便要自己吃自己的饭。再讲一家,便要自己创起一个新家来,不可依靠祖宗,不可依靠产业。再讲一国,便要自己担一份责任,努力造一个新国家,不要观望不前,不要你我推诿,不要靠天,不要靠人,到了那时候,一身好了,一家茂盛了,连那祖国都好了。因为一人能独立,你也独立,我也独立,那个祖国自然也独立了。"①

图 7-8 周湘《中国人劣根性》,《启民爱国画报》1911 年 7 月

这幅漫画中,一人坐在照壁前"坐观成败",三人坐在一棵大树下"依赖政府",很形象地描摹出中国人的"依

①铁儿《独立》,《竞业旬报》第 35 期,1908 年 12 月 4 日。

赖性"。

既然国家的独立有赖于个人的独立,那么养成国民的独立人格,就成为国民性改造乃至建立现代民主国家的重要课题。在《竞业旬报》题为《说我》的社论中,曾经这样指出个人独立的重要意义:

中国第一大病,坏在不知有我。人人能知有我就好了。我在何家?在天之下,地之上,与天地参,有独立的性质,有大包的性质。惟其有独立的性质,故富贵不能淫,贫贱不能移,威武不能屈;惟其有大包的性质,故一夫不获,时予之辜。世界所有事,皆我所有事。我之天职若是,故子舆氏谓万物皆备于我。

即以处世言,安有不知有我,而能知有人者哉。中心为忠,如心为恕,忠恕二字,皆根于心。心,我之心也,我之心德不完全,则我之事业不卓著。故入世者先当铸我、尊我、大我。不大我则自小,不尊我则自卑,不铸我则与世俱化矣。飘蓬主义、顺舵主义,皆与世俱化主义哉。……父母之国,故以我亲之,然我亲我国之我,总不敌亲我身之我。我身之我,我不先自亲,我复安知亲我国之我哉。人之忘国也,实先忘我也。忘我者,由于不知尊我、大我、铸我,复何暇言国。是以欲铸国,先铸人;欲铸人,先铸我,无我且无天地矣,又安有国。[1]

---

[1] 铁秋《说我》,《竞业旬报》第 15 期,1908 年 5 月 20 日。

这篇社论从"我"的觉醒与发现这一角度,论述个体独立的重要意义,达到了很深刻的程度。在中国的文化传统中,儒家伦理提倡"克己复礼",强调个体对于伦理秩序的服从,而这一伦理要求又得到了统治阶级的认同与强化,形成了以三纲五常为代表的奴隶道德规范体系,既压制了国民个性的发展,也妨碍了中国迈向现代化潮流的步伐。近代中国的有识之士,对此多有清醒的认识。鲁迅1907年留日期间,在总结欧西文明发展和反思中国近代各种改革思路后,认为欧美之强,根底在人,于是提出"任个人""尊个性"的国民性改造方案①。

值得一提的是,在这一时期国民性的批判浪潮中,除了报纸这一新兴传媒在大力宣传独立、自由等新的国民思想,传统的诗、画等艺术形式,也将这些颇为摩登的时代主题,尽情渲染,以附和时代潮流。

为了宣传独立自由的思想,扬州有一位叫汪济才的士人,画了一幅名为《自由独立图》的画,他别出心裁,向朋友广征题诗,以扩大影响。他在征诗文中说:"是图系鄙人之小影,挺然独立,别无长物。乃取青年自立之意,伏望薄海同文,广赐珠玉,不拘体格,并恳纸墨略佳,概用八行吟笺,以便装裱册页,是为至祷。交卷处:扬州东关街剪刀巷内汪济才收。揭晓从速,赠彩从优,限四月初一日截卷。值

---

① 鲁迅《文化偏至论》,《鲁迅全集》第一卷,北京:人民文学出版社,2005年。

课者丙戌生汪济才启。"[1]

汪君的号召果然得到广泛的呼应,《通学报》1908 年第 11 期发表了李丽泉的《汪济才自由独立图序》,盛赞其"励独立不挠之节,高独立无闷之风"的启蒙精神。《竞业旬报》刊登了吴聪的两首题画诗,其中《再题》有"我亦自立者,披图将无同"[2],表示认同画中"自立"主题。另外,1909 年《宁波小说七日报》分别刊登了署名"病雁"和"铸错"的两位作者题画诗,也对画中"独抱豪情倡自由"的超凡脱俗境界,大加赞赏。

尽管不知《自由独立图》如何以妙手丹青表现这一极为抽象的启蒙思想,但我们从中亦可知晓类似"独立""自由"等全新的思想观念,日益深入人心,不断潜入传统的文艺形式之中,并被赋予新的美学韵味。

到五四文学革命期间,关于国民奴性思想的讨论和艺术表达,依然得到延续。1919 年第六卷第一期《新青年》杂志上,宁波王禽雪来信对陈独秀说:"四顾国中青年,大多数之嗜好皆奴隶性之嗜好,此所以来邻国之侮而莫敢抵抗也。故吾谓摆脱青年之奴隶性,实为切要之举。仆不学,对于此事,不能有所发挥,贵志,青年教育之导师也,倘广发婆心,著论及之,俾吾辈青年得以摆脱奴隶性,而知独

---

[1] 汪济才《征诗:题独立图》,《新朔望报》第 4 期,1908 年 3 月 17 日。
[2] 吴聪《再题》,《竞业旬报》第 18 期,1908 年 6 月 19 日。

立自尊之光荣,非惟救青年,乃救中国耳。"[1] 周建人在《新青年》第九卷第五期上发表了他翻译的英国善种学家戈尔敦的《结群性与奴隶性》,也可看作对这一问题的回应。

此外,新文学的几大文学副刊《民国日报·觉悟》《晨报副刊》《京报副刊》及其他新文化刊物,发表了大量相关的作品。尤其是梁启超这位近代国民性批判的开拓者,在1925年发表了长篇论文《中国奴隶制度》[2],从学术史的角度,将国民奴性思想的批判,做了一个有高度的历史总结。

正当他人热烈讨论国民奴性之际,自清末以来长期思考国民性问题的鲁迅,于1921年底开始在《晨报副刊》连载他的被誉为"国民性结晶"的《阿Q正传》。小说第九章"大团圆"中,阿Q在大堂上受审时的一个细节,便是鲁迅表现国民奴性的神来之笔:

> "站着说! 不要跪!"长衫人物都吆喝说。

> 阿Q虽然似乎懂得,但总觉得站不住,身不由己的蹲了下去,而且终于趁势改为跪下了。

> "奴隶性! ……"长衫人物又鄙夷似的说,但也没有叫他起来。[3]

在五四新文学中,鲁迅等对国民性问题的深刻而高超的艺术表现,既是清末以来知识界对国民性问题思考与讨

---

① 王禽雪《摆脱奴隶性》,《新青年》1919年第六卷第一期,1919年1月15日。
②《清华学报》第二卷第二期,1925年12月。
③ 巴人《阿Q正传》,《晨报副刊》1922年2月12日。

论的延续,也是在新的历史时期,对国民性思考和表达的深化和艺术升华。

综上所述,清末白话报刊对于国民性的批判,大概主要围绕此四个方面展开。启蒙者在着力暴露国民劣根性的同时,亦以西洋各民族为参照,提出效法的榜样和改造的方案。由于对国民性的认识和判断存在差异,而国民性改造本身又是一项极为复杂的精神改造工程,所以很难开出一个一劳永逸的包治国民性"百病"的药方来。即使是均在清末参与此事的陈独秀、胡适,他们对此的思考也明显不同:作为革命者,陈独秀思考更多的是与革命密切相关的国家观念、爱国意识的培养;而作为在校的青年知识分子,胡适则更关心国民人格的养成。这种差异,到五四文学革命及其以后,在他们个人人生道路的选择和改造中国命运的方案设计上,均得到明确的体现。

五 清末的国民性批判与五四新文化运动

清末民初白话报刊的创办,随着政治环境变化而跌宕起伏。在 1908 年到 1912 年之间,出现一次顿挫。就陈独秀、胡适这两位文学革命的台柱而言,他们在这一时期,均暂时中断了依靠白话报开展的启蒙工作,陈独秀转向从事实际的革命活动,而胡适则远赴美国留学。

辛亥革命的遽然成功,一度使许多早年热心启蒙的白话报人投身政治活动,但辛亥革命成功后的政治乱象,尤其是袁世凯的恢复帝制,无不使他们痛感思想启蒙的不彻底所酿成的政治恶果。于是,他们重新投入思想启蒙工程之中,接续之前一度中断了的国民性改造任务。

"五四"前后,关于国民性问题的讨论,再一次成为新文化运动的热点。讨论的范围与深度,均比清末有所拓展,在在显示了从清末到五四时期,启蒙思想日臻成熟。从"晚清民国期刊全文数据库"收录期刊中,就关键词检索到的民国以后到1925年为止的"国民性"文献,大致如下:

1．叶景莘《中国人之弱点》,《庸言》第1卷第11期,1913年;

2．玄中《国民性论》,《民国》第1卷第1期,1914年;

3．劳勉《论国家与国民性之关系》,《甲寅》第1卷第6期,1915年;

4．实存《国民性篇》,《民铎杂志》第1卷第1期,1916年;

5．瞿宣颖《国民劣根性之研究》,《约翰声》第27卷第6期,1916年;

6．[日]大隈重信《中国国民性研究之必要》,《宗圣学报》第2卷第5期,1916年;

7．光升《中国国民性及其弱点》,《新青年》第2卷第6期,1917年;

8．章锡琛《中国民族性论》,《东方杂志》第14

卷第 1 期,1917 年;

9．瞿世英《中国人的劣点：中国社会不进步的原因》,《新社会》第 1 期,1919 年;

10．南城《吾国国民性之大概》,《兴华》第 16 卷第 42 期,1919 年;

11．陈回《中国很坏的国民性》,《新佛教》第 1 卷第 6 期,1920 年;

12．陈仲子《国歌与国民性》,《音乐杂志》第 1 卷第 1 期,1920 年;

13．吴统续《国民性之要求》,《法政学报》第 2 卷第 3 期,1920 年;

14．许藻镕《日本的国民思想和国民性》,《学林》第 1 卷第 3 期,1921 年;

15．泽民《俄国文学内所见的俄国国民性》,《东方杂志》第 18 卷第 8 期,1921 年;

16．刘祖烈《罗素论中国人之特性》,《约翰声》第 33 卷第 2 期,1922 年;

17．［英］罗素著,愈之译《中国国民性的几个特点》,《东方杂志》第 19 卷第 1 期,1922 年;

18．王衡《中国人之劣根性 》,《春花》1923 年 毕业纪念刊;

19．《国民性的缺陷》,《台湾民报》第 1 卷第 12 期,1923 年;

20．灵光《致青年的第四信》,《创造周报》第 10

期,1923 年;

21．南珍《中国人的劣根性》,《现代生活》第 1
卷第 1 期,1923 年;

22．蔡月清、杜怡蘅《我国国民性的弱点》,《辟才
杂志》第 3 期,1924 年;

23．有麟《改革国民性与救国》,《京报副刊》第
356 期,1925 年;

24．锦明《文艺里面的"国民性"和文化里面的
"东方文明"》,《京报副刊》第 366 期,1925 年;

25．吴文藻《一个初试的国民性研究之分类书
目》,《大江季刊》第 1 卷第 2 期,1925 年;

26．陈望绅《中国国民性研究》,《弘毅月刊》第 1
卷第 1 期,1925 年;

27．李剑华《中国国民性论》,《醒狮》第 61、63—
67 期,1925—1926 年。

这个文献目录说明:一、五四时期对于国民性问题的
讨论,从 1916 年开始逐渐升温,这与文学革命的发动在时
间上基本吻合,说明国民性问题与文学革命之间密切的内
在关联;二、近三分之二的文献出现在 1920 年以后,这个
时期正是新文学日趋成熟的时期;三、讨论具有更大的吸
引力和包容性,从派别上来说,包括文学研究会、创造社、
"醒狮派"等不同社团、流派都参与其中,从地域上来说英、
美、日等国外学者也参与讨论,处于边缘地带的台湾地区
受到大陆文学革命的影响,也参与讨论这一热点问题;四、

讨论和研究更为系统、更有深度,我们从当时在美国留学的吴文藻所列的研究文献书目,就可以看出他此时对这一问题涉猎之广泛、计划之宏大。

我们从均在清末参与白话报,又都对国民性问题颇多思考与论述的陈、胡二人在五四时期的思想言论中,能够清晰地看到文学革命与清末白话报刊之间的历史关联。当然,除了胡适和陈独秀,五四时期从事国民性批判的还大有人在。但胡适和陈独秀确实有代表性,借胡适、陈独秀在清末白话报刊上的国民性批判和五四时期国民性批判之间的联系,确实可以从一个微观的角度,说明新文化运动和文学革命发展演变的历史脉络。

在创办《新青年》之前,陈独秀因参加讨袁活动受到通缉而避难于日本,协助章士钊创办《甲寅》杂志,于1914年11月发表了《爱国心与自觉心》。这是陈独秀重新回到启蒙立场上的第一篇论说文字,依然关心的是国民的国家观念和爱国心的问题。但是经过革命洗礼的陈独秀,对爱国心更多了一份理性的思辨。在他看来,纯粹感性的爱国不但于事无补,反而足以误国。爱国的前提是判断你所爱的是一个什么样的国:"国家者,保障人民之权利,谋益人民之幸福者也。不此之务,其国也存之无所荣,亡之无所惜。……盖保民之国家,爱之宜也;残民之国家,爱之也何居?"所以他说"恶国家甚于无国家"[1]。我们在这里可以

---

[1] 独秀《爱国心与自觉心》,《甲寅》第一卷第四号,1914年11月10日。

看到,陈独秀将他在《安徽俗话报》时期极力表现的"爱国心"放在了理性的天平上来评判,显然是将国民个体的价值放到了更高的位置。

陈独秀在五四时期的国民性思考,首先仍然是对国民劣根性的批判。

他在《东西民族根本思想之差异》中,将东、西洋民族的思想性格进行了细致的对比分析,他认为东、西洋民族的差异主要表现为:(一)战争本位——安息本位;(二)个人本位——家族本位;(三)法治本位、实利本位——感情本位、虚文本位①。并逐一对中国国民性的上述特点进行了批判,提出要以西洋民族精神来改造中国的国民性。此外,陈独秀还针对国民抵抗力薄弱的缺点,分析了国人抵抗力薄弱的原因在于:一曰学说之为害也,二曰君主专制之流毒也,三曰统一之为害也②。

其次,陈独秀还提出了比较系统的国民性改造方案。

《敬告青年》是陈独秀在《青年杂志》上的第一篇论文,他从六个方面对国民劣根性进行了批判,并具体地提出了改造国民性的方案:

> (一)自主的而非奴隶的;(二)进步的而非保守的;(三)进取的而非退隐的;(四)世界的而非锁国的;

①陈独秀《东西民族根本思想之差异》,《新青年》第一卷第四号,1915年12月15日。
②陈独秀《抵抗力》,《青年杂志》第一卷第三号,1915年11月15日。

（五）实利的而非虚文的;（六）科学的而非想象的。①

陈独秀五四时期另一篇系统阐述他的国民性改造意见的文章是《我之爱国主义》,这篇文章与前面的《爱国心与自觉心》有所呼应,他认为在当时中国的民德、民力极其低下的条件下,与其鼓吹感性的爱国,不如从改造国民性入手:"欲图根本之救亡,所需乎国民性质行为之改善,视所需乎为国献身之烈士,其量尤广,其势尤迫。故我之爱国主义,不在为国捐躯,而在笃行自好之士,为国家惜名誉,为国家弥乱源,为国家增实力。"② 他认为为国捐躯的爱国主义是一时的而非持续的、治标的而非治本的。所以他提倡一种持续的治本的爱国主义,即具有勤、俭、廉、洁、诚、信等品质的国民的养成。

我们看到陈独秀从《安徽俗话报》停刊到创办《青年杂志》,经过十年的思考,他对国民性改造的思考更加成熟、系统,而且将中华民族固有的传统美德与西方民族的优秀品质结合起来,提出改造国民性的方案。尤其是"世界"意识的提出,更显示出他洞察的敏锐和与时俱进的精神。

江勇振认为,胡适在上海求学期间对《国民读本》与《真国民》的阅读与翻译,成了他在《竞业旬报》时期对独立、高尚、强权、有用、爱国等国民性问题思考的早期思想

---

① 陈独秀《敬告青年》,《青年杂志》第一卷第一号,1915 年 9 月 15 日。
② 陈独秀《我之爱国心》,《新青年》第二卷第二号,1916 年 10 月 1 日。

来源①。而这些关于国民性的论述,如《真国民》的部分章节,在 1915 年的《新青年》中又得以接续翻译,这也从一个微观视角确证了从清末到五四时期,国民性重塑的连续性与一贯性。

由于胡适在美留学数年,对东西国民性的差异、中国国民性的缺点,有更为深切的理解。他在五四时期对国民性的论述,较他早年更为成熟。他在《易卜生主义》一文,借易卜生在作品中所揭露的社会、家庭问题,来表达他对中国国民性的看法。他说:"易卜生所写的家庭,是极不堪的。家庭里面,有四种大恶德:一是自私自利;二是依赖性,奴隶性;三是假道德,装腔作势;四是懦怯没有胆子。"胡适之所以对这四种恶德感同身受,是因为易卜生从家庭这一组织所暴露的问题,也正是中国人的劣根性。胡适说,易卜生"虽开了许多脉案,却不肯轻易开药方",但他并非没有改造国民性的主张。在易卜生看来,改造国民性,最重要的即是张扬个性:"个人须要充分发达自己的天才性,须要充分发展自己的个性。"而这正是五四时期启蒙者所认同的。胡适援引易卜生给友人的信说:"我所最期望于你的是一种真实纯粹的为我主义。要使你有时觉得天下惟有关于我的事最要紧,其余的都算不得什么。……你要想有益于社会,最好的法子莫如把你

---

①江勇振《舍我其谁:胡适》第一部《璞玉成碧,1891—1917》,北京:新星出版社,2011 年,第 126、127 页。

自己这块材料铸造成器。……有的时候我真觉得全世界都像海上撞沉了船，最要紧的还是救出自己。"易卜生"救出自己"这句名言，不仅成了五四时期妇女自我解放的宣言，也启发了中国启蒙知识分子对改造国民性的思考。胡适说："发展个人的个性，须要有两个条件，第一须使个人有自由意志，第二须使个人担干系，负责任。""家庭是如此，社会国家也是如此。自治的社会，共和的国家，只是要个人有选择之权，还要个人对自己所行所为都负责任。"①无独有偶，周作人在同年底《新青年》上发表的《人的文学》中提倡人道主义时，也强调"个人"的重要性。他所说的人道主义，"是一种个人主义的人间本位主义"，"所以我说的人道主义，是从个人做起。要讲人道，爱人类，便须先使自己有人的资格，占得人的位置"。但为了防止在汉语语境中人们将"个人主义"误解为自私自利，他打比喻说："人在人类中，正如森林中的一株树木，森林盛了，各树也都茂盛。但要森林盛，却仍非靠各树各自茂盛不可。""人爱人类，就只为人类中有了我，与我相关的缘故。"②

　　通过以上梳理可以看出，清末的白话报刊对国民性问题的思考和论述，与五四文学革命有着明显的历史连续性。当然，由于时代的变迁、认识的深化，五四时期的国民性论述，在很多方面超越了清末：

---

① 胡适《易卜生主义》，《新青年》第四卷第六号，1918年6月15日。
② 周作人《人的文学》，《新青年》第五卷第六号，1918年12月15日。

一是自觉地用文学来承担国民性改造的任务。陈独秀在《文学革命论》中即说："吾苟偷庸懦之国民,畏革命如蛇蝎,故政治界虽经三次革命,而黑暗未尝稍减。其原因之小部分,则为三次革命,皆虎头蛇尾,未能充分以鲜血洗净旧污;其大部分,则为盘踞吾人精神界根深底固之伦理道德文学艺术诸端,莫不黑幕层张,垢污深积,并此虎头蛇尾之革命而未有焉。此单独政治革命所以于吾之社会,不生若何变化,不收若何效果也。"他认为不管是"贵族文学",还是"古典文学"抑或是"山林文学","与吾阿谀夸张虚伪迂阔之国民性,互为因果。今欲革新政治,势不得不革新盘踞于运用此政治者精神界之文学"[1]。

二是对国民性改造的意见和方案更为具体、系统而全面。我们前面所举陈独秀《敬告青年》《我之爱国心》,都是如此。

三是在清末的国民性改造方案中,国民个体的改造,最终是指向国家的,个人是不具有独立意义和价值的。而在五四时期的国民性改造话语中,个人上升到了与国家同等重要的地位,并且在某种程度具有个人本位主义的倾向。

[1] 陈独秀《文学革命论》,《新青年》第二卷第六号,1917年2月1日。

第八章　从"头"到"脚"的革命

——从"剪辫"与"放足"看清末革命意识的萌芽与婚姻改革

　　前一章分析了改造国民的任务属于精神层面的问题。尽管鲁迅曾经声言,凡是愚弱的国民,若徒有健全、苗壮的"身体",是毫无意义的,我们的第一要着,是在改变他们的"精神"。但事实上,身体的革命,在清末以来的启蒙运动中,绝非一桩小事。我们从白话报刊中大量的关于体育、卫生的论述中,便可知道,在清末的诸项改革中,"身体革命"所具有的重要意义。清末对尚武精神和军国民教育的提倡,即意味着清末的启蒙运动中,在改造国民精神的同时,对身体的改造从不偏废。刘师培在《军国民教育》中这样论述道:

　　　　第四是要有强力……所以教育一门,身体是顶重要的。现在要身体结实,一桩是要勤苦,是从各事不懒惰做起的;一桩是要勇壮,是从各事不推诿做起的。中国的人,身体果然能结壮,自然不怕当兵了。但强力两个字,也不是只注重体魄的。《中庸》上说道"强哉矫",又道"衽金革,死而不厌,北方之强也",可见强力两字,一半是重在体魄的,一半是重在精神的。如若志向不坚,就是有野蛮体魄,也是不能卫国的。所以,精神上的教育,还是要紧不过的。[①]

本章拟以陈独秀和胡适及其所办白话报《安徽俗话报》和《竞业旬报》为中心,考察清末的"剪辫"与反"缠足"论述,以说明身体革命与个人体验、国族命运、思想革命之间的复杂关系。

"发"与"足",纯属个人身体,但其形式亦是政治权力规训的结果,其中积淀着深厚的伦理内涵和民族情感记忆。因此,在晚清的大变局中,借由西方传教士的启发和民族革命所激发的情感记忆,使得个人的身体形式被放大到民族国家生死存亡的高度来加以论述。而且更为重要的是,随着个人婚姻选择的两难困境和革命过程中的惨痛记忆,使得"剪辫"与"放足"成了部分中国现代作家挥之不去的梦魇,也成了中国现代文学最为醒豁的主题之一。

以往学界对此问题的思考,更多关注的是其启蒙意义。但除此之外,还应考虑个人生命体验之于他们思考此问题的影响。就陈独秀和胡适而言,19、20世纪之交正是他们接受以康、梁为代表的维新变法思想,形成新的价值观念的时期,同时也是他们个人面临婚姻和人生抉择的关键时期。个人生活体验之于他们思想观念的形成和日后文学抒写对象的选择,有着十分密切的关系。

陈、胡在《安徽俗话报》和《竞业旬报》上有许多关于"剪辫"和"放足"的文字,这一方面跟他们个人的婚姻经

---

① 光汉《军国民的教育》,《中国白话报》第10期,1904年4月30日。

历有关,另一方面也与他们当时或直接或间接的革命活动有关。由于陈、胡都是文学革命的发起人,但其文学创作的成绩并不显著,倒是在鲁迅等其他现代作家笔下,关于"发""足"的题材不少,这使我们可以借助陈、胡在清末的革命和婚姻经历以及他们当时在白话报上的论述,一窥这一思想资源和生命记忆之于清末启蒙主题形成及五四文学表达的重要意义。或者可以说,因个人"发型"的变化而遭受的社会非议甚至灾难、择偶时因女性"缠足"而导致的婚姻龃龉所引发的思考和文学表达,在思想启蒙中普遍被上升到事关国家民族命运的宏大主题。但我们不能忽略这些宏大的启蒙主题背后隐藏的个人因素。

这个问题在鲁迅身上最具代表性。虽然鲁迅不属清末的白话报人,但由鲁迅的典型事例,可使我们确信"放足"和"剪辫"这一系列事件对他们文学活动的影响之深远。

鲁迅1898年去南京读书,1902年去日本留学,在此期间开始接受包括自由婚姻在内的新的思想观念,并在去日本留学的第二年便毅然剪去了发辫。但其母亲为他包办了婚姻,鲁迅无奈地接受了这个事实。后来得知对方是缠脚女子,于是鲁迅从日本写信回来,叫家里通知她放脚(另一要求是送朱安进学堂识字)[1]。但事实是当鲁迅1906年被母亲从东京骗回绍兴成婚时,鲁迅发现他娶来的依然是

---

① 俞芳《封建婚姻的牺牲者——鲁迅先生和朱夫人》,《我记忆中的鲁迅先生》,石家庄:河北教育出版社,2002年,第256页。

位小脚女子①。而且从婚后鲁迅对朱安感情的冷淡和分居这一事实，可以看出鲁迅对朱安是没有好感的。当然在导致鲁迅"无爱"婚姻的诸种因素中，"缠足"这一身体因素不应被夸大，还有诸如情趣、见识等其他因素，但从鲁迅在婚前向对方提出"放足"这一事实来看，鲁迅对此是非常在意的。

鲁迅的挚友许寿裳，颇了解鲁迅在诸多人生选择与艺术表达中公与私之间的隐秘关系，他说鲁迅之所以选择学医，除了(一)痛恨中医耽误了他父亲；(二)明治维新始于医学这两点，还有一个比较私人化的"弘愿"：

(三)救济中国女子的小脚，要想解放那些所谓"三寸金莲"，使恢复到天足模样。后来，实地经过了人体解剖，悟到已断的筋骨没有法子可想。这样由热望而苦心研究，终至于断念绝望，使他对于缠足女子的同情，比普通人特别来得大，更由绝望而愤怒，痛恨赵宋以后历代摧残女子者的无心肝，所以他的著作里写到小脚都是字中含泪的。例如：

(1)见了绣花的弓鞋就摇头。(《朝花夕拾·范爱农》)

(2)"至于缠足，更要算在土人的装饰法中，第一

---

① 据当事人的回忆，朱安在结婚时假装天足，在大鞋里塞了棉花，但在下轿时(一说是进门时)鞋子掉了，露了真相。见稽山《鲁迅和朱安以及他俩的婚姻问题》(《绍兴师专学报》1981年第2期)和《鲁迅和朱安婚姻问题史料补叙》(《绍兴师专学报》1982年第1期)。

等的新发明了。……可是他们还能走路,还能做事;他们终是未达一间,想不到缠足这好法子。……世上有如此不知肉体上的苦痛的女人,以及如此以残酷为乐,丑恶为美的男子,真是奇事怪事。"《热风·随感录四十二》

（3）小姑娘六斤新近裹脚,"在土场上一瘸一拐的往来"。《呐喊·风波》

（4）讨厌的"豆腐西施","两手搭在髀间,没有系裙,张着两脚,正像一个画图仪器里细脚伶仃的圆规"。《呐喊·故乡》

（5）爱姑的"两只钩刀样的脚。"《彷徨·离婚》

（6）"……女人的脚尤其是一个铁证,不小则已,小则必求其三寸,宁可走不成路。"《南腔北调集·由中国女人的脚,推定中国人之非中庸,又由此推定孔夫子有胃病》

他的感触多端,从此着重在国民性劣点的研究了。可见《呐喊》序文所载,在微生物学讲义的影片里,忽然看到咱们中国人的将被斩,就要退学,决意提倡文艺运动,后来弃医从文,这影片不过是一种刺激,并不是唯一的刺激。①

通过以上引文我们可以看出,鲁迅作品写到"足"的确

---

① 许寿裳《我所认识的鲁迅》,北京:人民文学出版社,1978年,第20—22页。

实很多,这绝不是偶一为之的现象,而是联结着鲁迅的深层心理创伤,是他的一个"心结"。这既反映了鲁迅与大多数清末知识分子一样,对基于启蒙立场的"天足运动"的关注与呼应,同时,也牵涉到婚姻观念与择偶标准的个人愿望。

如此说来,鲁迅在《呐喊》自序中所讲的他由救治国民的"肉体"到改变国民"精神"的转变,也可以看作鲁迅在个人婚姻中,由救治"肉体"之病失败后的"精神"转向。

与"缠足"相比,"剪辫"承载着更多的民族情感记忆。鲁迅对此的记忆和文学表达也更详尽。《呐喊》中的《风波》和《头发的故事》是文学表达,但看纪实性的文字《病后杂谈之余》和《因太炎先生而想起的二三事》,知道他的此类文学书写实际上都根源于个人的"剪辫"记忆。

1915年,沪上鸳鸯蝴蝶派作家李涵秋在他的游戏文章中,戏拟牛郎与织女之间的鱼雁往来,通报人间"剪辫""放足"两项改革取得成功,并效仿人间,在"仙界"倡导"放足"与"剪辫":

拟织女寄牛郎书:为剪辫发事

握别以来,蟾圆几易,相思两字,无日不嵌入心头。妾之爱君,究未知君亦爱妾否也。迩者针黹余闲,辄率小婢蹴球为戏,间或为双成飞琼辈邀去,同游海上,既吸新鲜空气,兼消脑臆烦忧。姊妹多情,曷胜感激。日昨彼等复来妾处,谈及今岁曾游戏人间一次,见大千男女,均已改观:男则光头,无复昔时豚尾;女皆天足,非同昔日莲钩。世界文明,不图进步如斯之速。

爱商与妾,愿共效之。妾以人既如是,吾辈何独不然,业已赞成其请,特组织"仙女不缠足会",首先作则,复承双成飞琼诸姊妹,谬推妾为会长,刻下同志入会甚多。惟念君之辫发尚垂脑后,似当剪去为宜。倘固执不通,他日相见之时,恐为双成飞琼诸姊妹所笑也。特差鹊使寄上鱼书。把晤非遥,伏惟珍重,此上。[1]

拟牛郎答织女书:为剪辫发事

鹊使来,赍到手书一通,爱我之情,溢于楮墨。并悉别后身体安吉,甚慰。缠足一事,本为防闲女子外出起见,自古相沿,已成习惯,惟乡间妇女,则以不缠足为宜。盖一切操作,男与女俱。苟其足不盈寸,伏处闺中,只可作男子玩具,与分劳乎何有。某与卿前订婚时,堂上深忧莲步轻盈,不能作事。今得来书,知已放成天足,在卿固日趋文明,在堂上亦无容顾虑矣。至嘱剪去辫发一节,洵为至论。夫辫垂脑后,非特不甚雅观,且衣服亦多垢污之患。剪之亦奚不可,独是愚夫农人也,吾乡之人,均皆如是。万一为此创举,彼等不目为丧心病狂,即以身体发肤受之父母相责,一犬吠影,众犬吠声。彼众我寡,虽身有十口,口有千舌,亦不能一一置辩也。因此之故,未敢遽然剪去辫发,容俟他

---

[1] 涵秋《拟织女寄牛郎书:为剪辫发事》,《大共和日报》1915年4月16日。

日,为之可也。此中苦况,请为我先告双成飞琼诸姊妹,相见时勿以顽固见讥,则率甚幸甚。此覆。①

李涵秋此文虽为游戏文章,但足见清末以来的"剪辫"与"天足"两项运动影响之大。在民国成立后四年,织女下凡,发现人间的"畸形"身体已全"改观":"男则光头,无复昔时豚尾;女皆天足,非同昔日莲钩。"于是"仙界"仿效人间(实为"人间感动仙界"),织女不仅以身作则,组织"仙女不缠足会",而且劝说丈夫牛郎剪去发辫。但令人瞪目的是,牛郎竟以其面临阻力太大为由,说不敢遽然剪辫,以待他日择机而行。

不管怎么说,李涵秋此文是"神话"——他把"剪辫"与"天足"运动的成功,当作一蹴而就的事业。但事实上,"剪辫"与"天足"运动真正可以感动上苍、称得上"神话"的地方,倒不是它进展的迅速与普遍,而是它的艰难与持久。

1919年,北高师《教育丛刊》"编辑余谭"中有一则题为《白话文与天足》的短文:

> 应该改用白话文来做文章的理由,被几本传播新思想的杂志,说得这样的痛快透彻,几乎把心底明白的人——据最近的情形来看——都不愿有歧出的论调。可以说白话文,是已经突过了讨论应该不应该把他来做文章的时期,来到讨论应该怎样把他来做文章

---

① 涵秋《拟牛郎答织女书:为剪辫发事》,《大共和日报》1915年4月16日。

的时期了。但是现在仍不能抱乐观。有些友人向我讲:"把白话来做文章的理由,理论上虽不能说是颠扑不破;但是叫我做一篇反对的文字,却也不容易。不过理论上随时如此,若照我实验的结果,我敢说白话文实在是不及文言的便利。现在不是注重什么实验主义吗?我从实验中得出不便利的结果,当然要比理论上的话可靠得多。且和我表同情的人总十有八九;然而明知道不便,却又不敢公然反对:恐怕这个白话文,还是一个新迷信的偶像罢!"

我答的话就是:"你们实验出白话文不便利的结果,那是不错的,但是这个毛病,是由作白话文的人有了旧染,才生出来的;与那白话文本身的价值无关。这一点你倒要先分辨清楚。不然,像你这样的应用实验主义,那就糟了!比方已经缠过了多年足的女人,一旦放开了,乔装天足模样,那行走不便的苦,比伊缠足时尤觉厉害。但这是已经缠过足的害处,与那天足无涉。当然不能因自己实验放足的苦,遂认定天足不及缠足的利便;且助那主张缠足者张目的道理。"

照这样看起来,凡染过帖括毒的人,纵然肯把白话文来尝试,总难免同半路上放足的女人一样。[1]

这则短文的题目很是新颖、抢眼,读者揣想,它如何将清末以来结伴而来,最为时髦的两样东西,在五四文学革

---

[1] 夏宇众《白话文与天足》,《北京高师教育丛刊》第一集,1919 年 12 月。

命中联结起来。看了文章,才发现作者并不是论二者的关系,而仅仅是用"天足"来比喻没有"染过帖括毒"的白话文。然而这个比喻的中"天足"与"白话文"之间的相似性,使笔者相信,以"剪辫"和"放足"来关联清末的白话报刊与五四文学革命,有着可以推演的内在逻辑和充实的佐证史料。

这即是从表面上看,身体的解放与文体的解放是可共喻的,但这"身体"与"文体"形式层面的改革,绝不是我们向来所批判的毫无意义的形式主义。"身体"与"文体"的变革最终都指向精神与思想的革命。

一 "剪辫"与革命思潮的勃兴

晚清一代知识分子对"剪辫"的记忆,由于牵涉到清初满人入关后的"嘉定屠城""扬州十日"等异常血腥的历史记忆,因而在清末风起云涌的革命浪潮中,"剪辫"既为朝廷所不容,也受到世俗社会的嘲笑和歧视。因此"剪辫"所引起的种种非议对一代人所造成的心理创伤,绝非我们今天所能想象。

中国人对"发"的重视,源于祖先崇拜及其演化而来的儒家伦理中"孝"的观念。《孝经》里孔子教导学生说:"身体发肤,受之父母,不敢毁伤,孝之始也。"这种观念历经后世各代儒家的阐释,已成为汉民族遵法守孝的一种文化符号,而"毁伤"头发则成为一种伦理和种族禁忌。因此,清军入关后,施行的剃发留辫令,才具征服汉人的象征意味,而清末风起云涌的"剪辫"风潮,则象征的是反抗清王朝的革命精神。存在主义哲学家、直觉现象学的创始人梅洛·庞蒂曾说过:"世界的问题,可以从身体的问题开始。"因此,我们可从头发入手,看看清末及五四时期的文人是如何看待辫子问题的。

(一)清末的"剪辫"风潮及舆论宣传

清军在入关后的第二年,即顺治二年(1645)占领了南京,随后,多尔衮命礼部颁布"剃发令",要求全国十日内剃发、留辫。从此,中国男性开始剃发、留辫,Q 字发型成为具有政治意味的国定发型。与此同时,也开始了汉族男性两百余年的断断续续的反抗发型的抗争历程。

在晚清,最早作为一种政治口号,提出剪辫的是太平天国运动的领袖,他们提出的"留辫不留头,留头不留辫"的口号,与满清入关后的"剃发令"正相反对,极具政治抗争意味。

现在难以确定清末最早倡导剪辫的人物和时间,但早在 1877 年已有北京、天津、沈阳及江浙等地出现剪辫的谣言[①]。同年,维新变法的领袖康有为,向光绪皇帝提议推行"剪辫易服"的政策,未被采纳。康有为可能是国内提出剪辫的较早的人物之一。

中国近代的"剪辫"风潮之兴起,首先与东西洋对国人

---

①《剪辫谣言又起》,《万国公报》第 448 期,1877 年 7 月 21 日。

的看法有关,这关乎两个非常重要的事件,即甲午战争失败后日本人对中国人的辫子讥讽为"豚尾";其次,义和团运动后,西方人眼中的中国人形象开始全面负面化。东、西方世界对国人形象的负面评价,在海外华人和留学生中引起强烈反弹,他们将这种耻辱感与对满清政府的腐败联系起来,一些留学生为了显示与清廷的决裂,率先纷纷剪辫。

大约 1903 年之后,剪辫风潮由海外蔓延至国内,在新式学堂的青年学生和部分新军中渐成燎原之势。清政府对此颇为恐慌,一度颁布法令,禁止学生与士兵剪除辫子。然而,随着革命情绪的高涨和蔓延,清廷对此也无可奈何。并且随着革命形势的发展,到 1910 年 10 月,在清政府资政院召开的会议上,议员罗杰与周震麟先后提出《剪辫易服与世大同》《剪除辫发改良礼服》的议案。这次资政院会议最后讨论议决:"两案之主旨,皆以中国辫装妨碍运动,朝廷整军经武,非剪除辫发,改制冠服,不足以灿新天下之耳目,改除骄奢之习惯。"

辛亥革命爆发后,随着部分政界人物如袁世凯等纷纷剪除辫子,在社会上形成一种模仿效应,在这种形势下,摇摇欲坠的清政府终于在 1911 年年底,明令剪辫自由。至此,来自政治权力的剪辫阻力终于消除了。

但是,剪辫遇到的来自习俗或保守势力的阻力依然非常强大。我们来看分别来自民间的普通百姓和忠于清廷的旧臣,在没有政治阻力的情况下,如何固守这一传统陋俗,并为之付出的代价或演出的滑稽场面。

　　梁鼎芬是清廷的忠臣,他在辛亥革命后,为了表示对清廷的忠贞不贰,坚不剪辫。1911 年年底,梁鼎芬到湖北迎接端方的尸体,在其寓居武汉时,被同住该旅店的五名青年闯入房间,强行剪去了辫子①。

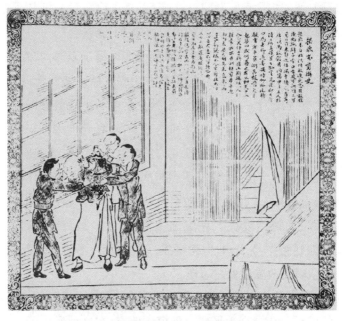

图 8-1 《梁鼎芬剪辫史》,《民强画报》1911 年

---

①《梁鼎芬剪辫史》,《民强画报》"民国时期期刊全文数据库"标注该期画报出版时间为 1911 年,但在对该刊的简介中又说:"1912年 5 月创办于上海,初为日刊,1913 年后改为月刊,由上海民强报社发行,为《民强报》副刊。"由于该期画报无封面、版权页等提供出版信息,故无从知晓该期画报的出版年月。但梁鼎芬被强行剪辫,是在民国成立以后。1912 年 12 月 21 日《神州日报》《申报》对此均有报道,由此可知该期画报的出版时间当在此后。

"剪辫"之爽快与否,并不与其思想之进步呈正比关系,但在清末民初,辫子的有无,在社会上确有其重要的象征意义。这在"辫帅"张勋身上即有典型的体现:

> 辫帅张勋,虽为民国封疆大吏,而顽固特甚。始终垂辫。民三徐州会议毕,统兵入京,实行复辟。失败后蛰居津门,不问政治。当辫帅病危将死时,子女环立窗前静听乃翁遗嘱,辫帅分配遗产,曰某子应得若干,某女应得若干。而仍余五十万元,他人莫名其故,叩问用途,辫帅瞠目告曰:"办复辟。"辫帅为人固执,至死不忘他复辟迷梦。①

民国成立后,临时政府实行强制剪辫。孙中山于1912年3月签发《饬内务部着各省人民限期剪辫令》,其中除了充满民族主义的情绪外,还将"剪辫"与"新民"联系起来:"……今者清廷已覆,民国成功,凡我同胞,允宜涤旧染之污,作新国之民。"②

虽然民国临时政府颁布了限期剪辫令,但收效甚微。由于各地民众拒不剪辫,于是由士兵或巡警强行给老百姓剪辫。图8-2中的剪辫故事,与鲁迅小说《风波》中的情形有些相似:两位乡民进城到码头租船,因为脑后拖着长辫,被一兵士以剪辫为名勒索钱财,因该乡民身无分文,被强行剪去发辫。不幸的是,这位乡民因惊吓过度而当场丧

---

① 泽丰《辫帅之顽固》,《逸经》第24期,1937年2月20日。
② 《孙文选集》(中),广州:广东人民出版社,2006年,第262页。

图 8-2 《剪辫吓死乡人》,《民强画报》1913 年 2 月

命^①。

其实,抵制剪辫的,远不止这些愚民百姓或者清廷忠臣。我们看 1912 年 9 月 27 日浙江民政司的一条通令,就知道真实的情况:

　　案照浙省光复,先行剪辫,除满清之陋俗,表民国之新仪,凡不剪辫者,剥夺其公民权。经前都督汤出示晓谕,并前褚司长筹办县会省会选举,通令各县遵

──────────

① 《剪辫吓死乡人》,《民强画报》1913 年 2 月(该期封面标注"民国二年二月")。

照办法,剥夺其选举权各在案。此次众议院省议会选举,仍应遵照办理。倘投票时有托辫未剪者,管理员应扣票不给。蓄辫帽内者,亦以未剪辫论,即使管理员偶或失察,而监察员当觉察其有辫者,即应拒弗投匦,吊还票纸,但须当场指明,不得于事后检举,应由各初选举监督于各投票所门首,先期出示,俾众周知。倘或稍有徇纵,一经告发,各监察员、管理员均应负其责任。为此通令各该县知事查照办理,切切此令。①

由此可知,剪辫这一革新举动,真正的阻力,并不在满清政府,也不在少数的顽固旧臣,而在遍布全社会的各阶层民众之中。此问题之彻底解决,既需启蒙者长时间苦口婆心的劝导,更要政府权力部门的强力推行。下面这幅1928年《良友画报》所刊的国民军宣传队强行剪辫的图画,说明这项起自清末的身体革命,仍未能毕其功。

在清末剪辫风潮中,许多知识分子参与其中,且有可歌可泣的事迹。他们借剪辫这一改变发型的小事,表现出来的民族意识和个性意识,足以让我们重视其对思想革命和文学革命或 直接或间接的影响和意义。

我们先来看几位在近代中国有重大影响的人物,在剪辫问题上敢为天下先的勇气和毅然决然的精神。

戊戌变法期间,康有为在《请断发易服改元折》中,请

---

① 《民政司通令众议院省议会选举未剪辫者不准投票文》,《浙江公报》第 230 期,1912 年 9 月 29 日。

图 8-3 《国民军宣传队之工作》,《良友》第 31 期(1928 年)

求光绪"断发易服,与民更始"。谭嗣同在《仁学》中认为"若乃中国尤有不可不亟变者,剃发而垂发辫是也"。戊戌变法失败后,谭嗣同被杀,康有为亡命海外,他们的断发主张未能付诸实践。

孙中山的剪辫,一度成为冯自由《革命逸史》中的美谈。1895 年,广州起义因走漏消息遭到官府的血腥镇压,清军骑兵四出,严密搜查赴港澳各轮渡码头,并悬赏一千银元捉拿孙中山。孙中山流亡到日本横滨,清政府向日本施压,要求引渡革命党人。为防止被捉,孙中山在横滨机智地剪掉了辫子,装扮成日本人而得以逃脱。

冯自由对孙中山的"剪辫"有如下回忆:

> 余父镜如少经商日本横滨,营出版业,有商店在

横滨山下町五十三番，曰文经活版所。甲午之战，旅日华侨多避难返国，及马关和议既成，侨商渐次东渡，余父仍有戒心，以生长香港，遂剪辫易服，求英国领事保护营业。旅日侨商之解除辫发者，实以余父为嚆矢。乙未余随父居横滨，时年十四。一日，见有久未剃头之长衫客二人来访余父，谓有密事相谈，良久始出。后乃知来客为孙总理、陈少白。盖余父素以任侠好义闻于时，总理初识船上行商陈清，及洋服商均昌号主人谭发，复由陈、谭介绍来见余父。不数日，总理、少白同在余店解除辫发，衣服由谭发代制，与总理同行之郑弼臣，则因被派回国办事，暂未易服。①

1900 年 7 月 26 日，沪上名流八十余人齐聚张园，自发组织"中国议会"开会，参会者有文廷式、马相伯、容闳、严复、宋恕等政学各界大佬。章太炎在会上做了慷慨激昂的演讲，为了表示要与清政府及光绪帝不共戴天，在演讲后毅然剪掉辫子。此后，章太炎在《解辫发》一文说："余年已立，而犹被戎狄之服，不违咫尺，弗能剪除，余之罪也！将荐绅束发，以复近古。"②

邹容 1902 年春天东渡日本留学，他在上海登上去日本的轮船后把辫子剪掉，扔进了大海。1903 年，邹容从日本逃回上海，他在《革命军》中痛陈剃发蓄辫带给同胞的

---

① 冯自由《革命逸史》(初集)，北京：中华书局，1981 年，第 1—2 页。
② 《章太炎全集》第 3 册，上海：上海人民出版社，1984 年，第 347 页。

屈辱：

> 拖辫发，着胡服，踯躅而行于伦敦之市，行人莫不曰：Pigtail（译言猪尾）、savage（译言野蛮）者，何为哉？又踯躅而行于东京之市，行人莫不曰：チャンチャボツ（译音拖尾奴才）者，何为哉？嗟夫！汉官威仪，扫地殆尽，唐制衣冠，荡然无存。吾抚吾所衣之衣，所顶之发，吾恻痛于心；吾见迎春时之春官衣饰，吾恻痛于心；吾见出殡时之孝子衣饰，吾恻痛于心；吾见官吏出行时，荷刀之红绿衣、喝道之皂隶，吾恻痛于心。辫发乎，胡服乎，开气袍乎，花翎乎，红顶乎，朝珠乎，为我中国文物之冠裳乎？抑打牲游牧贱满人之恶衣服乎？
>
> ……呜呼！此固我皇汉人种，为牛为马，为奴为隶，抛汉唐之衣冠，去父母之发肤，以服从满洲人之一大纪念碑也。[①]

所以章太炎在《狱中赠邹容》中如此赞扬他的革命行动："邹容吾小弟，被发下瀛洲。快剪刀除辫，干牛肉作粮。英雄一入狱，天地亦悲秋。临命须掺手，乾坤只两头。"

蔡元培作为爱国学社的创始人，他在上海组织拒俄义勇队，剪掉了辫子，穿上操衣，和同学们一起操练。

钱玄同也是在革命思想的鼓动下剪掉辫子的，这个时间点正好是他与友人创办《湖州白话报》的前后："其时

---

① 邹容《革命军》，北京：华夏出版社，2002年，第27—28页。

（1904年——引者按）思潮日涨,于四月廿五日断发,此亦当时思想进步之一征,然究以出门不便,只得缀假尾于草帽耳。六月渡申,制西衣,因晤孟崇年等人,其时欲往谒刘申叔、蔡子民而不可得。初读《訄书》,虽不解,然甚好之。八月在湖 ,究以无尾不便,因重服胡服装假辫。是年四月与方青箱、张界定（孝曾）、潘贵生（澄鉴）等办一杂志,曰《湖州白话报》。"①

钱玄同自己说得很明确,"断发"即是思想进步的表征之一。与此相关的制西衣、读革命书、进学堂、办白话报等行为,无疑都显示了某种"革命"意味。这个特殊的事例说明,白话报刊的创办和激进的革命思想之间确有某种或隐或显的关系。1904年9月18日,钱玄同的大嫂单士厘从俄国圣彼得堡给钱玄同的信中,告诫钱玄同,办《湖州白话报》力戒激烈,要"辞婉言和":"弟欲作《白话报》,甚好,嫂谓宜勿谈时事,先以改良风俗为目的,又宜辞婉言和,浅近易懂,使妇孺闻之津津有味,自然有益于社会。日下要开化人,须从幼少者、贫贱者教起,则易听受、易实行。慎勿向年老者说新话,勿望富贵者生公共心,至嘱!"②清末的大多数白话报,因表面普及知识、暗中宣传革命而惹下祸端,钱玄同的兄嫂对此心知肚明,希望

①钱玄同《钱玄同自撰年谱》,刘思源整理,《鲁迅研究月刊》1999年第5期。
②张胜利《单士厘致钱玄同信札整理研究》,《中国国家博物馆馆刊》2016年第8期。

钱玄同不要因此惹祸。

文学革命中年纪较小的茅盾,是在辛亥革命之后剪掉辫子的。1911年暑假后,茅盾由浙江省立三中(湖州)转学到二中(嘉兴),他对比后发现两个学校表面的区别之一,是二中颇多"和尚头",其中,校长和国文教员中的朱希祖、马裕藻、朱蓬仙都是装了假辫子。这无疑影响到学生的剪辫。"有这么多光头教员,自然会教出光头学生来。在我进校的上一学期,这省立二中发生过'剪辫运动'。结果是我进去的那一级里,剪得最多。""在辛亥年,'光头'是革命党的标帜。"如果说辛亥革命前的剪辫,总有些大逆不道,因而偷偷摸摸,但随着辛亥革命后各地的陆续"光复",剪辫于是成了一种以身体"解放"为由的庆祝革命胜利的仪式,茅盾正是在这场仪式中剪掉了辫子的:

> ……跟着,老百姓忙的,是剪辫子的"仪式"。有人主张先剪一半,有人主张四边剪去,只留中间一把,依旧打辫子,盘起来,藏在帽子里;更有人主张等过了年看个好日子再剪,然而也有爽爽快快变成和尚头的。
>
> 学校里却来信说开学了。我于是再上学,没有辫子。①

与上述革命者借"剪辫"以明志的痛快淋漓相比,已届暮年的晚清官员、诗人易顺鼎(1858—1920)在民国元

---

① 茅盾《辛亥年的光头教员与剪辫运动》,《越风》第20期,1936年10月10日。

图 8-4 《爱护豚尾,藏在帽中》,《新闻画报》1913 年

年也剪去了发辫,而且为此写下洋洋洒洒七百多字的《剪发诗》。因易顺鼎身为清朝遗老,故在清末的剪辫风潮中"欲剪未剪心彷徨"。可到民国成立,他才发现自己既不是旧朝的宠臣,又对皇纲解纽后的"剪辫易服"等新政倍感失望。正如他在诗中所表白的,他的"留辫"既不为效忠清廷,而他的"剪辫"也不为附和新政。他的"剪辫",只为"恐人疑我忠一姓""恐人疑我死一姓"而贻笑后世。于是经过犹疑彷徨、在违抗民国"剪发令"半年后,终于下定决

心剪除发辫,以除"心患":

> 五十余年我身物,如妻如友无参商。甘违禁令逾半载,时时护惜深掩藏。有时欲作头陀服,有时欲改道士装。恐人疑我忠一姓,我忠一姓殊骇狂。微子尚言泣不可,嫌疑瓜李宜深防。夏王解衣入裸国,秦伯断发居蛮乡。今朝决计便剪去,地下本不见高皇。下告宾友上祖祢,余发种种天苍苍。[①]

包天笑说:"这《剪发诗》可以说是一顿臭骂,新也骂,旧也骂,上也骂,下也骂,骂满人,也骂汉人。他诗中的两句道:'为东胡奴则不屑,为西胡奴又何忙。'真是骂尽当时的中国人。"[②] 这说明像易顺鼎之类的社会名流,他们的"剪辫",并不为宣示其"革命"的意识或"启蒙"的思想,只是为免除人们嫌疑和议论而已。

经由清末仁人志士的身体力行,"剪辫"成了当时舆论与媒体的热点话题。就像此前启蒙话语中的夸张说法一样,1903 年,留日学生刊物《湖北学生界》在《剪辫易服说》一文中说,"今日之中国,诚欲变法自强,其必自剪辫易服始",文中列举剪辫的诸多好处:一曰借以变法,二曰借以养廉,三曰可以强兵,四曰可以强种,五曰可便行役,六曰可振工艺,七曰可善外交,八曰可弭教案[③]。同年选录

---

① 易哭盦《剪发诗》,《文艺俱乐部》第一卷第二号,1912 年 9 月 16 日。
② 包天笑《钏影楼回忆录》,上海:上海三联书店,2014 年,第 588 页。
③ 《剪辫易服说》,《湖北学生界》第 3 期,1903 年 3 月 29 日。

于《黄帝魂》中的《论发辫原由》,更将发辫的去留与变法的成败联系起来,作者说:"戊戌推翻新政,一蹶不振,论者多咎变法之初不先变发。发短不可以骤长,不可以骤长,则面目形状既变,衣服装束不得不随之而变,衣服装束变,而行为政治不得不变矣。惜乎未能先事于斯,遂令一往无余也。盖欲除满清之樊篱,必去满洲之形状,举此累赘恶浊烦恼之物,一朝而除去之,而后彼之政治乃可得而尽革也。……合古今中外而变通之,其唯改易西装,以薪进于大同矣。既有西装之形式,斯不能不有所感触,进而讲求西装之精神。西装之精神,在于发扬踔厉,雄武刚健,有独立之气象,无奴隶之性根。且既讲求其精神,斯不能不取法西人所谓政学、法律、工艺、商农之美法,一一而举行之矣。"[1] 此文论剪除发辫之于变法成败的意义,虽不无夸张,但其论发辫服饰与人的精神状态之关系,又不可不谓透彻。

(二)清末民初白话报中的"发辫"

晚清以来,男性的"发辫"作为中国人愚昧、野蛮的标志,早已被列为必须改良的风俗之一,在清末的各种报刊及文艺作品中被广为书写,成为近代文学中时新的文学素材与意象。

---

[1] 罗家伦主编《中华民国史料丛编·黄帝魂》,台北:七海印刷有限公司,1979 年影印再版,第 29—30 页。

早期的留日学生,因其脑后的长辫,多受日人讥笑。留日学生对此多有论述。1904 年在日本留学的吴弱男(1886—1973)女士,在《中国白话报》上呼吁大家"剪辫",以洗雪大耻,鞭策光复:

> 我今有一件极可耻的事,不得不发大声哭告我的同胞。去年我在这汇文书院读书,有一天先生教我一课,那课题是《支那人之猪尾》,我看这题目奇怪的很,因把那英文读下去。咳!各位,你知道这猪尾的字怎样说?原来就是说你们男人家脑后那一条粗辫了。吾读那英文,其中句句都是笑我们中国人,句句都是骂我们中国人的。他的大意道:"中国人向来是没有辫子的。自从满洲进了中国,下令叫中国人把辫子留起来,当时中国人不肯留辫。为了这事,被满洲人也不晓得杀了多少。然后才个个把辫子留起来。"你看如今五洲万国,除了中国人,那里还能够找得出一个有辫子的人类呢?这辫子好像猪尾,中国人把猪尾拖起来,个个在街上摇摇摆摆,还是十二分得意。不知自己已经像了畜生,这真正可笑啊!列位,你看外国书上,这样笑骂我们中国人,我独自一人,气得要死。但细想他那话说得并没有半点差错,我们不能够去驳他。我只怪着你列位如今大仇在身,何以居然忘记?①

---

① 吴弱男《哀猪尾》,《中国白话报》第 9 期,1904 年 4 月 16 日。

1907 年的《广东白话报》上，也将外国人嘲笑中国人的"猪尾"，看作奇耻大辱，号召国民剪除头上的"条辫"，以雪"国仇"：

> 奇嘑奇嘑，猪尾都有讲始祖嘅。唔係真猪尾？係人尾嘅啫？人边得有尾亚！条辫唔係咩。外人边个唔笑中国人条辫係猪尾呀，究竟点来历嘅呢。我地中国一向将咃头发盘在头壳顶，冇条咁嘅野垂在背后嘅呀。据英国巴加大教授话，豚尾见笑，世界上惟係中国人独占。……今日各位摸吓条辫，就要想起吓祖宗受害个哋惨法，要替佢报仇至係呀。重有乜心扎番三度纬线，捻到佢黄丝蚁都拦唔上咁靓呀，个条实在国仇嘅诈，唔剪就笨喇！ ①

清末民初的白话报中，围绕"发辫"所创设的议论与艺术形象，颇为滑稽有趣，富有艺术趣味，可见论者的良苦用心。

吴稚晖在《新世纪》杂志中，在一篇讽刺清政府"伪立宪"的《哀哉豚尾汉》中，将中国人统称为"四百兆条猪尾巴（公者有长尾，母者本有短尾，故可混称四百兆条）"②。另外，《新世纪》在 1909 年第 89 期至 100 期中，还连续刊载了五篇《滑稽画图说：辫子》，作者正话反说，寓悲愤于滑稽之中，将辫子给国人带来的尴尬——道来：

①壮《猪尾嘅始祖》，《广东白话报》第 1 期，1907 年 5 月 31 日。
②燃料《哀哉豚尾汉》，《新世纪》第 64 期，1908 年 9 月 12 日。

……彼曰:"辫子生于尾闾处,可代裤带。"彼以为辫子无用,必生于尾闾处,可省穷人一裤带。彼知其一而忘其十,殊不知其应用处甚多,岂特代裤带也矣哉。……法国不欲杀头则已,苟欲杀头必请"寡妇"出来,费手脚及费时候者过多,非四五人不能实行,故有人主张欲废死刑,想必因太费手脚与时候之故。独中国有天然之便利法,推跪罪人于地,两手反接,一手拖其辫,刽子手提刀下向,刀垂头落,一小时间可杀数十。后悬头于城门或杆尖,此物又能一当两用,苟无此物,如杀和尚,则甚困难。然则今日留学生日多,改装者十八九,又皆大逆不道,人人总有些怪气,莫不可指为革命党,一旦聚歼留学生,实清政府大为辣手之事。或必效文明国之办法,不

图 8-5 《便于杀头》,《新世纪》第 89 期

图 8-6 《便于遮臭》,《新世纪》第 94 期

能不略多费手脚与时候。故吾友有商业上经验者曰："他日可贩数千百断头机到中国出售,必能获利。"然清政府现在财政支绌,采办断头机,又要派遣专使,只笔经费(该句略显不通,但原文如此——引者按),甚觉为难,故一切效忠于清政府之人,在内地不必说,即在欧美日本南洋群岛之商人旅客,皆保守此辫如命,为将来回国杀头时可节省清官之经费,故此等宝物真可算一国粹。其应用者一。[①]

辫子最不便于大解,少不留意,便浸入毛厕中,然习而惯之,亦有应手处办之妙,故初剪辫子时,反觉若有所失,每入厕所,则顾辫子,及伸手握辫不得,始知已经剪去,不觉失笑。然在内地积臭之茅厕,有人以辫掩鼻,奇臭略解,亦以利益也,其应用八。[②]

1913 年上海《申报》馆编辑出版的文学刊物《自由杂志》发表了署名"劣鬼"的《剪辫之快乐》。这篇作品,在《自由杂志》上并未标明其文体形式,此时也没有"语体诗""白话诗"的名称,作者也没有意识到他写的是诗,但这篇作品确实颇似五四时期的白话诗。这不仅要比普遍认为是第一首白话诗的胡适的《蝴蝶》早三年,而且语言形式上更自由、洒脱。

---

① 民《滑稽画图说:辫子》,《新世纪》第 89 期,1909 年 3 月 20 日。
② 民《滑稽画图说:辫子》,《新世纪》第 94 期,1909 年 4 月 24 日。

剪辫之快乐（劣鬼）

我剪了辫子，亲戚朋友皆说我是爱国男儿，我真快乐。

我剪了辫子，出恭时不致拖在便桶里，我真快乐。

我剪了辫子，他人不能骂我有尾的畜生了，我真快乐。

我剪了辫子，已节省了打辫费三块洋钱，可以买一双皮靴了，我真快乐。

我剪了辫子，我的妻子亦说我好看，我真快乐。

我剪了辫子，朋友仿我剪去的已有十余人了，我真快乐。

我剪了辫子，有人对我说道，你的祖宗在阴间哭，我说，我的祖宗一定在天上欢喜，我真快乐。

我剪了辫子，可以做几句骂人的话，登在《自由谈》上，使人家知道我的辫子已经剪去了，我真快乐。[1]

辛亥革命前后，由于清廷的统治处在风雨飘摇之中，剪辫的政治压力已隐然消失，更多的人士加入剪辫的行列。剪除发辫被看作在改朝换代之际弃旧图新、自我更新的重要仪式。文人学士中的剪辫者，往往以此唱和，留作纪念。

1910 年圣诞到 1911 年元旦期间，香港的华人基督徒麦梅生等三人，分别选在"圣诞""元旦""文明剪发店"等具有象征"新生"意义的时间和地点剪去了发辫，他们还各

---

[1] 劣鬼《剪辫之快乐》，《自由杂志》第 2 期，1913 年 10 月 20 日。

自写下了"剪发咏",以相唱和,纪念在他们生命中具有转折意义的这一事件。这组诗之所以刊在同一期的德国"礼贤会"牧师所办《德华朔望报》上,说明在香港的这群基督信徒中,剪辫这一行为极具宗教的"仪式感"。为了呈现剪辫者由这一行为所获得的"新生感",此处将这些咏剪发的诗照录如下:

庚戌年耶稣诞后三日剪发咏(陈韵笙)

剪发尤须先剪心,剪心魔障永难侵。

但非剪发坚心志,真道渊源何处寻。

一发坠地皆主意,况复百千烦恼丝。

自由释我缘基督,奴隶根株尽拔之。

一千九百一十一年一月一日一早偕吴君道长在

文明剪发店薙辫咏此以为记念(麦梅生)

半生沦落叹才庸,衣背空余垢疾封。

信主自惭低土马,挂枝宜鉴押沙龙。

参孙废力吾翻健,保氏为荣众合宗。

此日三千烦恼断,从今常撞自由钟。

庚戌年耶稣圣诞日剪发咏(西医李普生)

环球世界放新光,几见辫拖豕尾长。

却喜牵萝无挂碍,非关采药托佯狂。

壶中日月浑忘俗,顶上功夫在改良。

取法贵精尤贵上,大同教化普通装。

拖累长抛腐败休,文明进步遍全球。
受书便捷何须束,脱帽逍遥喜自由。
赵武精神应刷目,裴公风度任松头。
今朝圣诞瀛寰祝,剪发聊将纪念留。

奉和梅生剪辫纪念诗溯韵一首步韵一首

（福海渔郎潘乐山氏未定草）
自由原是赖晨钟,薙发相传痛祖宗。
缠绕腰身怜类豕,峥嵘头角也蟠龙。
剪魔顿使新生现,拘俗堪嗤故步封。
志士非徒求色相,精神应必异愚庸。

保罗言论不凡庸,金句经传古锦封。
目的心非低土马,眼光首鉴押沙龙。
礼贤不必周公法,勤读何须孙敬宗。
遗累长留应割爱,声声高撞自由钟。[1]

因为这四位作者有基督教背景,所以他们在诗中用到圣经中的典故：低土马对耶稣的"非见不信"；押沙龙因头发被橡树枝缠住而被杀；保罗悔改信主；参孙善于悔改和藏在头发中的神力。他们在这里巧妙地借用基督教中的

---

[1]《德华朔望报》第 4 卷第 3 期,1911 年 2 月 1 日。

"悔改"主题和佛教中的"剃度"仪式，来象征他们剪辫的意义：一方面是向罪过、尘俗、愚庸告别；另一方面则是获得新生、自由、文明。

民国成立之后，剪辫的意识形态忌讳已然不复存在，但剪辫的号召未必得到全面响应。可是专制已去，那种"脱旧更新"、重获自由与新生的喜悦，是清末十多年间的剪辫风潮中不曾有过的：

剪发诗（亦汉名）

可憎烦恼八千丝，发辫垂垂亡国思。
今日秃除豚尾尽，免教污秽老头皮。

披发多年作满奴，今朝还我好头颅。
谩言一发千钧重，留发甘心再媚胡。

身体发肤不可伤，腐儒借口重纲常。
亦知世界全球上，长发都为奴隶邦。

改观面目若重生，莫漫靦颜事满清。
毛之不存皮尚在，群称头等最文明。[1]

劝剪辫歌（韵唐）

满虏始入关，专制逞荼毒。下令垂发辫，人民受

---

[1] 亦汉名《剪发诗》，《自由杂志》第 2 期，1913 年 10 月 20 日。

束缚。留此豚尾形,肩背何龌龊。二百六八年,大为中国辱。武汉义师起,汉士庆光复。一律剪发辫,脱去旧污浊。同为新国民,同享自由福。吁嗟乎,昔时薙发民不从,刑驱势迫方成功。今朝剪辫喜洋洋,一时顶上增新光。可见人心多向汉,鞑夷恶运终覆亡。劝君剪辫莫迟疑,满奴记号留何为。堂堂大汉好男儿,脱旧更新在此时。①

这两首发表在 1913 年《自由杂志》上的"劝剪辫"诗中,劝解还在彷徨迟疑的民众,趁此改朝换代、气象一新之际,剪除"旧污","脱旧更新"。在这里,"剪辫"这一看似属于身体革命的行为,实已蕴含着反对专制制度,反对旧伦理、旧习俗,提倡文明、自由等新的思想观念和道德理想,与五四新文化运动反对旧道德、旧伦理的思想若合符节。

(三)陈独秀、胡适的"剪辫"与《安徽俗话报》《竞业旬报》中的"剪辫"论述

陈独秀的剪辫,一方面与晚清以来革命前辈的示范和舆论宣传有关,另一方面也与他留日期间参与拒俄运动有关。陈独秀于 1901 年 10 月赴日留学,参加了留学生的革命组织"励志会"。1902 年 9 月再次赴日,与张继等创立革命团体"青年会"。中国留日学生于 1903 年 4 月 29

---

① 韵唐《劝剪辫歌》,《自由杂志》第 2 期,1913 年 10 月 20 日。

日在东京召开留学生大会，要求清政府对俄宣战，并组织拒俄义勇队，准备回国赴东北前线与俄作战。但是日本政府却听从清政府驻日公使蔡钧的请求，勒令义勇队解散，引起了留学生的义愤。适逢陆军学生监督姚文甫生活腐化，陈独秀等便闯入姚宅，剪掉了姚的辫子，以发抒割发代首之恨。陈独秀的挚友章士钊对此有精彩而详尽的描写：

> ……吴禄贞、杨守仁之徒衰然居首，似又滑稽可笑，强附优孟衣冠。其在他一面，姚昱一风尘下吏，偶辖一省海外学务，无端撄留学生之逆鳞，由张继抱腰，邹容捧头，陈独秀挥剪，稍稍发抒割发代首之恨，驯致酿成交涉大故，三人被遣返国，邹容则乘机刊布《革命军》，激起排满浪潮，不足十年，而清帝退位。区区一辫发去留，而关系种族存亡之大如此。查当年舆论，以女子缠足及男子辫发为两大弊习，贻笑四邻，同号国耻。[①]

从章士钊的叙述来看，仿佛陈独秀的这一"挥剪"是导致清帝退位的辛亥革命的导火索。

陈独秀究竟于何时剪掉了自己的辫子，目前还未有明确的记载。朱洪的《陈独秀传》中说，他第二次从日本回来时，"西装革履，乌黑浓密的头发向后梳去，一副留洋学生

---

① 章士钊《疏〈黄帝魂〉》，《辛亥革命回忆录》，北京：文史资料出版社，1961年，第229页。

的派头"。据陈松年回忆说,陈独秀"在满清时代,他是革命党人,在日本剪辫子,回来戴假辫子"。由此可作大致的推断,他应是在给姚昱剪辫之前已剪了辫子的。虽然他本人的剪辫可能没有这么轰动,但他以剪辫为革命标志的观念与他人并无不同。

陈独秀在清末的剪辫风潮中是大出风头的人,但在他主编的《安徽俗话报》上,只有一则题为《辫子留不住了》的新闻报道:"七月十七日,北京练兵处上了一个奏折,请将各省武官兵丁的辫子,一律剪去,仿照德国和日本的军帽军衣,定了一种制服,以便打仗的时候,不受辫子拖累(现在枪炮利害,打仗必定要伏在地上,有辫子的人一定是不方便的),听说七月十九日,上谕已经批准,现在的武官兵丁,不久要剪辫了。"①

陈独秀在《安徽俗话报》上对剪辫的宣传仅此而已,但他对辫子的记忆尤为深刻,1916年他在为《新青年》所撰《我之爱国主义》一文中,将"豚尾客"列为"外人讥评吾族,而实为吾人不能不俯首承认"的一条堕落标记。1937年11月,出狱不久的陈独秀,在他的自传里这样写他当年参加江南乡试的情景:"有一件事给我的印象最深。考头场时,看见一位徐州的大胖子,一条大辫子盘在头顶上,全身一丝不挂,脚踏一双破鞋,手里捧着试卷,在如火的长巷中走来走去,走着走着,上下大小脑袋左右摇晃着,

①《安徽俗话报》第11期,1904年9月10日。

拖长着怪声念他那得意的文章,念到最得意处,用力把大腿一拍,翘起大拇指叫道:'好!今科必中。'"①陈独秀说他对这一场景一两个钟头的观看和冥想,是他由"选学妖孽"转变到康梁派的最大动机,而且决定了他往后十几年的行动。这个事件在陈独秀的一生中,犹如鲁迅在仙台遭遇的"幻灯片",彻底改变了他的人生方向。这位被科举考试异化了的"徐州胖子",他头顶的那一根辫子,和阿Q等的辫子一样,都是他们愚昧的象征。

胡适1904年初到上海读书,进的第一个学校是梅溪学堂,此时日俄战争爆发,排满革命浪潮由此风起云涌。胡适后来在自传里说,他因读到梁启超等的著作,经历了思想上的激烈变动,在脑海里种下了不少革命种子。有一天,同学借来一本邹容的《革命军》,他们几个人传观,都很受感动。借来的书是要还人的,所以他们到了晚上,等舍监查夜后,偷偷起来点着蜡烛,轮流抄了一本《革命军》。想必胡适对《革命军》中关于发辫的论述不会忽略。

1906年暑期过后,胡适考入革命空气浓厚的中国公学。胡适说:"我搬进公学之后,见许多同学都是剪了辫子,穿着和服,拖着木屐。……还有一些激烈的同学往往强迫有辫子的同学剪去辫子。但我在公学三年多,始终没有人强迫我剪辫子,也没有人劝我加入同盟会。直到二十

---

① 任建树主编《陈独秀著作选编》第五卷,上海:上海人民出版社,2009年,第210—211页。

年后,但懋辛先生才告诉我,当时校里的同盟会员曾商量过,大家都认为我将来可以做学问,他们要爱护我,所以不劝我参加革命的事。"[①]

这是事后的回忆,也未必准确,但至少我们可以确信的是,胡适在剪辫问题上没有像陈独秀等表现得那样激烈。在他那么多而且周详的日记里也没有留下关于剪辫的记载,说明剪辫在他个人的思想历程中不具有里程碑式的意义。

关于胡适何时剪的辫子,学界有两种说法:第一是剪于赴美留学前的上海,辫子托人留给安徽老家的母亲;第二是剪于美国。不管怎样,他的剪辫,不如他人轰轰烈烈,也是事实。

在胡适参与编辑的《竞业旬报》里,与讨论"放足"的大量文字相比,关于"剪辫"的文字只有第7期署名"道听"的一篇《发辫谈》和第40期署名"价"的寓言小说《卖辫》。但这并不是说胡适自己对剪辫缺乏热情而影响到该报这方面的论述,因为前期的《竞业旬报》,胡适仅是一个编辑,并不能决定该报的内容和特色。

胡适虽然没有像清末的其他志士一样,给我们留下"快剪刀除辫"的快事,但他始终关注此事。

1914年8月9日,留学美国的胡适在给母亲的信中询问:"吾邑自共和成立后,邑人皆已剪去辫发否?有改易服

---

① 胡适《四十自述》,合肥:安徽教育出版社,2006年,第60—61页。

制者否？"① 他二哥胡绍之在给他的信里说："吾乡一带，自民国成立以后，剪去辫发者已有十之九，其僻处山陬（如上金山，张家山，寺后十八村，并歙之内东乡各处），剪发者只有半数。间有蓄发梳髻，似明以前之装饰者，然绝少，盖千人中不过四五人耳！服饰类多仍前清之旧。"②

胡适后来在北大任教时，就颇为厌恶辜鸿铭的辫子。他曾在《每周评论》刊出的《随感录·辜鸿铭》对辜鸿铭留辫的心理做过这样的分析："现在的人看见辜鸿铭拖着辫子，谈着'尊王大义'，一定以为他是向来顽固的。却不知辜鸿铭当初是最先剪辫子的人；当他壮年时，衙门里拜万寿，他坐着不动，后来人家谈革命了，他才把辫子留起来。辛亥革命时，他的辫子还没有养全，他带着假发接的辫子，坐着马车乱跑，很出风头。这种心理很可研究。当初他是'立异以为高'，如今竟是'久假而不归'了。"③ 看到胡适对他的议论后，辜鸿铭颇为气愤，扬言要将胡适告上法庭。在随后的一个场合，辜鸿铭认真地向他人澄清自己剪辫子的原因，说那是为了将它送给他在英国留学时认识的一个可爱女孩。但在胡适眼中，辜鸿铭的剪辫和留辫，都是为了标新立异，显示与众不同，时日既久，也就忘乎所以，成为一种惯性，本身并不带有特殊意义。

---

① 《胡适全集》第 23 卷，合肥：安徽教育出版社，2003 年，第 65 页。
② 《胡绍之等致胡适的信》，《辛亥革命史丛刊》（第一辑），北京：中华书局，1980 年，第 222 页。
③ 天风《随感录·辜鸿铭》，《每周评论》第 33 期，1919 年 8 月 3 日。

新文学中的"辫子"("头发")记忆和描写不仅是个人的,而且也是关于那一代人革命思想萌发的集体记忆。鲁迅曾回忆说:

> 对我最初提醒了满汉的界限的不是书,是辫子。这辫子,是砍了我们古人的许多头,这才种定了的,到得我有知识的时候,大家早忘却了血史,反以为全留乃是长毛,全剃好像和尚,必须剃一点,留一点,才可以算是一个正经人了。……住在偏僻之区还好,一到上海,可就不免有时会听到一句洋话:Pig-tail——猪尾巴。这一句话,现在是早不听见了,那意思,似乎也不过说人头上生着猪尾巴,和今日之上海,中国人自己一斗嘴,便彼此互骂为"猪猡"的,还要客气得远。不过那时的青年,好像涵养工夫没有现在的深,也还未懂得"幽默",所以听起来实在觉得刺耳。而且对于拥有二百余年历史的辫子的模样,也渐渐的觉得并不雅观,既不全留,又不全剃,剃去一圈,留下一撮,又打起来拖在背后,真好像做着好给别人来拔着牵着的柄子。对于它终于怀了恶感,我看也正是人情之常,不必指为拿了什么地方的东西,迷了什么斯基的理论的。[1]

---

① 鲁迅《病后杂谈之余》,《鲁迅全集》第六卷,北京:人民文学出版社,2005年,第193—194页。

二 "放足"与婚俗观念的变革

"足"的由缠到放，折射出近代社会女性观、婚姻观的重大变迁。正如有的学者所指出："往日以之为美，非缠足不能求佳偶者，今日又以之为甚丑；偶有缠足者，其夫婿必以为丑，小则反目，大则仳离，夫妇之道苦，难乎其为妇女矣。"① 可见，"放足"对近代中国人婚姻影响之大。

缠足作为一种摧残妇女肉体和精神的酷刑，自宋代以来绵延千余年，影响所及，关乎所谓世道人心和礼教纲常的维系，乃至畸形的审美情趣的形成。缠足自从出现之后，就毁誉参半，质疑之声不绝于耳。但作为反对它的声势浩大的"天足运动"，还是在近代才出现的。一方面，随着天朝迷梦的破灭，对于一向被国人讥为蛮夷的西洋人及其文明不得不刮目相看，甚至产生盲目崇拜的心理，在这样的情况下，西方人对于缠足的态度和评价势必对国人产生很大刺激；另一方面，越来越多的中国人走出国门，使他们有机会亲眼看到了西方妇女自然康健的天足之美。相比之下，中国妇女的缠足则显出病态的丑陋来，这使他们深以为耻，深感有革除这种陋俗的必要，于是发起"天足运动"。

关于清末的反缠足运动，有些问题不是我们凭想象可以理解的。一、缠足的直接受害者为女性，但发起、参与反

① 姚灵犀编《采菲录》，上海：上海书店出版社，1998年，第3页。

缠足运动的绝大多数为男性,很少能听到女性的声音,而且被"放足"的女性显得相当被动和不情愿,反映了启蒙和被启蒙之间的隔阂;二、参与这一运动的民间和官方各阶层都有积极的表现,而且后来在新文化运动时期属于保守派的林纾,此时积极参与此事,他有三首戒缠足的诗为证,其一为《小脚妇,伤缠足之害也》:

> 小脚妇,谁家女?裙底弓鞋三寸许。下轻上重怕风吹,一步艰难如万里。左靠嬷嬷右靠婢,偶然蹴之痛欲死。问君此脚缠何时,奈何负痛无了期。妇言:"侬不知,五岁六岁才胜衣。阿娘做履命缠足,指儿尖尖腰儿曲。号天叫地娘不闻,宵宵痛楚五更哭。"床头呼阿娘:"女儿疾病娘痛伤。女儿颠跌娘惊惶,儿今脚痛入骨髓,儿自凄凉娘弗忙。"阿娘转哭慰娇女:"阿娘少时亦如汝。但求脚小出人前,娘破功夫为汝缠。"岂知缠得脚儿小,筋骨不舒食量少。无数芳年泣落花,一弓小墓闻啼鸟。[1]

三是将"缠足/放足"放到保种强国的宏大政治层面来论说,把缠足视为民族衰弱的原因,从而赋予"放足"以民族自救的宏大政治内涵[2]。维新人士康、梁都是天足运动的积极倡导者,康有为在变法期间向朝廷上《请禁妇女缠足

---

[1]《中国近代史资料丛刊·戊戌变法》(4),上海:上海人民出版社,1957年,第366页。

[2] 杨念群《从科学话语到国家控制》,见汪民安主编《身体的文化政治学》,开封:河南大学出版社,2004年,第7页。

折》，痛陈缠足带来的恶果："而令中国二万万女子，世世永永婴此刖刑；中国四万万人民，世世永永传此弱种，于保民非策，于仁政大伤，皇上能无恻然矜之、恝然忧之乎？"预言革此陋习后，"举国弱女，皆能全体；中国传种，渐可致强；外人野蛮之讥，可以消释"①。康有为将放足提升到一个很高的层面来论述，但略显粗疏。而李增在《迁安、遵化天足会序》中对"足"和"国"间的关系，推演得更为周密："况乎缠足不变，则女学不兴；女学不兴，则民智不育；民智不育，则国势不昌，其牵连而为害者，为有等也……苟因循不变，将见数十年后举国病废，吾四百兆之黄种直牛马而已奴隶而已。"②

清末的天足运动，虽未被广大的下层民众所接受，但在知识分子中间，形成了一种被普遍接受的全新时尚和观念，由此带来的择偶观念的变化和婚姻悲剧，成了晚清知识分子生活的公共空间和私人空间都值得关注的话题。

蔡元培在清末的革命风潮中，可算是一个公众人物。他的言论和行为，足以成为知识阶层仿效的偶像。他的原配夫人王昭 1900 年 5 月病逝后，为蔡元培说媒的人络绎不绝，为了挡住众多盲目前来做媒的，蔡元培提出五个条件："我的原配王夫人之卒，已过了一年，友朋多劝我续娶，并为我介绍相当之女子；我那时提出五条件：(一) 天

① 姚灵犀编《采菲录》，上海：上海书店出版社，1998 年，第 57—58 页。
② 姚灵犀编《采菲录》，上海：上海书店出版社，1998 年，第 64 页。

足者,(二)识字者,(三)男子不得娶妾,(四)夫妇意见不合时,可以解约,(五)夫死后,妻可以再嫁。同乡的人,对于(一)(二)两条,竟不易合格;而对于(四)条又不免恐慌,因而久不得当。有林君为言都昌黄尔轩先生之次女天足……"① 由此可见,"天足"逐渐成为维新知识分子择偶的一条重要标准。而且这一新的观念,并不仅仅事关个人婚配,它在某种程度上,是知识分子借此宣扬启蒙思想的一种仪式。清末白话报中关于反缠足的论述,就是在清末这一婚姻观念发生巨变的背景下出现的。

(一)清末民初白话报刊中的反缠足运动

中国近代的"天足"运动(或"反缠足"运动)起自西洋传教士。据学者考证,英国传教士约翰·麦克高望是中国"天足"运动的创始人,他于1874年在厦门建立了一个拥有60余名妇女的"天足会",这是目前中国第一个有历史可考的反缠足组织。之后的二十多年中,这项工作的进展并不顺利。直到戊戌变法期间,随着中国改革节奏的加快,这项工作才逐渐得到更多中国人的倡导和参与。

1895年,上海《万国公报》刊登一则《天足会征文启》曰:

缠足之风为天下妇女第一苦趣,泰西寓华闺秀悯

---

① 蔡元培《自写年谱》,高平叔编《蔡元培年谱长编》(上),北京:人民教育出版社,1996年,第200页。

之，特立一会，名曰"天足"，盖冀巾帼中人，葆其天然之双足也。闺秀先作论二首，刊入本报前幅，并征中华文士作文以广之。限六月底截卷。第一名赠润笔洋银三十元，第二名二十元，其余规例及作文命意已刊各日报告白。[①]

正是这种极具鼓动性的宣传和奖励诱掖，才使更多的报刊加入到宣传"天足"的行列中。在白话报创办之前，《万国公报》《点石斋画报》《渝报》等，都有许多关于"天足"运动的报道与论述。

清末早期的白话报，对"天足"运动的参与较少，1898年创刊的《无锡白话报》中，就未见有关"放足"的论述。现在所能看到的清末白话报中较早的"反缠足"论述，是1901年《苏州白话报》第5、6期所刊的妙叛女士的《论妇女缠足的大害》。此后，1902年第2期《杭州白话报》发表《论杭州将兴放足会事》，第9期又报道了《放足会第一次聚会》的情形。接着，1903年创刊的《绍兴白话报》，就有大量的论述、演说和新闻报道，其中周作人以"不柯"的笔名，连载了五篇《缠足文》，对不缠足的好处、坏处以及"放足"的方法，进行了详细的论述和说明。作者认为，不缠足的好处有四：一是有利于身体健康；二是有利于兴女学；三是有利于男女平权；四是有利于强国。作者尤其是将国家的衰弱归因于妇女的缠足，将富国强种的希望，寄托在"天

---

① 《天足会征文启》，《万国公报》第77期，1895年6月。

足"的实行：

> 我说这句话，列位必定驳我这句话说错了，难道中国二十一省的强弱，关系女人这一双脚不成。比方正刻大家放了脚，中国就可以强起来吗？这句话果然有理，我也没得说了，但列位且想中国衰到这个地步，为什么缘故呢？总不出这一个弱字，这中国并不是生就就是弱的，因为国民柔弱，所以国也弱了。但是国民的弱质，也不是生成是这样的。推究起来，这缘故因为中国女子向来缠脚，一日到夜，坐在家里，像菩萨一样，一动不动，血气不和，胎元不足，所以生下来的儿女，都弱到极头田地了。若不缠脚，生来的人自然强壮，看乡下婆多半大脚轩轩。乡下的小人，自然比那世家的小人强健，这不是明证吗？若个个女人放了脚，个个小人生得强健，中国的本原，也就强了，这样说来，缠脚不缠脚，不是同中国国势大有关系吗？①

所以，清末以来的"反缠足"运动之所以成为一种启蒙话语，就是因为妇女身体的改造，牵涉到国族命运的兴衰。

清末民初白话报对于"天足"运动的配合，除了形形色色的理论阐述和林林总总的新闻报道以外，还创作了大量通俗易懂的歌谣、小说和图画等文艺作品，面向下层社会进行广泛的宣传与动员，以期达到劝导民众的目的。

---

① 不柯《缠足文》，《绍兴白话报》第11期。

清末宣传"天足"运动的文字,不限于白话报刊,但白话报刊在这一运动中的特殊意义,在于他们不满足于仅仅停留在上层社会,而是要将他们反对缠足的理念,普及到更广泛的下层民众中去。而他们所取得的效果,确实也是向来的文言宣传所无法达到的。

清末宣传"反缠足"的白话文,除了白话报中的社论与新闻报道以外,各级政府官员中的开明人士,曾为此撰写过不少劝导"放足"的白话告示。这种告示,一方面说明,在清末的启蒙运动中,在某些意识形态容许的范围之内,政府官员的鼎力支持和带头示范,不容忽视;另一方面,从文学语言演变的角度来说,无论是白话写作的锤炼,还是政府层面对白话文的带头效应,对白话文表现力和地位的提升,都有具体而微的贡献。1906年《敝帚千金》杂志登载了一篇时任绍兴知府的贵福所撰《劝放足白话告示》。这个贵福,就是下令杀害秋瑾的绍兴知府,其人因此臭名昭著。但贵福初任绍兴时,对实施新政和启蒙民众颇为热心。因为清末地方官员的"白话告示"在清末白话报刊中并不多见,故将其全文引录如下:

绍兴府正堂贵太守劝放足白话告示

缠脚这件事,是最坏不过的,不晓得那时候作起,也没有确确凿凿的考究,总不是圣贤人作的,圣贤人断没有这宗坏想头。

你看好端端七八岁的女孩儿,活泼泼的,把他嫩嫩的脚,缠得紧紧,弄得走都走不来,东倒西扶,痛得要死,日里夜里的啼哭,可怜不可怜? 你们做爹娘的,不肉痛的么? 不讨厌的么? 有钱的人家,横竖闲空,你们小户人家,女人们天天要烧茶煮饭,洗衣刮裳,纺花织布,已经忙得不了,还要白费功夫。缠女孩儿的脚,他痛不过,就要叫,你还要骂要打,淘没要紧的气,这是何苦呢? 在你们说脚缠小了,是要好看,不缠脚便没有人要,可不是呆话! 缠脚有什么好看,一年到头,把只脚缠住,还有流脓流血的,这形状气息脏得了不得,亏你还说好看。天生来人的脚是方的,飞禽是尖的,走兽是圆的,你们缠得尖不尖,圆不圆,不是硬要像禽兽,不肯像个人么? 况且好看不好看,有什么凭据,不过眼睛看惯罢了。将来大家不缠脚,缠脚的就不好看。天底下女人不缠脚的多,难道他们都不好看? 只有你们缠脚的好看么?

还有一场顶大的毛病,缠脚的女人生出儿子来,身子总不甚强壮,怎么缘故呢? 他娘的脚,同死了差不多,气血不能流动,所以他成胎的时光,受娘的气血不完全,体质就要弱些。你们不相信,试想富贵人家的女人,脚格外小,她们的儿子,也格外没气力。贫家的女人,要做生活,脚稍大点,儿子气力,也强一点,这不是凭据么?

近来有几个绅衿,到本府这里来禀,说他们在余姚地方,设一个劝放足会,东劝劝,西说说,肯听他们放足的人,已经不少了。现在想把这会分到绍兴城里来,劝劝你们,你们不肯相信,说是皇上没有叫百姓放脚,官府也没有出过告示,所以他们来请出告示的。本府是知道这缠脚的坏处,为此出这张白话告示,仰合属官吏军民各色人等,一概知悉。不准缠足,实在是奉上谕禁止,不是他们读书人说谎,将来还要重重的罚呢! 你们已经缠的,快快放罢,没有缠的,不要缠了,到要罚的时候,恐怕就费事了。他们读书人吃自己的饭,喝自己的茶,费尽口舌,劝劝你们,又没有进账,也不过是热心罢了,为什么疑惑他骗你。上自朝廷起,做官的,念书的,都说是不缠脚好,你们还要缠脚,究竟要那一个说好呢?

不要再糊涂了,快快放了罢,这也是中国强人种一件有关系的事,不要当没要紧看。①

这篇白话告示的内容,同一般劝诫缠足的文字,并无特异之处。但在文字层面,因为是官府的告示,代表着地方政府的文品,其行文比一般白话文审慎、顺畅,代表着当时白话应用文的最高水准。

清末白话报中关于反缠足的文艺作品,最多的是各式歌谣,这些歌谣利用各地的方言俗语和民歌曲调,将启蒙的庄严主题与活泼的民间形式结合起来,达到了正统的说教难以企及的效果。以下两首歌谣,分别选自 1904 年《宁

①《绍兴府正堂贵太守劝放足白话告示》,《敝帚千金》第 21 期,1907 年 1 月 16 日。

波白话报》和1908年《安徽白话报》,对缠足的惨痛过程和缠足后的种种丑相,活灵活现地刻画与描写出来,以控诉这种极不人道的自虐行为。

缠足叹(十送郎调)

金莲小,最苦恼,从小(那)苦起苦到老。未曾开步身先衾,不作孽,不作恶,暗暗里一世上脚镣。

想起初,尔(年)还小,听见缠脚(尔)就要逃。多谢旁人来讨好,倒说道,脚大了,尔将来攀亲无人要。

尔怕痛,叫亲娘,叫煞亲娘像聋�。亲娘手段虽然硬,也肉痛,也心伤,尔看他眼睛也泪汪汪。

眉头皱,眼泪流,咬紧(那)牙关把鸡眼修。怕他干痛怕他臭,撒矾灰,搲菜油,贴好棉花再紧紧的收。

假小脚,真罪过,装到那高底要缎带多。还怕冷眼来看破,没有奈何,只好把(那)绣花的裤脚地上拖。

真小脚,爱卖俏,吊起那罗裙格外高。闲来还向门前靠,便没人,赞他好,自己也低头看几遭。①

小女儿哀求放足(仿下盘棋调)(睡狮)

小女儿裹足泪巴巴,低声娇气叫了一声妈。妈儿啥,你活将儿害杀,你活将儿害杀。

不是打来便是骂,你儿到底犯了甚么法?妈儿

---

① 《缠足叹(十送郎调)》,《宁波白话报》改良版第1期,1904年6月19日。

啥,你强盗看待他,你强盗看待他。

人人都是娘身上肉,为甚么男不裹足女裹足?妈儿啥,好肉裹成烂肉,好肉裹成烂肉。

解开脚来脓血流,你越缠越紧越不丢手。妈儿啥,你的心好毒,你的心好毒。

人似树来脚似根,脚儿一裹断了根。妈儿啥,叫儿怎营生?叫儿怎营生?

女子行动贵端正,人身百斤足只三寸。妈儿啥,站也站不稳,站也站不稳。

听罢我儿这番话,不由为娘泪纷纷。女儿啥,非怪你娘狠心,非怪你娘狠心。

世间男子把孽作,不好细腰便好细脚。女儿啥,风俗实在的恶,风俗实在的恶。

人好岂在这双脚,多少皇娘未曾裹脚。女儿啥,他把正宫作,他把正宫作。

天足会里去签名,大家同盟换着结亲。女儿啥,我拿稳了定盘星,我拿稳了定盘星。

听得母亲这句话,喜得女儿连叫几声妈。妈儿啥,女娃儿赛过男娃。[1]

与上述民谣小调的委婉曲折不同,山西万泉县(今万荣县)的天足会会歌,则义正词严、慷慨激昂,具有强大的号召力。

---

[1] 睡狮《小女儿哀求放足》,《安徽白话报》第1期,1908年9月。

幕巢燕居不自危,反说忧国是假心。腐儒不知天下事,竟将顽固气杀人。太行汾水钟灵久,志士豪杰多应有。愿结全省血性男,合力共保黄人后。凡人准入天足会,入会不受缠足罪。议婚即向会中求,大足不怕无人问。大家兄弟莫蹭蹬,男儿有志即欲行。不为俗子夺吾愿,方成出众大英雄。天足文明日渐开,强子自从强母来。养成天下无敌国,我辈同人亦快哉。[①]

除这些专门劝导放足、讽谕缠足的歌谣以外,其他涉及女性问题的小说、戏曲、歌谣,也多穿插缠足的话题,作为妇女解放的论据。《绍兴白话报》中的《爱女儿歌八调》开头一段,即是劝诫缠足:

爱女儿,莫缠足,缠足本来是恶俗。好好脚儿受束缚,无端弄得弯弯曲。君不闻,前朝张献忠断小足,送与天公当蜡烛。女儿若不要缠足,何用这般遭屠毒。爱女儿,莫缠足。[②]

清末的启蒙者,他们对于劝诫缠足,尽其可能地利用一切可以利用的媒介与场所。据沪上小报《消闲录》说:

某处开有不缠足会一所,所贴联语甚多,兹得友人录示,爱照登数联于下,亦可为女界说法也,其句云:

一邑共兴天足会,群媛如出地牢门。

尼父传经寸肤莫毁,如来说法两足最尊。

---

① 《天足会歌(内地来稿)》,《第一晋话报》第 7 期,1906 年 7 月 6 日。
② 雪震《爱女儿歌八调》,《绍兴白话报》第 9 期。

无罪受肉刑我谓阿娘即酷吏,非囚等镣犯今为少
女脱冤牢。①

其如此别出心裁者,足见一代启蒙者为区区一双脚的
缠与放,如何劳心费神。我们都知道谭嗣同以流血牺牲尝
试唤醒国民起来变法的豪迈与慷慨,但岂知他也是清末反
缠足运动的急先锋。

当然,在宣传"反缠足"运动的各种艺术形式中,值得

图 8-7 孙兰荪《俗语画·小脚一双眼泪一缸》

---

①《放足新联》,《消闲录》第 76 期,1904 年 1 月 19 日。

一说的还有图画。图画由于其易于直观的特点,不依赖文字就能达到其宣传的目的,所以备受青睐。清末民初,画报的发达即是为此。但清末用于启蒙的图画,往往与白话或浅易文字相配合,图文并茂,趣味盎然,很具有吸引力。

> 小孩子女人家都喜欢看图画。买一张玩玩,玩了之后,还可以贴在壁上,常常观看,苏州人叫做花花纸。这花花纸里头所画的,很没有道理。但我曾打听过那销路是很畅旺的,逢着一年三节,尤其生意兴隆。如今想了各种好题目(如俄兵虐待中国人的事情)画出来,旁边再加些白话解说(如去年上海所出的张廷标受难图及国耻图等)这是一桩极好的方法。①

在清末以来的天足运动中,各报中刊登的相关图画,对缠足的恶习、"反缠足"运动的开展及其取得成果,均有形象的表达。

由署名"痴"的作者为上面《俗语画》所作的题画诗曰:

> 女子全身呈媚态,一双小脚尤堪爱。
> 窅娘新月潘妃莲,留得芳名原不愧。
> 那知胎害最深长,惟足天然力乃强。
> 弱种弱身至此极,至今习俗犹难忘。
> 可怜缠脚真奇苦,眼泪曾经滴一缸。

---

① 白话道人《国民意见书·论开风气的法子》,《中国白话报》第19期,1904年8月20日。

暮哭朝啼历时久,娇揉造作方成就。

非刑磨折小娇生,慈母居然施毒手。

嗟嗟! 一点泪,一颗珠,泪珠和血相沾濡。

请君试看满缸血,能免伤心惨目无。

所以脚儿莫求小,方得妻儿女儿身体好。①

图 8-8 《到底还是天足好》,《图画报》1911 年第 97 期

图 8-8 所画,是缠足妇女遇到无轿可乘时的窘境:

---

①痴《小脚一双眼泪一缸》,《图画日报》第 375 期,1910 年 7 月 30 日。

侯辖湾边角邨系南港,南港南屿来往孔道,舆马不绝,人多乘回头轿上省。日前有南港妇人进城奔母丧,适回,舆夫闹捐罢肩,无轿可乘,不得已步行,甫至半途,绣鞋踏破,脚痛难走,倚坐路旁,倍切伤悲,于哭母之中,恨及官长抽收轿捐,哭詈百端,后倩天足妇人背负而始去。①

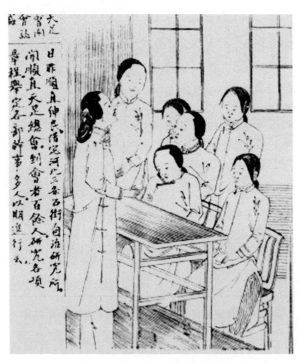

图 8-9 《天足会开会志盛》,《北京浅说画报》第 905 期(1911 年)

① 《到底还是天足好》,《图画报》第 97 期,1911年。

图 8-9 描绘了某天足会开会的场景:"日昨顺直绅民借定河北三条石街'自治研究所',开顺直天足总会,到会者百余人,研究各项章程,举定各部干事多人,以期进行云。"①

这幅组图反映的是,经过清末到"五四"二十多年的反缠足运动,人们对于"足"的审美观念,开始发生颠覆性的变化,原来引以为傲的小脚,此时变得"自惭形秽",而"天足"则变得"意颇自得"了:

图 8-10 《游戏》,《世界画报》第 14 期(1919 年)

①《天足会开会志盛》,《北京浅说画报》第 905 期,1911 年。

（一）天足盛行后，一般已经缠过小脚之女子，咸觉自惭形秽，亟思解放。

（二）继乃异想天开，以巨大华鞋中塞棉花。

（三）于是阔步街头，意颇自得。

（四）不意横祸飞来，一鞋竟被汽车冲飞。

（五）因之跌一足，饮泣而归。笑杀旁人矣。[①]

（二）陈、胡主办白话报中的反缠足论述与个人婚姻之关系

陈独秀曾谈到康、梁思想对他造成的震撼：

> 南海康有为先生，为吾国近代先觉之士，天下所同认。吾辈少时，读八股，讲旧学，每疾视士大夫习欧文谈新学者，以为皆洋奴，名教所不容也；后读康先生及梁任公之文章，始恍然于域外之政教学术，灿然可观，茅塞顿开，觉昨非而今是。[②]

陈独秀这里所说受康、梁的影响，包括戒缠足等与婚姻相关的妇女解放问题。他在五四时期回顾这一时期参与反缠足运动的情况时说：

> 中国妇女解放的要求，不但是精神上的，而且是身体上的。中国妇女身体上第一苦恼就是缠足。有些以为小脚有一种美观，我以为是一种刑罚。我记得二十多年前，我曾纠合一班小朋友，用黄纸大字抄写

---

①《游戏》，《世界画报》第 14 期，1919 年 9 月。

②陈独秀《驳康有为致总统总理书》，《新青年》第二卷第二号，1916年 10 月 1 日。

好几十张清朝西太后禁止缠足的上谕,张贴通衢,劝人放脚,当时全城的人都说我们是疯孩子,现在回想起来,那时的宣传方法固然好笑,可也收到一些效果,可惜疯孩子太少,以至到现今二十多年,缠足恶习还未大改,不但乡村中仍然是很普遍的,即大都市还未绝迹。①

我们可以推想,"二十多年前"正是陈独秀新婚之后不久,创办《安徽俗话报》,鼓吹新的婚姻观念、解放妇女的时期,他不会忘记解放自己的妻子,而他在解放妻子过程中遭遇的尴尬,正是他这一时期新的婚姻观和妇女观形成的最直接的刺激和动因。这种切身的体验也许本人未必有明确的意识,但确实是他们那一代人启蒙话语形成的真实动因。

陈独秀原配夫人高晓岚与陈独秀订婚当在1896年,就是陈独秀考中秀才的那一年,结婚是在1897年秋冬。由于没有非常详细的资料,我们没法确切了解陈独秀对这门婚事的态度,但从仅有的一些资料和陈独秀当时接受新思想的状况来判断,陈独秀对这门婚事采取顺其自然的态度。这样判断的理由有二,其一是陈独秀自己对考取秀才后人们争相给他提亲的记忆:"最有趣的是几家富户,竟看中了我这没有父亲的孩子,争先恐后的托人向我母亲问

①陈独秀《我的妇女解放观》,任建树主编《陈独秀著作选编》第二卷,上海:上海人民出版社,2009年,第370—371页。

我可曾定亲。这就是我母亲大乐而特乐的社会原因。母亲快乐,我自然高兴……"① 其二是陈独秀在此之前接受的是传统伦理道德,他接受包括新的婚姻观念在内的伦理道德思想,应在他 1897 年参加江南乡试及 1898 年入杭州求是书院之后。他参加江南乡试时目睹考生的各种怪现状,使他感觉到"梁启超那班人在《时务报》上说的话是有道理呀!这便是我由选学妖孽转变到康、梁派之最大动机"②。陈独秀接触到的康、梁维新思想当中就包括新的婚嫁观念。

陈独秀接受并大力宣传新的婚姻观、妇女解放思想,固然与受康、梁新思想的影响有关,但我们不能不考虑陈独秀的婚姻现实对他思考这一问题的刺激。陈独秀虽然以无所谓的态度接受了这桩包办婚姻,但他对婚姻现实中这个旧式女性的表现颇为不满。我们虽然没有看到有关陈独秀对高晓岚缠足的态度以及是否劝其放足,但从现有的陈独秀传记为我们提供的一些关于高晓岚和陈独秀婚姻生活的资料来看,高晓岚是一位思想保守的女性。在此引录两位传记作家对高晓岚的描述,以窥这位旧式女性的装扮及思想的一斑。

吴晓在《陈独秀一家人》这样写道:

①陈独秀《实庵自传》,任建树主编《陈独秀著作选编》第二卷,上海:上海人民出版社,2009 年,第 207 页。
②陈独秀《实庵自传》,任建树主编《陈独秀著作选编》第五卷,上海:上海人民出版社,2009 年,第 207、211 页。

　　高氏虽出于将门，但由于受"女子无才便是德"的古旧思想的影响，加之后母的虐待，而未能读过书，斗大的字不识一个，思想趋于保守，恪守妇道，满脑子的"三纲五常"和"三从四德"，是典型不过的旧式妇女。结婚以后，陈独秀曾多次劝高氏识些字，学点文学，看些有趣的小说，学些好听的儿歌，但她不屑一闻，甚至骂陈独秀放"洋屁"。

　　……

　　相比之下，高氏却像是老古董，梳老式发髻，娘家陪嫁的衣服宁愿压箱底也不穿，常常穿着无艳丽色彩的大褂子，长裤的裤管用绳子扎紧，一双小脚迈着方寸小步，走路一摇一摆。……也许是对婚姻悲剧的感触，更加促使了他对封建婚姻制度抨击的决心。后来在《安徽俗话报》上，他连续发表《恶俗》论说，尖锐批评"父母包办，强迫婚姻"的旧婚姻习俗，大声疾呼，主张男女自由择配。[①]

另一位陈独秀的传记作者孙其明也有相似的描述：

　　高晓岚完全是旧式女子。她虽然从未读过书，但头脑中的封建思想观念却并不少。嫁到陈家后，她也恪守妇道，尊敬公婆，体贴丈夫，一心要做一个贤妻良母。以封建传统观念论，她确实是一个好儿媳、好妻子。然而，这与她那思想新颖的丈夫差得太远，用陈

---

① 吴晓《陈独秀一家人》，北京：中央编译出版社，1994年，第30—31页。

独秀的一位朋友潘赞化的话来说,她"与独秀思想相隔距离不止一世纪"。

即便如此,据说陈独秀起初并没有嫌弃这位旧式妻子。相反,他还劝高晓岚多识几个字,多读一点书,多了解外面的事。但高晓岚却墨守成规,对丈夫的话不屑一顾。她只信奉"夫主外,妻主内""女子无才便是德"等一类古训,不理睬丈夫的劝告[①]。

与这样一位不可改造的旧式女性的不幸婚姻,在情感上激发陈独秀去思考新的婚嫁观念和妇女解放的道路,将个人婚姻生活中不可言说的痛苦升华为具有普遍性的启蒙思想,便是顺理成章的事。

天足或缠足不是衡量一桩婚姻的绝对标准,但天足与否,它反映了这个家庭以及她本人在当时那个环境中的思想开化程度。我们后面将胡适劝江冬秀放足的经过和效果加以对照,就能理解足的"缠"与"放"所折射出来的个人思想观念的变化及其对婚姻的影响。

如果我们把陈独秀在《安徽俗话报》上讨论妇女、婚姻问题的文字和他婚姻生活中的蛛丝马迹联系起来的话,就会认为他的许多议论是有感而发的;当然,纵观《安徽俗话报》,除了陈独秀之外,其他作者还有很多这方面的文字,这也说明陈独秀是在清末这样一个大的思想和

---

① 孙其明《陈独秀:身世·婚恋·后代》,济南:济南出版社,1995年,第43页。

文化氛围中讨论和思考这一问题的。将陈独秀这一时期个人婚姻生活的实际状况和思想言论进行互证阅读,有助于我们理解他的宏大论述和个人婚姻生活之间的微妙关系。

在22期《安徽俗话报》当中,有8期登载有关缠足问题的文字:

第1期"诗词"栏龙眠女士《叹五更·伤国事也》

第2期"诗词"栏《步步娇·怜缠足之恶习也》(节录《杭州白话报》)

第3期"诗词"栏桐城潘女士《十恨小脚歌》

第4期"来文"栏徽州不裹脚会来稿《劝徽州人不要裹脚的道理》

第5期"小说"栏守一的小说《痴人说梦》第四回

第7期"来文"栏桐城不缠足善会来稿《桐城不缠足善会的缘起》

第12期"论说"栏三爱(陈独秀)《恶俗篇·妇女的装扮》

第19期"戏曲"栏皖江忧国士《胭脂梦》

第19期"要件"栏节录吴门天足社稿《放脚的法子》

这些宣传戒缠足的文字当中,有时调小曲、论说、章程、小说戏曲,都是通俗易懂的文字。其内容无非是痛陈缠足给女性造成的身体伤害和痛苦、给生活带来的诸多不便,介绍放足的方法,极力宣扬不缠足的好处。值得注意的，一是这些反缠足的言论将缠足视为野蛮习俗，隐含了对国民性的初步反省和批判。二是在反缠足的论述中，将妇女放足与"强种强国"联系起来，如《步步娇》："毒根如此世代传，人群日弱无良种。"①《十恨小脚歌》："莫把女，受酷刑，还要读书把理明。将来生儿有母教，强种就是强国根。"②三是借此提倡女权。守一《痴人说梦》第四回里张无畏说："中国女权不张，是个极可恨的事情。女子一点儿事不做，终日里，梳油头，裹小脚，涂脂抹粉，描龙刺凤，弄成了玩物一般。……女子也是天生的，父母养的，一样的身体，怎么不能为国家出力呢？"③皖江忧国士《胭脂梦》中吕濠镇的张阆权自幼诵读诗书，略知天下大事，听说邻近铁血村组织义兵，便率领众娘子军去助战。她对中国女子以取悦男子为务、自甘沉沦大加批评，并企盼她们能够翻身解放："自幼儿，坐闺中，描龙绣凤。梳油头，带红花，毫不美观。把一双，天然足，包得尖小。好一似，初三四，新月一弯。不问他，皮肤烂，筋骨捏断。实只望，到婆家，讨人喜欢。女子学，并妇德，一点不讲。总是说，学问事，女子无关。自古来，女姊妹，沉沦苦海。但不知，何时节，才把身翻……男女本是同天日，平权平等自无分。男儿既当为国死，女子何以不能行。"④

①《安徽俗话报》第 2 期，1904 年 4 月 30 日。
②《安徽俗话报》第 3 期，1904 年 5 月 15 日。
③《安徽俗话报》第 5 期，1904 年 6 月 18 日。
④《安徽俗话报》第 19 期，1905 年 6 月 3 日。

这些借反缠足运动释放出来的妇女解放思想，和晚清以来整个社会的思想启蒙相呼应，并无特异之处。但我们知道，陈独秀是《安徽俗话报》自始至终的主持人和主要撰稿人，哪些文字在《安徽俗话报》上出现、占有多大分量以及如何论述，都与主编陈独秀自己的基于婚姻现实的刺激和思想见解有关。而且陈独秀自己在《安徽俗话报》上相关的论述也不少。

陈独秀在《安徽俗话报》上的论说文字，最有系统性的当属他在《恶俗篇》中关于婚姻问题和妇女问题的论说。他把婚姻问题，看作"顶有关系国家强弱"的大事，说"夫妇乃人伦之首，为人间第一要紧的勾当"，"偏偏我们中国人，于夫妇一事，不甚讲究，草草了事，往往不合情理"。他认为中国人婚姻的"不合情理"，分别是结婚（指订婚——引者按）、成婚、不许退婚等规矩的不合情理。

人类婚姻的基础是以"男女相悦，不忍相离"的感情为基础的，而中国人"不问青红皂白，硬将两不相识，毫无爱情的人，配为夫妇"，其结果可想而知。其实，陈独秀在此万万没有想到，正是因为他自己如此这般没有感情可言的婚姻，使他在日后与妻妹高君曼私奔，为乡人所诟病、为父母所不容。这也算是他自己闹出的"笑话"吧！陈独秀在此抨击的诸如"十八岁大姐周岁郎""等儿媳"等婚嫁恶习，正是后来沈从文、台静农、王鲁彦等一大批乡土作家笔下常见的题材。

陈独秀在《安徽俗话报》上曾提出学习西方"文明结

婚"的主张:"现在世界万国结婚的规矩,要算西洋各国顶文明。他们都是男女自己择配,相貌才能性情德性,两边都是旗鼓相当的,所以西洋人夫妻的爱情,中国人做梦也想不到。"[1]这些"激进"的观点,当然不被时人理解和接受。胡子承1904年给芜湖科学图书社汪孟邹等人的信里就说:"至《俗话报》出版以来,同人皆颇欢迎,而局外则多訾议。如'自由结婚'等语,尤贻人口实。其实此时中国人程度,至'自由结婚'当不知须经几多阶段。若人误于一偏,不将'桑濮成婚'概目为文明种子乎?"[2]不要说在当时,即使到了五四时期,"自由结婚"还是新旧两派激烈争论的话题。

至于陈独秀批评的成婚规矩的不合情理,无非是结亲时女家为了聘礼、男家为了嫁妆的吹毛求疵;新妇过门时的稀奇古怪的"传红""同鞋到老""坐帐"等繁文缛节。陈独秀对成婚习俗不无挖苦的描写,可能隐含着他对自己独有繁华形式而无情感内涵的婚姻的不满:

> 新妇过门的时候,穿大红、戴凤冠、系玉带,好像装殓死人一般。另外头上还要披一块大红方巾,浑身上下通红,手脸一点儿也看不见,乍一见真真有些吓人。坐的那顶大花轿,上下四旁,没有一点空儿出气,

---

[1] 三爱《恶俗篇·婚姻(上)》,《安徽俗话报》第3期,1904年5月15日。

[2] 转引自沈寂《陈独秀传论》,合肥:安徽大学出版社,2007年,第104页。

轿门还要锁住,那身体弱的人,便要闷个七死八活。上下轿的时候,自己还不能随便走,必定学那瘫子似的,要好几位牵亲太太扶着上轿下轿。进了门,下了轿,又不能爽快进房,还要将地下铺的两条红毡子,前后掷换,名叫做"传红"。那新人小小的三寸金莲,已经是寸步难移了,还要踏着一双厚底的男鞋,名叫做"同鞋到老"。一步一步挨进房里,夫妇相会,并不说话,只是低着头,二人都呆子似的坐在床沿上,名叫做"坐帐"。坐了片刻,又有人牵了去,拜天地、拜祖宗、拜堂、拜花烛,满屋拜得团团转,真是令人头昏脑晕。这还罢了,还有"闹新房"的规矩,更是可耻得很。成婚三日以内,不分尊卑长幼亲疏内外的人,都可以想些新鲜奇怪的法子,来糟踏新人。……我们中国人,平日很讲究什么规矩礼法,到了这闹新人的时候,无论什么人,都可以跑进来轻薄一番,真真有些不雅。[①]

这一段描写,让我们联想到五四时期"问题小说"对此的描写:

他们玩的把戏真有趣,真有趣!那一对小新人面对面站着,在一阵沸天震地的拍手声里,他们俩鞠上三个大躬。他们俩都有迷惘的,惊恐的,瞪视的眼光,好像已被猫儿威吓住的老鼠。……不像,像屠夫刀下

---

①三爱《恶俗篇·婚姻(中)》,《安徽俗话报》第4期,1904年5月29日。

的牺牛。我想,你们怕和陌生的人面对面站着么?何不啼着,哭着,闹着,娇央着,婉求着你们的爹爹妈妈,给你们换个熟识的知心的人站在对面呢?①

我们虽然没有关于陈独秀结婚场景的文字记载,但通过对照人们关于鲁迅、朱湘等现代作家结婚场景的描写,我们就会理解陈独秀此处的描写在很大程度上就是他对自己唯一一次盛大而无聊的婚礼的酸楚记忆。

《安徽俗话报》在攻击、批判旧式婚姻种种"恶俗"的同时,也大力提倡文明结婚和自由婚姻。《安徽俗话报》第12期新闻栏刊发一条名为"新婚游学"的消息说:"桐城马君乾女士,今年七月,与方君孝远结婚。方君从前在日本留学,马君从前在上海留学。新婚后只三日,方君就复往日本留学,马女士也就再到上海入务本女塾习师范班。看官,我们安徽风俗,夫妇新婚,一个月内,不许离房。这种风俗,实系误人不浅。我今日特将这事大略,告知诸位,系有心望诸位改良旧时恶俗,成一个知识能力完全的人。"《安徽俗话报》第16、18期雪聪的《再论婚姻》从《诗经》《曲礼》中引经据典,数说中国古代"结婚自由"的典故。这篇论说显然是呼应陈独秀以"两情相悦"的感情为基础的婚姻观。作者高度赞美颜父的姑娘坚持"自由择配",敢于违抗世俗的偏见,嫁给年事已高的叔梁纥,即后来孔子

①叶圣陶《一个朋友》,《叶圣陶集》(1),南京:江苏教育出版社,2004年,第131页。

的父亲。作者引西哲的话说,"男女不由同心合意的结亲,生下的儿子,一定没有好的"。说明结婚自由与否,不只关系个人家庭生活的幸福,实与一个民族子孙后代的兴衰有关。

陈独秀在当时更为惊世骇俗的婚姻见解,是他提出"离婚"的观念:若男女婚配不当,可以"退婚"。他说:"原来结婚的事,无论是自己择配,或是父兄替他尽心择配,断没有个个都择得合式,不走一眼的。若是配定,不能再退,那不是有误终身么。"而且西洋各国有学问的人,认为离婚一可"增进人类的幸福",二可"保全国家的安宁"。"照这样说来,一国的法律,若没有退婚的例子,于国家治乱,都很有关系哩。我们中国的律例,女子不好,男子虽有七出的权利,男子不好,却没有说女子可以退婚,这不是大大不平的事吗?天生男女都是一样,怎么男子可以退女人,女人就不可以退男人呢?岂是女子天生的下贱,应该受男子糟蹋的吗?男女不合式都可以退婚,这是天经地义,一定不可移的道理了。我们中国还有一样坏风俗,说起来更是可恶的很,女人死了,男人照例可以续弦,人人不以为奇。女人便要守寡,终身不能再嫁。"①

陈独秀此时以"男女相悦"为婚姻基础和男女可以

①三爱《恶俗篇·婚姻(下)》,《安徽俗话报》第6期,1904年6月29日。

"退婚"的主张,实开五四恋爱自由、婚姻自主的先河。

在这一点上,陈独秀可以说是当之无愧的"康党"。康有为成书后秘不示人、仅在少数弟子中传阅的《大同书》,就有废除"夫妇"称谓,改为"交好合约"之说,认为"男女合约当有期限,不得为终身之约",且提出"婚姻期限,久者不许过一年,短者必满一月,欢好者许其续约"的激进主张[①],但毕竟在当时没有公之于众。陈独秀之所以能够成为五四新文化运动的领袖和划时代的人物,就在于他在晚清这样一个还很保守的思想文化环境中,敢冒天下之大不韪,为我们放射出一丝半缕的思想光亮,为五四时期婚姻自由、妇女解放做了早期的舆论宣传。

而且,陈独秀不只是这样宣传,他在实际生活中也是率性而为。除了他颇受非议的与妻妹的婚姻外,他后来与施芝英的秘密同居、与潘兰珍的婚姻,他在北大任职期间,身为"进德会"的评议员,但因出入八大胡同嫖妓而遭受旧派人物的攻击,甚至引起社会上对北大的非议,致使他最后离开北大,都与他率性而为的个性有关。如果我们撇开单纯的道德评判,从私生活的角度看,这恐怕都与他"男女相悦"的两性观有关。他在给汪孟邹的信里说:"男女之事,不过在生活上和吃饭、穿衣、饮酒、吸烟同样的需要与消遣而已,顽固老辈看作伦理、道德大问题,幻想青年看作

---

① 康有为《大同书》,北京:古籍出版社,1956年,第 164、167 页。

神圣事业,都是错了。"[1]

　　陈独秀在《恶俗篇》的前三篇里都讨论婚姻问题,第四篇是批判"敬菩萨",在第五篇"妇女的装扮"中陈独秀再次将讨论焦点放在妇女问题上。在他看来,数千年来的中国妇女,无异于生活在黑暗地狱中,饱受形形色色的残酷"刑法":第一样是脚镣的刑法——缠足;第二样是手铐的刑法——手镯;第三样是双耳的刑法——耳环;第四样是链条锁头颈的刑法——项链;第五样是一面枷——披肩;第六样是打皮巴掌——扑粉。他说:"这六样打扮,我拿来比犯罪的人受刑法,样样都像,但是有些不明白的妇女们,听了我这些说话,都要骂我是放屁,说我是梦话。唉,各位姐妹们,不要动气,我是一片好心,要劝劝你们拿这些装扮首饰的费,改做读书的本钱,要有益处多了。……我中国的妇女们,还是几千年前,被混账的男人,拿女子当作玩弄的器具,这班妇女们,受了这个愚,便永远在黑暗地狱,受尽了万般苦楚,一线儿亮光都没有,到如今越弄越愚,连苦恼都不晓得,相习成风,积非成是,像这样坏风俗,真是大有害于世道人心呀!"[2]

　　陈独秀在此对妇女六种装扮的攻击,若用今天的观念来看,尤其是对妇女的首饰衣着和涂脂抹粉的批评,有些言过其实。但若将其当时婚姻生活中发生的一些细节联

---

①汪原放《回忆亚东图书馆》,上海:学林出版社,1983年,第89页。
②三爱《恶俗篇·妇女的装扮》,《安徽俗话报》第12期,1904年9月24日。

系起来思考,就会理解陈独秀这些激烈的批评背后都是有所指的。据他的朋友潘赞化说,陈独秀原配夫人"完全旧式,与独秀思想相隔不止一世纪,平时家庭不和,多口舌之争。独秀留洋,欲借其夫人十两重金镯作为游资,坚决不肯,时常吵口"[①]。知道这一点,我们才理解陈独秀何以要苦口婆心地劝妇女们"拿装扮首饰的费,改做读书的本钱"。陈独秀对"三寸金莲"、手镯、项链等妇女装扮的批评,着眼点在于当时妇女们的墨守成规、自甘奴役的思想,但究其根底,与他婚姻生活中因见识、情趣、思想的巨大分歧而导致的个人痛苦体验有直接关系。

和许多新文化运动人士一样,陈独秀从1905年9月《安徽俗话报》停办到五四新文化运动时期,处在思想的蛰伏时期,而把更多的精力用来从事实际的革命活动。但当一个新的思想文化革命时期来临时,陈独秀萌发于《安徽俗话报》时期的妇女解放、婚姻家庭革命等思想观念,又获得了再次言说的机会,从而引领一个新时代的思想风向。

胡适于1904年(13岁)到上海读书。离乡前,他母亲替他订下邻县旌德江家的江冬秀为未婚妻。胡适当初对此作何反应,不得而知。但据我们推想,胡适此前接受的知识和伦理道德都是传统的,对"父母之命,媒妁之言"的古训不会有太多疑问;加之胡适从小丧父,对"严师"而兼

①潘赞化《我所知道的安庆两个小英雄故事略述》,《陈独秀研究参考资料》第1辑,1981年,第203页。

"慈母"由感激而服从,也在情理之中;另外,以胡适当时的年纪,恐怕未必会对自己将来的婚姻有过独立的思考和见解。

胡适思想的真正开化,和陈独秀、鲁迅那一辈人非常相似,都是与林纾、严复、康有为、梁启超等译介的西方文学、社会科学和维新变法思想有关。而胡适 1904—1910 年进新式学堂、办白话报刊本身都是维新的结果。胡适对这一阶段接受新思想的影响,是这样解释:"梁先生的文章,明白晓畅之中,带着浓挚的热情,使读的人不能不跟着他走,不能不跟着他想。……我个人受了梁先生无穷的恩惠。现在追想起来,有两点最分明。第一是他的《新民说》,第二是他的《中国学术思想变迁之大势》。"[1]

而上海是近代中国反缠足运动的发源地之一,1897 年梁启超等人在上海成立"不缠足会"。上海"不缠足会"的章程和宗旨都出自梁启超之手[2],我们看到后来好多白话报刊反缠足的论述,都是或有意或无意地对梁启超的模仿。

胡适在上海的六年时间,正是梁启超等的维新思想广泛传播的时期。在新思潮的洗礼下,胡适开始思考个人的婚姻,并将其上升到国家、社会的高度加以论述。

胡适从一开始就参与了《竞业旬报》的编辑、撰稿工作,而且是该报后期的实际主编。所以,无论是胡适个人

---

① 胡适《四十自述》,合肥:安徽教育出版社,2006 年,第 53 页。
② 见梁启超《戒缠足会叙》(《时务报》第 16 册,1897 年 1 月 3 日)、《试办不缠足会简明章程》(《时务报》第 25 册,1897 年 5 月 2 日)。

在该报发表的文字,还是该报后期的编辑思路,都能在某种程度上反映出胡适此时在提倡妇女解放的时代氛围中,他内心更为个人化的思考和动机。

在此先将《竞业旬报》上反缠足的言论和有关妇女、婚姻问题的论述,罗列出来,以衡量其在该报上所占的分量,然后对胡适的论述进行细致的分析,看看他在呼应整个时代思潮的同时,怎样曲折地表述个人由于包办婚姻而产生的隐忧。

第 3 期"论说"栏希疆(胡适)《敬告中国的女子》

第 3、4、6—10、24、37 期"小说"栏希疆(胡适)《真如岛》

第 4 期"论说"栏希疆(胡适)《敬告中国的女子附录天足会放足的法子》(续)

第 5 期"论说"栏希疆(胡适)《敬告中国的女子》(续)

第 6 期"社说"栏君剑《女子之责任》

第 7 期"时闻"栏《女学大兴》

第 8 期"时闻"栏《禁缠足示》

第 9 期"时闻"栏《女子开勉学会》

第 10 期"社说"栏君剑《拒烟会与天足会》,"歌谣"栏天足会《莫包脚歌》

第 12 期"演说"栏济民《实行放足会演说》

第 13 期"演说"栏铁秋《发起实行放足会浅说》,"文苑"栏仲穆《天足会演说感赋二十四绝》

第 14 期"时闻"栏《婚嫁改良》

第 15 期"时闻"栏《文明结婚》,"演说"栏济民《放足十论》,"文苑"栏王逸《闺谚》、铁儿(胡适)《观爱国女校运动会纪之以诗》

第 16 期"演说"栏济民《放足十论》(续)

第 17 期"歌谣"栏素心女士《十二月放足乐(梳妆台调)》

第 19 期"演说"栏济民《放足十论》(续),"时闻"栏《天足会之恳亲会》

第 20 期"劝诫文"栏邵濂《结婚改进说》,"歌谣"栏惭生《女同胞》

第 22 期"社说"栏侠舟《论中国之女学不可缓》

第 23 期"社说"栏侠舟《论中国之女学不可缓》(续)

第 24 期"社说"栏铁儿(胡适)《婚姻篇》

第 25 期"社说"栏铁儿(胡适)《婚姻篇》(续),"歌谣"栏秦中来稿《戒缠足歌》

第 26 期"社说"栏铁儿(胡适)《论家庭教育》

第 28 期"社说"栏争《论男女宜分权不宜争权》,"时闻"栏《婚姻问题》

第 29 期"丛谈"栏适盦(胡适)《拉杂话:爱情之动人》,"时闻"栏《快看新律结婚》

第 30 期"社说"栏斧《自由结婚》

第 32 期"传记"栏铁儿(胡适)《中国爱国女杰王

昭君传》

第 37 期"社说"栏铁儿(胡适)《曹大家女诫
驳议》

第 38 期"社说"栏铁儿(胡适)《曹大家女诫驳
议》(续)

第 39 期"社说"栏铁儿(胡适)《曹大家女诫驳
议》(续)

第 40 期"社说"栏莞尔《说中国之婚姻》(续)

《竞业旬报》共 41 期,从上面的统计看来,和反缠足运
动相关的妇女解放、婚姻家庭相关的论述贯穿始终,且形
式多样,有论说、演讲、歌谣、新闻、劝诫、诗词、小说,说明
报人用心之苦、用力之多。

就胡适而言,他这方面的文字实在不少,除上述标
明胡适所作文字之外,还有一些"时闻"也是他所编排
的。这起码可以说明两个问题。一、妇女、婚姻问题在
当时的知识分子启蒙话题中是一个很重要的问题,引起
了广泛的关注。不仅是《竞业旬报》如此,大约同时的其
他白话报都是如此,更不用说那些专门面向妇女的"女
报"。二、就胡适个人而言,他有这么多文字关注这一问
题,除了他对时代精神的认同外,我们还应考虑胡适自
身的原因。

笔者对胡适从订婚到结婚前后家信上关于江冬秀的
话题进行统计和分析,其中胡适最为关心的问题集中在
"放足"与"识字"两项上。

现在已知的胡适与他母亲讨论婚姻问题的第一封信，写于 1908 年 7 月 31 日，主要内容是向母亲陈述各项理由，拒绝暑假回乡完婚。1909 年 9 月 13 日，胡适在给他母亲的信中说："儿近年以来于世事阅历上颇有进步，颇能知足。即如儿妇读书一事，至今思之颇悔。从前少年意气太盛，屡屡函请，反累妇姑、岳婿、母子之间多一层意见，岂非多事之过。实则儿如果欲儿妇读书识字，则他年闺房之中又未尝不可为执经问字之地，以伉俪而兼师友，又何尝不是一种乐趣，何必呶呶烦劳大人，乃令媒妁之人蹀蹀奔走，为儿寄语。至今思之几欲失笑，想大人闻儿此言，亦必哑然失笑也。"① 从这封信来看，想必胡适此前为未婚妻江冬秀的"读书识字"问题早已多费口舌，也伤透脑筋。他此时想通之后感到释然，因为教妻子读书识字在若干年之后仍然可行。但脚裹小了再放可不那么简单，不知胡适此前是否向江冬秀提出"放足"的要求，没有实据可查。我们依据胡适当时对新的婚姻观念的接受来推断，提出这种要求的可能性极大。但事实是，直到在 1914 年 6 月 29 日胡适致母亲的信中，我们才看到胡适提到"又知放足一事，吾母已令冬秀实行，此极好事，儿从今可以放心矣"②。可见这是胡适不久前才提出或重提

① 胡适《致母亲》（1909 年 9 月 13 日），《胡适全集》第 23 卷，合肥：安徽教育出版社，2003 年，第 14 页。
② 胡适《致母亲》（1914 年 6 月 29 日），《胡适全集》第 23 卷，合肥：安徽教育出版社，2003 年，第 60 页。

的要求,之所以到此时才实行,有可能胡适以前出于某种顾虑没有提这个要求,或者提出过要求而没有得到实行,而这时江冬秀常住胡适家,才有"吾母已令冬秀实行"之说。但不论怎么说,仅凭胡适"儿从今可以放心矣"一句可以判断这是胡适的一块心病,说明这事一直挂在他心头。时隔不久,胡适1914年7月8日给江冬秀的信里说:"前曾得手书,字迹清好。在家时尚有工夫读书写字否?如有暇日,望稍稍读书识字。今世妇女多能读书识字,有许多利益,不可不图也。前得家母来信,知贤姊已肯将两脚放大,闻之甚喜。望逐渐放大,不可再裹小。缠足乃是吾国最残酷不仁之风俗,不久终当禁绝。贤姊为胡适之妇,正宜为一乡首昌。望勿恤人言,毅然行之。"[①]1914年12月12日,胡适致信江冬秀,为他在美留学,不能早日归来完婚向她解释,并再次问起缠足一事:"适前有书,嘱卿放足。不知已放大否。如未实行,望速放之。勿畏人言。胡适之之妇,不当畏旁人之言也。"[②]江冬秀于1915年4月向胡适报告了她缠足的情况,胡适于1915年4月28日回信,喜悦之情,溢于言表:"来书言放足事,闻之极为喜悦,骨节包惯,本不易复天足原形,可时时行走以舒血

---

① 胡适《致江冬秀》(1914年7月8日),《胡适全集》第23卷,合肥:安徽教育出版社,2003年,第61页。

② 胡适《致母亲》(1914年12月12日),《胡适全集》第23卷,合肥:安徽教育出版社,2003年,第70页。

脉，或骨节亦可渐次复原耳。"①

　　远在美国的胡适一再要母亲传话给江冬秀"放足"，但事实上，正如许多学者所言，对于放足的关心，其女性受害者反而不如男性倡导者积极，显然，胡适的母亲和江冬秀都把胡适的谆谆告诫置诸脑后，根本没当回事。信中所言已实行放足等，只不过是对胡适频频追问的搪塞。直到1918年，江冬秀随胡适到北京以后，在胡适的督促下，才真正实行了"放足"。喜不自胜的胡适在家信中向母亲及时报告了此事："冬秀到京后，我叫她做阔头鞋放脚。现脚指已渐放开，甚可喜也。"江冬秀实行放足后，胡适的心病总算祛除了，所以，在胡适此后的家信中再也看不到关于"放足"的话题了。

　　在此所举胡适家信中关于个人婚姻中的"放足"的论说，其实都是在胡适离开上海赴美留学之后，以这些材料推论胡适在上海《竞业旬报》时期对"放足"的思考，有以"后见"证明"前见"的嫌疑。其实只是想说明胡适编辑《竞业旬报》时对"缠足"问题的关注，和个人婚姻对他的刺激有极大关系，而且前后相继，一直到"五四"前后。只不过他在《竞业旬报》时是以公论的形式表达新的婚姻观念的。以他当时的年纪和在家庭中的地位，恐怕还不敢向

①胡适《致江冬秀》（1914年4月28日），《胡适全集》第23卷，合肥：安徽教育出版社，2003年，第53页。此信日期有误，应为1915年4月28日，考证文字见拙文《一封胡适家书的日期问题》，《励耘学刊》（文学卷）2011年第1期。

家人公开提出"放足"的要求。

现在再回过头来看胡适《竞业旬报》上关于妇女、婚姻家庭等的论说,我们才会理解的胡适的苦心孤诣。

胡适说他十四岁离家去上海读书,"所有的防身之具只是一个慈母的爱,一点点用功的习惯,和一点点怀疑的倾向"。除了这些之外,想必还有让他感到日渐沉重的包办婚姻这个包袱。

胡适因笃守母亲给他的包办婚姻而饱受赞誉,但胡适的内心相当痛苦。他在婚后不久因江冬秀来京事宜,给他的叔叔胡近仁的信中吐露了不敢为外人道的隐情:"吾之就此婚事,全为吾母起见,故从不曾挑剔为难(若不为此,吾决不就此婚。此意但可为足下道,不足为外人言也)。今即婚矣,吾力求迁就,以博吾母欢心。吾之所以极力表示闺房之爱者,欲令吾母欢喜耳,岂意反此以令堂上介意乎!"[①]

知道了这一点,我们就可以进一步解释胡适在《竞业旬报》上关于妇女和婚姻问题的论述,在多大程度上来自个人内心的情感需要,从而对他启蒙话语的"公"与"私"、"显"与"隐"的关系有一个基本的判断。

胡适在《竞业旬报》上第一篇关于妇女问题的文字,是《敬告中国的女子》,分三期分别连载于 1906 年 11 月 16

---

① 胡适《致胡近仁》(1918 年 5 月 2 日),《胡适全集》第 23 卷,合肥:安徽教育出版社,2003 年,第 203 页。

日、11 月 26 日、12 月 6 日《竞业旬报》第 3、4、5 期。此时胡适已是中国公学的学生，此前他在澄衷学堂里已读过严译《天演论》和《群己权界论》，而让他受惠最大的是前述梁启超的《新民丛报》。梁启超对胡适那一代人的影响，不仅是给他们提供了新的思想和知识资源，更重要的是以觉世救民为己任的社会担当意识，所以胡适那一代人创办白话报的使命即在于此。

胡适在《敬告中国的女子》开篇即批评中国社会几千年来把女人当作男子的玩物，不让她们读有用的书、求有用的学问；而女子自己听从了"女子无才便是德"的古训，使中国的妇女都成了一种废物。胡适提出救治中国妇女的要紧的方法是：第一，不要缠足；第二，要读书。胡适对缠足"害处"的批评，和当时的大多数论述并无二致，但他在最后敬告中国女子道："你们若不情愿做废物，一定不可缠足，若缠了足，便是废物中的废物了。……所以这不要缠脚一件事，便是不做废物的第一层方法了。"胡适还在文末附了《天足会放足的法子》：

　　若是包缠没有长久的，把裹足布解去了，穿上稍大的鞋袜，几日就和从前一般了。若是已经缠小的妇人放足的法子，初放开的时候，每日须用热水洗几次，每次须将足浸得软了，小心把水气揩干，再把那脚趾和脚心折断的地方，轻轻分开，用些棉花破絮塞在那些脚指缝里面，穿上合适的袜子，外面套上一双大些的鞋子，照常在地上行走，到了晚上睡的时候，必须赤足，每次洗过之后,或是早起晚眠的时候,必要自己用手按摩揉搓,数日之后,自然血脉活动,改成大脚了。若是放足的时候,那些脚趾或是脚心的皮肉,有点破烂,那便可以用硼砂水洗脚,就会好的。①

我们看到,胡适后来教江冬秀放足的方法,都是胡适在《竞业旬报》时期学到的。不知胡适在《竞业旬报》时期学习、宣传"放足的法子"时,是否想到要以此解放自己的"小脚"未婚妻。

胡适在《敬告中国的女子》中提出的第二个解放妇女的方法是"读书"。胡适用中国历史上杰出的女性如班昭、缇萦、谢道韫等人的事实,驳斥了"女子无才便是德"的古训。而且胡适认为女子的"才"应不限于会作几句诗、能看几部小说,而是要"能够懂得些正大道理,晓得些普通学问",只有懂得大道理,才能使子女受到良好的家庭教育,使他们成为一个完完全全的好人;只有晓得普通学问,才能写信记账不求人,成为一个有用的人。胡适还借东汉蔡邕《女训篇》的观点,认为中国妇女几千年来只晓得修饰自己的外表,而不懂得真正重要的是内在的心智培养:"现在的女子,只晓得梳头、缠足、搽胭抹粉,装扮得好看,却不肯把这对镜梳头,忍痛缠足的工夫,用在读书里面……这都因为他们不晓得修饰面孔和修饰心思两件事谁轻谁重的

①希彊《敬告中国的女子》,《竞业旬报》第5期,1906年12月6日。

缘故。"①

胡适在发表《敬告中国的女子》的同时,从《竞业旬报》第 3 期开始连载小说《真如岛》,这部小说主要是批判中国社会的迷信思想和各种不良习俗的。小说的第二、三回涉及婚姻问题,作者有许多借题发挥之处。小说第二回"议婚事问道盲人,求神签决心土偶",写虞善仁打算将女儿许配外甥孙绍武,于是去算命、求神,结果因命相不合而作罢。小说写道:"只可惜那孙绍武和虞小姐的十分美满婚姻,却被一个瞎子和一个烂泥菩萨把他破坏了。这事不但我做书的人替他可笑替他可怜替他可恨,恐怕列位看官也在那里帮我笑帮我怜帮我恨哩!"作者恐怕他的用意不被人理解,于是还在小说这一回的结尾做了点题论述:"瞎子算命,土偶示签,夫妇造端,几同儿戏,以致造成多少专制婚姻,颠倒婚姻,苦恼婚姻,而实收此愚国愚民之恶果。"胡适的包办婚姻,所走的正就是这种程序,难怪胡适要将这种婚姻称为"专制婚姻、颠倒婚姻、苦恼婚姻"。小说第三回中,孙绍武所发的感慨,更可以看作胡适面临早婚威胁时的夫子自道:"我的志向,本想将来学些本事,能够在我们中国做些事业。从小看见人家少年子弟,年纪轻轻的,便娶了妻子,自此以后,便终日缠绵床褥之间,什么事业都不肯去做,后来生下儿女,那时一家之中吃饭的人一日一日的多起来,便不得不去寻些吃饭的行业来做,那还

---

① 希疆《敬告中国的女子》,《竞业旬报》第 5 期,1906 年 12 月 6 日。

有工夫来读什么书求什么学问么？"这回的末尾也有一段署名胆剑生的按语说："年少早婚，血统成婚，都是弱种的祸根。专制婚姻，既为不可，早婚则男女皆不能自主，多有配合不宜，夫妻因而反目，坏处一；早婚生子亦早，为父母的尚在年幼，不能教育小儿，坏处二；儿女的强弱，由父母的身体强弱所传，早婚生子，父母的身体，尚未成熟，生子必弱无疑，以弱传弱，弱极必亡，坏处三；求学全在少年，早婚则万念纷生，用心不专，坏处四。"①

这一年阴历年底，《竞业旬报》办到第 10 期就停刊了，直到 1908 年 4 月复刊。从复刊之后到 1908 年 8 月初，胡适给《竞业旬报》的投稿较少。从 1908 年 8 月 17 日《竞业旬报》第 24 期起，胡适成了该报的主编。就在这个暑假前，胡适母亲写信要胡适暑假回乡完婚，胡适写信坚辞。胡适这一时期在《竞业旬报》的论述，有很多关于婚姻家庭方面的论述，与他个人现实生活尤其是婚姻问题有着密切关系。

胡适给他母亲拒绝回家结婚的信写于 1908 年 7 月 31 日，鉴于这封信与胡适这一时期对婚姻问题的论述关系密切，故将胡适拒婚的六点理由引录如下：

慈亲大人膝下：

　　谨禀者，今日接得大人训示及近仁叔手札，均为儿婚事致劳大人焦烦。此事男去岁在里时大人亦曾提及，彼时儿仅承认赶早一二年，并未承认于今年举

①希彊《真如岛》，《竞业旬报》第 6 期，1906 年 12 月 16 日。

行也。此事今年万不可行。一则男实系今年十二月毕业，大哥及诸人所云均误耳。此言男可誓之鬼神，大人纵不信儿言，乃不信二哥言耶？二则下半年万不能请假。盖本校定章若此学期有一月中请假一小时者，于毕业分数上扣去廿分；有二月中均有请假者，扣四十分，余以此递加。大人素知儿不甘居人下，奈何欲儿以此儿女之私，抑儿使居人后乎！（一小时且不敢，何况二三礼拜乎？）三则吾家今年断无力及此。大人在家万不料男有此言，实则二哥所以迟迟不归者，正欲竭力经营，以图恢复旧业。现方办一大事，拮据已甚，此事若成，吾家将有中兴之望（此事亦不必先行禀知，以里中皆非善口，传之反贻人猜疑，贻人啧啧烦言也）。若大人今年先为男办此事，是又一大重担加之二哥之身也。且男完婚，二哥必归，而此间之事将成画饼矣。大人须念儿言句句可以对上帝，儿断不敢欺吾母。儿今年尤知二哥苦衷，望大人深信儿言，并以此意语二嫂知之。四则男此次辞婚并非故意忤逆，实则男断不敢不娶妻，以慰大人之期望。即儿将来得有机会可以出洋，亦断不敢背吾母私出外洋不来归娶。儿近方以伦理勖人，安敢忤逆如是，大人尽可放心也。儿书至此，儿欲哭矣，嗟夫吾母，儿此举正为吾家计，正为吾二哥计，亦正为吾一身计，不得不如此耳。若此事必行，则吾家四分五裂矣，大人不可不知也。若大人因儿此举而伤心致疾或积忧成痗，则儿万死不足以蔽其辜矣。大人须知儿万不敢忘吾母也。五则大人所言惟恐江氏处不便,今儿自作一书申说此中情形,大人可请禹臣师或近仁叔读之,不识可能中肯。以弟(疑为"儿"之误——引者按)思之,除此以外别无良法矣。大人务必请舅父再为男一行,期于必成,期于必达儿之目的而后已。六则合婚择日,儿所最痛恶深绝者,前此在家曾屡屡为家人申说此义。为人父母者,固不能不依次办法,但儿既极恨此事,大人又何必因此极可杀、极可烹、鸡狗不如之愚人蠢虫瞎子之一言,而以极不愿意、极办不到之事,强迫大人所生所爱之儿子耶?以儿思之,此瞎畜牲拣此日子,使儿忤逆吾所最亲敬之母亲,其大不利一;使儿费许多笔墨许多脑力宛转陈词以费去多少光阴,其大不利二;使吾家家人不睦,其大不利三;使母亲伤心,其大不利四;使江氏白忙一场,其不利五;使舅父奔走往来,两面难为情,其不利六。有大不利者六,而犹曰今年大利,吾恨不得火其庐、牛马其人而后甘心也。儿言尽于此矣,大人务必体谅儿子之心,善为调停,万不可待至临时贻无穷之忧。男手颤欲哭,不能再书矣。戊申七月初四日不孝儿子嗣穈百拜谨禀

……

儿子嗣穈饮泣书①

---

① 胡适《致母亲》,《胡适全集》第23卷,合肥:安徽教育出版社,2003年,第8—10页。

此信陈述六条辞婚的理由,其实都是一些借口,真正的原因,就是胡适不愿意这桩包办的婚姻,这才是他一再拖延结婚的症结所在。而胡适之所以这样,是因为他已经是一个被新思想唤醒了的人,他认为应按照新的标准、方式,选择自己的终身伴侣,但他已经陷入母亲给他设计的婚姻圈套,深受传统伦理思想的熏染,他没有勇气毅然决然地拒绝,而只能将自己接受的新的婚姻观念,借助白话报刊,宣之于众,而这背后的驱力乃是自己内心的愤激和隐忧。其实胡适也是一个在黑暗里肩住闸门的牺牲者,他要解放别人,但解放不了自己。

就在胡适写信苦苦哀求母亲不要逼他结婚不久,全面主持《竞业旬报》的胡适,在该报第 24、25 期连载了他的《婚姻篇》,启蒙大众的话语里浸透着个人经历带来的痛苦和愤怒。胡适认为中国父母对子女的婚姻看得太轻、太随便了,所以才生出种种的恶果来。他说:"中国男女的终身,一误于父母之初心,二误于媒妁,三误于算命先生,四误于土偶木头,随随便便,便把中国四万万人,合成了许许多多怨耦,造成了无数不和睦的家族。唉,看官要晓得,夫妇不相爱,家族不和睦,那还养育得好子孙么?我中国几千年来,人种一日贱一日,道德一日堕落一日,体格一日弱似一日,都只为作父母的太不留意于子女的婚姻了,太不专制了。"胡适提出了针对中国婚姻的救弊之法,"第一是,要父母主婚;第二是,要子女有干预权",这显示了胡适委曲求全的矛盾心态。他主张"父母主婚"的依据来自孟德斯鸠《法意》,但这其实显示了胡适婚姻观念中向传统和既成习俗妥协的一面。至于子女的干预权,也是在不动摇父母"主婚权"的前提下的权变之策。

也许是由于胡适家人此前不久已为胡适的婚礼,按照旧式习惯作了安排,胡适出于对新式婚礼的推崇,他在此文还介绍了新式婚礼:

> 还有一层,近来上海各地,有些男女志士,或是学问相长,或是道德相敬,有父母的,便由父母主婚,无父母的,便由师长或朋友介绍,结为婚姻。行礼的时候,何等郑重,何等威仪,这便是一种文明结婚,也是参合中外的婚礼而成的。但是这是为一班有学问有品行的人说法的,而且只可于风气开通的地方行罢了!要在内地一般未开通的父母子女,那还是用用兄弟前面所说的话好呵! ①

在当时,仿照西洋的新式婚礼也被不少中国人所采用。不仅前述蔡元培的择偶标准曾一度引领时尚,而他1902年元旦在杭州举办的中西合璧的婚礼上,蔡元培用红幛缀成"孔子"二字,代替悬挂三星画轴的传统,以"开演说会"的形式代替闹洞房,一时成为知识界争相传颂的佳话。《竞业旬报》也常有对新式婚礼的报道:

> ……前月二十四日,余姚施君久遂,娶了东乡周女士桂玉为妻,当亲迎时节,不用平常的花轿,他用官

---

① 铁儿《婚姻篇》,《竞业旬报》第 25 期,1908 年 8 月 27 日。

轿将植物扎成新鲜式样,前用龙旗两面,又用婚礼改良旗两面,锣四面,排枪一对。余姚的习俗,凡使用的人,惯用堕民,他却不用堕民,用自家的工人。迎来的时候,先到祠堂行结婚礼。由学界的同人致颂词,由施君的妹济民女士读答词,继由证婚人蒋君读证婚书。王君等为介绍人,劭君为司仪员。末复由施君演说。礼毕,复摄一影。四方观礼者不下千人,没有一个不极口赞美。施君又编了一本书,叫做《嫁娶新仪式》,中分三大纲:第一章崇实黜华,第二章破除迷信,第三章变通婚礼,专改良普通结婚的恶习惯。书只一册,关系人心风俗大得很呢!上海新学会社扫叶山房两家,都可以买的,大家要买一册看看才好。①

由于胡适当时在个人婚姻问题上的切肤之痛,他非常敏感地捕捉着中国社会里婚姻变革的消息。

1908 年 9 月 25 日,他在《竞业旬报》"时闻"栏里登载一条名为"婚姻问题"的消息:"张之洞现在拟禁止民间早年结婚,无论男女,须有二十四岁,始可结婚。他的意思,一来呢,可以强种;二来呢,不致误了男子入大学的期限;三来呢,女子到了这个岁数,也可略知母教。"② 1908 年 10 月 5 日,他又在该报"时闻"栏登载一条"快看新律结婚"的消息:"法部近将新结婚律订好了,不日即要呈把皇

①《文明结婚》,《竞业旬报》第 15 期,1908 年 5 月 20 日。
②《竞业旬报》第 28 期,1908 年 9 月 25 日。

帝去过龙目,这件是最有趣的事呀!记者恨不能先睹为快呢!"①

　　胡适此时不仅对新闻报道中有关妇女婚姻问题非常关注,而且往往在前人的著述中为自己的观点寻找根据,或者借对前人观点的批判发泄他对婚姻现实的不满。

　　胡适从小喜作读书札记,他在 1908 年 11 月 24 日和 12 月 4 日两期的《竞业旬报》上登了他的《读汉书杂记》。他在引述王吉上宣帝书中"……世俗嫁娶太早,未知人为父母之道而有子,是以教化不明,而民多夭"后议论道:"此又切中今日情弊之语也,现在的人,不管儿女年纪够得上,够不上,只顾早早强行婚嫁,害死的人,也不知多少了。如今只弄得几万万的弱种,这都是谁的罪过呢?这不是作父母的大罪吗?我很希望大家留心这句话罢!"②如果对照前引胡适声泪俱下的辞婚信,这就可看作胡适对母亲逼婚的严词质问了。

　　胡适在面对他百思不得其解的妇女、婚姻问题时,一方面在现实中进行勇敢的抗争,另一方面,他从传统思想文化中寻找造成国人妇女思想的历史渊源,并进而对之进行批判,从对传统妇女观的质疑和重估中确立新的妇女观及其行为规范。胡适对班昭《女诫》的批判即是一例,他说:"我们中国女界中,有一个大罪人,就是那曹大家,

①《竞业旬报》第 29 期,1908 年 10 月 5 日。
②铁儿《读汉书杂记(一)》,《竞业旬报》第 34 期,1908 年 11 月 24 日。

这位曹大家,他做了一部《女诫》,说了许多卑鄙下流的话。……然而几千年来,那许多男子,都用这《女诫》的说话,把来教育我们的姊姊妹妹,把来压制我们的姊姊妹妹,所以他那区区一部《女诫》,便把我们中国的女界生生地送到那极黑暗的世界去了。"[①]接着他对《女诫》所标榜的卑弱第一、夫妇第二、敬慎第三、妇行第四、专心第五等"妇道",一一进行批驳,认为这都是取媚男子的弱妇、愚妇政策,而缠足的恶俗,便是"弱妇"的一种手段。

胡适由对包办婚姻本身的憎恨,迁怒于结婚时的"择日"等习俗。1917年4月,即将归国的胡适,再无法推迟婚期,只能在这桩包办的旧式婚姻上,装点一些新颖的形式,以满足他数十年来苦口婆心改革婚俗的夙愿。他在给母亲的信里说:"婚事今夏绝不能办,一因无时候,一因此时无钱。更有一层,吾乡礼俗,有许多迷信无道理的仪节,儿甚不愿遵行。顾拟于归里时与里中人士商议一种改良的婚礼。借此也可开开风气,惟此事非儿此时所能悬想,故当暂缓耳。"[②]我想,此时的胡适,断不会忘记他十年前深为"文明结婚"的新式婚礼所吸引,而在《竞业旬报》上所作的宣传。如今,作为一个载誉归来的洋博士,他要尽自己的所能,实现他十年前改良婚俗的愿望。

---

① 铁儿《曹大家〈女诫〉驳议》,《竞业旬报》第37期,1908年12月23日。

② 胡适《致母亲》(1917年4月19日),《胡适全集》第23卷,合肥:安徽教育出版社,2003年,第129页。

回国后,胡适与江冬秀哥哥江耘圃,商量结婚事宜时,胡适坚决反对"择日"结婚的习俗,他说:"适素不信拣日子之事,正不须请算命先生择吉日,但求两家均无不便之日足矣。"①

胡适于1917年底回乡结婚时,为了举行新式的结婚仪式,他劝说母亲,将婚期由旧的选择"良辰吉日"而改为在自己生日这一天举行;另外,他用自创的新式婚礼代替了旧婚俗。胡适对能够在力所能及的范围内改革旧制,颇为自豪,他把自己的这一"创举"写信告诉美国的朋友韦莲司:"我自创了婚礼的仪式,废除了所有旧习俗中不合理的陋规。我们没有拜天地,这是废除的陋习中最重要的一项。可是我们还是去祠堂拜了祖先。为了这件事,我母亲和我争执了好几天。我认为我们结婚和祖先是不相干的,我也不相信有祖先的存在。我母亲同意了我所有的改革,却受不了他的独子数典忘祖。在我们结婚的前夕,我对母亲让步了。婚后第三天的早晨,我妻子和我到了祠堂向祖先牌位行了三鞠躬礼。"②据胡适母亲的侄儿冯致远后来回忆,胡适的婚礼,"一切婚事都废除旧俗,举行文明结婚,轰动乡里,新郎身穿西装,外套礼服,新娘不尊旧俗,穿黑色绸缎衣服,由两位女宾相曹佩声、胡琬卿(即我老

---

① 胡适《致江耘圃》(1917年8月21日),《胡适全集》第23卷,合肥:安徽教育出版社,2003年,第137页。

② 周质平编译《不思量自难忘——胡适给韦莲司的信》,台北:联经出版事业股份有限公司,1999年,第136页。

伴）携新娘出轿；宾客盈门，男女分坐两旁，举行婚礼。先由宾客致贺辞，后由新郎致答谢辞，满屋悬挂贺联，伴以留声机播放的音乐。大门与院门分别贴了胡适自撰的两副对联，其一是'三十夜大月亮，念（廿）七岁老新郎'；其二是'远游六万里，旧约十三年'"[①]。在胡适家乡安徽绩溪那样闭塞的地方，要实行文明结婚，遇到的各种阻力是可想而知的。以"但开风气不为师"自诩的胡适，以他当时作为北大教授和洋博士的地位和声望，不会放过借自己的婚姻为社会做开通风气表率的机会。但这深层的动机，却源自他在《竞业旬报》时期由对旧式包办婚姻的不满而生的变革婚俗的强烈愿望，虽经八年的留洋生活而不曾忘却。

（三）《新青年》时期陈、胡的妇女思想和婚姻观念

《安徽俗话报》和《竞业旬报》分别于 1905 年、1909 年停办。这之后，陈独秀除了曾协助章士钊编辑《甲寅》杂志外，多从事实际的革命活动和教书生涯，没有多少对其思想演进的记载；而胡适留美期间，由于婚姻问题对他的阻碍暂时搁浅，加之他身处另一文化环境，有一个文化对照的视角和为民族文化辩护的心理，所以，胡适留美期间对于妇女婚姻问题依然非常关注，但他的看法，却和

---

①冯致远《胡适的家庭及其轶闻琐事》，《胡适研究丛录》，北京：生活·读书·新知三联书店，1989 年，第 38—39 页。

在《竞业旬报》时期相比,有了微妙的变化。胡适于 1912 年 10 月 14 日日记中说:"忽思著一书,曰《中国社会风俗真诠》(*In Defense of The Chinese Social Institutions*),取外人所著论中国风俗制度之书,一一评论其言之得失,此亦为祖国辩护之事。"[①] 胡适为该书设计的第三、四、六章分别为"家庭制度""婚姻"和"妇女之地位"。同年 11 月 11 日记记载,他以英文稿第一次卖给《外观报》的论文即是《中国女子之参政权》,在文中胡适参照美国妇女的社会地位,来思考中国的妇女问题。1914 年 1 月,胡适在美国以"中国婚制"为题进行演讲,他在 1 月 4 日和 1 月 27 日的日记中都有记载:"数日前余演说吾国婚制之得失,余为吾国旧俗辩护,略云:吾国旧婚制实能尊重女子之人格。女子不必自己向择偶市场求炫卖,亦不必求工媚人悦人之术。其由天然缺陷不能取悦于人,或不甘媚人者,皆可有相当配偶。人或疑此种婚姻必无爱情可言,此殊不然。西方婚姻之爱情是自造的(self-made),中国婚姻之爱情是名分所造的(duty-made)。订婚之后,女子对未婚夫自有特殊柔情。故偶闻人提及其人姓名,伊必面赤害羞;闻人道其行事,伊必倾耳窃听;闻其有不幸事,则伊必为之悲伤;闻其得意,则必为之称喜。男子对其未婚妻,亦然。及结婚时,夫妻皆知有相爱之义务,故往往能互相体恤,互相体贴,以求相爱。向之基于想象,

---

① 《胡适全集》第 27 卷,合肥:安徽教育出版社,2003 年,第 206 页。

根于名分者,今为实际之需要。亦往往能长成为真实之爱情。"①1915 年 5 月 19 日胡适给母亲的信中也表达了类似的意见:"今之少年,往往提倡自由结婚之说,有时竟破毁已订之婚姻,致家庭之中龃龉不睦,有时其影响所及,害及数家,此儿所大不取。自由结婚,固有好处,亦有坏处,正如吾国婚制由父母媒妁而定,亦有好处,有坏处也。"②

总之,我们可以看出,胡适由《竞业旬报》时期到留学美国之后,表现出对妇女、婚姻问题的持续关注,这为他日后在五四新文化运动中讨论妇女问题打下了基础。

由于陈独秀和胡适是文学革命的发动者,又是《新青年》的核心人物,所以我们以《新青年》为主,来考察陈、胡在《安徽俗话报》《竞业旬报》时期与五四时期的妇女、婚姻观之间的关系,从一个侧面说明清末的白话报和五四新文化运动之间的关系。

前文说到,胡适在赴美留学之后,仍然表现出对妇女、婚姻问题的持续关注,而陈独秀在从《安徽俗话报》到《新青年》的大多时间里,没有这方面见诸文字的言论,但从《青年杂志》一开始,就又表现出对妇女问题的密切关注。《青年杂志》第一卷第一号有陈独秀所译的 Max O' Rell 的《妇人观》,第一卷第三号有他的《欧洲七女杰》。这些都表明,陈独秀已经从建设性的角度来为中国女性寻找可供

①《胡适全集》第 27 卷,合肥:安徽教育出版社,2003 年,第 262 页。
②《胡适全集》第 23 卷,合肥:安徽教育出版社,2003 年,第 82 页。

参照的人生坐标,正如他在《欧洲七女杰》的引言中所说:
"居恒以为男子轻视女流,每借口于女子智能之薄弱,犹之
政府蹂躏民权,每借口于人民程度之不足,此皆蔽于一时
之幻象,而未尝深求其本质也,其本质于何证之,欧洲纪载
所传女流之事业,吾侪须眉对之,能毋汗颜乎。爰录其脍
炙人口者七人,以为吾青年女同胞之观感焉。"①

　　《新青年》从第二卷第六号开始设"女子问题"专栏,
到第三卷第四号为止(中间第三卷第一号没有专栏),反映
了作为《新青年》主办者陈独秀对妇女、婚姻问题的重视。
之后虽不再有专门的栏目,但讨论妇女和婚姻问题的文章
和书信时时见刊。而且因1918年5、6月《新青年》第四
卷第五号刊登周作人所译《贞操论》和第四卷第六号的易
卜生专号,引起了关于妇女和婚姻家庭问题讨论的一个高
潮。五四时期讨论妇女问题,涉及女子教育、婚姻家庭、女
子参政、男女平等、妇女解放与社会解放等。这些问题,有
的延续了清末白话报上的话题,但有很多已超越了他们此
前思考的范围和水平。

　　由于五四时期整个思想启蒙的水平与晚清相较,有了
很大提高,不再停留在"缠足""识字"等外在的层面;加
之陈、胡等人在某种程度上摆脱了出于对个人婚姻的不满
而带来的偏激,他们开始考虑从根本上解决妇女问题的

---

①陈独秀《欧洲七女杰》,《青年杂志》第一卷第三号,1915年11月
　15日。

途径。

五四时期讨论妇女、婚姻家庭问题的媒介和人员比较广泛,不限于《新青年》上的陈独秀和胡适,但他们的观点无疑仍具代表性。

以《新青年》为核心的关于妇女问题的讨论,简单而言,大致有两种路向:一是个性的、人格的解放,二是阶级的解放和经济的独立,而胡适和陈独秀分别可作这两种不同思路的代表。

五四时期,胡适在论文《易卜生主义》《美国的妇人》和模仿易卜生《娜拉》的"问题剧"《终身大事》中,集中讨论和表现他对妇女与婚姻家庭问题的见解。

胡适在《易卜生主义》里,将易卜生戏剧中的家庭问题概括为"四大恶德":一是自私自利,二是依赖性、奴隶性,三是假道德、装腔作势,四是懦怯没有胆子,并借此攻击中国旧家庭的罪恶。至于说到积极的主张,胡适借用易卜生的"为我主义"和"救出自己"的主张,认为发展"个性"对于改革家庭和社会都是必不可少的:"自治的社会,共和的国家,只是要个人有自由选择之权,还要个人对于自己所行所为都负责任。若不如此,决不能造成自己独立的人格。社会国家没有自由独立的人格如同酒里少了酒曲,面包里少了酵,人身上少了脑筋:那种社会国家决没有改良进步的希望……《娜拉》戏中写郝尔茂的最大错处只在他把娜拉当作'玩意儿'看待,既不许他有自由意志,又不许他担负家庭的责任,所以娜拉竟没有发展他自己个性的机会。所以娜拉一旦觉悟时,恨极他的丈夫,决意弃家远去,也正为这个缘故。"①

胡适在《美国的妇人》里将中国妇女的人生观和美国妇女进行对照,认为中国妇女以"贤妻良母"为模范,而美国妇女以"自立"为高尚:"'自立'的意义,只是要发展个人的才性,可以不依赖别人,自己能独立生活,自己能替社会做事。中国古代传下来的心理,以为'妇人主中馈','男子治外,女子主内'……这种区别,是现代美国妇女绝对不承认的。他们以为男女同是'人类',都该努力做一个自由独立的'人',没有什么内外的区别。""我们中国的姊妹们若能把这种'自立'的精神来补助我们的'依赖'性质,若能把那种'超于良妻贤母的人生观'来补助我们的'良妻贤母'观念,定可使中国女界有一点'新鲜空气',定可使中国产出一些真能'自立'的女子。"②

《终身大事》是胡适一生创作的唯一的剧本,它讲述了一个"中西合璧"的旧家庭中,父母如何以求神算卦和遵奉祠规的荒唐名义,干涉一个深受新思想熏染的新女性田亚梅的婚姻。这样的情节,体现了胡适从《竞业旬报》时期就形成的观点:"中国男女的终身,一误于父母之初心,二误于媒妁,三误于算命先生,四误于土偶木头……"而且也和《真如岛》中决定婚姻的过程非常相似。但是《终身大

---

① 胡适《易卜生主义》,《新青年》第四卷第六号,1918 年 6 月 15 日。
② 胡适《美国的妇人——在北京女子师范学校讲演》,《新青年》第五卷第三号,1918 年 9 月 15 日。

事》中也有新的因素——那就是田亚梅决不像孙绍武或胡适自己,屈服于父母的安排,而是勇敢地进行反抗。而这反抗的勇气和理由即来自易卜生主义"救出自己"的主张。田亚梅的男友陈先生在信里说:"此事只关系我们两人,与别人无关,你该自己决断!"田亚梅离家出走时留给父母的话是:"这是孩儿的终身大事。孩儿应该自己决断。孩儿现在坐了陈先生的汽车去了,暂时告辞了。"① 这个"娜拉"式的结尾,说明胡适五四时期对于妇女解放的思考,是倾向于个性主义的。

陈独秀由于在五四新文化运动中接受了马克思主义,所以他的妇女解放思想,虽也强调妇女的"人格"和精神解放,但他从唯物论的角度认识妇女问题,更能切中要害。他说:"中国社会上的女子,无论从父从夫,都没有独立的人格;靠父养的,固没有人格,靠夫养的,也没有人格。所以女子丧失人格,完全是经济问题。如果女子能够经济独立,那么,必不至受父、夫的压迫。"② 所以他认为,讨论女子问题,首先要考虑整个社会的解放和平等,只有社会主义解决了社会的平等问题,女子问题才能得以最终解决。

总之,我们看到,陈独秀和胡适作为五四新文化运的领袖和文学革命的发起人,从清末创办白话报到五四新文

---

① 胡适《终身大事》,《新青年》第六卷第三号,1918 年 6 月 15 日。
② 陈独秀《妇女问题与社会主义——在广东女界联合会演说》,任建树主编《陈独秀著作选编》第二卷,上海:上海人民出版社,2009年,第 360 页。

化运动,其对妇女、婚姻家庭问题的论述既有联系,也有区别。这一方面反映了妇女、婚姻家庭问题从清末到"五四"并没有得到解决,是知识界持续关注的一个普遍话题;另一方面,也与他们个人对于包办婚姻的创伤记忆有关,使之成了一个不断引起他们回忆和思考的话题。而妇女问题,不仅是新文化运动的一个重要启蒙话题,也是新文学初期最为引人注目的文学主题。梳理陈独秀、胡适的妇女观、婚姻观的萌芽和发展过程,有助于我们从一个微观的角度理解文学革命的发生过程以及新文学初期对于妇女和婚姻家庭问题的描写。

结　语

　　到此为止,笔者论述了清末白话报人在五四文学革命中的分化与所扮演的历史角色,清末白话文的作者、读者与五四新文学的作者、读者,清末白话报刊的语言变革理论(意识)与写作实践,清末白话文的文体风格,白话报刊与现代文学格局中四大文类的形成,清末的风俗改良与国民性批判,白话报刊以"剪辫"和"天足"为代表的身体革命七个问题。这七个问题,并不囊括清末白话报刊影响文学革命的所有要素,但是其中最具分量的问题。这七个问题,前人的研究,多有涉及,但论述的透彻与否,各有差别。现就本书对清末白话报与文学革命关系论述,以笔者目前所掌握的学界最新研究成果为参照,对自己研究的得与失,检讨如下。

一　清末的白话报人在五四时期的分化与重组

　　一直以来,凡是论到清末白话报刊对五四文学革命的影响,多会轻易举出陈、胡在清末创办白话报的经历作例证,但避谈同是清末白话报人的林纾反对文学革命的史实。其实,除了这个极端的例外,我们看到还有像吴稚晖、蔡元培等清末的白话报人,在文学革命中的表现、对白话文的态度,都不尽相同。

这里还有一组经常被含混过去的关系:文学革命≠废弃文言文、反对文学革命≠反对白话文。蔡元培支持文学革命,但并不主张废除文言;林纾反对文学革命,但并不反对白话文。

所以,什么是文学革命? 白话文应居何等地位? 在五四文学革命中,即使同为文学革命阵营中人,对此的认识并不一致。

那么,是否有林纾这样的清末白话报人反对文学革命,就意味着"清末的白话报刊影响了文学革命的发生"这个命题不能成立呢? 问题没有这么简单。一是要看同是清末白话报人的林纾,他参与创办白话报的立场、动机是什么;二是要看他在白话报中表达了什么样的思想感情。概言之,清末的白话报人,也不是铁板一块。他们的思想观念、文学观念、伦理道德、文坛地位、年龄、籍贯(地域)等,这诸多因素的合力,导致了他们在五四文学革命中各不相同的认知与表现。

在这些人当中,胡适最年轻,故他的文学革命主张最激进,林纾最年长,故他最保守、反动。其实,也不尽然,但在胡适与林纾的差异中,年龄或曰代际差异绝对是一个主要的因素。但年龄的差异,并不直接转化为文学观念的差异,而是通过文坛地位的差异体现出来的。以胡适和林纾为例,他们两人分别代表了五四时期文学场中的新进者和旧文学的权威。胡适之所以一再号召要将白话文学提升为"正宗",就是要全面提升这种"先锋文学"的地位,而不仅仅是将它当作启蒙大众的工具。这就是胡适在反思清末白话文运动的基础上,提出的新策略;而同样作为清末白话报人的林纾,他代表着既有文学场中的最高权威,他之所以在五四文学革命中并不反对白话文,而反对废弃文言文,是因为文言文的废弃,对他的文学权威地位来说,相当于釜底抽薪。文学革命最激烈的交锋,发生在白话报人之间,表面上看有不可思议之处,但知道了其对立的关键所在,便会豁然开朗。

五四文学革命中,以北京大学和《新青年》杂志为阵地和核心的革新力量,多为清末白话报人。而且,这些成员在清末创办白话报刊的过程中,由于相近的志趣、地缘关系或革命倾向,早已形成了一种松散的"白话报人团体"。他们这种相似的经历和志趣,使得他们在五四文学革命中,能够重新聚合起来,并在共同的旗帜下开始新的革命。

如前文中所说,清末的白话报人,在当时即有密切的联络,可谓志同道合。在后来的回忆中,他们也颇认同这个"白话报人团体"。这在蔡元培身上也有明显的体现。作为"国语研究会"会长和北京大学校长的蔡元培,在国语运动、五四新文化运动和文学革命中占有举足轻重的地位。他在1930年代的回忆中说:

民元前十年左右，白话文也颇为流行，那时候最著名的白话报，在杭州是林獬、陈敬第所编，在芜湖是陈独秀与刘光汉所编，在北京是杭辛斋、彭翼仲所编，即余与王季同、汪允宗等所编的《俄事警闻》与《警钟》，每日有白话文与文言文论说各一篇。但那时候作白话文的缘故，是专为通俗易解，可以普及常识，并非取文言而代之。主张以白话代文言，而高揭文学革命的旗帜，这是从《新青年》时代开始的。①

胡适在回忆这段经历时，虽主要强调的是对他后来走上文学革命之路的影响，但他无意中表明，在他的周围也曾有一个白话报人的网络：

……清朝末年出了不少的白话报，如《中国白话报》《杭州白话报》《安徽俗话报》《宁波白话报》《潮州白话报》，都没有长久的寿命。光绪宣统之间，范鸿仙等办《国民白话日报》，李辛白办《安徽白话报》，都有我的文字，但这两个报，都只有几个月的寿命。《竞业旬报》出到四十期，要算最长寿的白话报了。我从第一期投稿起，直到它停办时止，中间不过有短时期没有我的文字。和《竞业旬报》有编辑关系的人，如傅君剑，如张丹斧，如叶德争，都没有我的长久关系，也没有我的长期训练。②

---

① 蔡元培《总序》，《中国新文学大系·建设理论集》，上海：良友图书公司，1935年。
② 胡适《四十自述》，合肥：安徽教育出版社，2006年，第70—72页。

在胡适所述的这个白话报人关系网中,李辛白在五四文学革命中甚为活跃,这广为人知;但如张丹斧、傅君剑、叶德争,在五四时期均与胡适讨论过新文学。尤其是张丹斧,他虽身在上海的鸳鸯蝴蝶派阵营中,但对新文学的发展极为关注,且为他在上海所办的《小日报》向胡适约稿,希望借此扩大影响。

类似的情况,在其他的白话报人圈子里也比较普遍。这说明,清末的白话报人,在五四时期,将其早年的人脉关系,重新联络起来,为新文学扩大其势力范围,做出了重要贡献。

二　白话报孕育了"新文学"的雏形

清末白话报刊上的文学活动,可以看作整个中国文学现代转型的缩影。清末的白话报基本上都是维新派和革命派所创办的,而维新派和革命派代表了当时中国社会的革新势力,他们对语言、文学的新观念、新尝试,在某种程度上预示着中国文学现代转型的趋势与方向。

1. 从文学观念上看,五四新文学与旧文学的一大区别,是它改造社会的强烈愿望。文学研究会"为人生"的文学主张,代表着五四时期人们对文学的一种普遍要求,而这种观念早在清末就已经出现了。在清末,将文学当作改良社会的利器,这一看法已相当普遍,如梁启超对小说、陈独秀对戏曲改良社会功能的强调,都说明了这一点。1903

年发表于《湖北学生界》的未署名论文《论支那文学与群治之关系》,虽很少为人引论,但因其将文学与"群治"联系起来加以论述,或许可看作这种用文学改造社会思路的典型代表。该文之"文学"并非完全是现代意义上的"文学"概念,但将文学与一国之命脉联系起来的方式与梁启超的观点十分相似:

> 过去茫茫之支那历史,孰为亡国灭种之媒,曰,以文学故。未来轰轰支那之历史,孰投起死回生之剂,曰:以文学故。

文章在历数了旧文学的各种祸端后,号召有志于革新中国者,先革新文学:

> 支那人者,当于锁国之时代,处天日暗淡、积层压力之下,一运动则来杀身覆族之惨,差有一线之自由,可以娱岁月者,惟此文学界耳。其竞争烈,故其进步速。毕生目的,惟在以文学为一身之纪念物(西人文学以觉世为目的,中人文学以传世为目的)。文学界!文学界!其支那人自由之乡乎?支那人之爱文学也如爱性命(杜甫云语不惊人死不休)。有热心之改革家起,欲革新各种社会,必革新各种文学,投国民之所好,而导之于各种完全人格之域。不然者,言之不文,行之不远。[1]

---

[1]《论支那文学与群治之关系》,《湖北学生界》第5期,1903年5月27日。

《竞业旬报》在发刊之际,就明确提出"改良社会"的强烈意识:

> 人心浇漓,风俗堕坏,社会之怪状,千演百出。信义不足尚也,道德不足贵也,虚诈不足毁也,浮嚣不足惩也。驯至为阱陷,为盗窃,为淫杀,为劫夺。廉耻道丧,故叵测因而生焉。今日之社会,乃若行之而不觉,习矣而不察者。吁!是可蘁然伤已。夫回车不入朝歌,为其地恶也;哭夫而变国俗,为其化同也。况风习之所致,足为害群德、伤爱力之大者哉!持其极端而挽之,革其旧染而新之。心(疑为"信"之误——引者按)乎?救时者之责也。①

该报创办一周年之际,胡适再次申说:"我们一班做报的人,也不知说了多少话,也不知写了多少万的字,在我们做报的人,辛苦呢,也不敢说,但是这一片醒世的婆心,开通民智的妄想,自己扪心自问,到也很对得起列位看官了。"②

从清末"醒世救时"的白话报到五四"为人生"的新文学,这种文学观念的一致性,固然是由于时代使命的相似使然,但也不能忽视他们文学观念演进的连续性。

与这种文学观念变化密切相关的是现代文学的启蒙意识。五四文学革命及其新文学中强烈的启蒙意识,成为

---

①《竞业旬报·凡例》,《竞业旬报》第1期,1906年10月28日。
②希疆《本报之大纪念》,《竞业旬报》第29期,1908年10月5日。

现代文学最突出的特征。这种启蒙意识，酝酿、形成于清末的白话报刊中。在清末的白话报刊中，通过风俗改良、国民性批判以达致从"人"的改造而建立现代国家的思路，在五四文学革命及其新文学中得到继承和发展，并在1970年代末开启的新时期文学中得以重续。

2. 从文学格局来说，五四时期以小说、戏剧为中心的文学新格局，在清末白话报上的文学生态中，便已见端倪。

清末的白话报是以启蒙为目的的，而小说和戏曲因其自身的艺术特点，长期以来受到普通民众的欢迎，于是，小说和戏曲在清末经启蒙者大力鼓吹，逐渐向文学的中心位移。而作为旧文学正宗的诗歌和散文，因其贵族化的倾向而不易被下层读者所接受，所以受到冷落。白话报所载小说，无论是从栏目设置受重视的程度，还是就刊载的数量而言，都说明小说在清末的白话报上已稳坐第一。

戏剧在白话报上的地位，虽不可与小说同日而语，但将戏曲看作文学正宗的思想已开始萌芽。尤其可贵的是，陈独秀提出的"采用西法"的戏曲改革思路，实开"五四"以西洋话剧改造中国旧戏的先河。

旧体诗在衰落的过程中，也在不断调适、变革，而歌谣小调的繁荣，从另一个方向上为诗歌蜕变开拓了新的道路。但诗歌的衰落已成不可挽回的趋势。

清末白话报上的杂感、杂文盛极一时。这种文体，因其短小灵活，不拘一格，集写实与虚构、叙事与说理、庄重与诙谐、典雅与通俗诸种要素于一身，上下古今，包罗万象，最

便于针砭时弊,发抒感想,启迪智慧。清末白话报的杂文,
它虽不大为文学史家所注意,但就其成就和数量而言,堪与
《新青年》"随感录"相媲美。就此而论,新文学的四大门类
及其座次,在清末的白话报上,便已隐然成形。

　　3. 从文学的题材与主题来看,五四新文学最大的
转变,便是由"贵族文学"到"平民文学"的转变。清末
的白话报人,已经就文学取材的对象,有了非常自觉的
转变。1903 年,林獬在创刊《中国白话报》时说:"现在
中国的读书人,没有什么可望了! 可望的都在我们几位
种田的、做手艺的、做买卖的、当兵的,以及那十几岁小
孩子阿哥、姑娘们。"[①]《竞业旬报》,也从一开始便申明其
面向下层社会的倾向:"本报意在通行于下等社会,故措
辞不欲其奥,陈义无取甚高,街谈巷议,樵唱渔歌,皆本
报之材料也。"[②] 当然,林獬在这里所说的面向"种田的、
做手艺的、做买卖的、当兵的"白话报,也不等于后来延
安文学确立的"工农兵"方向。而且清末的白话报,在实
际创作中,真正描写"工农兵商"和"妇女幼稚"的作品
还比较少,但我们不能忽略清末白话报刊文学取材对象
的这种重大转变:一是对社会黑暗现实的揭露,二是对
革命和政治问题的关注,三是婚姻问题和教育问题等新
的题材开始进入文学作品。总之,清末白话报上这些文

---

①白话道人《中国白话报发刊词》《中国白话报》第 1 期,1903 年 12
　月 19 日。
②《竞业旬报》第 1 期,1906 年 10 月 28 日。

学题材和主题的新变,都可看作五四新文学中的"暴露"文学、革命文学和"问题文学"① 的早期尝试。

当然,清末白话报刊中新的文学题材与主题的开拓,它的影响并不限于文学革命和早期的新文学,它对整个20世纪中国文学都有深远的影响。这些题材和主题及其表达方式,在后来20世纪中国文学的不同发展阶段,不断被提及或讨论。

4. 从文学语言与文体风格来看,现代文学所使用的"白话"这种语言媒介,有对明清以来的白话小说等通俗文学书面语的继承,但它又不仅仅是对明清"白话文"的沿袭,还融合了当时的方言俗语、从境外引进的"外来语"、本土所造"新名词"以及因翻译而形成的"欧化语法",所产生的一套新的书面语言体系。尤其是应报刊媒介的需要,白话报刊文在标点符号、分行分段等写文形式方面的尝试,极大地解放了文体,为"我手写我口",提供了技术支撑。

清末的白话报刊文,本来是为了反对文言的"义法"而进行的"对抗性"写作,所以,无论是语言的通俗化,还是辅助表达手段的运用,都力求打破古文的各种形式拘牵,增加了白话文表达上的柔韧性和自由度。正是在此基础上,才有真正绵密细致的"写实"文体和无拘无束的滑稽讽

---

① 人们常把新文学初期那些反映政治、道德、教育、婚姻、恋爱等人生问题的小说称为"问题小说"。事实上像胡适的《人力车夫》《终身大事》等诗歌和戏剧,也是提出"问题"的文学,所以可将新文学初期的文学泛称为"问题文学"。

刺文体的出现。

五四文学革命及其新文学,正是沿着清末白话文写作所开拓的这条道路,在新的历史条件下,将语言革命和文体革命继续向前推进,造就了现代文学的语言与文体风格。

三 文学革命对清末白话文的继承与超越

关于清末的白话文和五四白话文的关系,作为文学革命当事人的胡适和周作人都强调两者的区别,而忽视它们的联系。

胡适在《五十年来中国之文学》中认为,清末的这些人只能算是"有意的主张白话",还不能说是"有意的主张白话文学",而到了1916年以来的文学革命运动,才是"有意的主张白话文学"。他认为文学革命运动有两个要点,区别于清末的白话报运动:

第一,这个运动没有"他们""我们"的区别。白话并不单是"开通民智"的工具,白话乃是创造中国文学的唯一工具。白话不是只配抛给狗吃的一块骨头,乃是我们全国人都该赏识的一件好宝贝。第二,这个运动老老实实的攻击古文的权威,认他做"死文学"。从前那些白话报运动和字母的运动,虽然承认古文难懂,但他们总觉得"我们上等社会的人是不怕难的:吃得苦中苦,方为人上人"。这些"人上人"大发慈悲心,哀念小百姓无知无识,故降格做点通俗文章给他们看。但这些"人上人"自己仍应该努力模仿汉魏唐宋的文章。这个文学革命便不同了；他们说，古文死了二千年了，他的不孝子孙瞒住大家，不肯替他发丧举哀；现在我们来替他正式发讣文，报告天下"古文死了！死了两千年了！你们爱举哀的，请举哀罢，爱庆祝的，也请庆祝罢！"[①]

周作人于1932年出版了他的《中国新文学的源流》，与胡适一样，他更强调清末民初的白话文字和文学革命以来的白话文学的区别：

> 在这时候，曾有一种白话文字出现，如《白话报》，《白话丛书》等，不过和现在的白话文不同，那不是白话文学，只是因为想要变法，要使一般国民都认识文字，看看报纸，对国家政治都可以明了一些，所以认为用白话写文章可得到较大的效力。因此我认为那时候的白话和现在的白话文有两点不同：
>
> 第一，现在的白话文，是"话怎么说便怎么写"。那时候却是由八股翻白话……
>
> 第二，是态度的不同——现在我们作文的态度是一元的，就是：无论对什么人，作什么事，无论是著书或随便地写一张字条儿，一律都用白话。而以前的态度是二元的：不是凡文字都用白话写，只是为一般没

---

① 胡适《五十年来中国之文学》，《胡适全集》第2卷，合肥：安徽教育出版社，2003年，第329页。

有学识的平民和工人才写白话的。……

总之，那时候的白话，是出自政治方面的需求，只是戊戌政变的余波之一，和后来的白话文学可说是没有大关系的。

不过那时候的白话作品，也给了我们一种好处：使我们看出了古文之无聊。同样的东西，若用古文写，因其形式可作掩饰，还不易看清它的缺陷，但用白话一写，即显得空空洞洞没有内容了。[①]

胡适和周作人后来虽在其他场合对他们的观点有所修正，但都不肯将清末的白话文看作五四白话文的基础，这背后的原因颇为复杂，大概包括主、客观两方面的原因。从主观的方面看，作为五四白话文运动的领袖，胡适等确实有"贬低晚清、抬高五四"的居功心态。但我们不能以此否认清末的白话文和五四白话文的区别。这个区别，如"态度的不同"（即胡适所说"我们""他们"的分别）、是否承认文言的权威等，已被胡适、周作人等意识到，除此之外，还有其他的区别：

第一，领袖人物的不同。清末白话文运动的领袖黄遵宪、裘廷梁、陈荣衮、林獬等，在五四白话文运动中已不再扮演重要的角色；而五四白话文运动的领袖陈独秀、胡适、钱玄同等大多参与或亲历清末的白话文运动，但他们的知

---

① 周作人《中国新文学的源流》，石家庄：河北教育出版社，2002 年，第 52—53 页。

识背景、思想观念、文学趣味和语言训练与他们的前辈有了很大的不同。

第二,时代条件的不同。即我们常说的"时势造英雄"。清末白话文运动的局限和不成功,部分的原因是时代的局限,而五四白话文运动正是在时代给它提供的新的条件下才取得成功的。正如1923年陈独秀在"科学与人生观"的论战中所说:"常有人说:白话文的局面是胡适之、陈独秀一班人闹出来的。其实这是我们的不虞之誉。中国近来产业发达人口集中,白话文完全是应这个需要而发生而存在的。适之等若在三十年前提倡白话文,只需章行严一篇文章便驳得烟消灰灭,此时章行严的崇论闳议有谁肯听?"①

第三,对白话文功能的界定不同。诚如胡适和周作人所说,清末的白话文倡导者,把白话文仅看作面向下层民众的"开发民智"的工具,而不是"创造中国文学的唯一工具",因而没有顾及白话文自身的美感与艺术性,也不危及传统正宗文学的地位。而五四白话文的倡导者,意识到"国语没有文学,便没有生命,便没有价值,便不能成立,便不能发达"。于是便借白话文学的创造来提高白话文的地位,要把白话文提高到文学的正宗地位。因为清末白话文运动的目的在于"改良政治",所以它随着政治革命的成功而趋于没落。而五四的白话文运动是"要替中国创造一种

① 陈独秀《答适之》,任建树主编《陈独秀著作选编》第三卷,上海:上海人民出版社,2009年,第168—169页。

国语的文学"①,所以这一运动便能持久,在文学自身的建设上取得成就。

第四,清末的白话文和五四白话文的特质不同。清末的白话文更多融汇传统的白话书面语和口语,所以从词汇到语法都多具本土特点,而五四白话文更多地吸收外来词汇和欧化语法,显得更为新奇而生涩;清末的白话文主要针对下层读者,故质朴而通俗,而五四的白话文虽有"平民文学"的号召,但实际上是新的贵族文学,面向普通老百姓的意识有所淡化,于是语言趋于高雅和精炼。

与五四时期的白话文相比,清末的白话文尽管显得有些粗糙、幼稚,但它确实模仿老百姓的口吻,贴近老百姓的生活。五四文学革命之后的白话文,一方面更书面化、更高雅,但同时也更远离口语、远离大众。所以,1930年代瞿秋白等对"五四"以后形成的"新式文言"的批判并非没有道理,而1940年代延安文艺整风中,对此问题重新提出讨论,这也从另一方面说明,五四新文学对清末白话文的变革,并非完全"正确"。清末白话报刊的白话文写作尝试,对以大众化为目标的中国现代文学而言,无疑具有深远的

---

① 这是胡适在《建设的文学革命论》提出的新文学的"宗旨",陈独秀对于五四白话文也有类似的观点,他在1918年10月15日《新青年》第五卷第四号《答易宗夔》信中说:"仆等主张以国语为文,意不独在普及教育;盖文字之用有二方面:一位应用之文,国语体自较古文体易解;一为文学之文,用今人语法,自较古人语法表情亲切也。"

启示意义。

我们只有厘清了清末的白话文和五四白话文的关系，才能对包括白话报刊在内的清末白话文运动对于五四文学革命的意义，作出比较客观的判断。

事实上，清末的白话报刊，它不仅仅是一个单纯的政治诉求和书写工具的问题，不管是有意还是无意，实际上它包含了政治层面、思想层面、语言层面、文学层面的多种因素。尽管政治上的诉求是主要的，但语言和文学方面的经验累积，无疑为五四白话文运动的成功，提供了多方面的借鉴和启发。清末白话报刊中的文字，整体的水平不及五四新文学，但就个别的作品而言，其水准并不在早期的新文学之下。所以，我们不能将清末白话报刊中的文字，仅看作政治宣传品。

之所以强调清末白话文运动和五四文学革命既相似也相区别的关系，意在说明五四白话文运动并非清末白话文运动的简单重复，因此想通过一个侧面，说明文学革命的发生有一个酝酿的过程：它是在清末白话文运动的基础上发展起来，并在超越了清末白话文运动之后，才取得了辉煌成就。正如台湾学者李孝悌所说：

> 进一步看，整个清末的下层社会启蒙运动和白话文运动在思想、文化和社会史上的重要性，在于它们为日后中国历史发展上的一些重大动向（这些动向如果用一句话来概括，可以说是共产党和非共的知识分子在思想、文化、社会的层面走向人民的各种运动），

开启了具有实质意义的源头。……就白话文而言，我们也可以说清末最后十年的发展是中国近代白话文运动史的开端。五四的白话文运动绝不是一个突如其来的异物，而是清末发展的延伸和强化。换句话说，清末的白话和五四的白话并不是两个互不相干的发展，而是同一个延续不曾断绝的新的历史动向的产物。①

---

① 李孝悌《胡适与白话文运动的再评估》，《清末的下层社会启蒙运动：1901—1911》，石家庄：河北教育出版社，2001 年，第 277—278 页。

参考文献

（一）资料类

1. 上海图书馆 "晚清民国期刊全文数据库"。

2. 《中国早期白话报汇编》（1—40 册），北京：全国图书馆缩微文献复制中心，2008 年。

（二）专著类

1. 谭彼岸《晚清的白话文运动》，武汉：湖北人民出版社，1956 年。

2. 恽代英《恽代英日记》，北京：中共中央党校出版社，1981 年。

3. 丁守和《辛亥革命时期期刊介绍》（1—5 集），北京：人民出版社，1987 年。

4. 胡适《胡适全集》，合肥：安徽教育出版社，2003 年。

5. 陈范予《陈范予日记》，上海：学林出版社，1997 年。

6. 陈万雄《五四新文化的源流》，北京：生活·读书·新知三联书店，1997 年。

7. 李孝悌《清末的下层社会启蒙运动：1901—1911》，石家庄：河北教育出版社，2001 年。

8. 周作人《中国新文学的源流》,石家庄:河北教育出版社,2002年。

9. 李欧梵《中国现代作家的浪漫一代》,北京:新星出版社,2005年。

10. 罗秀美《近代白话书写现象研究》,台北:万卷楼图书股份有限公司,2005年。

11. 黎锦熙《国语运动史纲》,北京:商务印书馆,2011年。

12.[加]马歇尔·麦克卢汉《理解媒介:论人的延伸》,何道宽译,南京:译林出版社,2011年。

13. 胡全章《清末民初白话报刊研究》,北京:中国社会科学出版社,2011年。

14. 舒新城《舒新城自述》,合肥:安徽文艺出版社,2013年。

15. 李仁渊《晚清的新式传播媒体与知识分子》,台北:稻乡出版社,2013年。

16. 包天笑《钏影楼回忆录》,上海:上海三联书店,2014年。

17. 章清《清季民国时期的"思想界"》,北京:社会科学文献出版社,2014年。

18. 潘光哲《晚清士人的西学阅读史》,南京:凤凰出版社,2019年。

（三）外文类

1.David Johnson. *Popular Culture in Late Imperial China*, University of California Press, 1985.

2.Goldman, Merle. *Modern Chinese literature in the May Fourth Era*, Harvard University Press, 1977.